ジェンダー法学入門

[第3版]

三成 美保・笹沼 朋子
立石 直子・谷田川知恵　著

法律文化社

第3版はしがき

2018年のグルーバル・ジェンダー・ギャップ指数の総合順位は、110位。いっこうに上昇する気配がない。多くの国で「ジェンダー平等」は21世紀の必須かつ喫緊の課題として精力的な取組が進められている。日本の遅れがきわだつ。先進国を自称する日本であるが、ジェンダー平等は実現していない。日本は、多くの女性が、いまなお置き去りにされている社会なのである。しかし、変化もある。

本書は多くの大学で教科書としてご採用いただき、このたび第3版を上梓することができた。初版（2011年）、第2版（2015年）、第3版（2019年）と版を重ねるなかで、ジェンダーに関する国際情勢も日本の法律も大きく変わった。こうした変化は、その都度、本書に反映してきたが、今回もまた第2版からいくつかの大きな変更を加えた。

最大の変更は、新章「*4* 性の多様性」の追加である。LGBTの権利保障に関する法的問題は第2版でもいくつかの章にまたがる形で論じていた。第3版では、これらを1つの章にまとめ、「総論」と「SOGIハラスメント」を追加した。LGBTの権利保障をめぐっては、国際社会でも対応は一様ではない。しかし、国連人権理事会や人権諸機関を中心に、SOGI差別解消は重要課題として取組が進んでいる。本書では、そのような動向を反映した。

1-1では「アンコンシャス・バイアス」に言及し、ジェンダー・バイアスとの関係を示した。また、新しい項目として、「SDGs（持続可能な開発目標）」「少子高齢社会」を取り上げた。「刑法改正」（2017年）と今後の課題についても考察を加えた。日本の新しい法政策として、「女性活躍推進法」（2015年）や「候補者男女均等法」（2018年）、2019年から大きく変化した「外国人労働力政策」にも言及し、ジェンダー法学としての分析を試みている。

2019年は、女性差別撤廃条約成立40周年、男女共同参画社会基本法

成立20周年にあたる。このような歴史を踏まえ、ジェンダー法学は未来を展望する学問である。本書を通じてジェンダー法学を学んだみなさんが、21世紀の国際社会と日本を支えるべく、様々な分野でご活躍になることを期待したい。

　最後に法律文化社の野田三納子氏には、初版から引き続き今回も大変お世話になった。第3版では、可能な限り最新のデータに更新したが、これも野田さんの奮闘と緻密な作業がなければ望めなかったことである。執筆者を代表して心から御礼申し上げたい。また、予定より刊行が遅れたが、ひとえに執筆者の多忙ゆえである。本書を待ってくださっていたみなさまに深くお詫び申し上げたい。(M)

　2019年4月

【参考】
　「ジェンダー法学」に関して、以下のサイトを活用してください。
　比較ジェンダー史研究会ホームページ (http://ch-gender.jp/wp/) の中の項目「ジェンダー法学」(http://ch-gender.jp/wp/?page_id=8083) 内に、参照記事や補遺記事を掲載しています。
　また、法制史・人権史に関する記事もあります。

Gender History
ジェンダー視点で歴史を読み替える　比較ジェンダー史研究会

はしがき

　ジェンダー法学の入門書としては、すでに優れたものが公刊されている（巻末主要参考文献参照）。本書は、それらの先行教科書を参考にしつつもいっそう平易な入門書を目指して、大学でジェンダー法学および関連科目を担当する4人によって執筆された。

　われわれ執筆者が講義経験から重視したのは、何よりも「使いやすさ」と「わかりやすさ」である。本書一冊で基本事項を理解できるよう、関連条文・重要判例・最新データ・比較資料を盛り込んだ。大学法学部専門科目としてはもちろん、法学部生以外の教養科目としても使い勝手はよいであろう。また、コラムや用語解説、イラストを随所に配し、ジェンダー法学を学ぶ機会のない一般読者にとっても、読み物として楽しめるように工夫した。

　「使いやすさ」と「わかりやすさ」を求めて、本書は、内容と執筆スタイルにいくつかの特徴をもたせている。

　(1)　本書は、Ⅰ「ようこそジェンダー法学へ」、Ⅱ「身体と性」、Ⅲ「親密圏」、Ⅳ「労働」、Ⅴ「ジェンダー主流化にむけて」の5部構成をとる。Ⅲは主に家族法、Ⅳは主に労働法の内容を含むが、それに限定されるものではない。法領域ごとの部構成をするのではなく、ジェンダー法学の学際的性格を反映した部構成とし、各部に多様な内容を盛り込むようにした。

　(2)　大学での半期講義（全15回）を想定し、予備の1講を加えて全16講とした。Ⅱ〜Ⅳ部には、それぞれ4〜5講を配している。目次にしたがって読み進めてもよいし、関心があるトピックを重点的に学習することもできる。

　(3)　各講は、原則として8項目構成とした。この8項目は、「1概説、2〜6キーワード、7比較、8判例」を基本ユニットとしている。ジェンダーが女性にも男性にも関わるという視点から、各講にできる

iii

だけ「男性」に関わる項目も入れた。

（4） 各項目は、見開き2頁をそれぞれの単位として、一目で内容を把握できるようにした。原則として、左頁に本文、右頁に資料・コラム・図表を配している。

（5） 読みやすさを重視して、本書はコラムと図表を多用している。図表データはできるだけ新しいものを取り入れるよう努力した。

本書の出版にあたっては、法律文化社社長の秋山泰氏と製作部の野田三納子氏にお世話になった。本書が、ささやかでもジェンダー法学の啓蒙的役割を果たすことができれば幸いである。（M）

2011年3月

★本書の使い方★

①各項目（見開き2頁）の執筆担当者は、本文末尾に下記の略号を示した。
  （M）＝三成、（S）＝笹沼、（T）＝立石、（Y）＝谷田川

②本文に関連する資料については、資料の白抜き数字番号（❶❷❸など）を該当箇所に挿入した。

③資料・図表の典拠は、巻末主要参考文献に記載したものについては略記して示した。［執筆者名・出版年・頁数］

④タイトル右端に、関連項目（2件まで）を示している。

⑤重要な用語をゴシック体とした。ただし、一度ゴシック体としたものは、原則としてその後はゴシック体としていない。

⑥巻末に参考文献と参照条文をあげた。巻末にあげた参照条文には、本文中で＊をつけている。より深い学習をしたい場合には、参考文献を読んでほしい。

⑦索引は、原則として、ゴシック体用語・タイトル用語に限定して取り上げた。

⑧各部末尾にイラスト入りで問いかけをしている。議論の素材としてほしい。

目　次

第3版はしがき
はしがき

第Ⅰ部　ようこそジェンダー法学へ

1　ジェンダー法学の基礎知識 —————— 2

1　ジェンダーは身近な問題　2
2　ジェンダーとセックス——ジェンダー概念の展開　4
3　フェミニズム　6
4　ジェンダー法学とその課題　8
5　法学教育・司法のジェンダー・バイアス　10
6　国際社会のなかの日本——ジェンダー・ギャップ指数　12
7　逸失利益の男女格差　14

一歩すすんで（コラム）

第Ⅱ部　ジェンダー主流化にむけて

2　国際社会の動向とジェンダー主流化の展開 —— 20

1　ジェンダー主流化　20
2　女性差別撤廃条約　22
3　CEDAWによるレポート審議と個人通報制度　24
4　平和とジェンダー　26
5　持続可能社会とケア　28
6　SDGs（持続可能な開発目標）とジェンダー　30
7　少子高齢社会と女性活躍　32
8　ポジティブ・アクション　34
9　欧州司法裁判所・欧州人権裁判所の判例から　36

v

3 人権とジェンダー ———————————— 38

1 人権とジェンダーの歴史　38
2 自由と平等をめぐる闘い　40
3 社会権——横暴な自由から人びとを守る権利　42
4 近代日本の「家」と「家族」　44
5 日本における女性運動と女性参政権　46
6 教育とジェンダー　48
7 男女共同参画社会基本法　50
8 天皇制と男系男子主義　52

4 性の多様性 ———————————————— 54

1 LGBT／SOGI　54
2 グラデーションとしての性　56
3 マスキュリニティ／男性性　58
4 SOGI差別の禁止　60
5 同性カップルの問題　62
6 性の多様性と親子関係　64

第Ⅲ部　身体と性

5 女性に対する暴力 ————————————— 68

1 女性に対する暴力　68
2 性の二重基準　70
3 ポルノグラフィー　72
4 戦争・軍隊と性暴力　74
5 女性による犯罪・非行　76
6 暴力と男性　78
7 国際人道法と国際刑事裁判所　80
8 女性に対する暴力が裁かれるとき　82

6 セクシュアル・ハラスメント ———————————— 84

1 セクシュアル・ハラスメントとは何か　84

2 セクシュアル・ハラスメントの当事者　86

3 セクシュアル・ハラスメントの二次被害　88

4 キャンパス・セクハラ　90

5 紛争解決とジェンダー　92

6 男性に対するセクシュアル・ハラスメント　94

7 労働の世界における暴力とハラスメントの防止　96

8 職場におけるセクシュアル・ハラスメント　98

7 性的自己決定権の侵害 ———————————— 100

1 強姦法と性差別主義　100

2 強姦罪と「無理やりの性交」　102

3 日本刑法の改正と残る課題　104

4 強姦神話　106

5 性犯罪被害者のPTSD　108

6 男性の性被害　110

7 諸外国の強姦罪規定・被害者保護　112

8 強姦罪が認められず無罪となった裁判例　114

8 買売春と人身取引 ———————————— 116

1 買売春と人身取引　116

2 戦前日本の公娼制　118

3 売春防止法　120

4 人身取引（トラフィッキング）　122

5 子どもの性をめぐる問題　124

6 日本軍「慰安婦」問題　126

7 国際社会の動向　128

8 セックスワーク　130

9 買売春・人身売買　132

9 性と生殖の権利 ———————————— 134

1 性と生殖の権利——歴史的展開　134
2 優生保護法から母体保護法へ　136
3 女性の自己決定権と胎児の生命　138
4 リプロダクティブ・ヘルス／ライツ　140
5 生殖補助医療の利用と課題　142
6 バイオテクノロジーの進展　144
7 性／生殖の権利と自治体　146
8 生命倫理とジェンダー　148
9 人工妊娠中絶　150

第Ⅳ部　親密圏

10 家族法とその課題 ———————————— 154

1 日本の家族の現実と社会システム　154
2 婚姻形態の多様化と法　156
3 憲法と家族　158
4 戸籍法の仕組み　160
5 夫婦の氏の問題　162
6 憲法違反が問われる家族法の条文　164
7 民法750条・900条をめぐる裁判所の判断　166

11 離婚をめぐる諸問題 ———————————— 168

1 離婚法概説　168
2 離婚と財産　170
3 離婚と子ども　172
4 離婚後の父と子　174
5 家事調停とジェンダー　176
6 破綻主義と離婚後の経済問題　178

   7 諸外国における離婚制度　180

   8 離婚裁判の現状　182

12　親子関係と生殖補助医療 ——————————— 184

   1 子ども・親子関係の法と政策　184

   2 親子関係をめぐる法の仕組みと課題　186

   3 生殖補助医療により出生した子の親子関係　188

   4 子の育みへの関わり——養子縁組・里親制度　190

   5 諸外国における生殖補助医療と法　192

   6 生殖補助医療・DNA鑑定と親子関係　194

13　親密圏における暴力 ——————————— 196

   1 親密圏における暴力　196

   2 ドメスティック・バイオレンス　198

   3 デートDVの問題　200

   4 DV防止法の仕組み　202

   5 ストーカー規制法　204

   6 児童虐待防止法　206

   7 DV加害者更生プログラム　208

   8 DV裁判例（離婚、損害賠償、殺人）　210

第Ⅴ部　労　働

14　労働者保護の基本 ——————————— 214

   1 労働者保護の基本的な仕組み　214

   2 労働時間規制と有給休暇　216

   3 労働災害と過労死　218

   4 パワハラと過労自殺　220

   5 解雇・退職　222

   6 労働組合制度　224

15 雇用における差別 ——————————— 226

1 雇用における差別　226
2 男女雇用機会均等法制定前の雇用差別裁判　228
3 男女雇用機会均等法　230
4 有期労働契約とその悪用　232
5 派遣という働き方　234
6 賃金差別　236
7 間接差別　238
8 雇用性差別裁判　240

16 ワーク・ライフ・バランス ——————————— 242

1 ワーク・ライフ・バランス　242
2 妊産婦である労働者の保護　244
3 家族的責任と仕事の両立　246
4 パートタイム労働　248
5 柔軟な労働時間制度　250
6 転勤命令が無効となる場合　252

17 労働法の保護から排除される労働者 ——————— 254

1 労働法の保護から排除される労働者　254
2 アンペイドワーク　256
3 福祉的就労　258
4 外国人労働力政策　260
5 明日のための生活保護　262
6 遺族補償のジェンダー　264

主要参考文献
資　料
索　引

I

ようこそ
ジェンダー法学へ

1 ジェンダー法学の基礎知識

概説 1　ジェンダーは身近な問題
→1-2
→4-2

◆ズボンをはく女・スカートをはかない男　男女差別？　そんな過去の話、私には関係ない。そういう人もちょっと待って。あなたは、スカートをはいている男性をふだん見かけるだろうか。いまや服装はユニセックス化し、男女の境界線はほとんどない。それでもなお男性はほとんど化粧をしないし、スカートもはかない。なぜか。それは、化

粧やスカートが「美」や「非活動性」という「女らしさ」を表す記号だからである。トイレのピクトグラムでは、女性はスカートをはき、赤色で描かれることが多い。

「働くのはキライ」という男性が軽蔑され、「料理は苦手」という女性が非難されるのも、男女に対する社会的期待にかなっていないからである。こうした「性」をめぐる期待や規範などの意味づけを「**ジェンダー**（gender）」と呼ぶ。

◆「性差別」の3側面　「性差別」には3つの側面がある。①行為（侮蔑・抑圧・排除などのあからさまな差別行動）、②関係（主従などの非対称な関係）、③バランス（性比の不均衡）である。①の差別的行為に眉をひそめる人でも、②と③には無頓着な場合が多い。同い年のカップルなのにいつも男子学生がデートをリードし、デート代金をもつ（②非対称な関係）。女性教員は小学校では多いのに大学では少ない（③性比の不均衡）。これらは、しばしば「慣行／マナー」や「常識」とみなされ、

「性差別」とは意識されない。しかし、実は「性差別」の根源は、②や③に表れた「性に基づく偏見や偏り」（「**ジェンダー・バイアス**」gender bias）にある。社会のなかで気づかれないままのジェンダー・バイアスが、①の差別的行為を生み出すのである。

2　第Ⅰ部　ようこそジェンダー法学へ

◆**ブラインド採用**　　こんな例がある。あるオーケストラのメンバーはほとんどが白人男性だった。そこで、新規メンバーのオーディションでは、審査員はスクリーンの後ろに座り、入団希望者の演奏だけが聞こえるようにした。これを「ブラインド採用」という。その結果、楽団メンバーは男女ほぼ同数になって多様性が高まり、オーケストラが目指す音に近づくことが可能となった。審査や評価は中立ではありえず、知らず知らずのうちに偏見が忍び込む。こうした無意識の偏見を「アンコンシャス・バイアス」という。

◆**アンコンシャス・バイアス**（**無意識の偏見**）　　「アンコンシャス・バイアス」には、主に3つのタイプがある。①ステレオタイプ・スレット（本人と周囲の思い込み）、②ジェンダー・職業・学歴・人種などの「属性」に基づく一般化や差別化、③些細な侮辱、である。「アンコンシャス・バイアス」は、もともと「動物の生存戦略」の一つであった。「外敵を見たらすぐさま逃げる」といった「ショートカットの反応として発達してきた脳機能の一つ」とされる。したがって、「アンコンシャス・バイアス」は気づかぬうちにあらゆる人の意識や生活に入り込んでいる。「アンコンシャス・バイアス」を決定する「属性」のうち、「ジェンダー（性別）」はすべての人間に関わる生得的属性である。その意味で、「ジェンダー・バイアス」は「アンコンシャス・バイアス」の根幹をなすと言っても過言ではない。

◆**ジェンダー法学を学ぶ意義**　　ジェンダー・バイアスに基づく性差別のあり方や法制度への影響を明らかにし、解決策を探そうとする学問が、**ジェンダー法学**である。ジェンダーにまつわる社会的規範（**ジェンダー規範**）は、個人の意思や能力を超えたところで私たちの行動や決定を縛っている。法や裁判が率先してジェンダー・バイアスを固定し、推進することすらある。だからこそ、私たちは「知らない」ではすまされない。「知らない」ことは、私たちを無自覚に「加害者」にしてしまう。「無知」も「無関心」も、今ある性差別の温存に手を貸すことに等しい。さあ、この本を手にとり、あなた自身と社会の「常識」を問い直す旅に出てみよう。（M）

1　ジェンダー法学の基礎知識　3

キーワード2 ジェンダーとセックス ジェンダー概念の展開

→ 1-3
→ 4-2

◆ジェンダーとセックス　　ジェンダー概念の変化は、ジェンダー概念の曖昧さを意味するのではなく、「ジェンダー概念の発展」として積極的に評価されるべきである。中世以来、ジェンダーは文法用語であり、名詞の性をジェンダーと呼んだ。1960年代半ば、**フェミニズム**(feminism女性解放運動)が高まったころ、ジェンダーは別の意味を獲得する。「自然的・身体的性差」としての「**セックス**(sex)」に対比して、「社会的・文化的性差」を意味する概念として「ジェンダー」が用いられ始めた。国連では、「ジェンダーは、生物学的性差に付与される社会的な意味」と定義され、「思想的、文化的構築物」であるとされている(構築主義)❶。例えば、西洋近代法を規定した「公的領域＝理性＝男性／私的領域＝感情＝女性」という公私二元的なジェンダー規範は、当時の言説でしばしば表明された❷。

◆ジェンダー／セックス／セクシュアリティ　　ジェンダーは、①身体(広義のセックスとしての身体)、②**セクシュアリティ**(性的指向・性自認)、③ふるまい(性別役割・性別特性など「狭義のジェンダー」)のすべてにわたって「知(知識)」として構築される(「広義のジェンダー」)❸。そのさい、「身体(広義のセックス)」には、「事実としての身体(経験としてのセックス)」と「身体への意味付与(認識としてのセックス)」という二面があり、後者がジェンダーとしての考察対象となる❹。前者は、人間身体に性差(セックスとしての男女)があるという事実、にもかかわらず人間身体のすべてが男女に二分されるわけではないという事実を指し、これらの事実は認識によって左右されるものではない。

生殖・性自認・性的指向・性別役割は、法学を含む社会科学でこれまでほとんど論じられなかった。ジェンダー研究は語られなかった諸問題にことば(定義)を与え、学問の俎上にのせた。それは、既存の社会科学への根本的な挑戦を含んでいる。(M)

構築主義　ジェンダーなどの諸カテゴリーが社会的に構築されていく過程を重視する立場。「女」に何らかの本質があるとする本質主義に対抗する。

4　第Ⅰ部　ようこそジェンダー法学へ

❶ **ジェンダーの国際的定義**　国連「開発と女性の役割に関する世界調査報告書」（1999年）／女性差別撤廃委員会一般勧告第25号（2004年）

　「ジェンダーとは生物学性差に対して付与される社会的な意味と定義される。ジェンダーは、思想的、文化的な構築物であるが、同時に物質的な実行の領域においても再生産され、ひるがえってそのような実行の結果に影響を及ぼす。それは、家族内および公的活動における資源、富、仕事、意思決定及政治力、そして権利や資格の享受における分配に影響する。文化や時代による変化はあるものの、世界中あまねくジェンダー関係の顕著な特徴として、男女間の力の非対称がある。そのため、ジェンダーは、社会階層を作り出すものであり、この意味において、人種、社会階層、民族、セクシュアリティ、年齢などの他の階層基準に類似している。ジェンダー・アイデンティティの社会構築及び両性間の関係に存在する不平等な権力構造を理解するのに役立つ」[UN: A/54/227, para 16]

❷ **18～19世紀ヨーロッパの性差論**

①ルソー『エミール』（1762年）
　「男性が幼いときは養育をし、成人したら世話をやき、男性の相談相手となり、男性をなぐさめ、男性の生活を心地よく楽しいものにすること、これが女性のあらゆる時期の義務である」

②フィヒテ『自然法論』（1799年）
　「女性には性衝動はなく、愛だけがある」

③ヘーゲル『法哲学』（1823年）
　「女性の生きる場は本質的に結婚生活に限られる」

④ドイツのブロックハウス百科事典（1844年）
　「女性はおもに倫理、感情、愛、羞恥心を主要素とする家族生活の責任を負い、男性はおもに法、思慮、義務、名誉心を主要素とする国家生活の責任を負う」

出典：三成 2005

❸ **ジェンダーとセックスの関係**

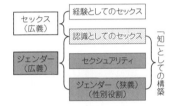

出典：三成 2008：76頁

▶ ジェンダー法学の対象は、「知」として構築される「広義のジェンダー」である。「リプロダクティブ・ライツ」（認識としてのセックス）、「性的自己決定権」「性的指向の自由」（セクシュアリティ）、「家族法改正」「DV」「セクシュアル・ハラスメント」「雇用差別」（狭義のジェンダー）。ただし、「広義のジェンダー」に関わる3側面はしばしば重なりあう。

❹ **身体的性への意味付与──医学の場合**

　男女の身体的差異については、歴史的に様々な意味が付与されてきた。17世紀までのヨーロッパで主流を占めたのは精子理論である。男性精子論（アリストテレス）では、女性は「未完成の男」とされ、妊娠とは、男の精液が女の経血を効果的に搾取することだと考えられた。男女精子論（ヒポクラテスとガレノス）では、子宮という戦場で男性精子と女性精子が戦い、勝ったほうの性が子の性になるとされた。17世紀末に卵子が「発見」され、18世紀には卵子理論が登場する。卵子理論では女性が生殖の決定権を握ることになる。女性の優位を避けるため、卵巣と子宮という生殖器官の支配下にある女性は不安定・病弱になると唱えられるようになった。最近、医薬品の臨床実験では、性差を考慮する必要が指摘されている。従来の被験者が男性に偏っていたため、男性に効果があっても女性には副作用が強いことがあるとわかってきたからである。アメリカでは1990年代から「性差医療」（GSM＝Gender-specific Medicine）が発展している。

1　ジェンダー法学の基礎知識　5

キーワード 3 フェミニズム

➡3-2
➡3-5

◆リベラル・フェミニズム フェミニズムには多様な潮流がある。最も長い歴史をもつのがリベラル・フェミニズムである。これは常に主流派を占め、法や文化における性的平等の認識を支配した。リベラル・フェミニズムは、性的平等の権利を、「性別に基づき他者と異なる扱いをうけることはないという個人の権利」と定義する。平等が達成されるのは、集団であれ個人であれ、女性が男性と社会的に平等になったときではなく、女・男ともに、個人が自分自身の選択により自己の利益を最大限に追求することができる選択権を保障されたときとされる。

◆ソーシャル・フェミニズム ソーシャル・フェミニズムは、個人主義を基礎に置くリベラル・フェミニズムとは異なり、女性抑圧の根源を資本主義に求める。したがって、主体としての女性についても、「個人」としての女性を問題視するのではなく、「女性という集団」を論じようとする。他方で、平等化達成のためには体制変革が必要であると考え、抑圧された他の諸集団との連携を重視する。

◆ラディカル・フェミニズム ラディカル・フェミニズムは、性抑圧をあらゆる形態の抑圧の根源とする考え方（性支配一元論）をとり、男性を抑圧者とみなし、女・男の利害は競合・敵対すると考える。女・男の分離を前提としたうえで、「女性という集団」の独自の存在意義を強調しようとする傾向が強い（差異派・分離主義）。体制変革を求める点ではソーシャル・フェミニズムと共通するが、労働条件等の改善で満足せず、しばしば示威行動により、メディアや催し（ミス・コンテストなど）のジェンダー・バイアスを公然と批判した。ラディカル・フェミニズムは、様々な意味で第2波フェミニズムを決定づけた。セクシュアル・ハラスメントやDV、セカンド・レイプなどの多くの新しい概念も生み出した。(M)

6　第Ⅰ部　ようこそジェンダー法学へ

日本の動向	国際社会の動向
1868 明治維新	1781 アメリカ独立革命
1872 壬申戸籍／マリア=ルス号事件	1789 フランス革命
1874 自由民権運動（～90）	1790 グージュ『女権宣言』
1880 旧刑法（堕胎罪導入）→1907新刑法	1792 ウルストンクラフト『女性の権利の擁護』
1889 大日本帝国憲法（臣民の権利）	※初期フェミニズム
1890 旧民法／民法典論争（89～92）	1804 フランス民法典
1896／98 明治民法（家制度）	1848 男性普通選挙（仏）
1900 廃娼運動展開／娼妓取締規則	1896 ドイツ民法典
1911 『青鞜』創刊	※フェミニズムの第1の波
1920 新婦人協会	1914 第1次世界大戦（～18）
1922 治安警察法改正（政治集会への女性参加）	1919 女性参政権（独ワイマール憲法）
1924 婦人参政権獲得期成同盟会	
1940 国民優生法／大政翼賛会発会	1941 第2次世界大戦（～45）
1946 日本国憲法（国民の権利・男女平等）	1946 国連女性の地位委員会の設立
1947 民法改正（家制度廃止）／優生保護法／家庭裁判所の創設／労働基準法（母性保護）／風営法	1967 女性差別撤廃宣言
	※フェミニズムの第2の波／ウーマン・リブの進展
1956 売春防止法	1975 国際女性年／第1回世界女性会議（第22回国連総会）
1966 結婚退職制＝性差別判決	
1975 婦人企画推進本部（総理府）設置	1976 国連女性の10年（～85）
1984 国籍法改正	1979 女性差別撤廃条約
1985 女性差別撤廃条約の批准／男女雇用機会均等法／税制改革（特別扶養控除＝103万円の壁）／年金法改正（専業主婦の優遇＝130万円以内）	1980 第2回世界女性会議
	1985 第3回世界女性会議（ナイロビ会議）「ナイロビ将来戦略」
	※グローバル・フェミニズムの進展
1990 「1.57ショック」（少子化対策の開始）	1992 （国連）「環境と開発に関するリオ宣言」→「アジェンダ21」
1991 育児休業法	
1995 ILO156号条約の批准／育児・介護休業法	1993 カイロ人口会議（リプロダクティブ・ヘルス／ライツの定式化）／女性に対する暴力撤廃宣言
1996 法制審議会民法改正要綱／男女共同参画2000年プラン／母体保護法	
1997 均等法改正（禁止規定の拡大／セクハラ規定の導入）	1995 第4回世界女性会議（北京会議）・「北京行動綱領」
1999 男女共同参画社会基本法	※ジェンダー主流化
	1998 国際刑事裁判所ローマ規程
	1999 女性差別撤廃条約選択議定書
2000 第1次男女共同参画基本計画／児童虐待防止法／ストーカー規制法	2000 国連女性2000年会議／（国連）「MDGs（ミレニアム開発目標）」
2001 男女共同参画会議／内閣府男女共同参画局設置／DV防止法	2001 オランダで同性婚を承認（世界初）
2003 性同一性障害特例法	
2005 第2次男女共同参画基本計画／人身売買罪の新設（刑法）	2006 ジョグ・ジャカルタ宣言（LGBTの権利保障）
2007 均等法改正（間接差別の導入）	
2010 第3次男女共同参画基本計画	2011 （国連）UN Women正式発足
2012 「女性の活躍促進による経済活性化」行動計画策定	
2013 DV防止法改正	
2015 女性活躍推進法／第4次男女共同参画基本計画	2015 （国連）「2030アジェンダ」→「SDGs（持続可能な開発目標）」（目標5「ジェンダー平等」）
2017 刑法改正（強かん罪を強制性交等罪に）	2017 #Me Too運動の世界的拡大
2018 候補者男女均等法／外国人労働者の受け入れ促進を決定	

1 ジェンダー法学の基礎知識 7

キーワード 4　ジェンダー法学とその課題

➡1−5
➡2−1

◆**法女性学の成立**　女性の視点から歴史や社会のなかの女性性を問う「女性学 (women's studies)」は、**第2波フェミニズム**の影響を受けて、1970年頃にアメリカで生まれた。日本では、77年以降にいくつかの女性学関係の学会が設立された。80年代には日本でも「フェミニズム」が使われ始め、女性解放の視点に立つフェミニズム諸学が発展する。性差の構築作用を明らかにする「**ジェンダー研究** (gender studies)」が日本で浸透するのは、90年代半ば以降である。女性学の興隆を受け、法学分野では、「**法女性学**」(金城清子『法女性学』1983年) が成立した。「フェミニズム法学」という語も使われたが、今日では「ジェンダー法学」という名称が一般化している。

◆**ジェンダー法学の課題**　ジェンダー法学の課題は2つある。**1**独立した学問領域としての確立、**2**法学全体における「ジェンダー主流化」の牽引役としての役割である。2003年に**ジェンダー法学会**が発足し、**1**はほぼ達成された。しかし、**2**はまだ途上にある。ジェンダー法学は、①「関係性の学」、②「批判の学」、③「救済の学」である。①「関係性の学」たるジェンダー法学は、「公的領域」(国家・市民社会) を前提に立論する既存の法学体系を組み替える。ジェンダー法学は、身体をもつ傷つきやすい個人から出発し、親密な関係 (家族など) における法の役割を問い、そのうえで国家や市民社会 (市場・公共圏) における「一般的他者 (市民)」相互の法的関係を論じよう

ジェンダー法学

関係性の学

批判の学　　救済の学

とする。②「批判の学」として、ジェンダー法学は学際的視点から現行法制の問題点を発見する。③「救済の学」たるジェンダー法学は、広義の性差別を是正し、被害者を救済するための法解釈や法理論の構築を目指す実践的学問にほかならない。(M)

8　第Ⅰ部　ようこそジェンダー法学へ

コラム　国連の動向と世界女性会議

　世界女性会議は、過去に4回開催された。1975年、「真の女性の解放は、人間の解放であり、世界経済秩序の変革でなければならない」と謳った第1回世界女性会議（メキシコ・シティ）を受け、「国連女性の10年」キャンペーン（1976～85年）が始まる。同会議では「世界行動計画」が策定され、「平等・開発（発展）・平和」が目標に掲げられた。この間に、女性差別撤廃条約（1979年）が成立し、コペンハーゲンで開かれた第2回会議（1980年）では条約署名・批准のセレモニーが開催された。

　「国連女性の10年」を締めくくる第3回世界女性会議（ナイロビ会議：1985年）では「ナイロビ将来戦略」が採択され、グローバル・フェミニズムが幕をあげる。「ナイロビ将来戦略」では、発展途上諸国の要望に応えて、植民地主義を清算しつつ保障すべき「平和的生存の権利」や「発展の権利」が盛り込まれた。

　1995年の第4回世界女性会議（北京会議）では、「北京行動綱領」が採択され、ジェンダー主流化が提唱された。北京会議は日本にも大きな影響を与え、男女共同参画社会基本法が成立するきっかけとなる。これらの世界女性会議には、NPOやNGOが数多く参加し、女性解放は国家を超えてすすめられている。

コラム　フェミニズムの第2の波

　フェミニズムは、「女性解放論／女性解放運動」を意味する。初期フェミニズムは18世紀末のフランス革命期に登場した。オランプ・ドゥ・グージュやメアリ・ウルストンクラフトがよく知られる。その後、第一次大戦までのフェミニズムの昂揚を「フェミニズムの第1の波」と呼ぶ。女性参政権の実現と高等教育を受ける権利が主な主張であった。20世紀初頭にこれらの権利が実現すると、フェミニズムは下火になる。フェミニズムが再び活性化したのは、ウーマン・リブが起こった1960年代である。これを「フェミニズムの第2の波」と呼ぶ。第2波フェミニズムは「ジェンダー」を発見し、セクハラやDV、セカンドレイプなどの新しい概念を作り出した。90年代以降のフェミニズムは、グローバル化やクイア理論への対応から新たな局面を迎えており、しばしば「第3の波」と呼ばれる。

　女性学・フェミニズム諸学・ジェンダー研究　これらは、いずれも新しい学際的な学問である。既存学問を批判的に検証するという特徴を共有し、非常に密接な関係をもつが、同一ではない。女性学からフェミニズム諸学そしてジェンダー研究へと解消・発展してきたわけでもない。三者は目的と射程をやや異にしながら、互いに重なり合いつつ共存する隣接学問である。しかし、同一研究者が時代とともに女性学からフェミニズム諸学そしてジェンダー研究へと関心を移したり、テーマを拡大しているケースも少なくない。

| 比較 **5** | 法学教育・司法のジェンダー・バイアス | → 1 - 4
→ 7 - 8 |

◆**法学教育のジェンダー・バイアス**　　法学部は、12世紀末に、古代ローマ法学の復活拠点となった**ボローニア大学**（イタリア）で誕生した。75校ほどあった中世の大学はすべて共通のシステムをとっており、教養課程のうえに神・法・医という３つの専門学部を擁していた。大学は、19世紀末まで完全な男性組織であった。法学部に女性が入学を許可されたのは20世紀初頭のことである。

　日本の近代的司法制度と法曹制度は、1872年の**司法職務定制**に始まる。裁判官と検察官は当初から官僚組織に組み込まれており、司法省法学校や帝国大学などの出身者で占められた。当初、代言人と呼ばれた弁護士は、1893年の**弁護士法**❶により弁護士会に組織化され、司法試験により選抜されるようになる。女性が帝国大学に入学したのは1913年（東北帝国大学理学部）、私立法学校に入学したのは1929年、司法試験受験資格を得たのは1933年である。

◆**法曹のジェンダー・バイアス**　　フランスでは「司法の女性化」が進み、合格者の８割が女性、全司法官の58％が女性である（2010年）。ドイツでも合格者の過半数が女性となり、裁判官・検察官の40％ほどが女性である（2009年）。日本でもしだいに女性法曹の比率は増えているが、まだ20％前後にとどまる❸。男女法曹の収入格差❹や担当事件・顧問先❺の差も大きい。女性弁護士は「家事事件」専門とのステレオタイプな見方が固定化する傾向すらある。

◆**加害者となる司法関係者**　　ジェンダー法学を学ぶ機会がなく、自らのジェンダー・バイアスに気づかない法曹や調停委員は少なくない。これは、家事事件や刑事事件で深刻な二次被害を生む❷。離婚調停でDV加害夫との離婚を切に求める妻に対して離婚を思いとどまるよう説得したり、レイプ事件で被害者の「落ち度」を責め立てるような行為は、司法関係者による加害行為にほかならない。(M)

❶ 弁護士法（1893年）
第2条　弁護士タラムト欲スル者ハ左ノ条件ヲ具フルコトヲ要ス
一　日本臣民ニシテ民法上ノ能力ヲ有スル成年以上ノ男子タルコト
二　弁護士試験規則ニ依リ試験ニ及第シタルコト

❷ 日本弁護士連合会第53回定期総会「ジェンダーの視点を盛り込んだ司法改革の実現をめざす決議」（2002年）［日弁連HP］

「…司法の分野におけるジェンダー・バイアスの存在も例外ではない。とくに、司法の判断が、個々の人権に重大な影響をもたらすこと、裁判による規範定立を通じてジェンダー・バイアスを再生産してしまうこと、さらに、救済を求めて司法を利用する人々が、ジェンダー・バイアスによりその利用を非難されることで、いわば二次的被害さえ生じていること、などを見逃すわけにはいかない。…」

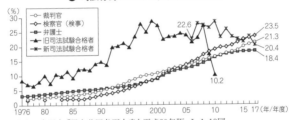

❸ 司法分野における女性割合の推移

出典：内閣府『男女共同参画白書』平成30年版、Ⅰ-1-10図

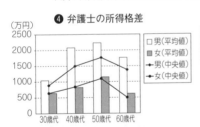

❹ 弁護士の所得格差

❺ 民事ケース依頼者別性比

	個人	中小企業	大企業	官公庁	その他
男性	51.0%	23.6%	18.4%	2.0%	4.9%
女性	73.7%	15.2%	7.5%	0.7%	2.8%

出典：第二東京弁護士会両性の平等に関する委員会／司法におけるジェンダー問題諮問会議編2009：❹は327頁、❺は329頁より

コラム　日本初の女性弁護士

　1893（明26）年の弁護士法では、弁護士の要件として「男子」と明記されていた。1933（昭8）年の改正弁護士法によりようやく女性にも法曹資格が認められる。1940年、3人の女性（久米愛・三淵嘉子・中田正子）がはじめて司法試験に合格した。しかし、処遇は対等ではなかった。久米は「女性は感情的」等の理由で裁判官への任官を拒否され、戦後、女性初の裁判官となった三淵は、家庭裁判所に居場所を見いだした。

1　ジェンダー法学の基礎知識　11

| 比較 6 | 国際社会のなかの日本　ジェンダー・ギャップ指数 | ➡2-1
➡2-8 |

◆ジェンダー指数　　ジェンダー指数とは、ジェンダー平等の達成度をはかる国際指標である。1995年、国連開発計画が導入したジェンダー指数が「人間開発指数」と「ジェンダー・エンパワーメント指数」であった。2009年以降、両者を統合した「ジェンダー不平等指数GII」が利用されている。一方、2005年以降、世界経済フォーラムが各国内の男女間の格差を数値化しランク付けしている（**グローバル・ジェンダー・ギャップ指数GGGI**）❶。GGGIは、ジェンダー平等の達成度を最も正確に反映するといわれる。ジェンダー・ギャップ指数が示す日本の順位は著しく低い（2014年104位、2016年111位、2018年110位、2020年120位）。

◆ダイバーシティとジェンダー　　今日の国際社会では、「**ダイバーシティ（多様性）**」がキーワードになっている。意思決定過程の多様性を確保することがリスク回避に非常に有効だとわかってきたからである❷。経営幹部のダイバーシティ（ボード・ダイバーシティ）はいまや企業の評価を決定する。いくつかの国では「取締役クオータ制」が導入された❸。一方、日本では、女性管理職比率が極めて低いだけでなく、特に経営幹部に女性がほとんどいない。

◆女性活躍推進法　　2015年、**女性活躍推進法**[*]が成立した。国・地方公共団体、301人以上の大企業（対象は約1万6000）に対して、女性活躍に関する状況把握・課題分析（①採用者に占める女性比率、②勤続年数の男女差、③労働時間の状況、④管理職に占める女性比率は「基礎項目」として状況把握が必須）や数値目標等の設定、情報公表を義務付けるものである。357万（2016年）に及ぶ中小企業については努力義務にとどまる。同法には、数値目標達成に向けた強制力がないなど、クオータ制としては限界が多い。しかし、公共調達における優遇措置（「えるぼし認定」）や厚生労働大臣の認定制度（3段階評価）があり、今後の実効性が期待できる。（M）

❶ HDI、GII、GGGIにおける日本の順位

① HDI 2019 (人間開発指数)			② GII 2019 (ジェンダー不平等指数)			③ GGGI 2020 (ジェンダー・ギャップ指数)		
順位	国 名	HDI値	順位	国 名	GII値	順位	国 名	GGGI値
1	ノルウェー	0.957	1	スイス	0.025	1	アイスランド	0.892
2	アイルランド	0.955	2	デンマーク	0.038	2	フィンランド	0.861
2	スイス	0.955	3	スウェーデン	0.039	3	ノルウェー	0.849
4	香港(SAR)	0.949	4	オランダ	0.043	4	ニュージーランド	0.840
4	アイスランド	0.949	4	ベルギー	0.043	4	スウェーデン	0.823
6	ドイツ	0.947	6	ノルウェー	0.045	6	ナミビア	0.809
7	スウェーデン	0.945	7	フィンランド	0.047	7	ルワンダ	0.805
8	オーストラリア	0.944	8	フランス	0.049	8	リトアニア	0.804
8	オランダ	0.944	9	アイスランド	0.058	9	アイルランド	0.800
10	デンマーク	0.940	10	スロベニア	0.063	10	スイス	0.798
18	オーストリア	0.922	21	エストニア	0.086	118	ギニア	0.660
19	イスラエル	0.919	21	キプロス	0.086	119	アンゴラ	0.657
19	日 本	0.919	23	アイルランド	0.093	120	日 本	0.656
19	リヒテンシュタイン	0.919	24	日 本	0.094	121	シエラレオネ	0.655
22	スロベニア	0.917	25	オーストラリア	0.097	122	グアテマラ	0.655

出典：国連開発計画「人間開発報告書2020」、世界経済フォーラム「The Grobal Gender Gap Report 2021」より作成

◆ 各指数の指標

HDI：3指標（長寿を全うできる健康的な生活、知識、人並みの生活水準）
GII：3指標（保健・エンパワーメント・労働市場）
GGGI：世界経済フォーラムによる指標。①給与、参加レベル、および専門職での雇用、②初等教育や高等・専門教育への就学、③寿命と男女比、④意思決定機関への参画により測定する。

❷「女性活躍」の経済効果

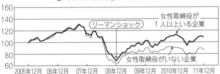

出典：経済産業省経済産業政策局資料「成長戦略としての女性活躍の推進」2014年11月

◆ 全世界の企業で、女性取締役を1人以上有する企業は、1人もいない企業と比べ、2008年の金融危機時に良い業績を残し、回復も早かった。

❸ 女性管理職の増加策

国 名	根拠法（制定年）	対 象	割当の内容
イスラエル	国営企業法(1993年)	国営企業	女性取締役がいない場合、担当大臣が女性を任命。
	会社法(1999年)	企業	取締役に一方の性がいない場合、義務的に任命される社外取締役2名のうち1名はもう一方の性とする。
スペイン	実践的男女平等法(2007年)	従業員250名以上の上場企業	2015年までに女性の割合を40%以上60%以下にする。
オランダ	専務・常務取締役におけるジェンダー・クオータ法(2009年)	・国営企業 ・従業員250名以上の有限責任会社	2015年までに男女それぞれ30%以上。 遵守できない企業は説明が求められる。
フランス	取締役および監査役の構成に関する法律(2011年) ※2017年までの時限立法	・上場企業 ・非上場企業のうち最近3年間の年商が5,000万ユーロ以上かつ従業員を少なくとも500名雇用している企業	・2011年から上場企業は6年以内、非上場企業は9年以内に男女それぞれ40%以上。ただし、上場企業は3年以内に20%以上とする。 ・一方の性のみで取締役会が構成される企業は2012年度までにもう一方の性を少なくとも1名登用する。

出典：内閣府『男女共同参画白書』平成23年版

判例 7 　逸失利益の男女格差

交通事故に基づく損害賠償請求事件（札幌高判平14年5月2日LEX/DB28071973）

【事実】交通事故で女子年少者に後遺障害を負わせてしまった加害者に対して、被害者が損害賠償を請求した。地裁は被害者の請求を認めたが、損害賠償額については、金額の低い女性一般の平均賃金に基づいて計算を行った。これに対して、同じ障害であるにもかかわらず、社会において男女に**賃金格差**があるというだけの理由で、男女の損害賠償額が異なるのは不合理であるとして、被害者が控訴した。

【判旨】原判決変更。「賃金センサスによれば、現在でも男女間の平均賃金に格差があることは明らかであって、これが近い将来解消される見込み」はない。しかし、「女子の就労を取り巻く社会状況が変化してきていることも明らかであって、制度的にも、いわゆる男女雇用機会均等法の制定や労働基準法の女子保護規定の撤廃等により、雇用の分野における男女の均等な機会及び待遇の確保が図られるとともに、女子の職域が大幅に拡大されてきているところ、雇用の実情をみても、従前男子のみの職種とされていた職場への女子の進出、或いは管理職に登用される女子の増加など、職種や就労形態での男女間の相違は確実に狭まりつつあり、この傾向は今後も続くものと予測される」。「賃金センサスに顕れた男女間の賃金格差は…労働能力の差異に由来すると単純に結論付けられるものではない。…昔からの**男女の役割分担**の考え方に影響されて…女子労働者が…家事労働により多くを振り分けなければならなかったことに起因している面が多分にある」。「逸失利益の算定は…男女を合わせた全労働者の全年齢平均賃金をその基礎として採用するのがより合理的というべきである」。(S)

━━━━━━━━━━━━━━━━━━━━━━━━━━━━━━━━━━━

解説：所得を得る蓋然性と逸失利益の関係　　札幌高裁のこの処理は、一見合理的なものに感じられるが、まだまだ課題は大きい。そもそも、損害賠償額の評価に際して、逸失利益を「将来得るであろう所得の額」を基準として計算する方法は、正しいあり方なのだろうか。男女の平均賃金をもって、女性の逸失利益計算の基準とすることは、たしかに男女平等な計算になる。　しかし、それでは、家事労働の評価についても、男女の平均賃金に基づくべきなのだろうか。　もし、家事労働の評価について、男女の平均賃金を基準とすれば、実際に生きて働く女性の労働よりも、亡くなった女性の家事労働のほうが、評価が高くなってしまう。それで、本当に平等といえるだろうか。もっと深刻な問題は、重度の障害児が事故に遭った場合の逸失利益の計算ができないとい

うことである。2007年、実際にあった事件だが、ショートステイ先の施設で事故に遭い、死亡した子どもの逸失利益が、裁判所で争われた。被告の施設側は、逸失利益はゼロとして慰謝料のみを支払うと主張し、原告は通常の子どもと同じ扱いにするように求めた。裁判所が和解を勧告して紛争は解決したが、実際にその子どもの逸失利益は、障害年金に基づいて計算した700万円余にすぎない（他に慰謝料が2000万円である）。重度の障害者が将来得られるであろう所得は、確かに高くはないかもしれない。しかし、就労できない障害者の逸失利益がゼロとか、相当に低いということは、障害者の生命の価値を無視するものでしかないのではないか。実際に、障害児の逸失利益が相当程度低いことになれば、障害児を預かる施設の責任は、健常児を預かる責任よりも軽いことを国家が認めてしまうになる。しかし、それでは、不公正なだけではなく、差別や虐待の危険性を誘発することになるだろう。（2007年の事件について、「『憲法の精神 命は平等』／障害児『逸失利益ゼロ』／名地裁で遺族争う」2010年5月2日『中日新聞』朝刊を参照）

🐟コラム🐟　逸失利益—外国人労働者の場合

　逸失利益の算定において、問題となるのはジェンダーだけではない。不法就労で働いていた労働者が労災に遭った場合、その逸失利益はどのように算定するべきなのかについて、最高裁は、予測されるわが国での就労可能期間ないし滞在可能期間内はわが国での収入等を基礎とし、「その後は想定される出国先（多くは母国）での収入等を基礎として逸失利益を算定するのが合理的」と判断した（改進社事件（最三小判平9年1月28日民集51巻1号78頁））。適正な労働環境を保障するという視点に立つ時、日本人と外国人を区別するような判断は、正しいといえるだろうか。

🐟コラム🐟　男性差別の例—外貌障害

　仕事が原因で、顔など外貌にひどい傷が残った場合、労災補償がなされる（218頁参照）。外貌障害は、職務能力を損なうものではないが、就職が不利になったり、接待や営業が難しくなったりするので（それは社会の偏見が原因だが）、補償されるのである。ところが、この補償の給付水準、女性のほうが男性よりも高かった。社会で女性の外貌が重視されている（これも、女性差別が原因）からである。そこで、職務遂行に起因して、顔等にやけどを負ったある男性が、この補償基準は性差別であって、憲法14条に反するとして、国を訴えた。裁判所は男性の請求を認め、政府は労災補償の基準を見直すこととなった（国・園部労基署長〔障害等級男女差〕事件：京都地判平22年5月27日労判1010号11頁）。

1 ジェンダー法学の基礎知識　15

コラム　教育における男女平等を目指して

　教員とは、女性が比較的多く活躍している職業である。そのため、早くから、教員の育児休業などの制度が発達してきた。また、女性教員の中には、教育における男女平等を目指した活動を続けてきた者も少なくない。それは、第一に、家庭科共修の運動を上げることができるだろう。家庭科は、長く女子生徒だけに必修の科目だった。そのため、社会における性別役割分業は固定され、女子生徒の将来の選択肢も狭められていた。一人暮らしをする男子生徒の生活にも、よくない影響があった。この状況を改革しようと、学校教員を中心とした家庭科の男女共修を求める運動は、地道に続けられ、ついに、中学では1993年に、高校では1994年に男女ともに必修となった。女子生徒だけが学んでいた頃は、主に料理と裁縫が中心だった家庭科であったが、現在の家庭科の教科書を開いてみると、福祉とボランティア、経済の仕組みと消費者としての自立、環境問題や健康といった幅広い分野にまたがる科目となっていることに気がつくだろう。

　第二に、男女混合名簿の導入に関する運動である。学校では、体育や健康診断などの際に、男女別の名簿のほうが、管理する側にとっては便利であろう。しかし、男女別の名簿は、通常、男子が先で女子が後になる。男性が女性よりも優先されるという印象をこどもたちに与え、その結果、男性優先の固定観念を生み出してしまう。そのため、学校教育においては、名簿は性別によらないものを使うべきであるという主張が繰り広げられてきた。特に、1999年に男女共同参画社会基本法が制定されてからは、男女混合名簿が使われる自治体が増えている。(S)

コラム　医学部医学系入試（2018年）にみるジェンダー・バイアス

　2018年、ショッキングなニュースが日本を駆け巡った。某医科大学入試で、多浪生とならんで女子受験生を一律減点（100点満点中20点減点）していたというものである。文部科学省は、急遽、調査に乗り出した。その結果、全国81の医学部医学系を擁する大学のいくつかで面接などにおいて女子受験生への不公正処遇が確認されたという。性別に基づく不公正処遇は、憲法に定める「平等」原則（14条*）並びに「教育を受ける権利」（26条*）の趣旨に反し、教育基本法上も許されるものではない。

　しかし、いっそう衝撃的であったのは、女子受験生の不公正処遇につき、「理解できる」「ある程度理解できる」と回答した男女の現役医師が多かったことである（2018年8月3日ジョイ・ネット実施「現役医師への緊急アンケート」では65%）。女性医師からも、育児休業をとることが他の男女医師に迷惑をかけるという意見が寄せられた。背景には、医師の超多忙化という医療界の構造的問題がある。同時に、

一歩すすんで

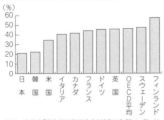

❶ 女性医師の占める割合（国際比較）

出典：内閣府『男女共同参画白書』平成30年版、Ⅰ-特-58

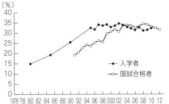

❷ 医学部入学者・国家試験合格者数に占める女性の割合

出典：厚生労働省HP（https://www.mhlw.go.jp/file/05-Shingikai-10801000-Iseikyoku-Soumuka/0000069214.pdf）

出産・育児を「権利」ではなく、当事者も周囲も「負担」と捉えてしまうジェンダー・バイアスをどう克服するかが厳しく問われよう。

今日、多くの国で医師の女性割合は急速に高まっている❶。これに対し、日本の場合には、1995年頃から医学部医学系入試合格者の女子割合が30％にとどまっている❷。医師に限らず、法律専門職でも、欧米諸国に比して日本の女性割合は低い（11頁）。女性が専門職として安心して活躍するには、ケアワークに対する社会的支援が不可欠である。（M）

コラム 「法は家庭に入らず」の見直し

仕事やデパートに行くとき、私たちは外出着を着て、カバンを手にし、心なしか気合を入れる。対して、家庭ではくつろいだ格好でテレビを見たり、ペットを撫でたりして過ごす。こうしたふるまいは、「家の外」と「家の中」をはっきり区別しているからである。

「家の外」は「公的領域」で、外交・政治・金融・マスコミなど日常生活とはかけ離れた問題が展開する場、「家の中」は「私的領域」で、家族や友人など親しい者と過ごす場——公と私をこのように二分する考え方は比較的新しい。前近代社会では「家」は公的な性格をもち、「親密性」は価値をもたず、個人のプライバシーは保護されなかった。しかし、近代社会では、法は基本的に「公的領域」におけるルールとされ、「国家と個人」に関する法（公法）と「私人と私人（他人同士）」に関する法（私法）に二分された。家父長（夫＝父）の懲戒権が認められ、「法は家庭に入らず」が原則とされたのである。妻や子どもに対する暴力は長く不可視化されてしまった。

この原則は、欧米では1970年代から見直され始めたが、日本では1999年にようやく排除された。DV防止法や児童虐待防止法など「私的領域」に介入する法が登場したのである。家族やプライバシーへの安易な介入は避けなければならないが、「家庭」を聖域とする価値観は根本的に見直さなければならない。多くの暴力が親密な関係で生じるからである。（M）

1　ジェンダー法学の基礎知識　17

友だちがこう言ったら、あなたはどう答えますか?

「デート代は全部ボクが支払うよ。男だから当然だ。」

レストランのレジで…

「うちの家は共働きなの。ご飯をつくるのはいつもお母さん。お父さんは早く戻ってきてても、なにもしない。これって、あたりまえなのかなあ…」

学食でグチ話…

あなたはどれ派?

「バリバリ働いて出世街道まっしぐら。家庭を犠牲にしてもしかたないさ。」

「ボクは草食系。キャリア・ウーマンに養ってもらって、専業主夫になりたいナ…」

「結婚相手は年収1千万以上!働く気なんかさらさらないもの。」

「卒業したら一流企業に就職して、30歳くらいで結婚して、妻は専業主婦で、子どもは2人で、郊外の一戸建てに住みたい。それがボクのささやかな夢です。」

「一生シングル。でも子どもはほしいから、精子バンクを使うわ。」

「夫婦共働きで、家事も育児も対等よ。夫はイクメン以外ダメッ!」

 さて、あなたの将来像は?

II

ジェンダー主流化にむけて

2 国際社会の動向とジェンダー主流化の展開

概説 1　ジェンダー主流化

➡2-2
➡5-1

◆**ジェンダー主流化**　ジェンダー主流化 (gender mainstreaming) は、1990年代に登場した新しい潮流である。その起点は、**ウィーン世界人権会議**(1993年)と**北京会議**(1995年)とされる。国連では、1997年に経済社会理事会が採択した定義が用いられる。ジェンダー主流化の最終目標は、**ジェンダー平等**(gender equality)の達成にある。ジェンダー主流化は、3つの点で国際人権法のあり方を変えた。①個人モデルの修正、②私的領域への関心の拡大、③ジェンダー化された国内法への揺さぶりである。それは、国際人権法のコンテクストを根底からつむぎなおすものであった。

◆**国際人権法の3段階**　ジェンダー平等の視点から**国際人権法**を捉えると、3段階の発展があることがわかる。①「法律上の平等」が求められた時期(第1期)、②「事実上の平等」が意識された時期(第2期)、③「ジェンダー主流化」が確立した時期(第3期)である。

◆**「法律上の平等」の限界**　国際人権法の中核をなすのが、**世界人権宣言**(1948年)である。しかし、同宣言もまたジェンダー・バイアスを免れていない。想定された個人(ひと)は、「健常な成人の(白人)男性」であった。男性モデルにのっとった男女平等は「形式的平等」の枠を超えていない。「法律上の平等」は、公的領域における女性の地位を男性並みに引き上げることを目指したのである。1960年代にな

ると、「法律上の平等」と「事実上の平等」が一致しないことが認識されるようになる。**女性差別撤廃宣言**（1967年）は差別的な慣習や慣行の撤廃を求めたが、女性が家庭責任を果たすことを前提としたうえでの女性保護を求め、性別役割分業規範を免れていない。

◆**「事実上の平等」からジェンダー主流化へ**　**女性差別撤廃条約**（1979年）は性別役割分業を否定した。「事実上の平等」を求める動きはますます強まる。**ILO第156号条約**では、男女双方の家庭責任を前提にした労働条件の改善が目指された。ウィーン世界人権会議は「女性の権利は人権である」をスローガンとし、**女性に対する暴力撤廃宣言**（1993年）は私的領域での暴力の撤廃を課題として掲げた。北京会議ではジェンダー主流化が宣言され、**国際刑事裁判所ローマ規程**（1998年）が国際条約としてはじめてジェンダーを定義した。1999年、個人通報制度を定めた選択議定書が採択され、国内法の不備による被害者を国際法が救済する道がひらかれる。2000年以降、平和維持活動におけるジェンダーの視点、**複合差別**への関心など、ジェンダー主流化の潮流が広がっている。（M）

❖ 国連経済社会理事会における「ジェンダー主流化」

① **国連経済社会理事会**（1997年）

「ジェンダー観点を主流化するということは、あらゆる領域とレベルにおいて、法律、政策もしくはプログラムを含む全ての活動が、男性と女性に対して及ぼす影響を評価するプロセスなのである。これは、女性の関心と経験を、男性のそれと同じく、あらゆる政治、経済、社会の分野における政策とプログラムをデザインし、実施し、モニターし、評価するにあたっての不可欠な部分にするための戦略であり、その結果、男女は平等に利益を受けるようになり、不平等は永続しなくなる。主流化の最終の目標は、ジェンダー平等を達成することである」。[山下・植野2004：468-469頁]

② **2005年世界サミットの成果文書**（2005年）

「59　我々は、ジェンダー平等を実現するためのツールとしてジェンダー主流化の重要性を認識する。この目的のために、我々は、政治、経済、社会のあらゆる分野における政策及びプログラムの企画、実施、モニタリング、評価において、ジェンダーの視点の主流化を積極的に推進することを約束し、さらに、ジェンダー分野において国連システムの対応能力を強化することを約束する」。[外務省HP]

キーワード 2　女性差別撤廃条約

→2-3
→3-7

◆**女性差別撤廃条約**　　性差別廃止のための最も基本的な条約が、**女性差別撤廃条約**（1979年）である。国連**女性の地位委員会**は、**女性差別撤廃宣言❶**（1967年）を条約に発展させるべく、1974年から草案作りを始めた。79年の第34回国連総会で、賛成130の圧倒的多数を得て、女性差別撤廃条約が採択された。2021年5月現在で締約国189か国（未締約国はアメリカ〔ただし1980年署名済み〕・イラン・ソマリアなど）である。同条約は、前文（15パラグラフ）と本文30か条（6部構成）からなる。第1部総論（1〜6条）、第2部公的生活（7〜9条）、第3部社会生活（10〜14条）、第4部私的生活（15〜16条）、第5部女性差別撤廃委員会（CEDAW）（17〜22条）、第6部最終条項（23〜30条）である。

女性差別撤廃条約は次のような3つの特徴をもつ。①男女の固定的な性役割を否定している（前文第14パラグラフ*、5*）。②個人や社会慣行による性差別の撤廃をも求めている（2条*）。③ポジティブ・アクションを肯定している（4条*）。

◆**日本の法改正**　　日本は、女性差別撤廃条約を1980年に署名、85年に批准した（72番目）。批准にあたって3つの改革を行った。①**国籍法**の改正（父系血統主義から父母両系主義へ／外国人配偶者の国籍を男女平等へ）、②**学習指導要領**の改訂（高校家庭科を女子のみ必修から男女の選択必修へ）、③**男女雇用機会均等法**の制定である。

◆**選択議定書**　　選択議定書とは、条約で定められている権利や保護を強化・追加し、いっそう詳細な規定を定めるものである。選択議定書を批准するか否かは、条約批准国に委ねられている。1999年、**女性差別撤廃条約選択議定書❷**が採択された。そこでは、2つの新しい制度が定められ、条約を守らせる力が飛躍的に高まった。**個人通報制度**（権利を侵害された個人が国内法で救済されない場合に直接CEDAWに申立てができる）と**調査制度**（条約に対する重大または組織的侵害があるという確かな情報を受け取った場合にCEDAWが調査できる）である。（M）

22　第Ⅱ部　ジェンダー主流化にむけて

❶ 女性差別撤廃宣言（1967年）

前文 …社会的、経済的、文化的生活に対してなされた女子の偉大な貢献、及び家族特に子の養育における女子の役割に留意し、…

第1条　男子との権利の平等を実際上否定又は制限する女子に対する差別は、基本的に不正であり、人間の尊厳に対する侵犯である。

第6条　1　社会の基礎的単位である家族の統一と調和の維持を害することなく、既婚、未婚を問わず女子に対し、私法の分野において男子と同等の権利、特に次の権利を保証（保障）するために、すべての適切な措置、特に立法上の措置がとられなければならない。

❷ 女性差別撤廃条約選択議定書（公定訳：女子に対するあらゆる形態の差別の撤廃に関する条約選択議定書：1999年・日本未批准）

第1条（個人通報に関する委員会の権限）　この議定書の締約国（「締約国」）は、第2条に基づき提出された通報を、女子差別撤廃委員会（「委員会」）が受理し及び審査する権限を有することを認める。

第2条（通報制度）　通報は、締約国の管轄の下にある個人または集団であって、条約に定めるいずれかの権利の侵害の被害者であると主張する者またはそれらの者のために行動する者が、提出することができる。通報が個人または集団のために提出される場合には、当該通報は、通報者が個人または集団の同意なしにそれらの者のために行動することを正当化できる場合を除くほか、当該個人または集団の同意がなければならない。

第8条（調査制度）　1　委員会は、締約国による条約に定める権利の重大又は組織的な侵害を示唆する信頼できる情報を受理した場合には、当該締約国に対し、情報の検討における協力及び、この目的のために関係情報に関する見解の提出を促す。

2　委員会は、当該締約国から提出された見解及びその他の信頼できる情報があれば、これらを考慮した上で、調査を実施し、委員会に緊急の報告を行うよう1人又は複数の委員を指名することができる。…

5　かかる調査は極秘に行うものとし、手続きのあらゆる段階において、当該締約国の協力が求められる。

〜コラム〜　女性差別撤廃宣言

　1946年、国際連合発足後まもなく、女性の地位委員会が設立された。当初の国連加盟国51か国のうち、20か国にまだ女性参政権がない状況下で、委員会は女性の法的権利の整備に取り組む。女性参政権（1952年）、既婚女性の国籍（57年）、婚姻の同意等（62年）に関する3つの条約が制定された。こののち、委員会はあらゆる女性問題を包括的に規定した文書をつくるよう方針を変え、成果は女性に対する差別撤廃宣言（67年）に実を結ぶ。しかし、同宣言は、「家族特に子の養育における女性の役割に留意し」（前文）と定めるなど、ジェンダー視点を欠いていた。

キーワード3 CEDAWによるレポート審議と個人通報制度 →5-4 →10-6

◆**CEDAWによるレポート審議**　女性差別撤廃条約の履行を監視する基本的手段は、**政府レポート審議**である。同条約の締約国は、条約批准後1年以内に、その後は4年ごとにレポートを提出し、**女性差別撤廃委員会**（CEDAW）による審議を受けなければならない（18条）。しかし、審議を担当するCEDAWは、国連の諸人権機関のなかで必ずしも主流を占めなかった。当初は開催期間も短く（年間2週間）、審議が停滞した。2007年にジェンダー主流化の流れに即して、事態が改善されている（年間3回各期3週間に開催期間を延長）。日本は、2016年までに8回レポートを提出し、5回の審議を受けている❶。審議ののち最終見解（総括所見・最終レポート）が出される。そこで示された勧告は、日本の法改正にも大きな影響を与えてきた。2016年最終見解❷では、「ジェンダー主流化やジェンダー予算を含む取組を効果的に行うことができるよう様々な部門の役割を明確にすることにより、締約国が女性の地位向上のための国内本部機構を引き続き強化していくこと」が勧告された。

◆**個人通報制度**　**個人通報制度**の必要性は条約起草時に一部の国から主張されていたものの、女性差別は深刻な国際犯罪ではないとか、各国の文化的・社会的伝統に根ざした女性差別は調査・勧告になじまないとする見解のほうが支配的であった。1980年代後半に冷戦後の内戦による女性に対する暴力がクローズアップされ、事態が変わる。個人通報制度と**調査制度**を定めた女性差別撤廃条約選択議定書（1999年）は、109か国が批准している（2018年8月現在、日本は未批准）。選択議定書で個人通報制度を定めているのは9条約で、自由権規約や社会権規約も含まれる。日本はそのすべてについて個人通報制度を批准していない。国内の人権保障状況の改善のために重要として、日弁連は個人通報制度の批准を強く求めている。司法アクセスから疎外されがちなマイノリティ女性のためにも個人通報制度の批准が望まれる❸。(M)

24　第II部　ジェンダー主流化にむけて

❶ 女性差別撤廃委員会による5回のレポート審議と日本の対応

審　議	主な指摘事項	日本の対応
第1回審議 （1988年）	・夫姓98％の是正 ・再婚禁止期間（6か月）の是正 ・育児休業制度の導入	・1991年育児休業法制定
第2回審議 （1994年）	・均等法の充実 ・戦時慰安婦問題への対応	・1997年均等法改正
第3回審議 （2003年）	・間接差別の導入 ・DV法改正 ・戦時慰安婦問題への対応 ・人身売買への対応 ・女性参画の促進 ・婚外子差別の是正	・2004／2007年DV法改正 ・2005年第2次男女共同参画基本計画での数値目標設定 ・2005年人身売買罪新設（刑法） ・2005年間接差別新設（均等法）
第4回審議 （2009年）	・2003年勧告への対応は「不十分であり遺憾」 ・民法改正（夫婦同姓・婚姻適齢の改正）は「直ちに行動を」	・2010年第3次男女共同参画基本計画での数値目標設定 ・2013年民法改正（婚外子相続差別の撤廃）
第5回審議 （2016年）	・女性に対する差別の包括的定義 ・民法改正（選択別姓導入・婚姻適齢平等化）「遅滞なきよう要請する」 ・暫定的特別措置（クオータ制） ・刑法改正（強姦の定義拡張）	・2017年刑法改正（強制性交等罪＝性犯罪の性中立化） ・2018年候補者男女均等法成立 ・2018年成年年齢改正18歳に→2022年に婚姻適齢を男女とも18歳にする

❷ CEDAWによる第5回日本レポート審議最終見解（2016年3月7日）[内閣府HP]

9．委員会は、締約国に以下を要請する：(a)本条約の規定を国内法に十分に取り入れること、(b)締約国の政府職員、国会議員、法律専門家、法執行官及び地域社会のリーダーを含めた関係者に対して、本条約及び委員会の一般勧告並びに女性の人権についての意識を啓発するため、既存のプログラムを強化すること、(c)選択議定書の批准を検討するとともに、選択議定書の下での委員会の法体系について法律専門家及び法執行官に対する研修を行うこと、並びに(d)今回の委員会の最終見解の実施について、明確な目標と指標を用いた国内行動計画の採択を検討すること。

❸ CEDAWへの個人通報の例[林陽子「女性差別撤廃条約個人通報制度の現段階」『ジェンダーと法』6号（2009年）、105-107頁]

1．ハンガリー（2000年12月批准）在住のロマ人女性に対する同意なき不妊手術

　2001年1月、ハンガリー在住のロマ人女性が死産のため、帝王切開で胎児を取り出す必要があると診断され、同意書にサインした。しかし、その同意書は不妊手術の同意書であった。女性を支援するNGOは、女性への補償を求める訴えを起こしたが、裁判所はこの訴えを認めなかった。CEDAWは、女性への補償の提供、不妊手術に関するインフォームド・コンセントの法律の見直しを勧告した。

2．オーストリア（2000年9月批准）在住のトルコ人女性に対するDV殺害事件

　被害者女性は夫からDV被害を受け、殺害の脅迫を受けていた。夫の逮捕を求めたが検察当局によって却下された結果、夫に殺害された（DV被害者保護団体が申立）。CEDAWは、DV防止法の強化、DV加害者を迅速に訴追し相当の注意義務を果たすこと、法執行関係者・司法関係者らに対するDVについての研修・教育の強化を勧告した。

| キー
ワード 4 | 平和とジェンダー | ➡5-4
➡5-7 |

◆平和・安全保障におけるジェンダー主流化　　ジェンダー主流化は、まず「開発」についての問題意識から始まった。すべての開発政策や事業の意思決定過程に男女双方が対等に関与するべきだという主張である。これに対し、政治・安全保障分野におけるジェンダー主流化は遅れた。後者の展開にとって大きな契機となったのが**女性と平和と安全に関する安保理決議1325号❶**（2000年）である。同決議は、紛争予防や紛争解決、PKO活動を含む平和と安全に関するすべての事項におけるジェンダー主流化をはかろうとするものであり、この分野における国連の重要な指針となっている。

◆女性兵士　　女性兵士の問題については見解が対立している。「女性にも戦闘参加の自由を」と主張するリベラル・フェミニズム、女性解放を反戦・平和と結びつけるラディカル・フェミニズム、母性主義の立場から戦争への女性参加を否定する保守派グループなどである。20世紀の総力戦における「男は前線、女は銃後」という役割分担を否定して、アメリカではヴェトナム戦争以降、女性の軍隊参加が要求された。1990年代後半以降、多くの国で女性兵士が増えている（自衛隊における女性隊員の比率は2018年3月末現在、約1.5万人で全自衛官の約6.5%）。今日、徴兵制を実施している国は減少傾向にあり❷、2011年、ドイツは徴兵制を停止した。女性兵士の問題を女性の権利として論じる前に、男性のみへの兵役強制の妥当性をまず問わねばならない。

◆平和・人権・ジェンダー　　戦闘時のリスクや人権侵害は、リスクの定義権・管理権を掌握するパワー・エリートには及びにくい。それは、システム周辺部の女性や子ども・老人あるいは経済的・社会的弱者に集中する傾向にある。「他者の脆い生」への共感、性差を問わない平和への希求、そして戦争自体が人権侵害であることをふまえ、「平和・人権・ジェンダー」を問わねばならない。(M)

26　第Ⅱ部　ジェンダー主流化にむけて

❶ 国連安全保障理事会決議1325号（2000年：全18項目）

　安全保障理事会は、…北京宣言及び行動綱領（A/52/231）および第23回国連特別総会「女性2000：21世紀に向けたジェンダー平等、開発、平和」成果文書（A/S-23/10/Rev.1）におけるコミットメント、とりわけ女性と武力紛争に関する事項を想起し、国連憲章の目的および原則、そしてその下における、国際的平和と安全保障を維持するという安全保障理事会の主要な責任を留意し、…平和維持活動においてジェンダーの視点を早急に主流化する必要を認識し、…、

1. 紛争の予防、管理、解決に向けた活動を行う国内・地域・国際的な組織及び機関のあらゆる意思決定レベルに女性の参加がさらに促進されるよう加盟国に強く求める。
5. 国連安全保障理事会は平和維持活動において、ジェンダーの視点に立った活動が行われることが望ましいことを表明する。適正に応じて現地の活動にジェンダーの要素を取り入れることを保障するよう事務総長に強く求める。
7. 加盟国に対し、国連女性基金や国連児童基金、国連難民高等弁務官事務所、その他の関連基金やプログラムによって行われているジェンダートレーニングの努力に対して、資金的、技術的および事務所体制強化に向けた支援を自主的に拡大するよう求める。
8. 和平協定の交渉、実施の際には、全ての関係媒体が、ジェンダーの視点を取り入れることを求める。
10. 武力紛争に関わるあらゆる関係者に、ジェンダーに基づく暴力、特にレイプやその他の形態の性的虐待、また武力紛争下におけるその他のあらゆる形態の暴力から、女性や女児を保護する特別な方策をとることを求める。
15. 安全保障理事会はジェンダーの視点に立ち、女性の権利の確保も考慮しつつ任務を遂行することを表明する。これらは、現地および国際的な女性グループとの対話等をも通じて行うものである。
16. 事務総長に対し、武力紛争が女性と女児に与える影響や、平和構築における女性の役割、和平プロセスと紛争解決におけるジェンダーに関する側面の研究を実施するよう招請する。またさらに、安全保障理事会に研究結果を報告し、すべての国連加盟国がこの報告を活用できるようにするよう招請する。
17. 事務総長に対し、平和維持活動やその他のあらゆる女性や女児に関わる活動においてどの程度ジェンダー主流化が進展したかについて、安全保障理事会への報告に適切に盛り込むよう求める。

出典：『女たちの21世紀』33、アジア女性資料センター季刊、2003年

❷ 世界の軍隊

■徴兵制を実施している国家・地域
■法律には徴兵制が定められているが2割以下だけが召集される国家
■3年以内に徴兵制廃止を予定している国家・地域
■徴兵制を実施していない国家・地域（志願制度）
□常備軍を保有していない国家・地域
▨不明

注：一部の国家・地域においては「志願・徴兵の並立制を実施している（中華人民共和国）」等の例外がある。
出典：https://ja.wikipedia.org/wiki/徴兵制度

> **良心的兵役拒否**　良心的兵役拒否とは、兵役に就く代わりに同期間の「民間役務」（社会奉仕活動など）を選択するというものである。ドイツでは、兵役拒否者が年々増加し、2000年代には兵役を選択する者自体が2割程度にまで減った。少子化の影響により「平等な負担」が貫徹できなくなったため、徴兵制を停止した。

| キー ワード 5 | 持続可能社会とケア | →14-3 →17-3 |

◆**持続可能な社会**　「持続可能な開発」とは、「将来の世代のニーズを満たしつつ、現在の世代のニーズをも満足させるような開発」を指す❶。少子高齢社会においてニーズを満たそうとする際に切実なのは、ケアワークを世代間でいかに公正に共有・分担するかである。ケアワークを生計労働と同価値の労働として位置づけ、それぞれのケアワークの目的に応じた権利保障と時間保障を行う必要があろう❷。

◆**日本型福祉社会と男性雇用志向モデルの限界**　北欧型社会保障システムからの転換を宣言した「**日本型福祉社会**」(1979年) ❸は、「男性雇用志向型」社会を目指した。男性稼ぎ主に家族賃金と雇用を保障し、彼らの失業リスクに対応する福祉法制が構築された。女性は「主婦」として無償のケア労働を割り振られる一方、経済情勢と家計状況に応じて調整可能な補助労働者として位置づけられたのである。

◆**ケア・アプローチ**　「**ケア・アプローチ**」は、伝統的な正義論 (「正義の倫理」)に対する批判として1980年代に登場した。それは、「効用 (満足度)」ではなく「ニーズ (必要)」を尺度とし、「ケア権」を社会権として位置づける考え方である。「ケア・アプローチ」は、①公私二元的なジェンダー秩序に対する根本的批判であり、②想定されるべき人間像を転換し、③ケアの脱家族主義化をはかるものである。①「公=男／私=女」という非対称な性別役割分担を克服し、「ケア」は公的論題として取り上げられねばならない。②近代以降、法的主体として想定されてきた「自律的個人」は、ケアワークから解放されている段階の一部の男性 (青壮年期の健康で異性愛者の稼得労働者)を意味したにすぎない。乳幼児期や高齢期・傷病期など、ライフステージの多くでひとは「ニーズ」を自分で充足できない。「依存的人間」像をもとに法政策を考えねばならない。③ケアを親密な関係から解き放ち、「公的ケア」との調整をはからねばならない。(M)

28　第Ⅱ部　ジェンダー主流化にむけて

❶ 「持続可能性」（1987年）と「人間の安全保障」（1994年）

「持続可能性」（sustainability）とは、「国連環境と開発に関する世界委員会の報告」（ブルントラント報告、1987年）で提唱された概念である。「持続可能な人間開発」の基礎をなす「人間の安全保障」という理念（1994年）は、「恐怖からの自由」（紛争・自然災害・原子力災害・経済危機・テロ・犯罪・人権侵害・環境破壊などからの自由）と「欠乏からの自由」（貧困・飢餓・教育機会の欠如や剥奪・保健医療サービスの欠如・ジェンダー不平等などからの自由）を二本柱としている。その意味で、「持続可能な社会」を実現するには、ジェンダー平等の達成（ジェンダー主流化）が不可欠なのである。

❷ ケアワークの分類

労働の目的・対償性		労働の種類			保障のあり方		
目 的	有償	無償	種 別	特 徴	人権保障	生活保障（重点政策）	時間保障
自己生存		○	自己労働	自己の生活のための労働（衣食住に関わる基本的な家事労働）	生存権	社会保障（生活保護）	生存時間
		○	教育労働	自己の技能向上のための労働	教育を受ける権利	教育保障（義務教育から生涯教育まで）	教育時間
	○		生計労働	自己（親密な他者を含むこともある）の生計維持のための労働	勤労の権利	雇用保障（同一価値労働同一賃金の原則）	労働時間の自由な選択
他者生存（ケアワーク）		○	家事労働	他者の生活のための労働（家事）	グローバルなケア労働力移動への配慮		
		○	介護労働	親密な他者のための介護労働（世話・関わり）	ケア権※	社会保障（インフラ整備）	ケア時間
	○			他者のための介護労働（世話）	グローバルなケア労働力移動への配慮		
		○	育児労働	親密な他者のための育児労働（世話・関わり）	ケア権※	社会保障（再配分・インフラ整備）	ケア時間
	○			他者のための育児労働（世話）	グローバルなケア労働力移動への配慮		
自他共存（社会的協働）		○	社会的労働	福祉・ボランティア・地域活動など			社会的時間
		○	名誉職労働	団体・サークルなど			

※ケア権＝ケアする権利・ケアされる権利・望まないケアや不適切なケアをされない権利・ケアワークを強制されない権利

出典：三成美保「持続可能な社会とジェンダー」『法の科学』45（2014）

❸ 日本型福祉社会（1979年自由民主党政策研修叢書）

「日本型の福祉社会は、個人に自由で安全な生活を保障するさまざまなシステムからなる。そのようなシステムの主なものは、1. 個人が所属する（あるいは形成する）家庭、2. 個人が所属する企業（または所得の源泉となる職業）、3. 市場を通じて利用できる各種のリスク対処システム（保険など）、4. 最後に国が用意する社会保障制度である。すなわち、高度福祉社会は、個人の生活を支えるに足る安定した家庭と企業を前提として、それを(3)によって補完し、最終的な生活安全保障を国家が提供する、という形をとるものである。そこで重要なのは、まず家庭基盤の充実と企業の安定と成長、ひいては経済の安定と成長を維持することである。これに失敗して経済が活力を失い、企業や家庭が痩せ細って存立が困難になっていく中で国が個人に手厚い保護を加えるという行き方は「福祉病」への道であるといわなければならない。今日、大多数の日本人は右の(1)-(4)の安全保障のシステムに支えられて「それほど悪くない人生」を送ることができる。(1)-(4)のシステムには基本的な欠陥はないと見てよい。今後は高齢化の進行に応じて、これらのシステムに必要な手直しを加えていけばよいであろう。」

2 国際社会の動向とジェンダー主流化の展開　29

キー ワード 6	SDGs（持続可能な開発目標）とジェンダー	→ 2 - 1 → 2 - 7

◆SDGs　　SDGs（「持続可能な開発目標」）は、2015年 9 月の国連サミットで採択された「持続可能な開発のための2030アジェンダ」に掲げられた国際目標である。2016～2030年に持続可能な世界を実現するための17の目標（ゴール）・169のターゲットからなる❶。2001年に策定された「ミレニアム開発目標（MDGs）」（2001～2015年）は開発途上国の目標であったが、その後継であるSDGsは開発途上国も先進国もともに取り組むべき「ユニバーサル（普遍的）なもの」とされ、日本は産官学をあげて積極的にこれに取り組んでいる。

◆SDGsとジェンダー平等　　「2030アジェンダ」では、「ジェンダー平等の実現と女性・女児の能力強化は、すべての目標とターゲットにおける進展において死活的に重要な貢献をするものである」と明示された。これを受け、「ジェンダー平等」はSDGs第 5 目標に掲げられている❷。SDGs達成度をみると、日本の総合順位は高いが（世界156か国中15位：2018年）、目標 5 （ジェンダー平等）を含む 5 目標が低い❸。

◆ディーセント・ワーク　　SDGs第 8 目標に掲げられている「**ディーセント・ワーク**（働きがいのある人間らしい仕事）」は、1999年の第87回ILO総会ではじめて用いられた用語である。第97回ILO総会（2008年）では、「公正なグローバル化のための社会正義に関するILO宣言」が採択された。そこでは、ディーセント・ワーク実現のための 4 つの戦略目標（①仕事の創出・②社会的保護の拡充・③社会対話の推進・④仕事における権利の保障）が掲げられており、「ジェンダー平等」は「横断的目標」としてすべての戦略目標に関わるとされた。（M）

Society 5.0　　SDGsと連動して、第 5 期科学技術基本計画では、「Society 5.0（超スマート社会）」の推進が提唱された。「狩猟社会→農耕社会→工業社会→情報社会」に続く第 5 段階の社会である。IoT（モノのインターネット）、ロボット、人工知能（AI）、ビッグデータなどの先端技術をあらゆる産業や社会生活に取り入れ、経済発展と社会的課題の解決を両立させる社会が目指されている。

30　第Ⅱ部　ジェンダー主流化にむけて

❶「持続可能な開発目標（SDGs）」17目標

1. [貧困] あらゆる場所のあらゆる形態の貧困を終わらせる。
2. [飢餓] 飢餓を終わらせ、食料安全保障及び栄養改善を実現し、持続可能な農業を促進する。
3. [保健] あらゆる年齢のすべての人々の健康的な生活を確保し、福祉を促進する。
4. [教育] すべての人に包摂的かつ公正な質の高い教育を確保し、生涯学習の機会を促進する。
5. [ジェンダー] ジェンダー平等を達成し、すべての女性及び女児の能力強化を行う。
6. [水・衛生] すべての人々の水と衛生の利用可能性と持続可能な管理を確保する。
7. [エネルギー] すべての人々の、安価かつ信頼できる持続可能な近代的なエネルギーへのアクセスを確保する。
8. [経済成長と雇用] 包摂的かつ持続可能な経済成長及びすべての人々の完全かつ生産的な雇用と働きがいのある人間らしい雇用（ディーセント・ワーク）を促進する。
9. [インフラ、産業化、イノベーション] 強靱（レジリエント）なインフラ構築、包摂的かつ持続可能な産業化の促進及びイノベーションの推進を図る。
10. [不平等] 国内及び各国家間の不平等を是正する。
11. [持続可能な都市] 包摂的で安全かつ強靱（レジリエント）で持続可能な都市及び人間居住を実現する。
12. [持続可能な消費と生産] 持続可能な生産消費形態を確保する。
13. [気候変動] 気候変動及びその影響を軽減するための緊急対策を講じる。
14. [海洋資源] 持続可能な開発のために海洋・海洋資源を保全し、持続可能な形で利用する。
15. [陸上資源] 陸域生態系の保護、回復、持続可能な利用の推進、持続可能な森林の経営、砂漠化への対処ならびに土地の劣化の阻止・回復及び生物多様性の損失を阻止する。
16. [平和] 持続可能な開発のための平和で包摂的な社会を促進し、すべての人々に司法へのアクセスを提供し、あらゆるレベルにおいて効果的で説明責任のある包摂的な制度を構築する。
17. [実施手段] 持続可能な開発のための実施手段を強化し、グローバル・パートナーシップを活性化する。

出典：外務省HP https://www.mofa.go.jp/mofaj/gaiko/oda/sdgs/pdf/000270587.pdf

❷ 目標5「ジェンダー平等を達成し、すべての女性及び女児の能力強化を行う」のターゲット

5.1 あらゆる場所におけるすべての女性及び女児に対するあらゆる形態の差別を撤廃する。
5.2 人身売買や性的、その他の種類の搾取など、すべての女性及び女児に対する、公共・私的空間におけるあらゆる形態の暴力を排除する。
5.3 未成年者の結婚、早期結婚、強制結婚及び女性器切除など、あらゆる有害な慣行を撤廃する。
5.4 公共のサービス、インフラ及び社会保障政策の提供、ならびに各国の状況に応じた世帯・家族内における責任分担を通じて、無報酬の育児・介護や家事労働を認識・評価する。
5.5 政治、経済、公共分野でのあらゆるレベルの意思決定において、完全かつ効果的な女性の参画及び平等なリーダーシップの機会を確保する。
5.6 国際人口・開発会議（ICPD）の行動計画及び北京行動綱領、ならびにこれらの検証会議の成果文書に従い、性と生殖に関する健康及び権利への普遍的アクセスを確保する。
5.a 女性に対し、経済的資源に対する同等の権利、ならびに各国法に従い、オーナーシップ及び土地その他の財産、金融サービス、相続財産、天然資源に対するアクセスを与えるための改革に着手する。
5.b 女性の能力強化促進のため、ICTをはじめとする実現技術の活用を強化する。
5.c ジェンダー平等の促進、ならびにすべての女性及び女子のあらゆるレベルでの能力強化のための適正な政策及び拘束力のある法規を導入・強化する。

出典：外務省HP「我々の世界を変革する：持続可能な開発のための2030アジェンダ」外務省仮訳

❸ SDGs達成度の日本の評価（2018年）

※アミの濃度が濃くなるほど、SDGs達成度は低くなる。

出典：SDG Index and Dashboards Report 2018. New York: Bertelsmann Stiftung and Sustainable Development Solutions Network (SDSN). p.248より作成。

キーワード 7　少子高齢社会と女性活躍

➡1-6
➡15-1

◆**少子高齢社会**　21世紀の日本は**少子高齢社会**である。総人口は2015年から減少に転じ、高齢化率は2025年に30％を超えると予想されている❶。一方、日本で女性が希望どおりに出産した場合の合計特殊出生率は1.80と見積もられており、少子化を脱したフランスや北欧の出生率に近づく。人口増や経済成長に依存しない安定的な「**定常型社会**」(広井良典)の構築は、目下、国際社会が目指す「**持続可能な開発目標(SDGs)**」にも適っている。その場合、ケアワークの適正な評価と意思決定過程における男女共同参画を軸とする「**ジェンダー公正(gender justice)**」の推進が極めて重要となる。

◆**女性活躍への期待**　生産人口の減少が懸念されるなか、女性活躍への期待が高まっている。政府の試算では、女性の就業希望者(潜在労働力)約303万人(総務省2014年)が就労すれば、雇用者報酬総額が7兆円程度(GDPの約1.5%)増加すると見込まれている❷。2003年には、いわゆる「**202030**」**目標**(社会のあらゆる分野において2020年までに指導的地位に就く女性割合を30％にする)が設定された。意思決定への女性参画はダイバーシティ推進の礎石であり、生産性向上や企業評価の上昇にもつながる。日本でも、2015年の**女性活躍推進法**に基づいて「**えるぼし認定**」が始まった。経済効率の視点にとどまらず、人権の視点(多様な選択肢の保障)からも、同法の実効性を高めることが望まれる❹。

◆**候補者男女均等法**　2018年、「**政治分野における男女共同参画の推進に関する法律***」(**候補者男女均等法**)が成立した。同法は、政党に対して、候補者数につき目標を定めて自主的に取り組むことを求める初の法律である。しかし、罰則規定はなく、クオータ制としての効力は弱い。日本では、国会議員のみならず、地方議員でも女性比率が低く、年齢構成が高い❸。無投票当選も多く、なり手不足が深刻化している。政治・仕事・家庭の活動を共存可能とする制度作りが急務である。(M)

32　第Ⅱ部　ジェンダー主流化にむけて

❶ 少子高齢社会

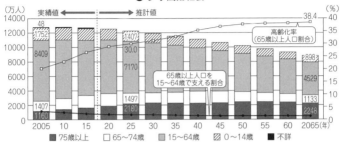

出典：内閣府『平成30年版高齢社会白書』図1-1-2より抜粋

❷ 女性の潜在労働力

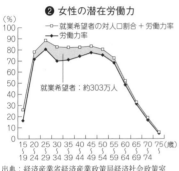

出典：経済産業省経済産業政策局経済社会政策室
「成長戦略としての女性活躍の推進」平成27年8月

❸ 地方議員の女性比率

〈男女の比率〉

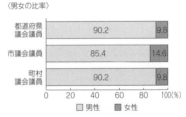

出典：総務省「地方議会・議員に関する研究会
報告書（参考資料）」
http://www.soumu.go.jp/main_content/
000495621.pdf

❹ えるぼし認定の基準

評価項目	基準値（実績値）
①採　用	男女別の採用における競争倍率（応募者数／採用者数）が同程度であること
②継続就業	ⅰ）「女性労働者の平均継続勤務年数÷男性労働者の平均継続勤務年数」が雇用管理区分ごとにそれぞれ7割以上であること 又は ⅱ）「10事業年度前及びその前後の事業年度に採用された女性労働者のうち継続して雇用されている者の割合」÷「10事業年度前及びその前後に採用された男性労働者のうち継続して雇用されている者の割合」が雇用管理区分ごとにそれぞれ8割以上であること
③労働時間等の働き方	雇用管理区分ごとの労働者の法定時間外労働及び法定休日労働時間の合計時間数の平均が、直近の事業年度の各月ごとに全て45時間未満であること
④管理職比率	ⅰ）管理職に占める女性労働者の割合が別に定める産業ごとの平均値以上であること 又は ⅱ）直近3事業年度の平均した「課長級より1つ下位の職階にある女性労働者のうち課長級に昇進した女性労働者の割合」÷直近3事業年度の平均した「課長級より1つ下位の職階にある男性労働者のうち課長級に昇進した男性労働者の割合」が8割以上であること
⑤多様なキャリアコース	直近の3事業年度の、以下について大企業については2項目以上（非正社員がいる場合は必ずAを含むこと）、中小企業については1項目以上の実績を有すること A　女性の非正社員から正社員への転換／B　女性労働者のキャリアアップに資する雇用管理区分間の転換／C　過去に在籍した女性の正社員としての再雇用／D　おおむね30歳以上の女性の正社員としての採用

出典：厚生労働省「女性活躍推進法に基づく認定制度」

| 比較 8 | ポジティブ・アクション | ➡1-6
➡2-9 |

◆**ポジティブ・アクションの3類型**　ポジティブ・アクションには、大きく3類型がある。①穏健な女性支援策、②中庸なタイム・ゴール方式、③厳格な**クオータ制**である。「ワーク・ライフ・バランス」などの両立支援や女性応募の奨励は①、委員会における女性委員比率の設定は②、議員や委員の女性への割当制、北欧の男女交互名簿方式、韓国の候補者名簿制、フランスの**パリテ法**は③にあたる。現在、政治的クオータを導入している国は130か国以上に及ぶ（2019年）（❶も参照）。いまや、女性国会議員比率の世界平均は23.4％、アジア平均は18.6％に達した（2018年）。日本は10.2％と極めて低い（世界165位：2019年）。

◆**日本の現状**　欧米に比べ、日本の国会議員における女性比率は極めて低い❷。男女共同参画社会基本法は、**積極的改善措置**（8条）を定めている。CEDAW一般勧告25号（2004年）は、**暫定的特別措置**（条約4条）の包括的実施と報告を求めた。2009年の第4回CEDAWレポート審議で政治分野における同措置の採用が勧告されたのを受け、2010年第3次男女共同参画基本計画以降、公務員を中心に数値目標が設定された❸。国会議員については女性候補者比率の向上を努力目標とするにとどまっていたが、2018年、**候補者男女均等法**が成立した。

◆**クオータ制**　法律による強制的クオータ制をめぐっては、憲法との整合性が問われる。EC裁判所では、女性優遇規定をもつドイツの州公務員法の妥当性が争われ、女性優遇を覆す留保条項を付けた州法はEC指令違反ではないとされた（1997年マーシャル判決）。フランスではクオータ制を違憲とする判決を受け、憲法改正を行ってパリテ法を成立させた。ノルウェーでは1970年代から政党がいち早く自発的クオータ制を導入した結果、女性議員比率は40.8％（2019年）に達している。日本でも、比例代表制候補者名簿の割当型ならば違憲にならないと考えられるが、政党による自発的な取り組みが望まれる。(M)

❶ 各国のクオータ制

注：クオータ制実施の国のみ抜粋

■ 憲法又は法律のいずれかによる議席割当制　　● 憲法又は法律のいずれかによる候補者クオータ制

国　名	国会議員（下院又は一院制）の女性割合	国会議員（上院）の女性割合	クオータ制の種類
アフリカ			
ブルンジ共和国	32.1%	46.3%	■
ルワンダ	56.3%	34.6%	■
ジブチ	13.8%	―	■
エリトリア	22.0%	―	■
ケニア	9.8%	―	■
ソマリア	6.8%	―	■
スーダン	25.6%	10.9%	■
ウガンダ	?	―	■
タンザニア連合共和国	36.0%	―	■
エジプト			■
モロッコ	10.5%	2.2%	●
アンゴラ	38.6%	―	●
ブルキナファソ	15.3%	―	●
モーリタニア	22.1%	14.3%	●
ニジェール			■
セネガル	22.7%	40.0%	●
アメリカ大陸			
ドミニカ共和国	20.8%	9.4%	●
コスタリカ	38.6%	―	●
ホンジュラス	18.0%	―	●
パナマ	8.5%	―	●
メキシコ	26.2%	22.7%	●
南　米			
アルゼンチン	38.5%	35.2%	●
ボリビア	25.4%	47.2%	●
ブラジル	8.6%	16.0%	●
エクアドル	32.3%	―	●
ガイアナ	30.0%	―	●

国　名	国会議員（下院又は一院制）の女性割合	国会議員（上院）の女性割合	クオータ制の種類
パラグアイ	12.5%	15.6%	●
ペルー	27.5%	―	●
ウルグアイ	15.2%	12.9%	●
大洋州			
東ティモール	29.2%	―	●
アジア			
韓国	14.7%	―	●
キルギスタン	23.3%	―	■
ウズベキスタン	22.0%	15.0%	●
イラク	25.2%	―	■
ヨルダン	10.8%	15.0%	■
アフガニスタン	27.7%	27.5%	■
バングラデシュ	18.6%	―	■
ネパール	33.2%	―	●
パキスタン	22.2%	17.0%	■
インドネシア	18.0%	―	●
欧　州			
アルバニア	16.4%	―	●
アルメニア	9.2%	―	●
ベルギー	39.3%	36.6%	●
ボスニア・ヘルツェゴビナ	16.7%	13.3%	●
フランス	18.9%	21.9%	●
ポーランド	20.0%	8.0%	●
ポルトガル	27.4%	―	●
セルビア	21.6%	―	●
スロベニア	14.4%	2.5%	●
スペイン	36.6%	32.3%	●
マケドニア旧ユーゴスラビア共和国	32.5%	―	●

❷ 国会議員の女性比率の推移

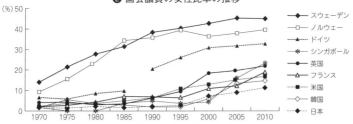

凡例：スウェーデン／ノルウェー／ドイツ／シンガポール／英国／フランス／米国／韓国／日本

注：1. IPU資料より作成／2. 下院又は一院制における女性議員割合／3. ドイツは1985年までは、西ドイツの数字
出典：❶❷とも内閣府『男女共同参画白書』平成23年版

❸ 2018年第4次男女共同参画基本計画における成果目標の動向（抜粋）

項　目	最新値	目標値（期限）
国家公務員男性の育児休業取得率	8.2%（平28年度）	13%（平32年）
地方公務員男性の育児休業取得率	3.6%（平28年度）	13%（平32年）
検察官（検事）に占める女性の割合	23.5%（平29年）	30%（平32年度末）
国家公務員採用総合職試験からの採用者に占める女性の割合	33.9%（平30年4月1日）	30%以上（毎年度）
国家公務員の本省課室長相当職に占める女性の割合	4.4%（平29年7月）	7％（平32年度末）
地方公務員採用試験（上級）からの採用者に占める女性の割合	30.6%（平28年度）	40%（平32年度）
都道府県本庁係長相当職に占める女性の割合	22.2%（平29年）	30%（平32年度）
衆議院議員の候補者に占める女性の割合	17.7%（平29年）	30%（平32年）

出典：内閣府男女共同参画局HP「第4次男女共同参画基本計画における成果目標の動向」より抜粋

2　国際社会の動向とジェンダー主流化の展開

判例 9　欧州司法裁判所・欧州人権裁判所の判例から

①1997年11月11日欧州司法裁判所マルシャル判決［浅倉・角田 2007：214頁以下］

【事実】1989～91年にかけて、社会民主党が政権をにぎるいくつかの州は、公務員のための男女平等法の制定に踏み切った。ノルトライン・ヴェストファーレンNW州もその一つである。同州で給与等級A12ポストの教員として働いていたマルシャルMは、1994年2月、上級職A13ポストの公募に応じたが、地区政府はNW州法に基づき、Mの申請を却下し、女性候補者の昇進を決定した。Mはこれを不服とし、G行政裁判所に提訴した。G行政裁判所は、1995年のカランケ事件判決を考慮して、本件をEC裁判所に付託した。

【判旨】NW州法はEC均等指令に反しない。「…カランケ事件で問題となったルールとは異なり、本件の対象である規定は、男性候補者が自分にとって優位な理由を示す場合には女性が優先的に昇進すべきではないとする規定（開放条項）を設けていることに留意する必要がある。…1976年2月9日の理事会指〔均等指令〕76/207/EEC号2条1項および4項は、…公共サービス部門における当該ポストのレヴェルで女性数が男性数より少なく、男女の候補者の双方が当該ポストに対する適正、能力および専門的技量について対等の資格を有する場合に、個々の男性候補者に固有の理由のために男性に選考が有利に働く場合を除いて、女性候補者を優先的に昇進させることを義務付ける国内ルールを排除するものではない」。

②2002年7月11日欧州人権裁判所判決：性別適合（再指定）手術後の性別記載変更と婚姻［戸波他 2008：35頁以下］

【事実】イギリス国籍のC.G.は、出生時（1937年）に男性として登録されたが、20歳代後半に性同一性障害との診断を受けた。その間に女性と結婚し、4人の子どもがいる。1990年に性別適合手術を受け、現在は女性として生活している。妻とは離婚したが、子どもとは良好な関係を保っている。90年代前半に職場でセクハラの被害を受けて提訴したが、法的に男性であるという理由で訴えは却下された。社会保険に関しても不利益な扱いを受けた。95年、C.G.はヨーロッパ人権委員会に申立てを行い、99年、委員会は本件を欧州人権裁判所に付託した。

【判旨】2002年7月、欧州人権裁判所大法廷は、イギリスが、性別適合手術を受けた性同一性障害者に法的な性別変更を認めず、変更後の性別での婚姻も認めないことは、ヨーロッパ人権条約8条（私生活及び家族生活の尊重の権

利）および12条（婚姻の権利）に違反すると認めた。判決は、「私生活の尊重」の権利概念の根底にある権利概念の反映として「人格的自律」を位置づけ、そのなかに「人としてのアイデンティティの詳細を決定する権利」を含める。「婚姻の権利」については、従来の「生物学的な男女のあいだの婚姻」概念を否定するために、婚姻の権利と家族形成の権利を分離し、婚姻から生殖の問題を消滅させた。また、「男女」概念は生物学的基準によるのではなく、個人の選択した性アイデンティティに基づくことを認めた。(M)

❖ ヨーロッパのポジティブ・アクションの例

① EC指令（均等待遇指令1976年）
第2条4項　本指令は、…女性の機会に影響を与える不平等の存在を除去することによって、男女の機会均等を推進する措置をとることを妨げるものではない。

② EUアムステルダム条約改正によるローマ条約（1957年：EC条約の原初条約）上のポジティブ・アクション規定の新設（1997年）
第141条4項　職業生活において、現実に男女間の完全な平等を確保することを目的として、平等待遇原則は、進出度の低い性に属する者が職業活動を遂行し、または職業経歴の不利益を防止もしくは補償しやすくするために、構成国が特定の優遇措置を維持ないしは採択することを一切妨げるものではない。

③ 1990年ブレーメン公職男女平等取扱法
女性の数が過少［50%以下］である領域で、男女が同一資格である場合［家族的労働・社会的活動・不払労働によって得られた経験や能力も一種の資格として考慮する］には、女性を優先する。

④ ノルトライン・ヴェストファーレン州公務員法
第25条5項　公務部門の昇進に関して、…女性が男性よりも少ない場合には、…男女の（昇進）候補者が、適格性、競争上の地位、職業上の業績において同一であるときには、女性候補者に優先権が与えられる。但し、男性候補者が、とくに自らに優位な理由を示すことができる場合には、この限りではない。

⑤ 1995年カランケ事件判決（ブレーメン公務員法をEC指令違反とする）
「［EC］指令2条4項は、表面的には差別であるようにみえるが、社会に現に存在する不平等を廃止し撤廃することを目的とする手段を、例外的に許容するために規定されている」のであり、これは、「労働市場において男性と同じ立場からキャリアを遂行する女性の能力を促進するという観点から、女性に利益を与えるような昇進を含む雇用へのアクセスについて、国がとる措置を許容する。…しかし、指令2条4項は厳格に解釈されるべきである。…女性に、完全かつ無条件に昇進や任命への優先的取扱いを保障する法原則は、『平等な機会の促進』という2条4項の定めるところを超えるものであり、…法の限度を逸脱する。…指令2条1項及び4項は、昇進に応募した異なる性別の候補者が同じ資格である場合、女性が少ない部門において自動的に女性に優先権を与えるという本件のような国内ルールを排除する。」

2　国際社会の動向とジェンダー主流化の展開　37

3 人権とジェンダー

概説 1 人権とジェンダーの歴史
→3-2
→3-3

◆「人権」はだれのもの？　フランス革命期に出された『フランス人権宣言』(1789年) を覚えているだろうか？　高校の世界史教科書にはこうある。『人権宣言』は、「すべての人間の自由・平等、主権在民、言論の自由、私有財産の不可侵など、近代市民社会の原理を主張するものであった」(山川『詳説世界史B』)。だが、『人権宣言』は本当に「すべての人間」の人権を保障したのだろうか？

『人権宣言』の正式タイトルは、"La Déclaration des Droits de l' Homme et du Citoyen"。「人 (男性) および市民 (男性市民) の権利宣言」という意味である。『人権宣言』では、女性と女性市民の権利は保障されていない。女性は、父や夫の支配を受け (家父長制)、参政権をもたず、集会への参加も認められなかった。また、妻の財産は夫が管理した。市民革命期の「人権」にはぬぐいがたいジェンダー・バイアスがあったのである。

◆近代的ジェンダー規範の成立　ジェンダー規範は時代や社会によって異なり、法規範を根底から規定する。西洋近代市民社会のジェンダー規範は、①公私二元論と結びついた性別役割分業、②近代的家父長制、③強制的異性愛主義という特徴をもつ。「父 (国王) を殺して兄弟たち (市民) の社会へ」と表現されるように、近代市民社会は、公私にわたる男性同士の「友愛」を尊重するホモソーシャル (性愛を伴わない男性間の紐帯) な社会でもあった。多様な性は否定されて男性同性愛は抑圧され (ホモフォビア＝同性愛嫌悪)、女性側では良妻賢母を志向する専業主婦が生まれた。(M)

男性	女性
公	私
政治・経済	家庭
理性	感情
文化	自然
西洋	東洋

近代的公私二元論

38　第Ⅱ部　ジェンダー主流化にむけて

❖ジェンダー規範の変化

キリスト教は、前近代西洋社会の法・道徳を規定し、近代法の成立以降も法に大きな影響を与えた。キリスト教的ジェンダー規範の特徴は、家父長制、女性嫌悪（ミソジニー）、身体と性の忌避である。原罪は、もとは父なる神に対する傲慢の罪であったが、12世紀までに教義の上で性的な罪に変えられた。教父たちはさかんに、女性こそが性的誘惑者であり、罪の根源であると述べ立てた。女性は悪魔に魅入られやすいとされ、近世の魔女裁判では多くの女性が火刑に処せられた。

●イブが蛇にそそのかされて禁断の果実を手に取り、アダムにそれを渡す。蛇は女性の姿をとっている。
フーゴー・ファン・デルグース「人間の堕落」1470年

マリア信仰は、12世紀にカトリック教会が庶民へのキリスト教布教のためにゲルマン的な大地母神になぞらえて戦略的につくりだしたものである。マリアの母性は称揚され、ピエタ像が流行した。しかし、聖母マリアは唯一無二の存在であり、聖母たる所以は処女懐胎にあって、女性一般のモデルにはなりえない。一般的女性像は、アダムを誘惑したエヴァであった。

啓蒙期（18世紀）に「理性」や「強さ」が男性の特性として論じられるようになると、女性像もまた180度転換する。男性の愛なき性衝動は肯定されたが、女性には性衝動はなく、愛だけがあるとされた。「感情／弱さ／受動性／純潔／貞節／愛／美」が女性の特性とされたのである。「男性＝公／女性＝私」という公私二元的な性別役割規範は、台頭しつつある市民の価値観に適合的な新しい規範であった。また、それは貴族と農民への批判でもあった。市民は、宮廷社会の公私混同や性的放縦を批判し、母乳育児をしない貴族女性や農民女性の母性のなさを糾弾した。市民男性の規律正しさと勤勉さ、市民女性の貞淑さと従順さは、市民ならではの美徳とされた。近代的ジェンダー規範は、もともと一握りの上層市民の道徳規範として登場し、19世紀末には中間層や労働者層に広がっていく。近代法の家族法システムは、こうした上層市民の価値観を正当化し、中下層に広める役目を果たしたのである。そして、近代家族システムに反映されたジェンダー秩序は、1960〜70年代まで強固に存続した。

① 『創世記』天地創造

「［神は］、人［アダム］が眠り込むとあばら骨の一部を抜き取り、その跡を肉でふさがれた。そして、人から抜き取ったあばら骨で女を造り上げられた。…女は実をとって食べ、一緒にいた男にも渡したので、彼も食べた。」

② 教父たちの女性嫌悪 ［12世紀初頭トゥール大司教イルドベール］［デュビィ、ペロー 1994］

「女は、か弱いものであり、いささかも確たるところがないが、罪においてだけは別であり、有害であることをみずから止めることはけっしてできない。女は、貪婪な炎、究極の狂気、内なる敵であって、害をなしうるものすべてを知り、教える。女とは、下賤なものの集まる場、公共の囲われものであり、裏切るために生まれてきて、罪ある存在となりうるとき、成功したと自認する。あらゆるものを悪徳のなかに焼きつくすとともに、すべての男によって焼きつくされる。つまり男を餌食にしながら、女自身も男の餌食となる。」

3 人権とジェンダー 39

| キーワード 2 | 自由と平等をめぐる闘い | ➡1-3 ➡3-4 |

◆『**女権宣言**』　『フランス人権宣言（人および市民の権利宣言）』（1789年）のジェンダー・バイアスを批判したのが、小市民出身の女性劇作家**オランプ・ドゥ・グージュ**である。彼女は『**女権宣言**（女性および女性市民の権利宣言）』❶（1791年）を著し、男女平等を訴えた。『女権宣言』全17条は、①『人権宣言』とほぼ同じ条文（3条、5条、8条）、②「人／市民」を「女性／女性市民」に置き換えている条文（6条、12条、14条、15条）、③加筆修正によって女性の権利が明確に主張されている条文（1条、4条、10条、11条、13〜15条、17条）、④『人権宣言』の枠を超えた条文（16条）に大別できる。グージュは、初期フェミニズムを代表する人物としてリベラル・フェミニズムに位置づけられるが、家族や性の領域でも権利主張を展開しており、極めて現代的な課題を先取りしていたと評価することができる。しかし、その先進性ゆえに、彼女の主張は当時の女性たちにも受け入れられなかった。

◆**近代市民法と家父長制**　最初の近代法典として諸国の法に大きな影響を与えたのが、**ナポレオン諸法典**（民法典など5法典）である。日本でもまた、明治維新後まもなく政府の意を受けて、箕作麟祥がフランス諸法典を翻訳した。そのさい、「権利」などの語が『万国公法』の中国語訳や漢学者の助言のもとに法律用語として導入された。近代日本が範としたフランス民法典❷（1804年）もドイツ民法典（1896年）も、古典的な自由主義に根ざす**家父長制**原理を内包していた。近代市民法は、市民男性が国家や市場などの公的領域で平等に自由意思に基づき行動することを保障した。その一方、市民女性の本来的居場所は私的領域（家庭）とされ、妻には夫権に服することが求められた（夫権的家父長制）。近代市民法は男女の非対称な関係のうえに立つ法だったのである。近代法のジェンダー・バイアスが克服されるのは、ようやく1960年代以降のことである。(M)

❶ 女権宣言

《女権宣言》	《人権宣言》
第1条　女性は、自由なものとして生まれ、かつ、権利において男性と平等なものとして存在する。…	第1条　人は、自由、かつ権利において平等なものとして生まれ、存在する。…
第6条　法律は、一般意思の表明でなければならない。すべての女性市民と男性市民は、みずから、またはその代表者によって、その形成に参与する権利をもつ。…	第6条　法律は、一般意思の表明である。すべての市民は、みずから、またはその代表者によって、その形成に参与する権利をもつ。…
第10条　何人も、自分の意見について、たとえそれが根源的なものであっても、不安をもたされることがあってはならない。女性は処刑台にのぼる権利をもつ。同時に、女性は、その意見の表明が法律によって定められた公の秩序を乱さない限りにおいて、演壇にのぼる権利をもたなければならない。	第10条　何人も、その意見の表明が法律によって定められた公の秩序を乱さない限り、たとえ宗教上のものであっても、その意見について不安をもたされることがあってはならない。
第17条　財産は、結婚していると否とにかかわらず、両性に属する。財産は、そのいずれにとっても、不可侵かつ神聖な権利である。…	第17条　所有は、神聖かつ不可侵の権利であり、何人も、適法に確認された公の必要が明白にそれを要求する場合で、かつ正当かつ事前の補償の条件のもとでなければ、それを奪われない。

出典：辻村 2008：322頁以下

❷ フランス民法典（1804年）の家父長制規定

第213条　夫は妻を保護し、妻は夫に従うべし。

第215条　妻は公の商売をするとき、又は夫と財産を共有しないとき、又は夫と財産を分けた後といえども、夫の許可を得なければ、裁判所に出て訴訟をなすことができない。

第340条　私生子が人をさして我が父なりと訴え出ることはこれを禁ず。

第375条　父その子の行状につき、至重なる戻意の事あるときはその子を懲治するに左の方法を用いるべし。

←オランプ・ドゥ・グージュ（1748-93）
肉屋夫婦の娘（あるいは貴族の婚外子）として生まれ、17歳で結婚し、一子を得たが夫と死別。その後パリで劇作家となる。政治的には穏健派で、ロベスピエールを批判して処刑された。

メアリ・ウルストンクラフト（1759-97）→
理性に性差はないという立場から、男女別教育を説いたルソー『エミール』を批判して、『女性の権利の擁護』（1792年）を発表した。

キーワード3 社会権 横暴な自由から人びとを守る権利 →14-1 →17-6

◆**資本主義と労働者の歴史**　社会権は、自らにとって横暴な契約を締結しないよう、人びとが保護される権利として生まれた。19世紀、人びとが労働者として生活していくために、劣悪な労働条件で資本家と契約していった。このため、労働者には十分な睡眠を取る時間もなくなり、そして、きちんとした食事をする金銭も残らなかった。その結果、国のために兵隊として働くことのできる男性が減り、子どもを産み育てることのできる女性が減り、そして将来の労働力を担う元気な子どもが減り、国力が衰退して行った。それが、今の先進諸国の19世紀末のことである。

◆**社会権の誕生**　こうした誰にとっても悲惨な状況に対して、アクションが起きた。第1に、国家は国力を維持し、増強させるために、資本家から人民（＝労働者）を保護したいと考えた。第2に、人道主義的な発想をする人びとも、労働者を「人間らしく」するべきであると考えた。そして、第3に、労働者自身が、自分たちの人生の主人公として、自らが生きていくために資本家を打倒しようと考えた。

最初は、子どもの**労働時間**を規制する法律が各国で生まれた。その次に、女性の労働時間を規制する法律が生まれた。そして、その後に女性の**最低賃金**を定める法律が生まれた。男性ではなく、女性の保護から始まったのは、当時、女性はまだ法的に一人前として認められておらず、他方で出産という国家的義務を負っているので、子どもと同じように保護されるべきであるという認識の下にあったからである。

しかし、資本家の抵抗はなかなか手強く、例えば、アメリカではいまもなお、労働時間の規制が進んでいない。また、他の諸国においても、少し気を許すと労働時間の規制は緩和されていく傾向にある。そして、現在の日本においては、企業団体はさらなる規制緩和を実現しようと目論んでいる。それに対し、労働者の過労死等の増加とともに、性別・年齢にかかわらないさらなる労働時間規制がようやく始まった。(S)

❶ 深夜労働に従事する労働者

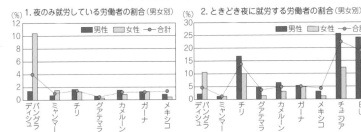

出典："Ensuring decent working time for the future", ILO, 107th Session, 2018, Report III (Part B) p.142-143
(https://www.ilo.org/wcmsp5/groups/public/--ed_norm/--relconf/documents/meetingdocument/wcms_618485.pdf)

コラム　女性の権利を制限しても、女性を保護すべき

　1908年、アメリカのオレゴン州において、女性の労働時間を規制する州法に違反した使用者が起訴されて、裁判になった。被告ミュラー氏の弁護士の言い分は、「オレゴン州では女性は男性と平等になったので、契約を自由に締結することができる。問題の法律は、彼女の契約の自由を制限しているので憲法違反である」。これに対して、裁判官は、「女性に特有の母性という機能は、女性自身の健康のみならず、安定的な種の存続という意味をもつ。問題の法律は女性の権利を制限しているが、広くすべてのものの利益のために女性に強制される」と述べて、オレゴン州の法律を合憲であると判断した（Muller v. Oregon, 208 U.S. 412（1908））。

　女性にとって、最も重要な役割は出産であり、そのためには女性の権利や平等は退くべきであるといっているのである。労働者を保護する法律は、女性の権利・女性の平等の犠牲のうえにできあがったといってよいだろう。似たようなことはどこの国でもみられ、日本でも、均等法成立や改正にあたって、労働者全体の労働時間規制や社会権を維持するために、均等法成立や改正は踏みとどまろうという動きさえあった。

コラム　撤廃されていく女性保護

　均等法が成立し、整備されていくなかで、女性労働者に関連する労働時間規制が緩和された。特に、1999年、均等法改正を機に、労働基準法の女性のみに対する保護規定は撤廃された。男女平等を主張するなら、男女平等に働けというわけである。

　撤廃された代表的なものは：
　▽ 女性のみの時間外労働規制（1週間6時間、1年150時間）
　▽ 女性に対する深夜業禁止

3　人権とジェンダー　43

キー ワード **4**	近代日本の「家」と「家族」	➡3-5 ➡3-8

◆「家」と「家族」の二重構造　明治民法(民法旧規定)❶の家族法は、「家」規定と「家族」規定の二重構造をとった。いずれも家父長制原理を本質とするが、その性格は異なる。「家」制度は儒教的な家父長制原理にのっとり、長幼の序と結びついた忠孝原理(世代差別)と男尊女卑(性差別)の双方に基づく家族イデオロギーを内包する(「家」的家父長制)。これに対して、「家族」規定の範とされたフランスやドイツなどの西洋近代家族法は夫権中心の主婦婚モデルを前提とし、性差別が顕著である(近代家族的=夫権的家父長制)。

◆「家」の観念化　壬申戸籍法(1871年)に始まる「家」は「家／家産」の一体継承と不可分であり、近代的個人主義とも資本主義とも相容れない。フランス法の影響を強く受けた旧民法(1890年)は、戸主を家長と定め、戸主の財産を個人財産として、夫権を定めた。こうした旧民法の個人主義的性格は、「民法出デ、忠孝亡ブ」(穂積八束)と批判された(**民法典論争**:1889～92年)。旧民法に代わって成立した明治民法は、「家」を家族法の中核とすることを明示した。戸主の交替や構成員の変化に関わりなく「家」は同一性をもって存続するとされたのである。すべての国民は「家」に属し、「家」の標識が氏とされた。しかし、戸主権は身分上の権限に限られ、「家」の財産ですら個人財産として確立された。「家」は家産単位としての性格を失い、生活実態からも離れて観念化していく。すでに民法制定当時、「家」と現実の生活共同体(家族)は乖離していた。民法は、「家」規定とならんで、実体的家族に適合的な規定をも定めた。それは夫権❷と未成年子に対する親権を柱とする点で近代的なものであった。

　日本で単婚小家族が家族法の標準的単位となるのは、1947年の民法改正以後である。婚姻における男女平等を定めて夫権的家父長制を否定した憲法24条*は、世界的にも極めて先進的な規定であった。(M)

44　第Ⅱ部　ジェンダー主流化にむけて

❶ 明治民法（1896/98＝明29/31年）の家族法規定

第14条　妻カ左ニ掲ケル行為ヲナスニハ夫ノ許可ヲ受クルコトヲ要ス

第732条1項　戸主ノ親族ニシテ其家ニ在ル者及ヒ其配偶者ハ之ヲ家族トス

第746条　戸主及ヒ家族ハ其家ノ氏ヲ称ス

第788条1項　妻ハ婚姻ニ因リテ夫ノ家ニ入ル

第799条1項　夫又ハ女戸主ハ用方ニ従ヒ其配偶者ノ財産ノ使用及ヒ収益ヲ為ス権利ヲ有ス

第801条1項　夫ハ妻ノ財産ヲ管理ス

第986条　家督相続人ハ相続開始ノ時ヨリ前戸主ノ有セシ権利義務ヲ承継ス但前戸主ノ一身ニ専属セルモノハ此限ニ在ラス

❷ 明治民法第14条（妻の無能力）に関する注釈

「妻が為す如何なる行為は夫の許可を受くべきかを規定したるもので、元来妻は夫に従い一家の内事を整理すべきものである。それ故、夫の感情を害する如き並びに財産上重大なる行為の如きは妻の独断にて之をなすことは許さない、必ず夫の許可を得て為すべきものとして一家庭に於ける夫権を保護し家内の平和を維持せしめたのである。」
［梶康郎『改訂民法正義』1921：52-53頁］

コラム　江戸期の離婚

　江戸期の離婚については、かつては夫専権離婚説が有力であったが、今日ではむしろ実質的な協議離婚が多かったといわれている。離縁状（いわゆる「三下り半」）は、夫が妻に渡す再婚許可状であった。離縁状をもらえない場合、縁切り寺に駆け込む妻もいた。一定期間、寺で下働きなどをして過ごせば、離婚が成立するというものである。明治期にも離婚・再婚が多かった。離婚女性が「出戻り」として負の烙印を押されるようになるのは、大正期に西洋的家族倫理が上層市民に受け容れられてのちである。

コラム　「家」標識としての氏

　古来、日本では氏をもつのは貴族や武家に限られ、夫婦別氏制がとられていた。北条政子や日野富子は婚姻後も実家の姓を名乗っている。江戸期には名字帯刀は特権身分の証であった。これに対し、明治政府は、「家＝戸」を単位として全臣民を把握しようとした。1870（明3）年、四民平等策の一環として、平民にも氏の使用が認められる。戸籍制度導入により、一戸一姓の原則に則り、すべての家に識別記号としての氏が付けられる。しかし、夫婦同氏が導入されたわけではなく、夫婦別氏の慣習を維持すべきとされた。慣習的な別氏制はすぐに放棄されたわけではなかったが、新しく氏を得た平民にあってはしだいに同氏がとられるようになった。夫婦同氏制が定められたのは、明治民法によって家制度が確立したときである。

3　人権とジェンダー　45

キーワード5 日本における女性運動と女性参政権 ➡1-3 ➡3-2

◆**女性参政権**　明治維新以降、「男女同権」という新語が登場した。自由民権期には女性参政権が実現した地域もある。しかし、民権運動弾圧とともに女性は政治の場から排除されていく。1920年に平塚らいてう、奥むめお、**市川房枝**らによって結成された**新婦人協会❷**は、男女同権、母性保護、女性の権利擁護を掲げた。24年、新婦人協会は婦人参政権獲得期成同盟会となり、25年に男性普通選挙が実現すると、**婦選獲得同盟**に改称した。新婦人協会は、女性の政治結社加入・政治演説会への参加を禁じる治安警察法5条❶を改正させ（22年）、政治演説会への女性参加が認められるようになった。21年には、**山川菊栄**・伊藤野枝らを中心に日本初の女性社会主義団体である赤瀾会も結成されたが、1年足らずで弾圧され、消滅した。

◆**女性議員の誕生**　戦後日本では女性に参政権が認められ、女子学生数も増えていく❸。1946年4月の第22回総選挙では、女性78名を含む2770名が立候補し、39名の女性議員が誕生した。当選者総数464名に対する女性比率8.4％は、2005年衆議院選挙（9％）に匹敵する高率であった❹（1947～96年は1.2～4.6％）。

◆**戦後日本の女性運動**　戦前のフェミニストたちは、戦後も活躍した。1947年、山川は婦人少年局初代局長に就任し、48年、奥は主婦連合会を結成した。平塚は、53年に日本婦人団体連合会を組織し、市川は衆議院議員に当選する。70年代以降、新しい動きも加わった。70～75年、日本でも**ウーマン・リブ**が盛り上がる。田中美津は、性の解放を唱えて婚姻制度を否定し、中絶の自由を訴えた。77～78年には女性学4学会が設立され、やがてフェミニズムやジェンダー理論が受容された。反面、高度経済成長で豊かになった日本では、70年代に専業主婦が増え、男性稼得モデルにたつ近代家族が理想化されていく。法の先進性と実態のギャップはむしろ拡大した。(M)

❶ 治安警察法（1900年制定、45年廃止、22年改正により第5条2項は削除）

第5条　左ニ掲クル者ハ政事上ノ結社ニ加入スルコトヲ得ス
　一、現役及召集中ノ予備後備ノ陸海軍軍人…五、女子…
2　女子及未成年者ハ公衆ヲ会同スル政談集会ニ会同シ若ハ其ノ発起人タルコトヲ得ス

❷ 新婦人協会の綱領（1920年）

一、婦人の能力を自由に発達せしめるため男女の機会均等を主張すること。
一、男女の価値同等観の上に立ちてその差別を認め協力を主張すること。
一、家庭の社会的意義を闡明(せんめい)すること。
一、婦人、母、子供の権利を擁護し、彼等の利益の増進を計ると共に之に反する一切を排除すること。

❸ 日本における女子学生数の推移

年度	大学総数	国立	公立	私立	学生総数	うち女性
1877（明10）	1	1	—	—	1,750	0
1910（明43）	3	3	—	—	7,239	0
1915（大4）	4	4	—	—	9,696	3
1925（大14）	34	11	4	19	46,690	24
1946（昭21）	48	18	3	27	113,320	328
2005（平17）	726	87	86	553	2,865,051	1,124,900

出典：文部科学省HP「データからみる日本の教育2006」

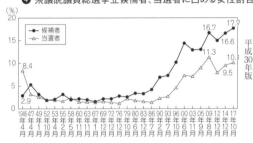

❹ 衆議院議員総選挙立候補者、当選者に占める女性割合

出典：内閣府『男女共同参画白書』平成30年版

参議院議員当選時の市川房枝

コラム　母性保護論争（1918～19年）

　1911年、雑誌『青鞜』が発刊される。「元始、女性は実に太陽であった。真正の人であった。今、女性は月である」という創刊号の平塚らいてうの宣言はよく知られる。フェミニズムの第1の波は、日本では母性保護論争として展開した。平塚は北欧的な母性主義に基づいて国家による母性保護を唱え、与謝野晶子は女性の経済的自立を主張した。山川菊枝は両者を批判して、ソーシャル・フェミニズムの立場から資本主義体制の変革を訴え、主婦労働がアンペイド・ワークであると指摘した。一方、山田わかの良妻賢母主義的な家庭尊重論は近代国家のジェンダー・バイアスを女性が支える論理であった。

3　人権とジェンダー　47

| キー
ワード 6 | 教育とジェンダー | ➡1-5
➡3-5 |

◆**近代的な学校教育**　1872（明5）年の「学制」によって近代的な学校教育が始まる。学制は全国を小・中・大の学区に分け、小学校教育を重視した。1875（明8）年には、約2万4500校の小学校、児童数約195万人、就学率は男約50％、女約19％であった。1910年頃には女子の尋常小学校就学率がほぼ100％になる。1879（明12）年の「教育令」は、小学校以外の**男女別学**を定めた（第42条）。

◆**女子の中等教育**　1989（明32）年、「高等女学校令」が公布された。女子中等教育機関が整備されて、**高等女学校**（13〜17歳の5年制）が急激に増え、1910（明43）年には193校（在籍者数5万6239人）であった高等女学校数は1920（大9）年には倍増し、在籍者数も1925（大14）年には25万人ほどになり（進学率15％程度）、同時期の男子の中学校在籍者数を上回った。高等女学校は、中流階級以上の女子のための教育であり、いわゆる「良妻賢母主義」教育を旨とした❶。

◆**女子高等師範学校**　戦前の大学は男子限定であった。例外的に一部の大学が編入生や聴講生として女子の在籍を認めた（1913年東北大学理学部3名が初）。女子に高等教育を提供したのが**女子高等師範学校**❸である（1890年東京女子高等師範学校、1907年奈良女子高等師範学校）。「師範学校女子部及高等女学校ノ教員タルヘキ者」の養成機関として文科・理科・技芸科（のち家事科）の3学科編成をとった。

◆**戦後の高等教育と女子学生**　戦後、教育面でも民主化が進んだ。「女子教育刷新要綱」（1945年）は、男女の教育の機会均等、教育内容の平準化、男女の相互尊重を基本方針とした。中等教育（高校）の教育内容を男女平等にするとともに、1946年から大学の男女共学が実施された。大学への女子進学率は1990年代から急速に伸びているが、女子在学率は欧米に比べると低い❷。理系分野の女性比率も低く、大学や学術研究のジェンダー平等は急務である。（M）

❶ 高等女学校における女子教育の特徴

[1]「修身については、「教育ニ関スル勅語ノ旨趣ニ基キテ人道実践ノ方法ヲ授ケ兼ネテ作法ヲ授ク 修身ヲ授クルニハ躬行実践ヲ旨トシ務メテ貞淑ノ徳ヲ養ヒ起居言語其ノ宜キニ適セシメンコトヲ要ス」と定めている。高等女学校規程の説明における毎週教授時数の標準等を考えあわせると、高等女学校の学科課程の特色は、男子の中学校の学科課程が、国語および漢文、外国語、数学中心であったのに対して家事および裁縫を中心としている。」

[2]「高等女学校令制定について樺山文相は、三十二年七月の地方視学官会議において、女子高等普通教育に関して次のように説明した。高等女学校は「賢母良妻タラシムルノ素養ヲ為スニ在リ、故ニ優美高尚ノ気風、温良貞淑ノ資性ヲ涵養スルト倶ニ中人以上ノ生活ニ必須ナル学術技芸ヲ知得セシメンコトヲ要ス。」

高等女学校（4年制）の学科目別週間教授時数

学科目	第1学年	第2学年	第3学年	第4学年
修　身	2	2	2	2
国　語	6	6	5	5
外国語	3	3	3	3
歴　史 地　理	3	3	2	3
数　学	2	2	2	2
理　科	2	2	2	1
図　画	1	1	1	1
家　事	—	—	2	2
裁　縫	4	4	4	4
音　楽	2	2	2	2
体　操	3	3	3	3
教　育	—	—	—	—
手　芸	—	—	—	—
計	28	28	28	28

出典：文部省『学制百年史』1981年から引用

❷ 高等教育在学率の国際比較

欧米諸国では、キャリアアップをはかるため一般に女性の在学率が高いが、日本・韓国・ドイツでは女性のほうが低い。

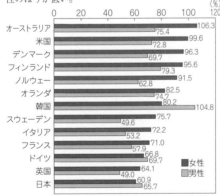

出典：内閣府『男女共同参画白書』平成30年版、Ⅰ-5-3図

❸ 女子高等師範学校

東京女子高等師範学校は（現お茶の水女子大学）は、1875（明8）年に開校した官立の東京女子師範学校を起源とする。

（写真は、湯浅年子：東京女子高等師範学校卒業後、フランスでも活躍した物理学者。湯浅が入学した1927（昭2）年の入学者数は以下のとおり．文科30名、理科25名、家事科41名、専科2名）

江戸時代の女子教育　江戸時代を通じて、学問は武士層の男性によって担われるものとされ、女子教育は不要とされた。しかし、寺子屋などで「女訓書」（「女大学」「女今川」等）を用いて「三従・七去」（三従＝女は親・夫・子に従うべき、七去＝女がしてはいけない7つの悪事［姑に不順・淫乱・悋気等］）などの儒教的規範が女子に教えられた。こうした男尊女卑の思想は、男女ともに広く共有された。

3　人権とジェンダー　49

キーワード7 男女共同参画社会基本法

→2-1
→2-2

◆**男女共同参画**　　**男女共同参画社会基本法***(1999年、公式英訳 Basic Act for Gender-Equal Society) は、男女共同参画社会の基本理念を定める。前文*は、男女共同参画社会の形成を「21世紀の我が国社会を決定する最重要課題」とうたう。タイトルをめぐっては様々な議論があり、妥協の道が探られた。最終的に選ばれた**男女共同参画**という語には2つの側面がある。①政策・方針決定過程への男女の対等な参画を促す積極的な側面と、②平等アレルギーを避けるために「差別禁止」や「男女平等」という強い表現を避けたという消極的側面である。

◆**男女共同参画基本計画**　　2001年、内閣府に男女共同参画会議と専門調査会・男女共同参画局が設置された。**男女共同参画基本計画**は、第1次 (2000年)、第2次 (2005年)、第3次 (2010年) と策定されている。第3次基本計画では、男性・子ども・複合差別の視点が強化された。女性研究者支援も進みつつある❶❷。

◆**条　例**　　基本法が地方公共団体に積極的な取り組みを義務づけたのを受け、2000年の出雲市、埼玉県、東京都を皮切りに、多くの地方公共団体が**男女共同参画条例**を制定している。制定状況は、2011年1月現在で46都道府県 (千葉県以外のすべて)、19政令指定都市のすべてを含む463市町村 (制定率27％) である。基本法が普遍主義的・形式主義的にとどまったのに対し、条例の中には踏み込んだ規定をもつものも多い。例えば、埼玉県条例❸ (2000年) は、「間接差別」の禁止や「性と生殖に関する健康と権利」を盛り込んでいる。東京都条例❹ (2000年) は、「平等」という語を冠して先進的取り組みを始めたが、審議会答申にはなかった「互いの違いを認めつつ」という文言が議会で突然挿入され、その後のいわゆる**バックラッシュ**のさきがけとなった。「男女の特性を認め合い」と定め、専業主婦の尊重を唱える宇部市条例❺ (2002年) はその典型である。(M)

50　第Ⅱ部　ジェンダー主流化にむけて

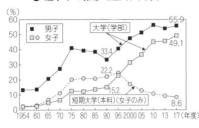

❶ 進学率の推移（短大、大学）

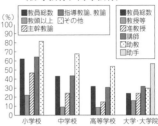

❷ 教員総数に占める女性の割合（初等教育、高等教育）

出典：❶❷とも内閣府『男女共同参画白書』平成30年版より一部抽出

◆1970年代、男子の大学進学率は40％を超え、2005年には50％をも超えている。女子の短大進学率と大学進学率が逆転するのは1995年、いまや男子の大学進学率に急迫している。理系に女子が少ない構図は変わっていないが、社会科学系に進学する女子の割合は増加傾向にあり、2017年では35％を超えるようになった。教員の性比には偏りが著しい。小学校教諭、大学助手、短期大学では女性比率が高く、管理職および大学准教授以上では女性比率が低い。分野別の偏りも大きく、教授の女性比率は、人文科学21.4％、社会科学13.8％、理学4.9％、工学3.5％である（『男女共同参画白書平成26年版』）。2000年、日本の学者の国会といわれる日本学術会議は、2010年までに女性会員を10％にする目標を設定し、第24期（2017年秋〜）には女性比率が30％を超えた。

❸ 埼玉県男女共同参画推進条例（2000年）

第3条　男女共同参画の推進は、男女の個人としての尊厳が重んぜられること、男女が直接的であるか間接的であるかを問わず性別による差別的取扱いを受けないこと、男女が個人として能力を発揮する機会が確保されること、女性に対する暴力が根絶されることその他の男女の人権が尊重されることを旨として、行われなければならない。…五　男女共同参画の推進は、生涯にわたる性と生殖に関する健康と権利が尊重されることを旨として、行われなければならない。…

❹ 東京都男女平等参画基本条例（2000年）

（前文）男性と女性は、人として平等な存在である。男女は、互いの違いを認めつつ、個人の人権を尊重しなければならない。…

❺ 宇部市男女共同参画推進条例（2002年）

第3条　本市における男女共同参画の推進は、次に掲げる事項を基本理念とする。

　男女が、男らしさ女らしさを一方的に否定することなく男女の特性を認め合い、互いにその人格と役割を認めるとともに、尊厳を重んじ合うこと、男女が性別によって法の下の平等の原則に反する取り扱いを受けないこと、男女がその特性と能力を発揮する機会が確保されることその他の男女の人格的平等が尊重されるよう努めること。…

　専業主婦を否定することなく、現実に家庭を支えている主婦を男女が互いに協力し、支援するよう配慮に努めること。…

キーワード 8　天皇制と男系男子主義

➡4-3
➡3-4

◆**皇室典範と憲法14条**　　天皇制の世襲原則（憲法2条）は憲法14条*の平等原則の例外であるというのが通説であった。しかし、「世襲制に合理的に伴う差別」以外の差別を認めるべきではないとして、皇室典範の**男系男子主義❶❸**を違憲とする見解が有力になっている。①世襲原則は当然に性差別を内包するものではないこと、②象徴としての天皇の地位は様々な国家機関の一つであり、平等原則が貫徹されるべきこと、③皇室典範の男女差別が旧憲法下の神権天皇制の伝統や家制度、それらと結びついた男尊女卑思想を助長する恐れがあることなどが違憲説の根拠である。男系男子主義は、女性に対する差別となる既存法律の修正・廃止を定めた女性差別撤廃条約2条*（f）にも違反する。2005年、小泉政権下で「皇室典範に関する有識者会議」が女性天皇を容認する報告書❷を出したが、その後天皇家に男子が生まれたため、改正の動きが止まっている。(M)

コラム　つくられた卑弥呼

「卑弥呼は『鬼道に事え』たと記され、巫女（シャーマン）として神の意を聞く能力を持ち、祭政一致の宗教的権威でもあり、『男弟』が実際の政務をとったという」（高校教科書『新日本史』山川出版社）。最近、こうした卑弥呼像を「つくられた」ものとする説があらわれた。古代史家義江明子によれば、「女＝宗教／男＝政治」という対比は、近代的なジェンダー認識（性別役割分業）を古代に反映させたものであり、歴史的な実態ではない。古代日本では、男女の首長がほぼ半分ずつ存在した。首長であるために必要なのは「性」ではなく、「実力」であった。6世紀末から8世紀後半に6人8代の女帝が現れたのも「男性天皇へのつなぎ」というより、財力・兵力に基づく「実力」であったと考えられる。1945年の敗戦を契機に、象徴天皇制を支える天皇不親政論とも癒着しつつ、聖（女）俗（男）二重王権論が浸透していく。1960年代以降はヒミコ研究のほとんどが「男弟」との関係に言及するようになり、それとともに女性の「霊性」を称揚しつつ実際の政務は男性の分担とする見方が、女性統治者すべてに及ぼされるようになっていったのである。［義江 2010：45-46頁］

52　第Ⅱ部　ジェンダー主流化にむけて

❶ 男系男子主義による皇位継承

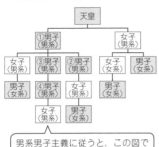

男系男子主義に従うと、この図では⑤代目に皇位継承者が途絶える。

❷ 皇室典範に関する有識者会議「報告書」(2005年小泉内閣)

「制度の成り立ちやその背景となる歴史的時事事実を冷静に見つめ、多角的に問題の分析をした結果、非嫡系継承の否定、我が国社会の少子化といった状況の中で、古来続いてきた皇位の男系継承を安定的に維持することは極めて困難であり、皇位継承資格を女子や女系の皇族に拡大することが必要であるとの判断に達した」。

❸ 天皇制の男系男子主義
①大日本帝国憲法第2条　皇位ハ皇室典範ノ定ムル所ニ依リ皇男子孫之ヲ継承ス
②旧皇室典範(明治典範)第1条　大日本国皇位ハ祖宗ノ皇統ニシテ男系ノ男子之ヲ継承ス
③日本国憲法第2条　皇位は、世襲のものであつて、国会の議決した皇室典範の定めるところにより、これを継承する。
④皇室典範第1条　皇位は、皇統に属する男系の男子が、これを継承する。

❖女性の政府の長・女性の国家元首(女性君主は除く)

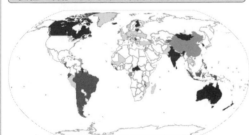

独立以降に登場した女性首相
- 女性の政府の長
- 女性の国家元首
- 女性の国家元首にして政府の長(君主は除く)
- 女性の国家元首と女性の政府の長(君主は除く)

❖各国初の女性首相・大統領

M.サッチャー
(1925-2013)
イギリス71代首相
(1979-90)

G.H.ブルントラント
(1939-)
ノルウェー首相
(1981.86-89.90-96)

A.メルケル
(1954-)
ドイツ第8代首相
(2005-)

B.ブットー
(1953-2007暗殺)
パキスタン首相
(1988-90,93-96)

C.アキノ
(1933-2009)
フィリピン第11代大統領
(1986-92)

I.ガンジー
(1917-84暗殺)
インド第5,8代首相
(1966-77,80-84)

4 性の多様性

概説 1 LGBT／SOGI

➡4－2
➡4－4

◆**LGBT／LGBTI**　LGBTとは、L（レズビアン）・G（ゲイ）・B（バイセクシュアル）・T（トランスジェンダー）の略称である。I（インターセックス）を加えて、**LGBTI**と呼ぶこともある。これらの人びとは、しばしば「性的マイノリティ（性的少数者）」と呼ばれる。しかし、「マイノリティ」は、「マジョリティ」との対比を前提とする他称であるため、国際社会では一般に「LGBT／LGBTI」が用いられる。ただし、性的指向（LGB）・性自認（T）・性分化疾患（I）はそれぞれ異なるため、LGBT／LGBTIと一括することに違和感をもつ人びともいる。

◆**SOGI**　近年では、**SOGI**という言葉も使われるようになった。SOGIとは、「性的指向（sexual orientation）」と「性自認（gender identity）」の頭文字である。LGBTが当事者を表す言葉であるのに対して、SOGIは「ひとの属性」を表す。SOGIは、身体的性別と性自認が一致する「シスジェンダー」も両者が一致しない「トランスジェンダー」も含み、異性愛・同性愛などを問わず、あらゆる性的指向を含む概念である❶。

◆**割　合**　LGBTの人びとの割合について公的な全国調査はない。LGBTAは3.3％、Qを含めて8.2％（大阪市、2019年）という数値が現時点では最も信頼度が高い。8.9％（電通、2018年）、8％（連合、2017年）はWEB調査結果であり、これらもLGBTAQの数値である。

◆**自治体の動き**　東京オリンピック（当初予定2020年）に向けて、自治体の動きが活発になった。2018年10月には、LGBTへの差別を禁止し、ヘイトスピーチを規制する「東京都オリンピック憲章にうたわれる人権尊重の理念実現のための条例」が成立した❸。大阪市（2018年）をはじめ、複数の政令指定都市でも「同性パートナーシップ」を認める動きが進んでいる。（M）

54　第Ⅱ部　ジェンダー主流化にむけて

❶ 多様な性

用 語	意 味
性的指向	好きになる性や性的対象が誰であるかを表す概念
ヘテロセクシュアル	異性愛者
レズビアン（L）	女性同性愛者（女性として女性が好きになる人）
ゲイ（G）	男性同性愛者（男性として男性が好きになる人）
バイセクシュアル（B）	両性愛者（好きになる対象が女性・男性の両性である人）
パンセクシュアル（P）	汎性愛者（特定の性的指向や性自認に関係なく、幅広い対象に恋愛感情や性的欲望を抱く人）
アセクシュアル（A）	無性愛者（誰に対しても恋愛感情や性的欲望を抱かない人）
性自認（ジェンダー・アイデンティティ）	「私は女（男）である」といったジェンダーに関わる自己の感覚・認識
シスジェンダー	性自認が出生時に割り当てられた性別と一致する人
トランスジェンダー（T）	性自認が出生時に割り当てられた性別とは異なる人
性別違和症候群（性同一性障害）（GID）	トランスジェンダーの中で医療（性別適合手術・ホルモン療法など）が必要な人が、診断基準を満たすとつけられる診断名（現在、国際的には「性同一性障害」という語は用いない）
Xジェンダー（X）	出生時に割り当てられた女性・男性の性別のいずれでもないという性別の立場をとる人
クエスチョニング（Q）	性自認が一定でない人、自分の性を固定的にとらえたくない人
性的特徴	生物学的・解剖学的特徴（出生時の外性器の形態など）
インターセックス（I）性分化疾患（DSDs）	性に関する身体の発達（性分化）の相違・特徴をさし、疾患ではない。治療が必要な場合に、医学的には「性染色体、性腺、または解剖学的性が否定型である先天的状態」を「性分化疾患」とよぶ。
ジェンダー表現	言葉遣いや服装、行動様式などに表現される「らしさ」
異性装（クロスドレッサー／トランスヴェスタイト）	ジェンダー表現の一つとして、文化的に自らの性役割に属するとされる服装をしないこと。
アライ	LGBTの置かれた状況を理解し、その状況を改善するために、自分事として行動できる支援者・仲間
カミングアウト	自分が性的マイノリティ当事者であることを自分の意思で他者に伝えること。
アウティング	他者のセクシュアリティをその人の同意なしに第三者に伝えること。重大なハラスメント行為である。

出典：東・虹色ダイバーシティ・ReBit 2018 をもとに一部加筆修正

❷ オリンピック憲章（2018年版・英和対訳）

6．このオリンピック憲章の定める権利および自由は人種、肌の色、性別、性的指向、言語、宗教、政治的またはその他の意見、国あるいは社会的な出身、財産、出自やその他の身分などの理由による、いかなる種類の差別も受けることなく、確実に享受されなければならない。

出典：公益財団法人日本オリンピック協会HP

❸ 「東京都オリンピック憲章にうたわれる人権尊重の理念実現のための条例」（2018年）

（趣旨）第三条　都は、性自認（自己の性別についての認識のことをいう。以下同じ。）及び性的指向（自己の恋愛又は性愛の対象となる性別についての指向のことをいう。以下同じ。）を理由とする不当な差別の解消（以下「差別解消」という。）並びに性自認及び性的指向に関する啓発等の推進を図るものとする。

出典：東京都総務局HP

4　性の多様性　55

キーワード 2 グラデーションとしての性

→4-1
→4-6

◆**グラデーションとしての性**　　人間は、「女／男」に二分されるわけではない。男女の境界が明確なわけでもない。性は、複数の要因がからみあって決定される複合的なものであり、同時に、各要因の境界が曖昧な一続きのグラデーションをなす。しかし、ヒト（人間）が有性生殖動物である以上、「メス（女性）／オス（男性）」という「**性別の二元構造**」がなくなることはない。有性生殖では、複数の遺伝子が混ざり合い、危機に対応しやすいため、進化に適している。生物学的には、卵子をもつのがメス、精子をもつのがオスと定義される。他の生物と同様、オスとメスが互いの性別を見極め、配偶相手を見つけて生殖を繰り返す営みが、ヒトという種を存続させてきた。

◆**身体的性の多様性**　　「性別の二元構造」を維持するために人間は発生過程で性分化する。しかし、このときすべての性が典型的な男女に分化するわけではない。性染色体・性腺・内性器・外性器の組み合わせは多様である❶。性染色体の組み合わせは受精時に決まるが、XX、XY以外にもXXY、Xなどの組み合わせがある。また、受精後8週目までの「性的両能期」では、母体内のホルモン受容によってどちらの性にも発展しうる。卵巣・精巣や性器の発育が非定型である状態を「**性分化疾患**」と呼び、4500人に1人の割合で発生する。性別が決定するまでは、戸籍の性別欄を空欄にできる。

◆**不十分なサポート**　　持続的な「性別違和」を感じる人のうち、身体の変更を望む者（「トランスセクシュアル」）の比率は2～3割とされる。「**性同一性障害者の性別の取扱いの特例に関する法律**」（性同一性障害特例法、2003年）は、日本で唯一のLGBT法であるが、性別違和を「障害」と呼び、法的性別変更要件として身体変更を求める点でトランスジェンダーの人権を保障した法とはいえない❷。また、全体的にLGBTに対するサポート制度は十分とは言い難く、カミングアウトに抵抗を感じる人は多い❸。(M)

❶ 生物学的な性別の多様性

医学的症例としての「正常／異常」		生物学的特徴・表現型・特徴／傾向			
性腺	正常	女性外性器＋卵巣（女性）／男性外性器＋精巣（男性）			
	異常	女性仮性半陰陽	男性外性器＋卵巣	性分化疾患	
		男性仮性半陰陽	女性外性器＋精巣		
		真性半陰陽	卵巣＋精巣		
性染色体	正常	46染色体・性染色体XX（女性）／性染色体XY（男性）			
	異常	クラインフェルター症候群	47染色体・XXY	男性	無精子症
		ターナー症候群	45染色体・X	女性	低身長
		XX男性	46染色体・XX	男性	
		睾丸性女性化症候群	46染色体・XY	女性	原発性無月経

❷ トランスジェンダーの性別変更要件──ドイツと日本の比較

	日　本	ドイツ
名称（略称）	性同一性障害の性別の取り扱いの特例に関する法律（性同一性障害特例法）	名前変更および性別確定の特例に関する法律（トランスセクシュアル法）
成立	2003年	1980年
年齢要件	20歳以上であること	25歳以上であること
		1993年違憲判決→削除
非婚要件	現に婚姻をしていないこと	2008年違憲判決→削除
子なし要件	現に未成年の子がいないこと（2008年改正以前は「現に子がいないこと」）	2006年違憲判決→削除
生殖不能要件	生殖腺がないこと又は生殖腺の機能を永続的に欠く状態にあること	2011年違憲判決→削除〔基本法2条2項「身体を害されない権利」を侵害〕
身体変更要件	その身体について他の性別に係る身体の性器に係る部分に近似する外観を備えていること	2011年違憲判決→削除〔基本法2条2項「身体を害されない権利」を侵害〕

❸ LGBT層の人にとっての職場の環境

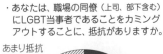

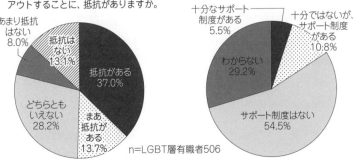

・あなたは、職場の同僚（上司、部下含む）にLGBT当事者であることをカミングアウトすることに、抵抗がありますか。

抵抗がある 37.0%
まあ抵抗がある 13.7%
どちらともいえない 28.2%
あまり抵抗はない 8.0%
抵抗はない 13.1%
n=LGBT層有職者506

・あなたが勤めている企業では、性の多様性に関してサポート制度がありますか。

十分なサポート制度がある 5.5%
十分ではないが、サポート制度がある 10.8%
わからない 29.2%
サポート制度はない 54.5%

出典：「電通ダイバーシティ・ラボ LGBT調査2018」http://www.dentsu.co.jp/news/release/2019/0110-009728.html

4　性の多様性

キーワード 3　マスキュリニティ／男性性

➡ 5-6
➡ 7-6

◆マスキュリニティ　女性と同様、男性もまた普遍的主体や人間一般ではなく、「ジェンダー化された存在」（マスキュリニティ〔masculinity 男性性〕をおびた存在）である。男性性をめぐる価値観は、時代と文化によって異なる。近代市民社会では、「家族を養い守るのは男の責任」という男らしさ（覇権的男性性）は、しばしば女性からも歓迎された。一方、同性愛者やオタクなどは、男らしくない（従属的男性性）として社会から排除された。

◆男性学とクイア理論　男性性を研究する学問としての**男性学**は1970年代に女性学に対抗して登場し、日本では80年代後半から始まった。90年代には、**クイア理論**が登場する。それは、「クイア（変態）」という蔑称をあえて名乗ることにより、性的指向の多様性を唱え、**LGBT**（レズビアン、ゲイ、バイセクシュアル、トランスジェンダー）の権利擁護を主張した。

◆男性同性愛　男性同性愛には、当事者の対等性に基づく親密関係（ゲイ）もあれば、家父長制的な上下関係を前提とした親密関係（男色）もある。ゲイは女性同性愛（レズビアン）を必ずしも排除しないが、男色は成人男性のみを性的主体とみなす価値観を反映して、女色（男性が女性を性愛対象とする）を認めるが、女性同性愛を想定していない。日本では、男色は古い歴史をもち、江戸時代には「衆道」として武家規範に組み込まれていた。しかし、大正期に男色は変態性欲とされ、病気治療・排除抑圧の対象となる。一方、18世紀末までのキリスト教西洋社会では、同性愛と獣姦はソドミーという宗教的大罪とされ、違反者は火刑に処せられた。近代以降、男性間同性愛行為は非犯罪化（1810年フランス）と犯罪化（1871年ドイツ「反自然的罪」）に分かれた。女性同性愛が刑事制裁の対象にならなかったのは、女性は性的主体たりえないという前提があったからとされる。(M)

クイア理論　クイア理論とは、クイアqueerという蔑称（原義は「変態」）をあえて肯定的に用いることによって、ジェンダー／セクシュアリティの中心／周縁、規範／逸脱といった権力構造を撹乱し、新たな世界の可能性をさぐる理論や実践を指す。

〈判例紹介〉府中青年の家事件（1997年、東京高判平9年9月16日判夕986号206頁）

【事実】本事件は、同性愛者の権利をめぐる日本で唯一の判例である。1990年2月、「動くゲイとレズビアンの会」（アカー）が東京都「府中青年の家」を利用中、他の団体から嫌がらせを受けた。同年4月、東京都教育委員会は、「男女別室ルール」（「このルールは異性愛に基づく性意識を前提としたものであるが、同性愛者の場合異性愛者が異性に対して抱く感情・感覚が同性に向けられるのであるから異性愛の場合と同様、複数の同性愛者が同室に宿泊することを認めるわけにはいかない」［教育長コメント］）を理由に、今後同性愛者の宿泊利用を拒否するとした。91年2月、アカーは東京都教育委員会を提訴し、東京地裁（94年3月）、東京高裁（97年9月）ともアカーの主張を認め、判決が確定した。この後、アカーは何度か同施設を利用したが、都が懸念した混乱は起こっていない。

【東京高裁判旨】「平成2（1990）年当時は、一般国民も行政当局も、同性愛ないし同性愛者については無関心であって、正確な知識もなかったものと考えられる。しかし、一般国民はともかくとして、都教育委員会を含む行政当局としては、その職務を行うについて、少数者である同性愛者をも視野に入れた、肌理の細かな配慮が必要であり、同性愛者の権利、利益を十分に擁護することが要請されているものというべきであって、無関心であったり知識がないということは公権力の行使に当たる者として許されない」。

コラム　江戸時代の衆道

日本では、男色は古代貴族文化に始まり、中世・戦国期の僧坊・武家における稚児文化を経て、江戸時代に「衆道」として完成する。色道には男色（衆道）と女色があり、どちらも成人男性が性的主体とされた。男色の基本構図は、地位・年齢ともに上位者たる念者（愛する者）と下位者たる若衆・稚児（愛される者＝元服〔17〜18歳〕以前の少年）という上下関係にある。武家では、男色は義理をモラルとし、男性性を強めるとみなされた。男色の関係は、成人後も継続することがあった。町人社会では、元禄時代までは、歌舞伎若衆が舞台終了後に茶屋で男色を提供する習わしがあった。色道は「正常・異常」という近代的な価値観とは無縁であった。しかし、女性を性的主体とはみなさず、女性間の同性愛を想定していない点で、色道の性的主体／客体の設定にはジェンダー・バイアスが伴っていた。

コラム　古代ギリシアの少年愛

古代ギリシアでは、男性同性愛が容認されていた。しかし、これは対等な性愛ではない。成人男性が少年を教え導く過程で少年を性愛の対象にしても許されるということであり、少年は受動的役割を負った。成人男性間の性愛はタブーとされ、成人男性は女性と結婚して、子をもうけるのが理想とされた。古代ギリシアの同性愛は、性的指向を意味したのではなく、ライフサイクルにおける性愛の一段階にほかならなかったのである。

4　性の多様性　59

キーワード 4　SOGI差別の禁止

➡ 5 - 6
➡ 7 - 6

◆**国際的動向**　2006年、国際社会で最も包括的なLGBTIの権利保障原則とされる「**ジョグジャカルタ原則**」(全29原則) ❶が公表された。同原則は、国際法律家委員会や元国連人権委員会委員および有識者たちによって議論・採択され、翌2007年3月、国連人権理事会にて承認された。このような動きを受け、2011年頃から、国連主導によるLGBT／LGBTIの権利保障が活発になっている。国連人権理事会やILO・WHO・UNHCRなどが積極的に決議や共同声明を発している❷。しかし、国連総会で総会決議がなされたことはない。イスラーム諸国を中心に反対が強いからである。

◆**日本の2つの顔**　国際社会の動きに対して、日本政府は2つの顔を使い分けている。国連によるLGBTの権利保障の動きには積極的に協力するが、国内の法政策には消極的という二面性がある。しかし、国内でもいくつかの訴訟が起き、教育や職場での取り組みが広まりつつある。与野党から提出されている法案は、理念法的な「LGBT理解増進法」か、より実効性の高い「SOGI差別禁止法」かで方向性が分かれている。2017年5月、経団連 (日本経済団体連合会) は、「ダイバーシティ・インクルージョン社会の実現に向けて」を発表し、人材獲得、生産性向上、ブランド価値向上などの可能性を展望した。

◆**SOGIハラスメント**　LGBTの権利保障は進みつつある。しかし、深刻な**SOGIハラスメント**も後を絶たない❸。SOGIハラスメントには、当事者でなくとも、例えばゲイと誤解されて揶揄される場合なども含まれる。SOGIハラスメントのうち、最も深刻なものが「**アウティング**」である。LGBT当事者の自殺念慮が高いことも明らかになっており、文部科学省は小中高等学校に配慮通知を出して、学校における対応を指示した (2015年)。2020年東京オリンピックに向けて自治体・観光業界の対応も進んでいる。(M)

60　第Ⅱ部　ジェンダ　主流化にむけて

❶ ジョグジャカルタ原則（2006年）

第1原則　人権の普遍的享受への権利
すべての人間は尊厳と権利において生れながらに自由にして平等である。人は、性的指向や性自認のいかんにかかわらず、すべての人権を完全に享受する。

国家は、

(a) 自国の憲法或いはその他の法規定に、すべての人権の普遍性、親密性、相関性、不可分性の原則を明記し、すべての人権の普遍的享受が実現するよう保障するべきであり、

(b) 刑法を含むあらゆる法規定を改正し、すべての人権の普遍性が徹底するよう保障するべきであり、

(c) 性的指向や性自認にかかわらず、万人がすべての人権を完全に享受できるよう促し、向上させるような教育・啓発のプログラムを実施するべきであり、

(d) 性的指向や性自認を含むすべての人間のアイデンティティの全側面が、相互に関連しており不可分であることを承認、主張する複眼的アプローチを国家の政策や意思決定に組み入れるべきである。

出典：https://yogyakartaprinciples.org/（翻訳は筆者）

❷ LGBT権利保障に向けた国連の動き

2006	「ジョグジャカルタ原則」
2007	国連人権理事会で「ジョグジャカルタ原則」を承認
2011	国連人権理事会決議「性的指向・性自認と人権」（国連初の決議）
2012	ILO「プライド・プロジェクト」の開始
2014	WHO共同声明：性別変更のために手術を要件とすることに反対
2014	UNHCR（国連難民高等弁務官事務所）：SOGIを理由とする迫害の条約難民該当性を認める
2014	オリンピック憲章に性的指向による差別禁止を明記
2015	ILO、WHOなど12国際機関の共同声明「LGBTIに対する暴力と差別を撲滅するために」
2015	国連人権理事会決議「性的指向・性自認と人権」（2回目）
2017	「ジョグジャカルタ＋10」を採択国連人権理事会「同性愛者の死刑を非難する決議」（死刑適用国7か国）

❸ LGBT法連合会「困難リスト（第3版）」(2019年)（抜粋）

・学校で「男のくせに」「気持ち悪い」「ホモ」「おかま」「レズ」などと侮蔑的な言葉を投げかけられ、自尊感情が深く傷つけられた。

・親から「一時の気の迷いだから精神科へ行け」「同性愛は治療できる」といわれ、病院に強制的に入院させられた。

・就職活動をする際にトランスジェンダーであるとバレたらどこも採用をされないと思い、休学をし、手術費用をためて戸籍変更後に就職活動をした。しかしながら、なぜ休学したのかを面接時に詰問されて答えられず困った。

・カミングアウトしたら、「あいつはホモ／レズだから気をつけろ」と職場内で言いふらされた。

・戸籍性とは別の容姿で就労しようとしたが、企業秩序維持を理由に自宅待機や戸籍性の容姿での就労を命じられ、応じなかったところ、懲戒・解雇された。

・トランスジェンダーで、自分の場合は男女に分かれた職場のトイレが使えない。職場でトイレを使いたくないため、もう何年も1日中飲まず食わずで働いている。それでもどうしてもトイレに行きたくなった場合には、職場から離れた駅のトイレを利用している。

出典：http://lgbtetc.jp/

| 比較 5 | 同性カップルの問題 | ➡4-6
➡10-2 |

◆同性カップルは結婚できる？　　同性カップルの婚姻の可能性について法的に検討することは、法律上の婚姻に伴う効果を、同性カップルにも広げていくことを意味する。同性愛については、宗教上の理由などから偏見や差別の対象となった歴史もあるが、近年では同性カップルの婚姻を認めたり、婚姻に準じた法的な保護を定める立法例が増えている❶。

◆同性婚の合法化は世界のトレンドか？　　しかしながら世界全体でみると、約8割の国では同性のカップル関係に何の保護制度ももたない。また、同性間の性的行為に対して死刑を設定する国も複数存在する。すでに**同性婚**を合法化させた国においても、宗教上の理由から同性カップルを商業上忌避することを認める条項を入れている場合もあり、多くの国において伝統的な習俗や宗教観と同性愛の問題は緊張関係にある。同性婚合法化のニュースばかりに目が行きがちだが、世界規模でみれば同性愛者の権利保障はまだ道半ばともいえる。

◆日本では…　　日本の民法では、婚姻する当事者が男女であることを求める条文はないが、最高法規である日本国憲法には、24条で「婚姻は両性の合意のみに基づいて成立し…」と、男女の合意のみが婚姻の本質的な要件であることが定められている。明治民法が家制度を定め、戸主が家族構成員の婚姻についての同意権をもっていた時代を考えると、24条は個人の尊厳を認め婚姻の自由を保障する主旨の条文であるといえる。しかし、この憲法の条文や、婚姻は男女間のものであることを前提とする民法のもとで、法的な婚姻の対象を同性カップルに拡大する法改正を性急に進めることには、乗り越えるべき壁も多い。ただし、日本でも2015年以降、渋谷区ほか同性カップルに対し、**パートナーシップ制度**を設ける自治体が現れた。2020年はじめの段階で、その数は10を超え、後続の動きも活発である。(T)

62　第Ⅱ部　ジェンダー主流化にむけて

❶ 同性婚が認められている国

同性婚が合法化されている国	オランダ、ベルギー、スペイン、カナダ、南アフリカ、ノルウェー、スウェーデン、ポルトガル、アイスランド、アルゼンチン、デンマーク、ブラジル、フランス、ウルグアイ、ニュージーランド、イギリス（北アイルランド除く）、ルクセンブルク、米国、アイルランド、コロンビア、フィンランド、マルタ、ドイツ、オーストラリア、オーストリア、台湾、エクアドル、コスタリカ
パートナーシップ登録ができる国や地域	アンドラ、イスラエル、イタリア、エクアドル、オーストリア、キプロス、ギリシャ、イギリス、クロアチア、コロンビア、スイス、スロベニア、チェコ、チリ、ハンガリー、フランス、ベネズエラ、メキシコ（一部の州）、リヒテンシュタイン、ルクセンブルク、ニュージーランド、オランダ、ベルギー

注：同性婚合法化前にパートナーシップ登録制度をもっていたため、かつてのパートナーシップ
　　登録をそのまま認める国もある。
出典：NPO法人EMA日本HP「世界の同性婚」の情報をもとに筆者作成（2020年5月段階）

◆2020年には同性婚を認める国は28か国となった。同性婚の制度がなくとも、パートナー関係を登録し、婚姻に準じた保護を受けられる仕組みをもつ国もある。2019年には、台湾がアジアで初めて同性婚を法制化した。

同性カップルの困ったこと——こんな問題があります！

・生命保険の契約で、受取人をパートナーに指定できない場合が多い。
・配偶者として扶養家族となれず、税金の優遇が受けられない。
・パートナーの死後、遺族年金が受け取れない。
・生前贈与や遺言書を書いていないと、パートナーの相続ができない。
・離別に関して、財産上のトラブルを解決する法制度がない。

🐾コラム🐾　オリンピックをきっかけに！？

　ロシアでは、2013年に同性愛を未成年に宣伝することを禁じるいわゆる「同性愛宣伝禁止法」を成立させた。この法律は、性的マイノリティの権利擁護を求める人びとの活動を取り締まることを可能にした。この動向を性的マイノリティへの人権侵害であるとして、翌年ロシアで開催されたソチオリンピックでは、アメリカ合衆国をはじめフランスやドイツなどの各国首脳が開会式を欠席し、抗議した。2020年にオリンピックを開催する東京では、2010年に石原慎太郎前都知事が「（同性愛者は）どこかやっぱり足りない感じがする。遺伝とかのせいでしょう」などと差別的な発言をして、日本弁護士連合会が人権侵害であると警告を行うなど、物議を醸し出した。国際オリンピック委員会は、2014年、オリンピック憲章（55頁❷）において性的指向による差別禁止を盛り込むことを決議しており、開催国はこれに応じる必要がある。日本でも、オリンピックの開催を性的マイノリティの問題を考える一つの契機にしたい。

4　性の多様性　63

| キー
ワード 6 | 性の多様性と親子関係 | ➡4-5
➡12-2 |

◆**性的マイノリティの家族形成**　性の多様性の視点から、「子をもつこと」「子の育みに関わること」を考えてみよう。そこでは、親とは何か、親子とは何か…という、根源的な問いを突きつけられる。性的マイノリティが子をもつ際には、カップル双方との血縁関係を望めないことが一般的であるし、親として、「父・母」ではなく「父・父」「母・母」のケースへの理解も求められよう。性的マイノリティの問題を考えるうえで、家族形成の権利として、「子をもつこと」「子の育みに関わること」についても保障される必要がある。

◆**同性カップルの場合**　同性カップルが、生殖補助医療技術を利用して、一方と血縁関係のある子どもをもうけることもある。レズビアンカップルの場合、一方が懐胎し出産することもあるが、ゲイカップルでは代理母への依頼が必要となる。日本では法規制はないが、日本産科婦人科学会はドナー精子の利用について婚姻中の夫婦に限定しており、代理母を介して子をもつことについても容認していないため、国外での医療技術の利用となる。また、一方の連れ子を同性のパートナーと育てることや、血縁関係にこだわらず、里親や養親として子どもの育みに関わることもある。

◆**性別変更後の婚姻のなかで…**　性同一性障害者が戸籍上の性別変更後に異性と法律上の婚姻をした場合、そこで生まれる子どもとの親子関係はどうなるのだろうか。性同一性障害特例法（以下、特例法）3条に定める性別変更の要件として、性別変更者は不妊化すること（自身と血のつながりのある子をもてない状態）が求められる。つまり、現行の法制上は、事前に精子や卵子の凍結保存をしておく以外には、性別変更をした人が自身と血縁関係のある子どもをもうけることはできないことになる。性別変更の要件として不妊化を求める日本の法制自体に問題が指摘されているが、現行法のもとで問題となったのは、性別を男性に変更した人が婚姻して子をもうけた場合の親子関係の問題であった（判例紹介参照）。（T）

64　第Ⅱ部　ジェンダー主流化にむけて

❶ 男性カップル 里親に

男性カップル 里親認定
大阪市、全国初。社会の多様化反映

出典：『東京新聞』朝刊（二〇一七年四月六日）（共同通信配信）

◆里親は、児童福祉法に基づき、虐待を受けた子どもなど要保護児童を養育する制度である。厚生労働省は、要保護児童について、今後里親委託やファミリーホームへの委託の割合を増やす方針を取っている。実の親に恵まれない子どもたちの背景は多様である。当然ながら、セクシャリティに悩みを抱える子どもたちもおり、里親にも多様性が求められる。性的マイノリティ当事者が「子の育みに関わる」ことは、社会的な支援が必要な子どもたちにとっても重要なことである。

〈判例紹介〉性別を男性に変更した者を父とする嫡出推定を認めた事例（最決平25年12月10日裁時1593号4頁）

Xは性別適合手術を受け、特例法3条1項に基づき、男性への性別の取扱いの変更の審判を受けた後、女性Yと婚姻した。その後XY夫婦は、第三者から精子提供を受け、子Aをもうけた。Xは、Aを嫡出子とする出生届を役所に提出したが、戸籍上の性別変更は生殖腺の除去を要件としているため、Aは民法772条による嫡出の推定を受けないとして、戸籍記載においてAの父欄を空欄にするなどの扱いを受けた。XY夫婦は、民法772条に基づきAを夫婦の嫡出子として戸籍を訂正するよう求めた。

最高裁は、「男性への性別の取扱いの変更の審判を受けた者は、以後、法令の規定の適用について男性とみなされるため、民法の規定に基づき夫として婚姻することができるのみならず、婚姻中にその妻が子を懐胎したときは、同法772条の規定により、当該子は当該夫の子と推定されるというべきである」と判断し、戸籍訂正を認めた。

📢 コラム　同性カップルの子育てへの評価

　2012年公開の映画『チョコレートドーナツ』では、男性の同性カップルが、裁判の中で、育てていた子どもの親権を同性愛者であるという理由で失う。映画の世界だけでなく、同性婚が合法化されている国々においてさえも、自然には子どもを授かることのない同性カップルが親として子どもを養育することについて、批判や偏見も根強い。

　これに対し、心理学や子どもの発達に関わる研究領域で、様々な調査研究が行われてきた。オーストラリアのメルボルン大学Simon Crouch氏の研究では、同性カップルの家庭で育てられた子どもたち500人以上について研究され、異性の両親に育てられる子どもの集団と比較して、家族の結びつき、一般的な健康や行動の面において、有意に良い数値がみられることが報告された。他の項目については、特に両群には有意差はなかったこともわかっている。この報告は、オーストラリアにおいて、同性カップルの養子縁組が認められていく過程で大きな影響を与えた。

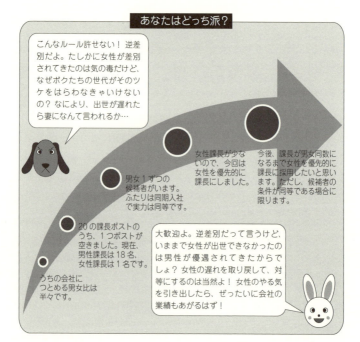

身体と性

5 女性に対する暴力

| 概説 **1** | 女性に対する暴力 | ➡5－7
➡5－8 |

◆女性に対する暴力　女性に対する暴力 (violence against women) という語は、国際文書では**国連女性の10年**後半期行動プログラム (1980年) に初出し、**ナイロビ将来戦略** (85年) ではじめて具体化された。女性差別撤廃条約 (79年) は買売春や人身売買の禁止には触れていたが、セクシュアル・ハラスメントやDVへの言及はなく、女性に対する暴力の一般的規定ももっていなかった。女性に対する暴力という語が生まれたことにより、多様な暴力を包括的に捉える視点と対策の緊急性が国際社会で共有されるようになった。

◆女性に対する暴力撤廃宣言　1992年、女性差別撤廃委員会は、一般勧告第19号❶で「女性に対する暴力は差別の一形態」であるとし、暴力を詳細に定義した。翌93年、第2回世界人権会議❷ (ウィーン) では、「女性の権利は人権である」ことが強調された。同年末、国連総会で採択された**女性に対する暴力撤廃宣言**❸において、女性に対する暴力はジェンダー秩序と不可分な人権侵害であることが明示された。**北京行動綱領** (95年) は、女性に対する暴力を「12の重大問題領域」の一つと位置づけた。本宣言と北京行動綱領が、女性に対する暴力に関する最も包括的な規定とされる。

◆あらゆる暴力の根絶　女性に対する暴力撤廃宣言は、暴力を「肉体的、性的及び精神的暴力」を含む「あらゆる暴力」と広く定義し、公私の別を排除した (1条)。発生場面に即して、暴力は3つに区分されている。①家庭において起こる暴力 (2条a)、②一般社会において起こる暴力 (同条b)、③国家により行われたかまたは許容された暴力 (同条c)。これらの暴力の根絶に取り組むことは国際社会の緊急の課題となっている。(M)

68　第Ⅲ部　身体と性

❖「女性に対する暴力」に関する重要な国際文書

❶ 女性差別撤廃委員会一般勧告第19号（1992年）

一般的コメント

6．条約は第1条において女性に対する差別を定義している。この差別の定義は、ジェンダーに基づく暴力、すなわち、女性であることを理由として女性に対して向けられる暴力、あるいは、女性に対して過度に影響を及ぼす暴力を含む。それは、身体的、精神的、又は性的危害もしくは苦痛を加える行為、かかる行為の威嚇、強制、及び、その他の自由の剥奪を含む。…

❷ ウィーン宣言及び行動計画（1993年）

I. 18（女性の人権）女性及び女児の人権は、普遍的人権の不可譲、不可欠、かつ不可分な一部である。…

II. B. 平等、尊厳及び寛容　3 女性の平等な地位及び人権

38．特に、世界人権会議は、公的及び私的な生活における女性に対する暴力の撤廃、あらゆる形態のセクシュアル・ハラスメント、女性の搾取及び売買の根絶、司法の運営におけるジェンダー的偏見の根絶、並びに女性の権利と女性にとって有害な伝統的又は因習的な慣行、文化的偏見及び宗教的極端論との間で起こりうるあらゆる対立の根絶に向かって努力することの重要性を強調する。…

❸ 女性に対する暴力撤廃宣言（1993年）

第1条　本宣言上、「女性に対する暴力」は、女性に対する肉体的、精神的、性的又は心理的損害又は苦痛が結果的に生じるかもしくは生じるであろう性に基づくあらゆる暴力行為を意味し、公的又は私的生活のいずれで起こるものであっても、かかる行為を行うという脅迫、強制又は自由の恣意的な剥奪を含む。

第2条　女性に対する暴力は次に掲げるものを含むが、これに限られないものとする。

(a) 殴打、家庭内における女児の性的虐待、持参金に関連した暴力、夫婦間の強姦、女性性器の切除及びその他の女性に有害な伝統的習慣、婚姻外暴力及び搾取に関連した暴力を含む家庭において起こる肉体的、性的及び精神的暴力。

(b) 強姦、性的虐待、職場、教育施設及びその他の場所における性的嫌がらせ及び威嚇、女性の人身売買及び強制売春を含む一般社会において起こる肉体的、性的及び精神的暴力。

(c) 起こる場所を問わず、国家により行われたか又は許容された肉体的、性的及び精神的暴力。

[❶❷❸とも、山下ほか編集 2015：35頁・134頁・212頁以下]

　　女性割礼／女性性器切除　女性割礼FC／女性性器切除FGM（女性外性器の一部もしくは全部の切除または女性性器への医療以外の理由に基づくその他の損傷に関するすべての行為＝WHO定義）は、アフリカ28か国、中近東やアジアの一部で慣習として行われている。一般的に4～12歳の少女に対して実施され、被害女性は1億～1億3千万に達するといわれる。女性差別撤廃委員会一般勧告第14号（1990年）は、FGMを「女性の健康に有害な伝統的慣行」としてその根絶を求め、アメリカでも移民立法の一部として反FGM法（96年）が成立した。しかし、アフリカでは、啓発活動や教育支援などのケアをしないかぎり、地域共同体からの疎外を心配して隣国に出国してまで娘にFGMを受けさせる親があとをたたない。

キーワード 2　性の二重基準

➡ 7 - 4
➡ 8 - 3

◆文化・宗教の影響　女性に対する暴力の中には、**女性性器切除**や**名誉の殺人**など、社会の中で文化や慣習、宗教的慣行として正当化されているものも少なくない。文化や宗教はしばしば支配層男性の価値観を反映する。文化や宗教のジェンダー・バイアスを見据えつつ、加害者を不処罰にする連鎖を断ち切っていかねばならない。

◆性の二重基準　男女間でセクシュアリティに関する基準が異なり、男性の性的自由には寛容で女性には厳しいというジェンダー・バイアスを**性の二重基準**という。キリスト教では6〜12世紀に原罪が「傲慢の罪」から「性的な罪」へと変わり、女性嫌悪とセクシュアリティ嫌悪が強まった。婚姻目的は「生殖、姦淫防止、相互扶助」とされ、18世紀まで婚前交渉も姦通も同性愛もすべて処罰された。刑罰はむしろ男性のほうが厳しかった。西洋社会では、性の二重基準は法と宗教が分離した近代以降に顕著になっていく。近代的な性の二重基準は、女性を「淑女」と「淫婦」の二種に分けた（女性二分論）。家庭内で家父長に保護されることが「女らしい」とされ、働く女性は「淫婦」に転落する恐れがあると警戒された。性犯罪被害者女性の「落ち度」を問う姿勢も性の二重基準のあらわれである。

◆姦通罪　姦通罪とは、男女を問わず、有配偶者が他の者と密通（不倫）することにより成立する犯罪である。日本では、フランス刑法典❶にならった**旧刑法**（1880＝明13年）353条に規定され、ほぼそのままの条文で刑法（1907＝明40年）183条❷に引き継がれた。姦通罪は、夫による親告罪であり、罪に問われるのは妻のみであるという点に著しいジェンダー・バイアスがあった。1947年、日本国憲法の平等原則に反するとして、姦通罪は廃止される。欧米諸国では、姦通罪は日本よりも長く残った。ドイツで姦通罪が廃止されたのは1971年、性犯罪が「性的自己決定権の侵害」に改められたときである。(M)

70　第Ⅲ部　身体と性

❶ フランス刑法典（1810年）に定める姦通罪（1975年廃止）[中村 2006]

第324条　夫が妻に対してまたは妻が夫に対して犯した故殺は、故殺を犯した夫または妻の生命が、故殺がなされたときに、危機に陥っていなかったときは、宥恕されない。但し、第336条が定める姦通の場合においては、夫婦の住居において、姦通の現行犯を襲ったそのときに、夫が妻およびその共犯に対して犯した故殺は、宥恕される。

第336条　妻の姦通は夫だけが告訴することができる。この権利は、第339条に定められた場合にはなくなる。

第337条　姦通により有罪とされた妻は、3月以上2年以下の拘禁刑を受けるべきものとする。夫は、妻を引き取ることに同意して、この有罪判決の効力を停止させることができる。

第338条　姦通をした妻の共犯者は、同一期間の拘禁刑およびさらに100フラン以上2,000フランの罰金に処せられるものとする。…

第339条　夫婦の住居に同棲者をおき、妻の告訴により有罪とされた夫は、100フラン以上2,000フラン以下の罰金に処せられるものとする。

❷ 戦前日本の姦通罪（1947年廃止）

刑法第183条　有夫ノ婦姦通シタルトキハ二年以下ノ懲役ニ處ス其相姦シタル者亦同シ。前項ノ罪ハ本夫ノ告訴ヲ待テ之ヲ論ス但本夫姦通ヲ縦容シタルトキハ告訴ノ效ナシ。

民法第768条　姦通ニ因リテ離婚又ハ刑ノ宣告ヲ受ケタル者ハ相姦者ト婚姻ヲ爲スコトヲ得ス。

コラム　文化や宗教と結びついた女性に対する暴力

名誉の殺人　婚前交渉・姦通を犯した者を「家の名誉」を汚したとして親族が殺害する行為を「名誉の殺人」という。イスラーム法では、婚姻外性交渉（婚前交渉・姦通・同性愛）は重罪とされ、石打刑（下半身を埋めて身動きができないようにし、大勢が拳大の石を投げつけて処刑する）に処せられる。ヒンドゥー教でも、異なるカースト間で恋愛関係になったカップルを親族が殺害し、年間数百～千人の被害者がいるという。

持参金殺人と寡婦殉死（サティー）　インドでは、結婚時に女性が多額の持参金（ダヘーズ／ダウリー）を持参する。1961年にダヘーズ禁止法が制定されたが、持参金が少ないことをめぐる殺人が絶えない。ダヘーズ高騰のため、女児が生まれるのを避ける傾向も強い。また、ヒンドゥー教では、夫が死んだ時に焼身自殺する妻を貞婦として称える風習があった。1829～30年に禁止されたが、まれに慣行として行われることがある。

1996年イラク
妊娠を不倫によるものと夫の親族に疑われ、鼻をそがれた女性（のちに亡命）[アムネスティ 2001：12頁]

5　女性に対する暴力

| キー
ワード **3** | ポルノグラフィー | ➡5 - 2
➡8 - 5 |

◆性的表現の規制　　表現の自由は非常に重要な権利であり、規制には厳格な基準が適用される。性的表現の規制をめぐっては、今日、3つの議論がある。(1)伝統的なわいせつ規制。刑法175条[*]はわいせつ文書の頒布・販売等を規制する。通説のわいせつ判断基準❹(1957年チャタレイ事件判決)には、性を「恥ずべきもの」とみなす性道徳が付着している。(2)性的表現の自由化。1970年代以降、「性の自由」が提唱されて性的表現の規制緩和が進み、ポルノ鑑賞の自由が主張された。(3)わいせつと**ポルノグラフィー**の区別❶。ポルノグラフィーを「性暴力」と定義してわいせつとは区別し、必要な法規制を要求する立場である。アメリカでは、70年代の反ポルノ運動を受け、1983年には**反ポルノグラフィ公民権条例**❸が制定された。買売春問題と同様、フェミニズムは、(2)・(3)それぞれを擁護する立場に分断されている。

◆3つの被害　　上記(3)によれば、ポルノグラフィーは「『女性』を従属的、差別的、見世物風に描く性的表現物」と定義される。ほとんどのポルノは「視る男性／視られる女性」という非対称な構図を前提とし、3つの被害❷(①制作被害、②消費被害、③社会的被害)にも深刻なジェンダー・バイアスがある。①出演者の人格を否定するような制作被害の深刻化。1980年代末のホームビデオ普及以降、ポルノの制作主体となった小規模なAV制作会社は競い合うように90年代から**暴力ポルノ**を制作し始めた。2000年代以降は、インターネットの普及によりポルノ市場が爆発的に拡大した。今日、同意のない集団強姦や拷問により出演女性が重傷を負う事件が頻発している。②消費被害としては、家庭・職場におけるポルノ視聴の強制、夫婦・恋人間でのポルノ類似行為の強要、ポルノ視聴者による性的暴力などがある。③社会的な被害としては、暴力ポルノを目撃することによる精神的苦痛やポルノ蔓延による女性蔑視の強化がある。(M)

72　第Ⅲ部　身体と性

❶ ポルノグラフィーとわいせつ物　　❷ 3つの被害の構図

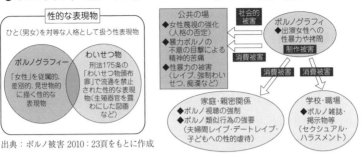

出典：ポルノ被害 2010：23頁をもとに作成

❸ アメリカの反ポルノグラフィ公民権条例（モデル条例）

第1条（立法目的）1　ポルノグラフィは、性差別行為である。…
2　ポルノグラフィは、性別にもとづく搾取と従属の制度的行為であり、女性に差別的に被害を与え、不利益を及ぼす。
第2条（定義）1　「ポルノグラフィ」とは、図画および／または文章をつうじて、写実的かつ性的に露骨なかたちで女性を従属させることであり、次の要素の1つ以上を含むものである。
　(1)　女性が人間性を奪われたかたちで、性的な客体物、モノ、商品として提示されている。
　(2)　女性が辱めや苦痛を快楽とする性的客体物として提示されている。
　(3)　女性が強かん、近親かん、その他の性的暴行によって快感を覚える性的客体物として提示されている。（以下(4)～(8)は略）　　　　　　　　　　［中里見 2007：巻末資料］

❹「わいせつ」の定義：チャタレイ事件判決より

「猥褻」とは、「徒らに性欲を興奮または刺戟せしめ、且つ普通人の正常な性的羞恥心を害し、善良な性的道義観念に反する文書をいう」。
「猥褻文書は性欲を興奮、刺戟し、人間をしてその動物的存在の面を明瞭に意識させるから、羞恥の感情をいだかしめる」。（最大判昭32年3月13日刑集11巻3号997頁）

> 〈判例紹介〉AV出演拒否に対する損害賠償請求事件
> （東京地判平27・9・9 LEX/DB25542388）
>
> 　アダルトビデオ（AV）への出演を拒否した20代の女性に対し、所属事務所が約2400万円の損害賠償を求めた訴訟（請求棄却・確定）。判決では、AV出演は本人の意思に反して従事させることが許されない性質の業務であるとして、即時の契約解除を認め、解除後に発生したいかなる損害の責も負わないとした。女性は、高校生のときにスカウトされ、内容を全く理解しないまま所属事務所との間で「業務委託契約」を締結した。成人になったあと、彼女は高額な違約金をとると脅されてAV出演を強要された。撮影内容は過酷で屈辱的であり、女性はAV撮影後、残り9本の出演拒否と契約解除を望んだが、これに対して事務所が高額な違約金を請求した。なお、AV出演は「職業安定法」「労働者派遣法」上の「公衆道徳上の有害業務」とされて処罰されるため、業者は、しばしば労働契約ではない「委託」という形式で法の適用を免れようとする。

5　女性に対する暴力　73

キーワード 4 戦争・軍隊と性暴力

→2-4
→8-6

◆**沖縄の戦後**　沖縄は日本で唯一地上戦が行われた地域である。人口60万の島は、1945年3月末から3か月にわたり50万の米軍の攻撃を受け、人口の4分の1にあたる15万人余が死亡した。戦時中の沖縄には約10万の日本軍が駐留したが、慰安所は全島130か所に及んだ。1000人以上の朝鮮女性、400〜500人の沖縄女性が**慰安婦**となった。米軍占領後1945〜49年の間に米兵士による殺人・傷害・強姦事件は76件に及ぶ。その間、強姦されて混血児を出産したケースは10件。1955年、6歳の少女が米兵に強姦され殺害された事件（由美子ちゃん事件）は、大規模な抗議集会を引き起こした。

◆**米軍基地と性暴力**　1950年、朝鮮戦争が勃発すると米軍は沖縄に集結し、性業従事者に対する性病取締令が発布された。対日講和条約（52年）発効後、日本各地に**米軍基地**がつくられる。その75%は沖縄に集中している。軍隊があれば売春がある。69年調査によると、7400人の女性が売春業に従事していた。沖縄は72年に返還され、売春防止法の適用を受けて規制が強化される。一方、ベトナム戦争終結後の米軍は徴兵制から志願兵制に変わり、就業チャンスの一環として志願する貧困層が増えた。

米軍関係者による犯罪には、性犯罪の割合が高い。1993年版警察白書によると、1977〜91年の米軍人・軍属等による事件検挙数は、凶悪犯301件中、殺人14件、強盗210件、放火20件、強姦57件となる。強姦罪は**暗数**が多いため、実数はもっと多いと想定される。しかし、凶悪犯罪であっても**日米地位協定❶**により、米軍関係者は捜査や起訴を免れることが多い。米国軍法会議では死刑相当の重罪事件ですら微罪扱いになり、しばしばごく短期間で釈放される。95年の沖縄少女暴行事件以後、地位協定の運用が改善されたが、女性の人権よりも日米軍事同盟が優先される現状は変わっていない。(M)

74　第Ⅲ部　身体と性

❶ 日米地位協定（在日米軍の地位に関する日米協定：1960年）

第17条（刑事裁判権）　3（a）合衆国の軍当局は、次の罪については、合衆国軍隊の構成員又は軍属に対して裁判権を行使する第１次の権利を有する。

3（c）　…第１次の権利を有する国の当局は、他方の国がその権利の放棄を特に重要であると認めた場合において、その他方の国の当局から要請があつたときは、その要請に好意的配慮を払わなければならない。

5（c）　日本国が裁判権を行使すべき合衆国軍隊の構成員又は軍属たる被疑者の拘禁は、その者の身柄が合衆国の手中にあるときは、日本国により公訴が提起されるまでの間、合衆国が引き続き行なうものとする。

8　被告人がこの条の規定に従つて日本国の当局又は合衆国の軍当局のいずれかにより裁判を受けた場合において、…他方の国の当局は、日本国の領域内において同一の犯罪について重ねてその者を裁判してはならない。…

❖ 悲惨をきわめる性暴力

沖縄少女暴行事件（1995年）　12歳の女子小学生が３人の米兵に拉致・強姦された逮捕監禁・強姦致傷事件。犯人は沖縄県警に逮捕されたが、日米地位協定のため現行犯以外は起訴後でないと身柄を拘束できず、反基地感情が爆発した。これを受け運用の改善が決まり、殺人・強姦などの凶悪事件では起訴前の身柄引き渡しに米軍が同意することになった。那覇地方裁判所で懲役６年６月〜７年の実刑判決が言い渡され、控訴棄却で刑が確定した。

シエラレオネ内戦の被害者（1997年）　西アフリカのシエラレオネ共和国では、ダイヤモンド鉱山の支配権をめぐり、政府軍と反政府軍（RUF）との間で内戦がおこった（1991〜2002年）。紛争中の死者は７万５千人以上、手足の切断（特に四肢切断）や組織的強姦、子どもの誘拐（少年は兵士にされ、少女は兵士の「妻」や性奴隷にされた）が行われた。強姦被害者の多くが性病にかかっており、エイズ罹患者も多い。右写真の女性は、1997年、38歳のときにRUFに腕を切断された。

セルビア系民兵による組織的強姦の被害者であるイスラム系ボスニア人女性（1991〜95年）　女性を強制収容したのち組織的に強姦し、妊娠後しばらくしてから解放して出産せざるをえない状況に追い込むことは、異民族排除手段として効果的とされた。被害者女性たちは「世界に知ってもらいたい」と撮影に同意した。［アムネスティ・インターナショナル 2001：52、55頁］

キーワード 5 　女性による犯罪・非行

➡8-4
➡13-8

◆**女性刑法犯の高齢化**　　『犯罪白書』平成25年版は、「女子の犯罪・非行」を特集した。女性の検挙人員は、近年ではやや減少傾向にある（2017年には4万4408人）。しかし、「女子比」（14歳以上の女性人口10万人あたりの一般刑法犯検挙人口）は1970年代後半以降、ほぼ2割である。最大の特徴は、女性刑法犯の高齢化である。女性刑法犯（一般刑法犯の検挙人員）のうち50歳以上の割合は2010年から4割以上になったが、高齢者（65歳以上）比率の上昇はいっそう顕著で27.3%（2012年：男性は14.1%）と1993年（5.7%）の約5倍にのぼる。

◆**窃盗・万引き**　　一般刑法犯では、男女とも窃盗の占める割合が最も高い。女性では窃盗が8割近くを占めており、男性（5割弱）に比べてかなり高い。特に万引きの割合が女性では6割強であり、男性（22%）の2.7倍であった❶。入所受刑者をみると、女性若年者では覚せい剤取締法違反が多いが、女性高齢者では窃盗が8割近くを占める❷。女性入所受刑者の犯罪リスクが特に高いわけではないにもかかわらず窃盗による女性高齢者の入所受刑者が著しく増加していること、婚姻歴を有している者の割合が男性よりも高いことからすると、女性の場合には生活困窮等の事情だけでなく、別の動機や背景事情によって窃盗に至る者が少なくないと考えられる（『犯罪白書』平成25年版）。

◆**被害者が加害者になるとき**　　女性犯罪には、本来女性が被害者であったというケースが少なくない。DVや人身取引、買春の被害者が、加害者男性を殺傷するというケースである。DV夫刺殺事件で、名古屋地裁は加害者女性に刑免除の判決が言い渡された（1994年）。他方、タイから人身取引で日本に来た女性3人がボスの女性を殺害した下館事件（1991年）では、正当防衛は認められなかった。1989年から2000年まで同様の事件が6件発生している（89年道後、92年茂原、92年新小岩、94年市原、2000年四日市）。(M)

76　第Ⅲ部　身体と性

〈判例紹介①〉池袋買春男性死亡事件（1987年）

（東京地裁昭62年12月18日／東京高裁昭63年6月9日）

　1987年、東京都池袋のホテルで、ホテトル嬢Aが客の男性Bを刺殺した。男は刃渡り8センチのナイフでAの手を刺し、「静かにしないと殺すぞ」と脅した。その後、1時間20分にわたって屈辱的な行為を強要し、様子を8ミリで撮影した。Bが目をそらせた隙にAはナイフをとり、Bを刺した。乱闘の末、Bは多数の刺し傷を負って死亡。弁護団は、1審・2審とも正当防衛で無罪を主張した。

　正当防衛は認められず、過剰防衛として、1審では懲役3年の実刑判決。2審では懲役2年、執行猶予3年の判決となった。1審判決では、「いわゆるホテトル嬢として見知らぬ男性の待つホテルの一室に単身で赴く以上…あえて被害者の求めに応じてホテルに赴いたという意味では、いわば自ら招いた危機と言えなくもなく…」とされた。また、検察官はこう述べている。「被告人はそもそも売春行為を業としており、被告人にとっての抵抗感というのは…通常の女性が見知らぬ男から同様の行為を受けた場合とはまったく異なるものである」。一般女性と売春女性を区別する典型的な女性二分論がみてとれる。

〈判例紹介②〉下館事件（タイ人売春婦によるママ殺人事件：1996年）

（水戸地裁平6年5月23日／東京高裁平8年7月16日）

　1991年9月、茨城県下館市で人身売買と強制売春の被害者であるタイ人女性3名が、ボスのタイ人女性（ママ）を殺害し、逃亡先で逮捕された。検察側は強盗殺人で起訴し、被告人側は正当防衛による無罪を主張した。

　1審（1994年）では懲役10年、控訴審（96年）の東京高裁で懲役8年の判決がでて、被告人側は強盗殺人ではないと主張しつつも上告をあきらめ、刑が確定した。一方、支援者の協力を得て、被告人たちはスナック経営者に未払い賃金及び慰謝料請求の民事裁判を起こし、1995年水戸地方裁判所土浦支部は経営者に計1200万円の支払いを命じた。3女性は服役後、タイに帰国した。

❶ 一般刑法犯　検挙人員（抜粋）

2017年

罪　名	総　数		男　性	女　性	女性比
一般刑法犯	215,003	(100.0)	170,595	44,408	20.7%
殺　人	874	(0.4)	663	211	24.1%
暴　行	25,696	(12.0)	22,958	2,738	10.7%
傷　害	20,979	(9.8)	19,390	1,589	7.6%
窃　盗	109,238	(50.8)	75,403	33,835	31.0%
〔万引き〕	66,154	(30.8)	39,101	27,053	40.9%

注1：警察庁の統計による。
　　2：（　）内は、罪名別構成比である。
出典：法務省『犯罪白書』平成30年版

❷ 女子の入所受刑者の罪名別構成比（年齢層別）

	窃盗	覚せい剤取締法	その他
			（2008年～12年の累計）
29歳以下（1,566）	19.7	52.4	27.9
30歳代（3,279）	24.2	53.9	21.9
40歳代（2,640）	31.0	44.4	24.6
50歳以上64歳以下（2,321）	55.4	15.2	29.4
65歳以上（1,216）	77.8	4.5	17.7

注1：矯正統計年報による。
　　2：入所時の年齢による。
　　3：（　）は実人数である。
出典：法務省『犯罪白書』平成25年版

5　女性に対する暴力　77

キーワード 6　暴力と男性

➡4-3
➡14-3

◆暴力犯罪と男性　　犯罪には性差がある。平成30年版 (2018年版) の『犯罪白書』によれば、一般刑法犯の女性比率は20.7％。特に女性比率が高いのは窃盗31.0％ (万引きでは40.9％) で、殺人24.1％ (うち嬰児殺では81.8％)、偽造23.2％、放火22.5％と続く。逆に男性比率が90％を超えるのは、傷害、強盗、恐喝、横領である。2008年は秋葉原事件など通り魔殺人事件が世間をにぎわせたが、通り魔事件は1980年代にも深刻な問題となっていた。当時の犯罪白書の分析によると、犯人のほとんどが男性である❶。**暴力犯罪**は圧倒的に男性犯罪であるといえる。

　なぜ、暴力犯罪の加害者の多くが男性なのか。男性には、紛争解決の手段として暴力をふるうことが肯定される傾向がある。映画やアニメでは、「正義」をかざして暴力をふるった男性がしばしばヒーローとなる。「やられたらやり返せ」と息子に教える父も少なくない。暴力の過剰な肯定が暴力犯罪につながる可能性は決して否定できない。逆に、「男らしさ」の規範から逸脱した者は攻撃され、暴力的な制裁を受ける。新木場事件では、公園に集まる同性愛者が暴行と強盗のターゲットにされている実態が明らかになった。

◆自殺と男性　　自殺にも性差がある。2017年自殺者の男女比は7：3。高度経済成長期がおわった1973年 (第1次オイルショック) 以降、自殺者の男性比率は急速に上昇する。不況期 (1990年代) には失業率も上がったが、それに相関して男性の自殺者数も急増した❷。**過労死**や**過労自殺**で労災認定申請の対象者となるのもほとんどが男性である。社会が男性を追い込み、男性自身が自分を追い込んでいる構図が浮かび上がる。軍事規律に端的にあらわれるように、暴力の肯定は服従の強制と符合する。暴力の賛美は、DV、セクハラ、強姦などの「女性に対する暴力」を正当化するだけではない。パワハラやイジメなど男女を問わず加えられる身体的・精神的暴力は、男性に対していっそう苛酷に作用することがある。(M)

❶ 通り魔事件の犯人の性別比
（1982年）

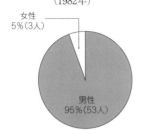

出典：法務省『犯罪白書』昭和58年版より作成

❷ 男女別自殺者の状況

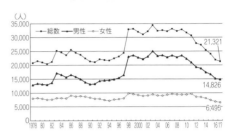

出典：厚生労働省自殺対策推進室ほか「平成29年中における自殺の状況」2018年3月16日

◆**青年男性の自殺未遂と性的指向**　大阪のアメリカ村に集まる若者（15〜24歳）を対象とした調査（2001年）で、男性の自殺未遂経験の決定的要因は性的指向であることがわかった。異性愛でない青年男性の自殺未遂率は、異性愛青年の約6倍に達する。なお、生涯における自殺未遂率は、平均9％（女性11％、男性6％）であった。[http://www.health-issue.jp/suicide]

〈判例紹介〉同性愛男性をターゲットにした通り魔殺人（新木場事件：2000年）
（東京地裁平12年11月16日）

【事実】2000年2月、東京都江東区の新木場駅近くの公園で、30歳代の男性が殺害された。逮捕されたのは、中学3年男子、高校1年男子、25歳男性の3名である。少年らは、暴行を認めたうえで、計7人でメンバーを変えながら、公園に集まる同性愛者を狙って十数件の暴行・強盗事件を繰り返していたことを自供した。

【判旨】懲役12年。「本件各犯行は、平成12（2000）年1月ころから、同性愛者が集まると聞き及んだ公園等において、通りがかりの者に対し、暴行を加えて金品を強取するという行為を繰り返していた被告人らによって敢行されたものである。被告人は、共犯の少年らが遊び半分でかかる行為を行っていることを知り、少年らの行為を利用すれば容易に小遣い銭を入手できる上、同性愛者を襲えば被害申告されることもなく犯行が発覚しないものと考えて犯行に加担したものであり、他者の人格を全く無視した極めて自己本位で卑劣な犯行である」。

【解説】判決は東京地裁で確定し（2000年11月）、成人男性には懲役12年が言い渡された（少年2名は少年院に送致）。本件は、同性愛者をターゲットにした「ヘイトクライム（憎悪犯罪＝特定集団に対する憎悪によって引き起こされる犯罪）」の一種である。しかし、多くのマスコミはその事実には触れず（逆に過剰に報道した雑誌もあった）、「おやじ狩り」「ホームレス狩り」に似た犯罪とされた。少年たちが「ホモ狩り」を「人間のクズで、変態野郎」を制裁する正義の行為とみなしていたこと、成人男性が「警察に届けを出せばホモがばれる弱みがあるので、警察に被害届を出さないからやりやすい」と認識していたことが犯行の動機となった。[風間・河口2010：125頁以下]

比較 **7**　　**国際人道法と国際刑事裁判所**　　➡ 2 − 4
　　　　　　　　　　　　　　　　　　　　　　　➡ 5 − 8

◆**国際人道法のジェンダー・バイアス**　　国際法のうち、武力紛争時のルールに関する分野を**国際人道法**という。国際人道法の中核をなすのは、4つの**ジュネーブ条約❶**（1949年）と2つの**追加議定書❷**（1977年）である。これら6条約には女性に言及した条文が43あるが、全体としてジェンダー・バイアスを免れていない。保護対象は、国際紛争時の戦闘員（男性が98％）に限られた。文民（一般住民：女性と子どもが多い）がこうむる多大な被害も国内紛争（内戦）時の深刻な性暴力も国際人道法の対象外とされ、加害者への処罰はなかった。

◆**国際刑事裁判所**　　1989年12月の冷戦終結は各地で深刻な民族紛争を呼び起こし、国際人道法の役割が改めて問われ始めた。旧ユーゴスラビアのボスニア紛争（1991〜95年）とアフリカのルワンダ紛争（1990〜94年）は内戦であるが、ジェノサイドの一環として集団強姦・強制妊娠が組織的に行われた。国連安保理によって設置された**旧ユーゴ国際刑事法廷**（1993年）と**ルワンダ国際刑事法廷**（1994年）では、性暴力の加害者が訴追され、有罪判決が出された。これらの経験は、常設の**国際刑事裁判所**（ICC）の設立（1998年）につながる。

◆**ICC規程**　　ジュネーブ第4条約（文民保護条約）も追加議定書も、女性を性暴力から保護するべきと明記している。しかし、前者は性暴力を「家の名誉」（1907年ハーグ条約46条）の文脈で位置づけ、後者は「母性」としての特別な保護を想定している。性暴力は普遍的管轄権の対象となる「重大な違反行為」と位置づけられていない。国際条約としてはじめて「ジェンダー」という語を用い、「女性に対する暴力」を明確・詳細に規定したのが、**国際刑事裁判所に関するローマ規程❸**（ICC規程：1998年）である。性暴力は「人道に対する罪」の一つとされた。ICC規程はジェンダーに基づく配慮を随所で求めており、日本の刑事司法でも参考にすべき点が多い。（M）

❶ ジュネーブ第 4 条約（文民保護条約）（1949年・日本1953年批准）

第27条（被保護者の地位および取扱い）…女子は、その名誉に対する侵害、特に、強かん、強制売いんその他あらゆる種類のわいせつ行為から特別に保護しなければならない。

❷ ジュネーブ条約第 1 追加議定書（国際武力紛争）（1977年・日本2005年批准）

第76条（女子の保護）　1　女子は、特別の保護を受けるものとし、特に強姦、強制売春その他のあらゆる形態のわいせつ行為から保護される。…

❸ 国際刑事裁判所に関するローマ規程（ICC規程1998年・日本2007年批准）

第 6 条（集団殺害犯罪［ジェノサイド］）　この規程の適用上、「集団殺害犯罪」とは、国民的、民族的、人種的又は宗教的な集団の全部又は一部に対し、その集団自体を破壊する意図をもって行う次のいずれかの行為をいう。…(d) 当該集団内部の出生を妨げることを意図する措置をとること。…

第 7 条（人道に対する犯罪）　1　この規程の適用上、「人道に対する犯罪」とは、文民たる住民に対する攻撃であって広範又は組織的なものの一部として、そのような攻撃であると認識しつつ行う次のいずれかの行為をいう。(a)殺人(b)絶滅させる行為(c)奴隷化すること(d)住民の追放又は強制移送(e)国際法の基本的な規制に違反する拘禁その他の身体的な自由の著しいはく奪(f)拷問(g)強姦、性的な奴隷、強制売春、強いられた妊娠状態の継続、強制断種その他あらゆる形態の性的暴力であってこれらと同等の重大性を有するもの…

2　1 の規程の適用上、…(f)「強いられた妊娠状態の継続」とは、住民の民族的な組成に影響を与えること又は国際法に対するその他の重大な違反を行うことを意図して、強制的に妊娠させられた女性を不法に監禁することをいう。この定義は、妊娠に関する国内法に影響を及ぼすものと解してはならない。…

3　この規程の適用上、「性［ジェンダー］」とは、社会の文脈における両性、すなわち男性及び女性をいう。「性」の語は、これと異なるいかなる意味も示すものではない。

第36条（裁判官の資格、指名及び選挙）　…8 (a) 締約国は、裁判官の選出に当たり、裁判所の裁判官の構成において次のことの必要性を考慮する。…(iii) 女性の裁判官と男性の裁判官とが公平に代表されること。(b) 締約国は、特定の問題（特に、女性及び児童に対する暴力を含む。）に関する法的知見を有する裁判官が含まれる必要性も考慮する。

第43条（書記局）　…6　裁判所書記は、書記局内に被害者・証人室を設置する。…この室には、心的外傷（性的暴力の犯罪に関連するものを含む。）に関する専門的知識を有する職員を含める。

第54条（捜査についての検察官の責務及び権限）　1　検察官は、次のことを行う。…(b) 裁判所の管轄権の範囲内にある犯罪の効果的な捜査及び訴追を確保するために適切な措置をとり、その場合において被害者及び証人の利益及び個人的な諸事情」（年齢、第 7 条 3 に定義する性及び健康を含む。）を尊重し、並びに犯罪（特に、性的暴力又は児童に対する暴力を伴う犯罪）の性質を考慮すること。…

> **テロ行為と性暴力**　2018年のノーベル平和賞は、コンゴ民主共和国のデニス・ムクウェゲ医師とイラク出身のナディア・ムラード氏が共同受賞した。ムクウェゲ医師は、戦時中のレイプを「大量破壊兵器」と呼んで激しく非難し、数万人に及ぶレイプ被害者の治療にあたってきた。ムラード氏はヤズィーディー教徒であり、2014年に「イスラム国（ISIS）」に拉致されて性奴隷にされた。3 か月後、脱出に成功し、自身の体験を人びとに伝える活動を始めた。2016年には人身売買被害者の尊厳に関する国連親善大使に任命されている。

5　女性に対する暴力　81

判例 8　女性に対する暴力が裁かれるとき

①ルワンダ国際刑事法廷（1998年：アカイェス事件）[吉岡・林 2007：416頁以下、『国際法判例百選』2001：114-115頁]

【事実】被告人アカイェスは、1994年の市長在任中に行ったツチ族に対する殺戮・組織的強姦等を理由にジェノサイド罪で告発された。被告人は無罪を主張したが、ジェノサイド罪にあたるとして有罪判決（拘禁刑）が言い渡された。

【判旨】本判決は2点で新しい。国際法廷ではじめて、①個人がジェノサイド罪（ジェノサイド条約：1948年）に問われたこと、②組織的な強姦および性暴力が犯行態様によって拷問、人道に対する罪、ジェノサイド罪を構成しうると認定されたことである。「強姦」の定義について新しい方向性を示した判決としても注目される。本判決は、強姦を「同意のない性交」以上に広く「強制的な状況下で、人に対して行われる性的性質を持つ身体的な侵襲」と定義した。「強制的な状況」とは、物理的な暴力のみならず、脅迫、威嚇、強要その他の恐怖や絶望をもたらすその他の形態の強迫を含むとされる。

②旧ユーゴスラビア国際刑事法廷（ICTY）：フォッァ事件（2001年2月22日

●武力紛争時の性暴力―ルワンダ（クマワスラミ報告書）

「ルワンダ：エンマの事例―ツチ族のエンマは、1964年に父がスパイの容疑で殺された後に、あるフツ族男性と結婚した。結婚はうまく行かず、彼女は5人の子をつれて家に帰って母親と暮らした。ジェノサイドが起きたとき、夫が来て、子を連れ去り、彼女は森に逃げた。残りの家族はとどまった。「インターアーハェ」は、強制的に彼女の母親に息子とセックスさせようとした。彼女が拒絶すると、彼らは彼女の歯を全部おり、殺した。二人の姉妹は強姦され、自分たちのお墓を掘るよう命じられた。彼女たちはナタで殺された。エンマと他の姉妹は国家による保護を求めてタバの役所に行った。彼女はひどく疑われた。最初、当局はツチの知識人と残りを分けて、知識人を殺した。エンマとその他の者はお墓を掘らなければならなかった。それから強姦がはじまった。彼女は役所の庭で約15人の男に強姦された。…」[クマワスラミ2000：158頁以下]

ルワンダ紛争　ルワンダは中部アフリカの共和国で、国民は主にフツ族（人口の84％）とツチ族（同15％）からなる。ルワンダは、ドイツ・ベルギーの植民地支配を経て、1962年に独立した。植民地時代はツチ族が政権を握り、独立後はフツ族が政権を掌握した。やがて反ツチ色が強まり、ツチ族は難民として流出した。87年、ツチ系難民がルワンダ愛国戦線（RPF）を結成し、90〜94年に政府とRPFとの間で内戦が勃発する（ルワンダ紛争）。93年に和平協定が締結されたが、94年にツチ族と穏健派フツ族に対するジェノサイドが起こった。100日間ほどで総人口の1割以上にあたる80〜100万人が殺害されたという（ルワンダ虐殺）。女性に対する組織的な性暴力も熾烈をきわめた。

裁判部判決、2002年 6 月12日上訴部判決）〔浅倉・角田 2007：120頁以下〕

【事実】セルビア人である 3 人の男性 X・Y・Z は、1992〜93年にフォツァ地方でセルビア軍の一員としてムスリム軍との武力闘争に参加した。軍事行動の過程で、被告人 3 名は、ムスリムの女性・少女を集めて民家等に監禁し、自ら強姦するとともに他の兵士にも「貸出」あるいは売却して性暴力にさらした。

被告人 X　起訴事実①：92年 7 月16日頃、女性 A・B を民家に連行して B を強姦し、A が15人の兵士に輪姦されるのを幇助・教唆した。8 月 2 日、A・B・C・D を民家に連行して C を強姦し、A・C・D が他の兵士に強姦されるのを幇助・教唆した。7 月13日〜 8 月 2 日に E を 2 回民家に連行し、1 回は自ら強姦した。②： 7 月中旬、他の兵士とともに F を河原に連行し、自ら強姦したほか、他の 2 名の兵士による強姦を幇助・教唆した。③： 8 月 2 日、民家で G を強姦し、その後もこの家を訪れるたびに G を強姦した。また、兵士 P が H を強姦するのを幇助・教唆した。G・H はこの家に数か月間留め置かれ、X および P の個人的所有物のように扱われた。④： 9 月〜10月にかけて、C を強姦した。

検事団は、X・Y・Z ら 3 名の被告人について、ICTY 規程 3 条（戦争の法規または慣例に対する違反）による強姦、拷問および人間の尊厳に対する侵害、ならびに第 5 条（人道に対する罪）による強姦、拷問および奴隷化の罪で訴追した。

【判旨】裁判部判決は、3 被告人の行為はムスリムの文民に対する組織的な攻撃の一部であったと認め、起訴事実を認定して有罪判決を言い渡した。上訴審判決は、被告人側の上訴理由をすべて退け、刑を確定した。その結果、X は懲役28年、Y は懲役20年、Z は懲役12年の刑とされた。（M）

● 「民族浄化」手段としての性暴力

　ボスニア・ヘルツェゴビナ紛争（1992-95年）は、死者20万人、難民・避難民200万人を出し、第 2 次大戦後最悪の紛争の一つと言われる。当時、同国（人口430万）には、ボシュニャク人（ムスリム人）44％、セルビア人33％、クロアチア人17％が共住していた。ユーゴ解体の動きのなかで、ボシュニャク人とクロアチア人は独立国家の樹立を目指し、セルビア人はこれに反発する。紛争にはユーゴ政府・NATO・アメリカなどが介入・軍事支援を行い、戦闘は激化した。混乱のなかで、各民族は自民族の勢力拡大をはかり、自民族の支配下に住む異民族を排除しようとした。これが「民族浄化」である。各地で、男性は集団殺害（「スレプレニツァの虐殺」＝ボシュニャク男性8000人以上が虐殺された）や強制収容の対象とされ、女性は組織的な強姦によって強制出産に追い込まれた。家父長制が強いうえに中絶を禁じる宗教的背景のもとでは、異民族女性を強姦によって妊娠させ、出産に追い込むことは、異民族排除の効果的方法として機能したのである。

6 セクシュアル・ハラスメント

概説 1 セクシュアル・ハラスメントとは何か ➡7-4 ➡6-7

◆**定 義**　セクシュアル・ハラスメント（セクハラ）とは、「この性的条件に堪えなければ、仕事をさせてもらえない／授業を受けさせてもらえないこと」であり、そうした状況を作った加害者の行為である。こうした状況はひどいものであるが、この状況が「ひどい」と考えられるようになったのは、比較的最近である。

◆**なぜ、理解されなかったのか？**　それは、第1に、「性的関係」というものは、本来心地よいはずのものだからである。しかし、レイプを思い出してみればわかるように、「性的関係」がいつでもどこでも心地よいというのは間違いである。第2に、「性的関係」は**私的な問題**であり、仕事や授業とは関係がないと考えられてきたからである。たとえ、暴力的に性を使ったとしても、それは仕事や授業とは関係ないので、問題とはならないとされてきた。そして、第3に、女性は男性に性的に従属すべきであるという、強姦神話（106頁）の影響である。社会的思い込みのおかげで、男性は女性を支配しようとし、女性は苦痛であっても、その支配を受け入れる努力さえしてしまう。逆に、男性をいじめる場合には、男性を性的に従属させ、まるで女性のように扱うことでひどい屈辱を与えることができる。

◆**声をあげた被害者**　したがって、セクハラの被害者はなかなか被害を声にして訴えることができない状態におかれてきた。しかし、1960年代から始まった国際的なフェミニズム運動の流れの中で、社会に対して、あるいは法に基づいて被害者たちは声をあげるようになった。そして、ついに、1976年にアメリカ連邦最高裁判所が、セクハラを公民権法に違反する性差別であるとして、被害者の請求を認めたのである。この運動と法的救済の傾向は国際的に広がり、現在では、セ

84　第Ⅲ部　身体と性

クハラが人権侵害であるということは、国際的常識となった。しかし、今も女性たちの運動はやむことがない（97頁）。

◆**セクハラの型**　日本には、セクハラを直接規制する法律はない。ただ、男女雇用機会均等法が、使用者に対して、性的なことを対価として求めたり（**対価型**）、性的にひどい環境で働かせたり（**環境型**）しないよう対応策をとることを義務付けている（11条）。よい仕事をもらうために、上司の不倫の相手をしなければならないという状況が、対価型。環境型は、ポルノカレンダーが職場に貼ってあるというような状況である。しかし、よく考えてみれば、どちらにもあまり大きな違いはない。上司と不倫しなければならない職場は、大変ひどい職場環境であるといえるし、ポルノカレンダーに抗議をしたら仕事がなくなると考えれば、カレンダーの例も対価型になる。

このようなセクハラの分類は、アメリカにおける訴訟技術の発展の中で生み出されたものであり、国際的にも法的責任を問題とする場合には利用されることが多い。しかし、逆に、問題の啓発や指導を行う場合などには、必ずしもこの分類にこだわる必要もないと考えられる。特に、均等法は訴訟を前提としておらず、行政指導を中心とする法律なので、もう少し広く定義してもよいのではないかという意見も存在している。

なお、日本の訴訟においては、セクハラは、加害者の行為がどのようなものであれ、使用者の職場環境を整備する義務違反の問題として処理されることが多い。使用者には、セクハラがないような職場環境を整備する義務があり、それを怠った場合に責任が生じるという論法である。この論法は、その後、パワーハラスメントなど、性や差別とは直接関係のない問題にも応用され、一つの大きな法領域を形作っている。(S)

❶ セクハラ労働相談状況（東京都の場合）

年　度	2014	2015	2016	2017
労働相談総計	53,104	51,960	53,019	51,294
うちセクシュアルハラスメント相談	1,162	1,198	1,555	1,569
（相談内容）（重複あり） 対価型、地位利用型	213	216	389	488
環境型	256	511	265	357
人事労務管理上の相談	83	152	63	115
その他・不明	631	496	869	686

出典：東京都産業労働局「平成29年東京都の労働相談の状況」第20表を簡略化（http://www.sangyo-rodo.metro.tokyo.jp/toukei/koyou/29_3_5.pdf/）

キーワード 2　セクシュアル・ハラスメントの当事者

➡6-1
➡6-7

◆**権力関係**　セクハラはどこでも起きるわけではなく、職場の上司や、大学の教授など、上下・強弱の**権力関係**があるなかで、権力を背景として、立場の強い人が弱い人に対して、性的関係を強要することによって成り立つ❶。男性の加害者が多く、女性の被害者が多いのは、男性が女性に対して優位に立つ場面が圧倒的に多いからである。管理職の男女比が、そのままセクハラの様相に影響を与えているのである。したがって、個別的で具体的な状況において、女性が男性よりも優位に立つ状況があれば、女性が加害者となり男性が被害者となる場合があるのは当然である。

◆**第三者からのセクハラ**　2018年4月、財務省事務次官が、取材の過程で女性記者に対し、「抱きしめていい？」「浮気するか？」などと発言したと報道され、辞任するに至った。被害者の雇い主である報道機関は政府に抗議したが、財務省は、被害者本人に協力を要請するなどして、批判を浴び、大きな社会問題となった。

このように権力関係は、直接の上下関係がなくても、あらゆるところに生まれる。例えば、対等な地位にある者であっても、その場に男性（女性）の人数が圧倒的に多いと、その場は男性（女性）優位な関係ができてしまう。サークル活動や同僚との会合や食事会等で、大勢の異性から個人的に性的な話題を投げかけられて、セクハラに発展する場合もある。また、上述の取材の例のように、顧客は、労働者にとって、時として大きな権力をもつ場合が少なくない。

こうした第三者からのセクハラについて、使用者は、**職場**環境に関する配慮義務に基づき、適切に対応しなければならない。同様に、教育機関にも、教育環境を整える義務は当然に履行が求められる。問題は、**フリーランス**で働く者が顧客から受けるセクハラであるが、現在のところ、民事上の責任を問うことができるだけである。(S)

86　第Ⅲ部　身体と性

❶ セクハラ被害に関する調査

1. あなたがセクハラを受けた相手は？（複数回答）

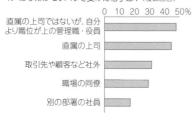

2. セクハラを受けた際、どういう対応を取ったか？

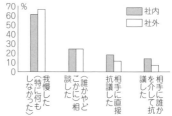

3. セクハラを相談した結果どうなったか？

4. 誰にも相談せず我慢した理由は？

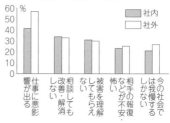

◆財務省事務次官のセクハラ疑惑の問題を受け、2018年4月に日本経済新聞社が行なった緊急調査によれば、社外の相手より受けた被害に対する応の難しさが明らかになった。（調査対象：働く女性1000人）

出典：『日本経済新聞』電子版2018年5月1日

コラム　市民からのハラスメント

その人のジェンダーを理由とする差別をなくしていこうというのが、男女共同参画社会基本法の目指す社会であるが、残念ながら、そのために作られた機関によって心ない攻撃に遭うこともある。豊中市・とよなか男女共同参画推進財団事件（大阪高判平22年3月30日労判1006号20頁）も、そのような機関の館長が、「反動勢力」によって攻撃活動を受け、その後雇い止めされたという事件である。裁判所は、雇い止めそのものの違法性はないとしたものの、館長に対して新たな館長公募の情報を適切に伝えなかったことについて、「反動勢力による同人への攻撃活動が繰り返される中、継続して館長でいられるかどうかは同人にとって重大な関心事であり、同人が今後の前記センターの組織のあり方等についての協議に積極的に関わり意見を伝えることは当然にあるべき職務内容等であるにもかかわらず、同人らがこれをないがしろにし、同市の担当者らが同人の意向を曲解して行動するような行動を取った場合には同人の人格権の侵害に当たる」と判断している。外部団体からのバッシング活動について、雇い主は毅然とした姿勢で対応し、労働者に対する義務を公正に履行しなければならない。

キーワード 3　セクシュアル・ハラスメントの二次被害　➡6-2 ➡7-5

　セクハラの被害にあってしまったら、**救済**を求めるために、誰かに相談するだろう。しかし、セクハラの被害は、世間では、なかなかわかってもらえない。このため、被害者は、相談した機関で、かえって心ないことを言われたりすることもある。こうした**相談機関**等による「心ないこと」を**二次被害**という❶。

　◆二次被害の例　最も典型的な例は、相談窓口の担当などが「そんな服装しているから、相手が誤解したんじゃないの？」というように、加害者をかばい、被害者に責任があるかのような発言をする場合である。被害を被害として理解した場合でも、相談された内容を他者に漏らしてしまう等、秘密保持に問題がある場合もある。調査段階で、被害者から何度も繰り返し同じようなことを事情聴取する場合も少なくない。

　◆会社・大学等は何をすべき？　セクハラが起こってしまったら、それをきちんと処理することが、次のセクハラを起こさないための一番の予防である。会社や教育機関等に訴えがあったら、まずは、被害を訴えている者の安全を確保しなければならない。そして、二次被害に注意しながら、調査を慎重に行い、対応策を作り上げ、実行する。対応策には、当事者の配転と、加害者および同じ職場・部署の上司や同僚への教育が中心になる。また、被害者の保護を理由に、いかなるセクハラが起こったのか、情報を非公開にする会社や教育機関もあるが、被害者の名誉を守るためにも、関係部署に対して適切な状況説明は行うべきである。

　なお、セクハラ対策について、加害者の制裁のみが重視される場合は少なくない。しかし、加害者を制裁するためには、加害者の権利を保護するために事実確認を厳しく行う必要があり、それが原因で迅速で柔軟な問題解決には至らない場合もある。セクハラについて責任のある職場や教育機関などは、その場の人間関係を正常な状態に回復することに専念すべきであって、加害者の制裁はそのための一つの手段でしかないことに留意すべきである。(S)

❶ 職場のセクハラ対応策（対策と二次被害の可能性）

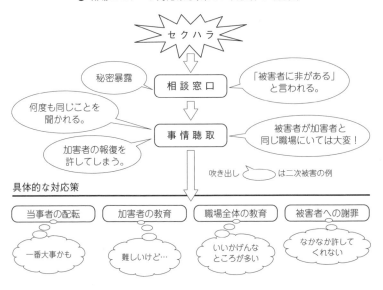

コラム　二次被害の例

　2011年、オリンピックの金メダリストであった柔道指導者が、指導していた大学の女子部員に対して、その意に反して性交を強いたため、準強姦罪の容疑で逮捕され、2014年4月23日に最高裁で刑が確定した。裁判の争点は、性交に合意があったかどうかであったが（たとえ、合意があり刑事責任を問うことができなかったとしても）、この事件は立派なセクハラである。金メダリストという栄光と権威を伴った、指導者という地位にある者が、選手と対等な性交をすることなどありえない。にもかかわらず、当該指導者は、公判に際して、女子部員が誘ってきたために性交したのであって、合意に基づくと主張し、あえて猥雑な性的表現を公開の場で行うことによって被害者の性的評価を貶めようと企てた。このような情報は、報道され、多くの人に流布された。また、指導者が有名人であるため、指導者を擁護するあまりに、インターネット上において被害者の女性を貶める情報も垂れ流されている。セクハラである限り、当該指導者を雇用した大学もしくは柔道競技を統括する団体などには被害者を二次被害から保護する責任があり、二次被害が出てしまった以上、十分な補償が必要である。

6　セクシュアル・ハラスメント

キーワード 4　キャンパス・セクハラ

➡ 6 - 1
➡ 6 - 3

◆「断りにくい関係」　　大学の教員から、出席や定期試験のことで「話があるから、授業後、研究室まで来てくれ」と言われたら、研究室に行く人が多いのではないだろうか。アルバイトの時間に遅れそうなときには、「今日は予定があって無理です」とはっきり断れるだろうか。

日頃は意識していなくとも、教員と学生との間には「断りにくい」関係がある。教員は、学生を指導したり、成績評価をしたりしているため、学生からすると「断る」ことによる自分への不利益を考え、「断りにくい」ことが多いのである。このような「断りにくい」関係を利用して、大学や大学付属の研究機関などで嫌がらせを行うことを**アカデミック・ハラスメント**、また、この嫌がらせが性的なものであるときは、**キャンパス・セクハラ**などと呼ばれる。

◆**キャンパス・セクハラの防止**　　大学等の研究機関は、民間の企業以上に男性が多い社会である。そのうえ、卒論の指導や成績評価などにおいて教員の裁量は大きく、被害者は、その権限をもつ教員からの被害を相談しにくい状況がある。各大学がこのような状況をふまえ、相談窓口等の設置や研修を行うようになったのは、文部省（現文部科学省）によって、「文部省におけるセクシュアル・ハラスメントの防止等に関する規程」(1999年) が発令されて以降のことである。

この規程におけるセクシュアル・ハラスメントの定義は、「職員が他の職員、学生等及び関係者を不快にさせる性的な言動並びに学生等及び関係者が職員を不快にさせる性的な言動」とされている（2条）。しかしながら、大学で起こるセクシュアルハラスメントは、被害の報告が多い「男性教員と指導をされる女子学生」の間のケースばかりではない。クラブやサークル内での先輩・後輩という人間関係や、学生同士の間でも起こっている。一部の被害者の問題というだけでなく、大学という研究教育機関全体の問題である。(T)

❶ セクハラ等に関する窓口・機関の設置状況（2014年度）

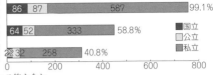

学内の全ての学生及び教職員が相談できる窓口を設置	86　87　　　　587　　　　99.1%
セクシュアル・ハラスメント等の防止のための全学的な調査・対策の常設機関を設置	64　52　　333　　58.8%
常設の機関は置いていないが、学内で設置が必要と認めた場合に調査委員会等を設置	22 32　258　40.8%

■国立　□公立　■私立

注：セクハラ等には、アカハラ、パワハラ等を含む。
出典：文部科学省HP「大学における教育内容等の改革状況について（平成26年度）」47頁

❷ 教育の場におけるセクハラ防止対策等の推進

① 国公私立学校等に対して、セクシュアルハラスメントの防止のための取組が進められるよう必要な情報提供等を行うなど、セクシュアルハラスメントの防止等の周知徹底を行う。
② 大学は、相談体制の整備を行う際には、第三者的視点を取り入れるなど、真に被害者の救済となるようにするとともに、再発防止のための改善策等が大学運営に反映されるよう促す。また、雇用関係にある者の間だけでなく、学生等関係者も含めた防止対策の徹底を促進する。
③ セクシュアルハラスメントの被害実態を把握するとともに、教育関係者への研修等による服務規律の徹底、被害者である児童生徒等、さらにはその保護者が相談しやすい環境づくり、相談や苦情に適切に対処できる体制の整備、被害者の精神的ケアのための体制整備等を推進する。また、被害の未然防止のための児童生徒、教職員等に対する啓発・教育を実施する。

出典：内閣府男女共同参画局HP「第4次男女共同参画基本計画（平成27年12月25日決定）」第7分野 女性に対するあらゆる暴力の根絶（8－イ）

◗第5次男女共同参画基本計画（令和2年）においても、文科省の取り組む事項として、アカデミックハラスメント、セクシュアルハラスメントの防止対策が定められている。

コラム　京大・矢野事件

　1993年、京都大学に所属する政治学者：矢野暢教授は、秘書の女性への発言（「こういう風に疲れたときは、『先生、今日は一緒に飲みに行きましょう』とか『先生、今日は添い寝てさしあげましょう』とか言わなければならない。それが秘書の役割だ」など複数）が学内で問題になり「二度とこんなことはしない」という念書を書かされた。
　しかし、その後も、東京出張に同行した女性の秘書が、ホテルで矢野氏から性的暴行を受けた。また別の秘書は、京都のホテルのエレベーターで抱きつかれ、部屋に連れ込まれそうになった。矢野氏からのセクハラ被害を訴えて辞職した秘書は、93年中に7人にものぼった。その後、京都大学が真相の解明に乗り出すと、矢野氏は大学を辞任した。さらに同年12月には、元秘書の1人が、矢野氏にレイプされたと弁護士会に申し立てた。
　矢野氏は、京都大学への復職や名誉棄損に基づく損害賠償を求め、京都地裁に提訴したが、97年、すべて敗訴した。日本の大学においてはじめて表面化されたセクシュアル・ハラスメントとして、大きな話題となった事件である。

| キー ワード | **5** | 紛争解決とジェンダー | ➡7 – 5 ➡11 – 5 |

◆被害者に及ぼす心理的影響　DVやセクハラの事件では、被害者の精神的な被害の状況、また訴訟における精神的苦痛に考慮する必要がある。セクハラを例にとってみよう。セクハラは権力関係に基づく恐怖や圧力をもとに、性的嫌がらせ、性的関係の強要、無視、事実の歪曲、恥辱を与えるなどの行為が加害者から繰り返される被害であり、被害者には、抑うつ状態や不眠などの身体症状や、恐怖や無気力、価値観の混乱、**PTSD**（post traumatic stress disorder **心的外傷後ストレス障害**）などの症状が現れることがある。PTSDの典型的な症状としては、原因となるトラウマ的な出来事を再体験するなどの侵入、トラウマ的な出来事と関連するものに対する回避や、感情の麻痺、不眠や怒りなどがあるが、これらの症状が組み合わさって1か月以上続く場合にPTSDと診断される。

　セクハラは、法的には**性的自己決定権**や人格権の侵害とされるが、裁判官や弁護士、さらには被害者の周囲の人に、セクハラ被害が及ぼす心理的影響についての理解や配慮がなければ、心身ともに傷ついた被害者が裁判を通じて回復をはかることにはつながらないのである。

◆事実証明の困難さ　セクハラは通例「密室」の中での行為であり、事実認定には困難が伴う。例えば、「性的接触や性的関係が存在したのか」という点についても、最終的には加害者と被害者の供述内容のどちらに信頼性が高いかが決め手となる。被害者にとっては確かに存在した被害であっても、裁判の場では、それを証明しなければならないのである。さらに、性的接触や性的関係があった場合、それが「意に反する」セクハラ行為であったのかどうかについても立証する必要がある。セクハラ被害への反応には個人差があり、はっきりと拒絶を示す被害者ばかりではないため、「意に反する」セクハラ行為だという証明は思う以上に難しい。(T)

❶ 配偶者からの暴力の被害による生活上の変化

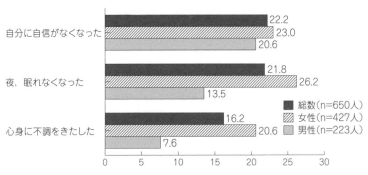

注：「特にない」を除いた上位3項目を記載。（総数650人、複数回答）
出典：内閣府男女共同参画局「男女間における暴力に関する調査」（平成29年度調査）

❷ セクハラのケースと慰謝料額

判決、収録判例集	事案の特徴	損害賠償金
青森地判平16・12・24 労判889号19頁	バス会社女性職員が幹部からSH行為（宿泊出張時乳房を触る等）を受けた。	会社・加害者連帯587万円（慰謝料200万円、逸失利益317万円、弁護士費用70万円）
大阪高判平17・4・22 労判892号90頁	教会女性職員が代表役員で指導者牧師から夜間車両でホテル街を通過する、肘で胸を触る等のSHを受けた。PTSDを認めず。	原判決を変更：計170万円（慰謝料150万円、弁護士費用20万円）。
名古屋地判平17・9・16 判タ1230号184頁	土木会社女性従業員への割増賃金支払が争われた。原告はSH等の慰謝料も請求。	未払割増・付加金等の他SH等関連の慰謝料100万円。
京都地判平18・4・27 判タ1226号171頁；労判920号66頁	女性従業員が上司から職場食事会で股や太腿を触られ、抗議すると退職を示唆するパワハラ言動を受けたという。	未払賃金の他に、会社と加害者連帯して110万円（慰謝料100万円、弁護士費用10万円）。
広島地判平19・3・13 労判943号52号	保険外交員7名が忘年会で上司3名から、カニばさみ、抱きつき等を受けた。	総額852万円（原告1人につき慰謝料64～200万円、弁護士費用6～20万円）。
東京高判平20・9・10 判時2023号27頁；労判969号5頁	女性従業員が上司から職場で「昨夜遊びすぎたんじゃないの」等言動を受けた。	計約170万円（慰謝料50万円、逸失利益100万円弱（給与6か月分）、弁護士費用20万円）。

出典：齋藤修編 2010『慰謝料算定の理論』ぎょうせい：第11章ハラスメント（吉川英一郎執筆）の289-297頁より一部改変して作成

キーワード 6　男性に対するセクシュアル・ハラスメント ➡7-6 ➡14-4

　男性に対する**いじめ**は、一定の場合にセクハラに発展することがあり、場合によっては深刻な結果を引き起こす。社会通念では性的に支配されるべきではない男性を、あえて性的に支配することによって、侮蔑して貶める効果があるのだろう。なお、女性による男性へのセクハラの件数が極めて少ないのは、女性が男性よりも権力を有する立場にあることが少ないからにすぎない。

　◆川崎水道局事件　内気な性格のAは、異動してきた課において、同僚Bから日常的に繰り返しからかわれるようになった。上司らもそれを知りながら、一緒になって笑うなどしていた。Aに女性経験がないことを知ると、Bのからかいはますます強くなり、ときとして自慰行為をしろなど、性的なからかいも含まれるようになった。そのうちに、Aは職場に行くことができなくなり、病院に入退院を繰り返していたが、何度か自殺未遂を繰り返した後、ついに自殺して、死亡した。このため、Aの両親が、Bとその上司であるC、Dおよび使用者である川崎市を訴えた。

　地裁は川崎市の責任を認めたが、その賠償額については、Aの精神疾患になりやすい資質ないし心因的要因を考慮して、7割を減額した。川崎市も両親も控訴したが、高裁はいずれも棄却した（東京高判平15年3月25日労判849号87頁）。

　◆誠昇会北本共済病院事件　病院内にいる5名の男性看護師のうち、最も若い准看護師が、最も年上の男性看護師から、嘲笑・悪口、からかいおよび暴行等のいじめを受け、堪えきれなくなって、被害者は自殺して、死亡した。一連のからかい行為の中で、被害者の性的行為を写真に撮ろうと試みるなどしている。

　被害者の両親が加害者と病院を訴えた。裁判所は、両親の請求を一部認めて、損害賠償の支払いを命じた（さいたま地判平16年9月24日労判883号38頁）。(S)

❶ 都道府県労働局雇用均等室に寄せられた職場におけるセクハラの相談件数

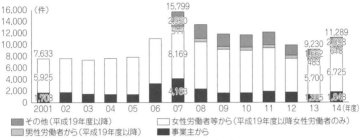

出典：内閣府男女共同参画局『男女共同参画白書（平成27年版）』

コラム　損害額が減額された理由

　川崎水道局の事件、なぜ損害賠償額が7割も減らされてしまったのかというと、Aさんがいじめにあって統合失調症を発症してしまった疑いが強いと認定されたからである。脳に統合失調症になる素質があったと認められ、いじめられなかったとしても自殺するかもしれない。裁判所はそういう被告の主張を一部採用して、損害賠償額を減額した。つまり、生まれながらにして精神病になりやすいというだけの理由で、いじめによる被害を低く見積もられたわけである。これでは、精神病に罹患している者は、死んでも仕方がないという理屈と同じではないのか。もし仮に、Aさんが統合失調症ではなくて、うつ病に罹患していたら、損害賠償額は減額されなかっただろう。精神病者に対する配慮を欠いた判決だと思うが、あまり批判はされていない。

コラム　2007年均等法改正と男性に対するセクハラ

　2007年の均等法改正以前(230頁)、均等法は、女性に対する差別を禁止する法律であり、そこに規定されていた会社のセクハラ防止義務も、女性に対するセクハラを防止する義務であると解釈されていた。とはいえ、男性に対するセクハラ防止策を全く考えず、女性に対するセクハラ防止策のみを整備することなど想定することは難しい。また、男性がセクハラを受け、それを裁判に訴えた場合には、女性と等しく権利は保障されるはずである。しかし、均等法に規定がない以上、男性としては心配になるのは当然であろう。
　2007年の改正で、均等法は男女双方に対する性差別を禁止する法律となった。それに伴い、使用者のセクハラ防止対策義務も、男女双方の労働者が性的言動によって不愉快な思いをしないよう、きっちり防止する義務として規定されることになった。

6　セクシュアル・ハラスメント　95

比較 **7**　労働の世界における暴力とハラスメントの防止　➡6-1　➡6-2

◆**はじめての一般的規制**　　国際労働機構(ILO)は、2019年、第100回目のILO総会において、セクハラを含む「労働の世界における暴力とハラスメント」に関する国際条約および勧告を成立させた。

ILOは、それまで、暴力やハラスメントに関する包括的な国際文書は策定してこなかった。しかし、医療・福祉労働に関する条約や**家事労働**に関する条約、あるいは児童労働に関する条約等において、暴力とハラスメントを防止するよう加盟国に要請している。こうした労働領域においては、特に労働者の立場が弱く、あるいは職務の特殊性から、ハラスメントや暴力が生じやすいことが考慮され、規定されていたものである。今回のILOの決定は、様々な条約に分散されていた規定を統一し、一般化するところに意義がある。

◆**労働の世界**　　国際文書は、「労働の世界」に関する規制となる予定である。つまり、職場に限らず、労働に関連するあらゆる場面が含まれる。したがって、そこには雇用契約によって生じた関係のみならず、フリーランス契約や派遣労働も当然に含まれることになる。

◆**暴力とハラスメント**　　特に強調されているのが、セクハラおよびジェンダー・ハラスメントである。労働の世界においては、特に性別による権力関係が生まれやすく、そのために性的な暴力やハラスメントが生じやすいからである。しかし、規制はセクハラ等にとどまらず、暴力およびハラスメント全般の防止を加盟国に要請する。ここには身体的な攻撃のほか、精神的な攻撃も含まれる。

◆**職場とDV**　　ILOの調査によれば、DV被害者保護の労働協約を締結している地域もある。加害者を職場に立ち入らせないとか、加害者の問い合わせには応じない等の対応を、地域レベルの労働協約によって整えているのである。こうしたDV被害者に対する対応も、条約に盛り込まれるよう検討されている。(S)

96　第Ⅲ部　身体と性

❶ 職場における暴力およびハラスメントに関する規制

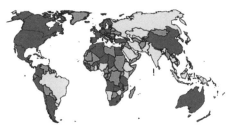

■ 職場に関連する暴力および
　ハラスメントが規制されている
□ 規制されていない
■ サンプルなし

出典：ILO (107th Session), Ending violence and harassment against women and men in the world of work, 2018, p.52

国際労働機構（International Labour Organization）とは　労働市場とはグローバルな市場であるため、働く人びとの労働条件については、国際基準がある。その労働の国際基準を策定しているのが、国連の機関の一つである**国際労働機構（ILO）**である。ILOは、1919年に創設された組織で、その総会には、政府代表の他、使用者代表と労働者代表を出すことができる。国際基準は**条約**と**勧告**という形態を取って作成されていくが、条約には拘束力があり、勧告にはそれがない。日本も多くの条約を批准しているが、有給休暇の条約や男女平等の条約など、長く批准できないままでいる条約もある。労働組合はILOに対して報告書を提出し、自国の労働者が基準以下の条件で働いていることを訴えることもできる。日本の労働組合は、主に、一部の公務員に団結権が認められていないことや、女性の賃金が一般的に低いままに推移していることなどを訴えることが多い。これに対して、ILOの条約適用専門家委員会は、その見解を述べ、日本国政府に対して報告をするように求め続けている。

コラム　#MeToo

　2017年10月、米映画界における大物プロデューサーのハーベイ・ワインスタイン氏が、レイプを含むセクハラを続けていたと報道された（ワインスタイン氏は、その後逮捕され、2018年8月現在、訴追手続の最中にある）。すると、多くの有名女優を含む女性たちが、過去の被害を公表し始め、さらに、ツイッター上で、#MeTooというタグをつけて過去の被害を公表する運動に発展した。この運動によって、ハリウッドのみならず、世界中の有名実力者が、セクハラの事実を晒され、失脚するに至った。その中には、ニューヨークのメトロポリタン歌劇場のジェームズ・レバイン名誉監督や、韓国の安熙正・忠清南道知事なども含まれている。日本でも、性暴力被害を実名で公表して、加害者を告発したジャーナリストの活動や、財務省事務次官が行ったセクハラの告発など、共鳴する動きがある。運動の影響力は評価されて、セクハラを告発した人びとを代表した女性たちの写真が、2017年末のタイム誌の表紙の「今年の人」に、「沈黙を破った人々」として掲載された。

6　セクシュアル・ハラスメント

判例 8 　職場におけるセクシュアル・ハラスメント

福岡セクシュアル・ハラスメント事件（福岡地判平4年4月16日労判607号6頁）

【事実】原告Xは、被告Y₁社で雑誌編集をしていた有能な女性。男性編集長の被告Y₂が、Xを職場から追い出すために、社内外に、Xの男女関係に関する性的噂を流布させた。XはY₁社の専務Aに被害を訴えたが、Aは、「Y₂を一人前の男に仕立て上げねばならない」「Xが有能であることは分かっているが、男を立てることもしなければならない」等の趣旨の発言をした。その後、XとY₂間の関係はさらに悪化したため、Aは、Xに対して退職を促し、Xは退職した。他方、Y₂に対しては3日間の自宅謹慎を命じたにすぎなかった。そこで、Xは、Y₂およびY₁社に対して損害賠償を求めて訴えた。

【判旨】請求一部認容。「現代社会の中における働く女性の地位や職場管理層を占める男性の間での女性観等に鑑みれば、本件においては、Xの異性関係を中心とした私生活に関する非難等が対立関係の解決や相手方放逐の手段ないしは方途として用いられたことに、その不法行為性を認めざるを得ない」。Y₂は、一連の行為について、Xに対し、不法行為責任を負う。

「Y₂のXに対する一連の行為はXの職場の上司としての立場からの職務の一環又はこれに関連するものとしてされたもの」なので、Y₁社はY₂の使用者として不法行為責任を負う。

また、「使用者は、被用者との関係において社会通念上伴う義務として、被用者が労務に服する過程で生命及び健康を害しないよう職場環境等につき配慮すべき注意義務を負うが、そのほかにも、労務遂行に関連して被用者の人格的尊厳を侵しその労務提供に重大な支障を来す事由が発生することを防ぎ、又はこれに適切に対処して、職場が被用者にとって**働きやすい環境を保つよう配慮する注意義務**もあると解されるところ、被用者を選任監督する立場にある者が右注意義務を怠った場合には、右の立場にある者に被用者に対する不法行為が成立することがあり、使用者も民法715条により不法行為責任を負うことがある」。Aらは、Xに対する「**職場環境を調整するよう配慮する義務**を怠り、また、憲法や関係法令上雇用関係において男女を平等に取り扱うべきであるにもかかわらず、主として女性であるXの譲歩、犠牲において職場関係を調整しようとした点において不法行為性が認められるから、Y₂会社は、右不法行為についても、**使用者責任を負う**」べきである。

Xは職場を失い、「本件の被侵害利益が女性としての尊厳や性的平等につながる人格権に関わるものであることなどに鑑みると、その違法性の程度は軽視」できず、Xの精神的苦痛は相当なものであった。しかし、他方、XもY₂等らに謝罪を強く求め、「また、ことごとに対決姿勢を堅持し、Y₂と冷静に協議していく姿勢に欠け」ていたこと、「Y₂に対するライバル意識を強く持ち、…時には逆にY₂に対して攻撃的な行動に出るに及んだことなどが、両者の対立を激化させる一端となったことも認められ、また、Xの異性関係についてその一部はX自ら他人に話したことも認められる」ので、慰謝料の額は、150万円が相当である。(S)

福岡セクシュアル・ハラスメント事件判決にみるジェンダー・バイアス
①典型的な環境型だけど、報復型。報復型の場合、「おとなしい女になってくれれば、勘弁してやる」という取引が裏にあるので、対価型ともいえる。
②「世間の常識」では、男にとって性的噂は勲章の一つ。女性にとって性的噂は信用の低下。この世間における男女のギャップ(＝性の二重基準)を利用した攻撃の一つ。
③この男性編集長、上司としての仕事はひとつもしていない。にもかかわらず、原告の女性の3倍にもなる給料をもらっていた。
④ひどい噂を流布させられたら、相手を罵倒したくもなるのが人情。しかし、罵倒してしまったら最後、被害者にも落ち度があると評価されてしまう。損害額の認定部分は、被害者に厳しすぎる。

コラム　原告が裁判を起こすまでの苦労

　会社の外にも、原告の受けたセクハラを、問題と考えてくれる人は少なかった。調停に訴えると、調停委員から「若いうちは男性関係でとやかく言われるのは『花』ですよ。あなたはそれだけ目を引くのだからいいじゃありませんか」とさえ言われてしまう。退職に追いやられているのに、どこがいいというのだろう。訴えを理解してくれる弁護士を探して、原告は苦労したところ、福岡市で女性のための法律事務所が開設されたということを知り、弁護士を訪れた。女性弁護士は彼女の話を聴き、言った。「あなたが受けた仕打ちは性差別による不当なものだと思うので、そのことを正面にすえて…裁判をすれば、少しは道がひらけるかもしれない。…負けても意義のある裁判だと思う。」その後、判決文には総勢19名の女性弁護士が名前を連ねることとなった。皆、手弁当で原告の闘いを支えた。

6　セクシュアル・ハラスメント　99

7 性的自己決定権の侵害

概説 1 強姦法と性差別主義

→ 7 − 3
→ 7 − 4

◆**伝統的な強姦法と新しい性的暴行法**　　性犯罪をめぐる実体法と手続法は、世界的にみると20世紀末を境に、**伝統的な強姦法**から新しい性的暴行法に転換したといえる。伝統的な強姦法の特徴は次のようなものである。①強姦とは、男性が妻ではない女性に強力な暴行を用いて性器を結合する行為である、②強姦は重く、それ以外の性的侵害行為（性器結合以外の行為、男性の被害等）は軽く処罰される、③裁判では被告人以上に被害者の行動の理由が問われる（「被害者が裁判にかけられる」）。

◆**強姦法に横たわる二重の性差別主義**　　伝統的な強姦法の根底には、法と性の領域における二重の**性差別主義**（**男性中心主義**）がある。

　法の領域における男性中心主義は近代市民法の誕生時から内在していた。普遍的人権を謳ったはずの近代市民法体系は、実際には、女性には参政権をはじめとする諸権利を男性と同等にもつことを否定して、立法・司法・行政から女性を排除したうえで、女性が男性に従属する制度を構築した（妻の無能力規定、妻のみ姦通罪等）。法律上の平等の実現（憲法14条１項）により性差別的な条文は姿を消したが、その後も、女性が排除されていた時代に確立された判例や制定された民法典・刑法典は維持されており、社会における事実上・慣習上の男女差別が強固なこともあって、法における男性中心主義は、現実には、いまだ根強い。性の領域における男性中心主義とは、**強姦神話**（106頁）のように男性に都合のよい性行動が社会的に許容されていること、性行動における男性による女性支配を是認することである。

　性犯罪をどのように理解するかは、これらふたつの男性中心主義をどの程度内面化しているかの試金石でもある。

　欧米諸国では、伝統的な強姦法から脱却して犯罪規定に被害者の視

100　第Ⅲ部　身体と性

点を反映させる**強姦法改革**が1970年代後半に始まり、性的暴行法として再構築され、20世紀中にひとまずの改革を終えている。日本もようやく2017年夏に強姦罪を**強制性交等罪**とし、被害者と加害者の性別を不問にする等の改正をしたが（110頁）、被害者視点の反映は不十分である。

　◆普通の性交にも暴力はつきもの？　　強姦罪の暴行には通説によれば相当に強い程度が要求されている。その前提には、合意に基づく性交と強姦とを区別するためにはある程度以上に強度の暴行が必要との理解がある。これは、およそ普通の性交にも暴行はつきものなのだから犯罪となる性交はかなり暴力的でなければならない、ということである。そして、性交で用いられる暴行の、何が普通で何が暴力的かを決めてきたのは、強姦罪の構成要件上、暴力を振るう側にしかなりえない男性であった。女性が司法・立法・行政の国家権力に携われるようになったのは戦後のことであり（戦前は例外的に3人の女性弁護士が存在したのみ）、今日でも、刑事司法関係者に占める女性割合は2割ほどにとどまる。その女性たちも「強く」「男のように」思考し行動することが求められ、それらを内面化しているため、性被害にあう「弱い」「女のような」視点をもち合わせていないことが少なくない。

　被害者／女性が「恐怖や驚愕、混乱で抵抗できなかった」としても、加害者／男性は「本当に嫌なら激しく抵抗するはず」と考えるとき、二重の性差別主義に支えられた強姦法の下では、加害者／男性の主張が受容されやすい。（Y）

　強姦　「姦」の字にはみだらな行いという意味があり、深刻な犯罪を男性の娯楽としてのポルノのように面白おかしく想像させる効果があるとして批判がつよい。また、「姦」では男性の被害を含意しにくい。このため罪名としては不適切であった。ただし、本章では強制性交等罪になっても変わらない問題を、強姦（罪）の語で扱い、性別を問わず被害者の苦痛と加害者の快楽を非対称に示す性交等の意味で用いる。
　二次被害とセカンド・レイプ　犯罪被害者が捜査や裁判等の司法手続において心無い扱いを受けることなどにより、被害感情をさらに深めることを二次被害という。性暴力事件では他の犯罪以上に二次被害が生じやすいうえ、強姦神話の影響もあって深刻な打撃を受けるため、セカンド・レイプ（第二の強姦）という。

　　　　　　　　　　　　　　　　　　　7　性的自己決定権の侵害　101

キーワード 2　強姦罪と「無理やりの性交」

➡5-1
➡13-1

◆**『犯罪統計』の強姦加害者像**　　日本は諸外国に比べて性犯罪が少ないといわれる。法務省『犯罪白書』をみると、刑事手続に現れる強姦罪の発生率は0.8（人口10万人あたりの件数）と低く、検挙率は刑法犯平均よりも高い。これは実態を反映しているのだろうか。

　警察庁が毎年出している犯罪統計で被疑者（起訴前の犯人）と被害者の関係をみると、「面識なし」が半数近くを占めており、夫からの強姦はほんの数件というのが毎年の変わらぬ状況である❶。この数字からは「強姦は見知らぬ人が暗い夜道で衝動的に行うもの」という強姦神話が支持されるだろう。

◆**実態調査の強姦加害者像**　　ところが、内閣府「男女間における暴力に関する調査」で「無理やりの性交」の有無を尋ねると、全体の4.9％に被害経験があり、16.5％が「過去5年以内にあった」と答えている❷-2。日本の人口が12,500万人として、年間20万人が「無理やりの性交」をされていることとなり、発生率は160にはね上がる。さらに、被害経験のある人に加害者との関係の有無を問うと、「まったく知らない人」は1割にすぎず、犯罪統計とは正反対の結果になる❷-3。加害者で最も多いのは配偶者と交際相手であり、両者で半数を占める。このほかに職場、学校、家族等が多い。

◆**潜在化する強姦被害**　　犯罪統計と内閣府調査の乖離は、**暗数**（届出がなされない事件数）によるところが大きい。内閣府調査の被害者は3.7％しか警察に連絡しておらず、「どこ（だれ）にも相談しなかった」が56.1％にのぼる❷-4。推計で年間20万人が被害にあっても警察が記録するのは年間1,000件ほどであるから、強姦被害者の99％が暗数として潜在化している。届け出ない理由は多様だが、刑事司法手続が被害者の利益に適っていないことがうかがえる❷-5。（Y）

102　第Ⅲ部　身体と性

❶ 強姦罪における被疑者と被害者の関係

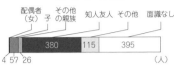

注1：子には、実子の他に養子、継子も含む
 2：その他親族には兄弟・姉妹も含む
 3：知人・友人には職場関係者も含む
出典：警察庁「平成28年の犯罪」表56より作成
　　　(https://www.npa.go.jp/toukei/soubunkan/
　　　h29/h29hanzaitoukei.htm)

❷ 男女間における暴力に関する調査

1. 無理やりに性交等された被害経験の有無

2. 被害にあった時期（何年前・複数回答）

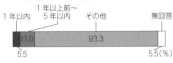

3. 加害者との関係

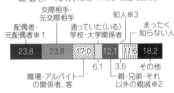

※1：配偶者（事実婚や別居中を含む）・元配偶者（事実婚を解消した者を含む）
※2：「親（養親・継親を除く）」「兄弟姉妹（義理の兄弟姉妹も含む）」「養親・継親又は親の交際相手」「上記以外の親戚」の合算
※3：「地域活動や習い事の関係者（指導者、先輩、仲間など）」「生活していた（いる）施設の関係者（職員、先輩、仲間など）」の合算

4. 被害の相談先（複数回答）

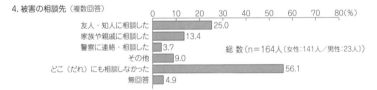

5. 相談しなかった理由（上位8まで）4で、どこ（だれ）にも相談しなかったと答えた人へ質問（複数回答）

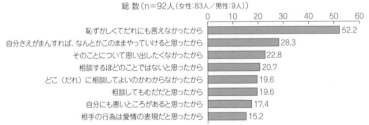

出典：内閣府男女共同参画局「男女間における暴力に関する調査」平成29年度調査、図5-1-1、図5-3-1、図5-2-1、図5-5-2、図5-6-1より作成
　　　(http://www.gender.go.jp/policy/no_violence/e-vaw/chousa/pdf/h29danjokan-7.pdf)

7　性的自己決定権の侵害　103

キーワード 3　日本刑法の改正と残る課題

➡5 - 7
➡7 - 8

◆**刑法通説と被害実態の乖離**　実態では夫婦間強姦が最多類型であるのに検挙件数では僅少である（公表されている裁判例も数件しかない。東京高判平19年9月26日判タ1268号345頁等）。このため読者の中には、「刑法の強姦罪と『無理やりの性交』は違うのではないか」との疑問をもつ人がいるかもしれない。その考えかたは、現行刑法の判例・通説的な観点からみれば正しい。しかし、それは、判例・通説がそうであるように、強姦被害の実態を無視したうえでの正しさにすぎない。

◆**強姦罪に必要とされる暴行・脅迫の強度**　2017年改正刑法177条は、暴行または脅迫を用いて人に性交等をしたときに強制性交等罪が成立するとしている❶。13歳未満に対しては性交等それ自体が犯罪となる。従来の強姦罪判例により、暴行・脅迫には被害者の抵抗を著しく困難にする程度の強さが必要とされており（最判昭24年5月10日）、その判断基準は被害者の年齢や経歴、犯行時間や場所等を具体的に考慮すべきとされている（最判昭33年6月6日）。

　犯人の暴行が、何度も殴る、ナイフを突きつけるなど、客観的に（すなわち誰から見ても）強力なものでないときには、被害者は抵抗が著しく困難であったのか（抵抗できたであろうになぜ激しく抵抗しなかったのか）が厳しく問われる。被害者が激しく抵抗しなかったために、「被告人の暴行は、強姦罪に必要とされる程度に達していなかった」、「被告人は被害者が同意していたと信じた」として、被告人に無罪が言い渡されることがある。強姦罪の法益（法が守ろうとする利益）は、かつては貞操、今日では性的自由とされているが、定評ある刑法解説書が「些細な暴行に屈する貞操は保護に値しない」としたように、法廷は、加害者が何をしたかよりも、被害者は激しく抵抗したか、貞操観念のある女性かを検討する「被害者を裁く」場となる。刑事司法は男性の視点で構築されているために、強姦被害者が経験する現実から乖離しているのである。

104　第Ⅲ部　身体と性

◆不同意性交罪 　強姦の本質は被害者の同意を確認せずに行うことである。性行為が正当化されるのは、当事者間に自由かつ真摯な同意が存在するときだけである。暴行がなくとも同意がなければ成立する不同意性交罪が必要である❸。（Y）

❶ 2017年刑法改正のポイント

	旧	新
罪　名	強姦罪	強制性交等罪
加害者	男	性別不問
被害者	女	性別不問
行　為	姦淫（男性器を女性器に挿入）	性交・肛門性交・口腔性交（男性器を女性器・肛門・口腔に挿入）
法定刑	3年以上の懲役	5年以上の懲役・強盗罪と同等に
告　訴	必要	不要
監護者わいせつ罪	無し	同居親などから18歳未満の子に対する性的行為は暴行脅迫無くとも犯罪（179条＊に新設）
強姦後に強盗する罪	無し・併合罪で法定刑上限は有期懲役	強盗後に強姦する罪（241条）と同等に処罰・法定刑上限は無期懲役

❷ 刑法に残る課題と、課題へのおもな批判

残る課題	課題へのおもな批判
暴行脅迫要件の緩和・撤廃	事実認定の困難さ
性交同意年齢の引上げ	条例で対応
夫婦間強姦の明文化	条文に含意
公訴時効の停止・廃止	証拠散逸のおそれ
刑法体系上の位置付け変更	変更必要性に乏しい

❸ 不同意性交罪の立法例

　「欧州の人権機関の調査では、欧州の女性20人に1人、約900万人が強かんされた体験を持つ。一方で、アムネスティが欧州31カ国を対象に実施した調査では、同意のない性行為を強かんと定義する国は、アイルランド、英国、ベルギー、キプロス、ドイツ、アイスランド、ルクセンブルグ、スウェーデンの8カ国に過ぎない。他の23カ国は、暴力や脅しなどの強要がなければ、強かんとみなさない。…法改正は、強かん犯罪に対処する上で不可欠な第一歩だ。しかし、強かんを無くすには、それだけでは不十分だ。多くの被害者は、社会の偏見や非難にさらされる。その非難の言葉はしばしば、被害者に手を差し伸べるべき警察や検察官から浴びせられる。…欧州各国は、法を改正し、被害者への批判や当局の女性軽視に、断固立ち向かうべきである。さもなければ、被害女性が後ろめたい思いをせず、加害者は必ず処罰されると信じられる社会は実現しない。」（アムネスティ・インターナショナル　2018年12月6日　https://www.amnesty.or.jp/news/2018/1206_7797.html）

コラム　性交同意年齢と子どもの性的搾取

　日本では暴行・脅迫がなくとも無条件で強制性交等罪・強制わいせつ罪（刑法177条＊・176条＊）が成立するのは被害者が12歳までであるため、13歳になったとたんに相手が誰であれ激しい抵抗をしなければ「同意があった」と見なされ、大人からの性的搾取にさらされやすくなる（115頁判例⑤）。子どもの未熟な判断力・自己決定能力につけこむ大人から子どもを保護するためには（自治体により異なる青少年保護育成条例ではなく）、刑法で同意年齢を引き上げ（例：フランス15歳未満）、さらに被害者がある年齢（例：16歳）に達するまでは一定の年齢差（例：3歳差以上）の者からの性的行為、および成年に達するまでは保護者、教師、コーチ等からの性的行為を、無条件で犯罪とする法律（例：アメリカ各州法）を設けることが必要である。

7　性的自己決定権の侵害　105

キーワード 4　強姦神話

➡5-2
➡7-7

◆**様々な強姦神話**　強姦神話（rape myth）とは、性暴力に関して、事実ではないにもかかわらず、広く信じられている偏見をいう（下記）。

現実の強姦事件では、①のような事案も存在はするが、それ以外の事案が圧倒的に多い。強姦をするのは普通の男（周囲からも、精神医学上も異常とはみられない）、顔見知りの男であり、計画的に屋内で行われる。②③は強姦犯を勇気付けるものでしかない。④の服装が原因で被害にあうことは、実態調査❶-3によればわずかにすぎない。⑤⑥は、被害者の恐怖や驚愕で抵抗できない心理、被害後は長期間にわたり混乱してしまう心理の無知にほかならない。⑦は女性全体を貶め、侮辱するものである。⑧は、自らがコントロールできる空想のなかでそのようなスリルを楽しむ女性がいるとしても、空想を楽しむことと現実にそれを望むことは全く異なるはずである。

◆**性の二重基準**　強姦神話は、男性には性の放縦を容認しながら女性には貞淑さを要求する**性の二重基準**（ダブル・スタンダード）であり、社会にはびこる性差別意識に依拠する。このため、加害者には被害者の同意の根拠として、被害者には自分の落ち度であると思わせる理由として、第三者には被害者を貶めて加害者を免責する動機として、強力な効果をもつ。捜査官や裁判官もそのような社会で育つため、強姦神話を受容していることが少なくない。こうして、**被害者の落ち度**を指摘して強姦事件を立件しない、起訴しない、または被告人に無罪を言い渡すという、司法におけるジェンダー・バイアスの典型例がしばしば現れる。（Y）

強姦神話　強姦神話には次のようなものがある。
①強姦とは、異常な男が、暗く人通りの少ない道で、通りがかりの見知らぬ女性を、衝動的に襲うことである
②被害にあうのは女性が悪いからだ（女性に落ち度があったからだ）
③夫婦間では強姦はありえない
④挑発的な服装の女性が被害にあう
⑤女性が本気で抵抗すれば強姦は防げる
⑥本当に強姦があったなら女性は事件後ただちに泣きながら警察に届けるはずだ
⑦女性は同意に基づく性交をした後になって、同意していなかったと嘘をつくものだ
⑧女性は本心では強姦されることを望んでいる

106　第Ⅲ部　身体と性

❶ 強姦事件における暴行時の状況、被害者の選定理由

1. 被害者から見た犯人が行った暴行
（複数回答、上位5位まで）　　　　単位：％

むりやり体をおさえつけられた	74.5
「さからったら殺すぞ」「おとなしくしろ」等と言葉で脅かされた	61.8
相手の体が大きいので（相手の力が強いので）、逆らえないと思った	48.2
殴ったり蹴ったりされた	29.1
その他の言葉による脅しを受けた	26.4

2. 被害者の抵抗
（複数回答、上位5位まで）　　　　単位：％

やめてくれと加害者に頼んだ	62.7
必死で自分を守った	38.2
必死で相手を攻撃して抵抗した	35.5
何もできなかった	33.6
大声で助けを求めた	30.9

出典：内山絢子「性犯罪被害の実態(1)～(3)性犯罪被害調査をもとにして」『警察学論集』53巻3号～5号（2000年）より抽出

3. 犯人が被害者を選んだ理由
（複数回答）　　　　　　　　単位：％

届け出ない	44.8
おとなしそう	28.1
警察沙汰でない	26.3
1人で歩いている	22.1
相手が納得	16.4
スキが見える	16.0
誰でも良い	15.3
弱そう	15.3
前からつけ回し	12.1
好みのタイプ	10.7
1人住まい	8.5
親しい間柄	5.7
挑発的な服装	4.6
以前に性関係	3.6
仕返し	2.1
性産業の従事者	0.7

コラム　新たな神話としての「ニセDV」「痴漢冤罪」

　DVや電車内痴漢は、1990年代まで女性が我慢して当然とされていた。ようやく女性たちが声を上げ、それらが犯罪として扱われるようになると、「離婚を有利に進めたい妻によるニセDV申告」、「示談金目的の嘘つき女による痴漢冤罪」等新たな神話が形成された。どのような犯罪にも嘘をつく被害者は一部いる（これも犯罪である）が、被害者の認知レベルではそれぞれ年間数十万件と推計できるDV・痴漢被害のすべてを「女は嘘をつく」として沈黙させることは不可能である。強制わいせつで有罪となった大阪府知事が被害者を虚偽告訴罪で逆告訴していたように、真犯人が冤罪を主張することも珍しくない。合理的な疑いを超える証明がなければ当然に無罪だが、性暴力被害者の供述にのみ補強証拠を要求したり、女性被害＝冤罪としたがるのは伝統的な女性蔑視である。このような女性不信、女性蔑視は国際社会では克服されつつある（113頁比較法）。「ニセDV」「痴漢冤罪」の主張は、被害申告者を虚偽告訴等の犯罪者視することであり、それ自体に冤罪の危険性がある。冤罪は女性被害事件とかかわりなく防止策を検討しなければならない。

キーワード 5　性犯罪被害者のPTSD

➡6-5
➡13-6

◆**見えない被害につけられた名前**　性暴力の精神的・心理的な被害は甚大であるにもかかわらず、不可視的であるために共感・共有されにくい。この不可視的な被害に名前をつけ、たしかに存在するものとして社会に知らしめることに力を貸したのが、精神疾患としてのPTSD (Posttraumatic Stress Disorder：心的外傷後ストレス障害) である❶。

◆**強姦は戦争以上の被害**　PTSDという診断名は、ベトナム帰還兵の示す症状を端緒として、1980年にアメリカ精神医学会の診断マニュアルに公認された。ハーバード大学のフェミニスト精神科医ハーマンは、「最も頻度の多い外傷後障害は戦争における男性のものではなく市民生活における女性のものである」という。

アメリカ精神医学会マニュアル『DSM-5』に記載されているPTSDの定義を簡単にいえば、実際にまたはあやうく死ぬ／重傷を負う／性暴力を受ける出来事を、自分が直接体験する／目撃する／近親者の経験を耳にする／仕事としてくり返し関わること等により、その出来事を何度も思い出したり、悪夢で見続けたり、再び起こっているように感じたり、そのように行動したり、その出来事に関連する思考や会話を避けようとしたり、過度の警戒心や驚愕反応を示すようになることである。幼児は遊びを通してその出来事を表現する傾向がある。

◆**日本におけるPTSD**　日本では阪神大震災や地下鉄サリン事件を契機としてPTSDが広く知られるようになった。刑法上の傷害は人の健康状態を不良に変更することであるため、精神的障害も傷害にはなるが、従来は、例えば強姦から生じるある程度の精神的被害は本来の強姦罪の評価に含まれているので強姦致傷罪にはならない、と解されてきた。PTSD概念が認知された近年では、PTSDのみで身体的な傷害がなくとも、強姦／強制わいせつ致傷罪を適用する事例が現れている。ただし、性犯罪で被る精神的傷害は当然のことながらPTSDだけではないので、「PTSDと診断されていなければ性被害はなかった」とするのは誤りである。(Y)

108　第Ⅲ部　身体と性

❶PTSDの発症例

（必ずしもこの順番どおりとは限らない）

第一段階　ショック期：性暴力を被った直後の被害者は、ただボォーとしているように見え、外見からは彼女の耐えている深刻な心理状態や混乱をおしはかることはできない。ショック反応によるこのうわべの平静さは行動不能のマヒ状態なのだが、しばしば「たいしたことではなかったのだ」という周囲の人たちからの誤解を招く。この状態は、人によって、二、三日から数週間にわたる。

第二段階　否認期：被害者は性暴力体験を意識から閉め出して、その体験から生じる感情を何とか逸らそうと努める。事件に直面することを先送りにするのは、無意識的な防衛反応である。被害者は事件について話したがらないし、警察に行くことや医学的処置を受けることにも消極的である。

第三段階　混乱期：もはや性暴力によって引き起こされた感情を抑圧しきれなくなって、激しい苦痛を伴う症状があらわれる。安全感をおびやかす恐怖の感情、不安、性暴力事件にとりつかれた状態（事件や事件時の感覚や感情がフラッシュバックされる）、睡眠障害（不眠、悪夢、夜中の目覚め）、情緒不安定（泣く、怒りやすい、気分が変わりやすい）、無力感、抑うつ状態、自己評価の低下、自信喪失、罪悪感、自己非難、恥と怒り、性的機能障害、疲労感など。また、集中力の低下から学業や仕事が手につかなくなったり、対人関係も困難となり、日常生活上の機能低下は著しい。このような症状が慢性化したり、自殺企図、摂食障害やアルコール依存症に結びつく場合も多い。

第四段階　統合期：被害者がこの出来事にどう心理的決着をつけるかという段階である。もし、彼女がカウンセリングや裁判を通して、この体験をみずからに統合し、この世界で生きていく新しい方法を見いだすことができるなら、彼女は人生のなかで遭遇した最悪のチャレンジに勝利することになる。

しかし、性暴力の外傷体験に固着し、事件以前の世界に再び戻ることのできない被害者もいる。　　　　　　　　　　　　　　［小野 1998所収：井上摩耶子「意見書」(169頁)］

被害者心理への無知が生む「思いこみの被害者像」

性暴力に無罪を言い渡す判決（114頁以下）では「被告人は何をしたのか」ではなく、「被害者は何をしていたのか／なぜ大声を出さなかったのか／なぜ激しく抵抗しなかったのか／手はどこにあったのか／なぜ正確に思い出せないのか／なぜ告訴したのか／どのような性的経歴の持ち主か」等、被害者の行動と人物像に関心を寄せるものが多い。紙幅の大半を被害者への言及に費やす114頁③で裁かれているのは、まさに被害者である。そのような判決では性被害に直面したことのない男性的思考の裁判官が、被害者心理への無知から「本当に被害にあったのなら○○したはず」として、思いこみの被害者像を押しつけていることがうかがわれる。115頁⑥では最高裁の「経験則」が被害者のそれとはかけ離れていることがわかる。反対意見はせめてもの救いだが、かねてより、強姦罪の成否は「裁判官の個人的な世界観・人生観・経歴・家庭環境等によりかなりの個人差を免れない」といわれてきた（鬼塚賢太郎「刑の量定の実証的研究（強姦罪）」司法研究報告書17巻3号（1963年)）。かなりの個人差と性被害者心理への無知を放置することは許されない。裁判官にジェンダー教育と精神医学的知見に基づく性被害者心理の教育が必要である。

キーワード 6 男性の性被害

➡5-6
➡6-6

◆男性の性被害も強制性交等罪に　男性への性暴力は処罰の軽い強制わいせつ罪にしかならなかったが、2017年刑法改正により、暴行・脅迫を用いた女性から男性への性交と、男性が口腔または肛門に男性性器を挿入されることも強制性交等罪となり、加害者は重く処罰されることになった（懲役5年以上20年以下）。男性の性被害は常に一定数存在する❶-1。

◆男性への加害者は　裁判等から明らかな事例では、加害者は被害者と同じ男性であることが多い。児童相談所の調査では男児への加害者の4分の3は男性とするものもある。少年間で行われる場合、性的欲求によるもののほか、力関係を他人に誇示する手段として行われることもあり、被害少年が加害少年になることもあるとされる。一方、国が2018年に公表した調査（回答者は成人）では、男性被害者数が少ないことと無回答の多さに留意が必要だが、彼らへの加害者の性別は6割が女性である❷-1。

◆女性以上に訴えにくい男性の被害者　男性の性被害者は社会のジェンダー規範（「強さこそ男らしさだ」）と偏見（「男が被害にあうはずがない」）、さらには男性同性愛嫌悪（ホモフォビア）という差別により、女性の性被害以上に被害を訴えにくい状況にあると考えられる。犯罪統計では男性の被害者に児童が多く、成人ではごくわずかになるが❶-2、実態調査では成人後の被害が半数以上を占める❷-2。電車等の痴漢では、大学生の女性38％、男性6％に被害経験がある（2011年）。しかし、男性痴漢被害者の声はほとんど聞かれない。「痴漢は女の嘘」という偏見は、男性被害者により困難を強いる。

◆男性被害者の告白　ある男性被害者は、中学では、女子生徒がいる教室で裸踊りをさせられ、野球部の先輩から何度もレイプされ、高校では、不良グループに下半身にナイフを突きつけられて自慰行為

を強要されたといい、「性暴力で受ける心の傷の深さに、男女の差はない」と勇気をもって告白している（読売新聞2010年6月25日）。(Y)

❶ 強制わいせつ罪被害における男性の割合と年齢構成（2017年）

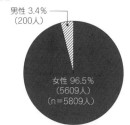

1. 割合
2. 年齢構成

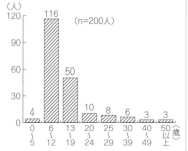

出典：警察庁『平成29年の犯罪』表54より作成

❷ 実態調査における男性の性被害

1. 加害者の性別（複数回答）

無理やりに性交等された被害を受けたことがある人
(％)

	総　数	女	男
n	164	141	23
異性	89.0	93.6	60.9
同性	3.7	1.4	17.4
無回答	7.9	5.7	21.7
延回答（計）	100.6	100.7	100.0

2. 男性被害者の被害時の年齢（複数回答）

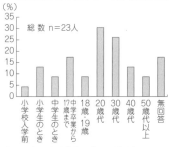

出典：内閣府男女共同参画局「男女間における暴力に関する調査」平成29年度調査、表5-1-1、図5-3-2 (http://www.gender.go.jp/policy/no_violence/e-vaw/chousa/pdf/h29danjokan-7.pdf)

コラム　明治時代の鶏姦罪

　1873（明6）年、一般国民に向けて布告された最初の刑法となる改定律例では、男性同士の性交を処罰する鶏姦罪が設けられた。鶏姦とは、男色を意味する。日本刑法の歴史において、同意があっても男性間の性行為を禁止する規定（いわゆる反自然的性行為に対する処罰）が存在したのは、1882（明15）年に旧刑法が施行されるまでの、このわずかな期間だけである。

　ただし、実際に処罰されたのは、4歳児に対する行為など、鶏姦罪がなくとも（強制わいせつ罪で）処罰される行為であったとされる。

　江戸時代以前は、武士が女性に愛情を示すことは弱さであるから、男色は女性への関心から全く脱却していることを意味するので、徳であったとさえいわれている。

7　性的自己決定権の侵害　111

| 比較 **7** | 諸外国の強姦罪規定・被害者保護 | ➡ 5 - 7
➡ 5 - 8 |

◆強姦法改革　　欧米諸国では、1970年代に興隆した第２波フェミニズムにより強姦法が改正された。多くの国で、強姦 (rape) の概念が拡張され、強姦という用語自体も、性暴力 (sexual violence)、性的暴行 (sexual assault) に変更された。強姦という言葉がもつ、①女性が、②貞操を死守できず暴力的に、③性器結合される、というイメージが、改正された法律の内容にはそぐわないからである。改正法では、①加害者および被害者の性別の中立化、②暴行要件の見直し、③挿入行為の見直しがなされた。性別の中立化とは、男性の被害者と女性の加害者を認めるということである。従来の強姦では男性は加害者、女性は被害者にしかなりえなかった。

　暴行要件の見直しは、客観的に強力な暴行が用いられていなくとも被害者が心理的に抵抗できない場合は少なくないことから、そのような状況を類型化して犯罪とした。加害者が親族として被害者を保護する立場や、職務上の監督・懲戒する立場にあるときに性交すれば犯罪となる。挿入行為の見直しは、従来の強姦では性器結合に限って重く処罰していたが、口や肛門に性器を挿入すること、性器や肛門に手や異物を挿入することも、性器結合と同等に処罰されることになった。

◆強姦被害者保護法　　手続法においては**強姦被害者保護法**（レイプ・シールド法）と呼ばれる規定が導入された。強姦被害者の尊厳を守るため、事件とは関わりのない**被害者の性的経歴**を原則として証拠とすることができないとする証拠法則である。それまで、法廷で被告人が事件とは無関係の被害者の性的経歴を持ち出して「被害者には貞操観念がない」と主張することは、事実認定者がいだく偏見にはたらきかけて、しばしば無罪を導くことに成功してきた。そこでは、被害者がどのような貞操観念をもつ女性であったかが事実上の争点となり、「**被害者が裁判にかけられる**」といわれる状況が生じていたからである。例外的に提出が許容されるのは、事実認定者（陪審）のいない非公開手続において、当該証拠に被害者のプライ

バシー侵害となる煽情性・偏向性を凌駕する証拠価値があるときで、それにより公訴事実に係る被害者の傷害等の原因が被告人にはないことを明らかにするとき等に制限されている（アメリカ各州法等）。（Y）

比較法：国際刑事裁判所証拠手続規則

　日本もその設立条約（ICC規程）を批准した国際刑事裁判所の証拠手続規則（ICC-ASP/1/3）にも、強姦法改革の成果が採用されている。規則71条がレイプ・シールド法に相当する。

規則63条4項　裁判所は、規程66条3項（合理的な疑いを超える証明）を侵害することなく、裁判所の管轄するいかなる犯罪、とりわけ性的暴力の罪について、立証のためには補強証拠を要するとの法的要件を課してはならない。

規則70条　性的暴力の事件において、裁判所は、下記の諸原則を指針とするとともに、適宜、適用しなければならない。
　a　暴行、脅迫、強制、または強制的な環境の利用により、被害者の自由かつ真摯な同意を与える能力が損なわれていたときの被害者の言動を理由として、同意を推定してはならない。
　b　被害者が真摯な同意を与えることができなかったときの言動を理由として、同意を推定してはならない。
　c　性的暴力を申し立てた被害者の沈黙や無抵抗を理由として、同意を推定してはならない。
　d　事件前後の性的行動を理由として、被害者もしくは証人の信用性、性格、性的傾向を推定してはならない。

規則71条　裁判所の管轄する犯罪の定義と性質に照らして、および規程69条4項（証拠の許容性と関連性）により、裁判所は、被害者もしくは証人の事件前後の性的行動についての証拠を許容しない。

コラム　日本における強姦被害者保護

　日本では強姦罪の規定は明治時代のままであるが、手続法では2000年に刑事訴訟法が改正され、性犯罪被害者が法廷で証言する際の精神的打撃を緩和するための措置として、衝立をおいて被告人や傍聴人から見えない状況で証言することや、ビデオリンク方式での証言が認められるようになった（刑訴法157条の4＊〜157条の6＊）。
　しかし、強姦被害者保護法に相当する規定はなく、被害者の事件とは無関係な性的経歴を暴くことがしばしばなされている（114頁判例③）。
　2009年から始まった裁判員制度では強姦致死傷罪・強制わいせつ致死傷罪も対象とされており、事件数で裁判員裁判全体のおよそ2割を占める。強姦被害者保護法がないままの裁判員裁判では二次被害がより深刻になるとして、被害者がさらに潜在化するとも指摘されている。

7　性的自己決定権の侵害　113

判例 8　強姦罪が認められず無罪となった裁判例

① 大阪地判昭46年 3 月12日判タ267号376頁

被告人は「『おれは刑務所から出てきたばかりや、わしの言うことを聞かなんだ
ら、どないなるか分らん。親兄弟を殺してでも連れ戻す。おれは手が早いんだ』
などと…多少の威迫的言辞」を用いたが、被害者が「当時16歳であり…深夜に至る
まで…ほとんど無一文で盛り場のいわゆる深夜喫茶店で異性と遊んでいた事実に
照せば…被告人によって被害者の反抗を著しく困難ならしめる程度の脅迫が行わ
れたものと認めることはでき〔ない〕」。

② 広島高判昭53年11月20日判時922号111頁

被告人（身長180cm）は仕事の会合と騙して被害者（152cm）を呼び出し、夜間
に車で人里から遠く離れた場所に連れ出して性交を求めた。「被害者は泣きなが
ら、『やめてくれ、帰らせてくれ』哀願し」たが、「男性が女性の肩に手をかけて引
き寄せ、押し倒し、衣服を引き剥がすような行動に出て、覆いかぶさるような姿勢
となる等のある程度の有形力の行使は、合意による性交の場合でも伴うものであ
〔り〕」、「被告人が右通常の性交の場合において用いられる程度の有形力の行使
以上の力を用いた…証拠は見出し難〔い〕」。

③ 東京地判平 6 年12月16日判時1562号141頁

被害者はモデルやパーティーコンパニオン等の仕事をしてきており「一般人から
見ればかなり派手な経歴の持ち主であ」る。当時の恋人とは「二度目にあったとき
（二人だけになった最初の機会）に性交を持つ」ており、「その貞操観念には疑問
が残る」。証人尋問では「概ね上品な淑女のような言葉遣いや態度に終始している
が、時折り『おおぼけ（を）こいた』などという言葉を口走るなどして、いわば馬脚
を現わして」いる。被害者には「慎重で貞操観念があるという人物像は似つかわし
くないし、その証言には虚偽・誇張が含まれていると疑うべき兆候がある」。

④ 東京高判平17年10月19日 LEX/DB28115205

被告人は、自動車で被害者を自宅まで送っていく途中、被害者から二股にかけら
れていることを知り、右手拳で被害者の左目を殴打して全治18日の傷害を負わせ、
被害者を被告人方へ連れて行き被害者の望まない性交を行い、その際の被害者の
写真を撮る等した。「〔被害者には〕強いて姦淫されたとの思いが強く、…他方、被
告人は、親しく交際していた相手であり、自宅に泊まることもあった被害者に対し
て、腹立ち紛れに多少乱暴な姦淫行為に及んだからといって、それが強いて姦淫し

114　第Ⅲ部　身体と性

たことにはならないとの思いが強〔い〕」。「本件の経緯、…諸事情にかんがみて、被告人の本件行為が被害者を強いて姦淫したものとまでは断ずることができない」。

⑤ 大阪地判平20年6月27日 LEX/DB28145357

同棲相手のいる被告人（24歳）は年齢を18歳と偽り、中学生の被害者（14歳）と知り合った翌日の晩に、路上に止めた自動車内で性交に及んだ。被害者は「今日は性交をやめておこうという発言をし…足に力を入れて閉じるなど拒絶する態度を示して」おり、被害者が「性交に同意していなかったことは認められる」。しかし、「本件直前、被告人は、車の中で、被害者に付き合うかを尋ね、被害者がこれを承諾しており、性交を受け入れたものと被告人が考えても不自然ではない」。被告人が「被害者の抵抗に対して多少強引に迫れば、被害者もあきらめ、同意により性交できると期待しても不自然ではない」。「被告人は、被害者が…自己との性交を消極的ながら受け入れていたと誤信していた」。

⑥ 最判平23年7月25日裁判集刑304号139頁

【事実】被告人（48歳）は、夜7時過ぎ、駅前で、キャバクラで働く初対面の被害者（18歳）に声をかけ、近くのビルの外階段屋上踊り場に連れて行き、射精した。被害者のコートに精液が付着した。被害者は強姦されたと主張した。被告人は金銭の支払いを装い、手淫してもらっただけと主張した（被告人は、過去100回以上、見知らぬ女性に類似の行為を行わせており、今回も同様と主張した）。

【判旨】被害者供述は信用できない。①被害者は、被告人から「ついてこないと殺すぞ」と言われ、「恐怖で頭が真っ白に」なったと主張するが、物理的に拘束されていたわけでもないのに、逃げ出していない。②姦淫直前にすぐ近くを通りかかった警備員に助けを求めていない。③20cmの身長差がある被告人が立位で姦淫できるのか疑わしい。④被害者は破れたストッキングをコンビニのゴミ箱に捨てたと言うが、発見されていない。⑤コンビニで何を購入したのかにつき、被害者供述に変遷がある。これらは「経験則に照らして不合理であり、是認することができない」。

反対意見：被害者の言動を不自然とする多数意見は「一見常識的には見えるものの、この種犯罪の実態から乖離したものであって、現実の犯罪からはそのような経験則や原則が導かれるものではない。このようなことは、性犯罪に関する研究等においてもしばしば指摘されているところであり、多くの性犯罪を取り扱う職務に従事する者の共通の認識となっている」。（Y）

8 買売春と人身取引

| 概説 **1** | 買売春と人身取引 | ➡8-3
➡8-4 |

◆**買売春の是非**　**買売春**には、**売春**と**買春**がある。売春には、人身売買等の人権侵害を含む**強制売春**と第三者の搾取のない**単純売春**がある。時代を問わず、多くの売春には強制と搾取が伴い、売春婦こそが被害者であった。

　単純売春の是非をめぐっては国際的な合意形成がむずかしい。単純売春を自由意思に基づく職業（**セックスワーク**）として肯定する立場（非処罰化主義）と単純売春を含めたすべての買売春を女性に対する人権侵害であるとみなす立場（買売春廃絶主義）に分裂しているからである。今日、EU諸国ではセックスワーク論が強まっている。ドイツやオランダなど売春を合法化した国もあり、売春婦の労働基本権の保障が課題となっている。一方、アジア・アフリカのフェミニズムでは、買売春廃絶主義が強い。

　◆**いくつかの立場**　買売春の是非をめぐる立法思想としては、これまで3つの立場が指摘されてきた。①禁止主義、②規制主義、③廃止主義である。①禁止主義は、売春そのものを禁止処罰するが、買春を犯罪とすることは少ない。この伝統的禁止主義には、売春を反社会的逸脱行動とみなして売春婦を蔑視する差別論理が内在している。②規制主義は、性病検査等の衛生管理を行いつつ、売春営業を許可する立場である。③廃止主義は、買売春を否定しつつも、売春業者の営業行為とあからさまな勧誘行為に限定して犯罪化し、買売春行為そのものは処罰しない。**公娼制**は②に属し、現行の**売春防止法**は③にあたる。非処罰化主義は②の変形であり、買売春廃絶主義は③の発展版ともいえるが、買春の処罰を含む点で従来の考え方とは異なる。セクシュアリティが「人の存在の全体性」にかかわるという観点から、性を売買の対象にすること自体の是非を問わねばならない。(M)

116　第Ⅲ部　身体と性

❖ 日本における買売春の歴史

古代～中世の買売春　日本で売春が独自の営業として成り立つようになったのは10世紀頃とされる。当初の売春は、賤業としての認識が乏しい。院政期は男色が盛行した時代でもあった。12世紀頃登場する白拍子や傀儡女などの女性芸能者は売春も行ったが、売春専業ではない。13世紀に都市部に売春宿が成立し、14世紀に遍歴・流浪の芸能民への賤視が始まると売春婦の卑賤視が強まった。集娼化は16世紀末に始まる。

江戸時代の遊郭　江戸時代初期（17世紀初頭）に、幕府が公許を与えた三大遊郭が成立した。江戸吉原・京都島原・大坂新町である。治安対策の一環として、遊郭（廓）は町はずれにおかれ、砦のように高い壁や堀で隔離された。遊女の大半は身売り（人身売買）で集められ、技芸と教養に秀でた太夫（高級遊女）から性を売るだけの切見世女郎（下級遊女）までいくつかの等級に分けられた。女郎は、「店＝見世」と呼ばれる格子付きの店頭に「商品」としてならび、客をとった。

江戸前期には、無許可の売春営業者は獄門・死罪に処せられたが、中期（18世紀中頃）以降は貧困者の売春は黙認され、小規模な売春宿（岡場所）も公認された。買売春の大衆化につれて、江戸には190もの岡場所が存在した。私娼（隠売女＝無許可の売春婦）は、摘発されると吉原に送られ、下級遊女（奴女郎）として年季奉公を強いられた。

江戸時代の遊女奉公契約　身売りによって集められた娘たちは、7～8歳から禿（遊女見習い）となり、年季があける28歳まで年季奉公として働いた。遊女奉公の証文は典型的な身売証文で、奉公期間・給金（身代金）・奉公人が主人に与えた損害の補償・死亡時の主人一任等について定められていた。遊女は奉公の間は監禁生活を送り、年季明け後はしばしば下働きやより低級な切見世女郎にされたのである。遊女の日常は悲惨を極めた。彼女たちは、朝早くから夜遅くまで3度にわたって客をとらねばならなかった。20歳代で死ぬ遊女も多かった。江戸期の売春は、決して自由意思による優雅な文化などではなかったのである。

近代的公娼制の成立　公娼制とは、公権力が一定条件のもとで売春営業を許可するかわりに利潤の一部を収奪するシステムである。江戸期遊郭もまた、幕府から公許を得た公娼制であった。近代的公娼制は、ナポレオン時代のパリにおける強制的性病検診＝娼婦登録制度に始まる（1802年）。それはまもなく欧米諸国とその植民地に広まった。

1870年代、内務省と警察制度が整備されるとともに、近代的公娼制が日本にも導入された。強制的性病検診はまず外国人居留地で求められ、やがて各地に広まる。芸娼妓解放令（1872年）や娼妓取締規則（1900年）によって、江戸時代以降続いていた人身売買は名目上否定されたが、遊郭が貸座敷に、年季奉公契約が前借金契約に変わっただけで、実態としての人身売買は続いた。公娼制からあがる多額の税収は自由民権運動の弾圧費に充当され、植民地における「慰安婦」もまた公娼制の延長上に設置された。欧米の影響を受けた廃娼運動は売春婦を「醜業婦」と呼んで蔑視し、買春男性を非難しなかった。こうした性の二重基準が、売春防止法（1956年）に引き継がれる。

［服藤・三成 2011参照］

| キー ワード 2 | 戦前日本の公娼制 | → 3 - 4 → 8 - 3 |

◆**マリア＝ルス号事件と人身売買禁止令**　1872（明5）年、横浜に入港したペルー船籍の**マリア＝ルス号**には、ペルーの鉱山で働くために231名の中国人苦力が乗船していた。彼らは逃亡し、イギリス国籍の船に苦役からの解放と契約解除を訴えた。裁判は日本で行われ、日本は人道主義の名のもとに中国人を清国に引き渡すべきと判示した。これを不服としたペルー側は、日本は人道に基づいて中国人を解放したというが、日本の娼妓もまた奴隷にほかならないと抗議した。これを受け、同年、急遽、**芸娼妓解放令❶**が発布された。同令は、芸娼妓をすべて解放し、年季に関する貸借訴訟を今後裁判所で取り扱わないと定めた。同令が、**近代的公娼制**成立の契機となる。

◆**牛馬切りほどき令**　芸娼妓解放令に続く司法省達22号（いわゆる**牛馬切りほどき令❷**）は、娼妓を牛馬にたとえて借金を棒引きした。しかし、その後も再三出された解放令は、娼妓を救わなかった。各府県は、旧来の遊女屋を**貸座敷**に改めて免許を与え、「自由意思」で売春業を継続したい娼妓に座敷を貸すことを認めたからである❸。娼妓が貸座敷業者と結んだ**前借金契約**は、遊女の年季奉公契約と変わらなかった。それは、親が貸座敷業者から借り受けた前借金を返済し終わるまで娘が娼妓稼業を続けるという契約であり、実際には完済も娼妓の廃業も困難だったからである。

◆**自由廃業**　1900（明33）年、娼妓の**自由廃業**を認める判決が相次ぐ。しかし、娼妓稼業契約を無効とする根拠は異なった。大審院は娼妓は独立営業者であって被用者でないとし、名古屋地裁は娼妓稼業契約を公序良俗違反とした。**娼妓取締規則❹**（1900年）は自由廃業を認め、その後10年間で2500人以上の娼妓が廃業した。しかし同時に、同規則は警察が管理する娼妓名簿への登録と性病検査の定期的受診を娼妓に義務づけた。ここに近代的公娼制が確立する。（M）

❶ **芸娼妓解放令＝人身売買禁止令**（太政官布告295号：1872年10月2日）

第1条 人身を売買致し又は年期を限り其の主人の存意に任せ虐使致し候は人倫に背き有るまじき事に付き古来制禁のところ従来年期奉公等種々の名目を以つて奉公住み致させ、その実売買同様の所業に至り、以ての外の事に付き、自今厳禁すべきこと。
第4条 娼妓芸妓等年期奉公人一切開放致すべく右に就いての賃借訴訟総じて取上げず候事。

❷ **人身売買禁止令に関する司法省達22号**（1872年10月9日：1897年民法施行規則9条によって廃止）

一　人身ヲ売買スルハ古来ノ制禁ノ処年季奉公等種々ノ名目ヲ以テ其実売買同様ノ所業ニ至ルニ付娼妓芸妓等雇入ノ資本金ハ贓金（ぞうきん）ト看做ス故ニ右ヨリ苦情ヲ唱フル者ハ取糺ノ上其金ノ全額ヲ可取揚事
一　同上ノ娼妓芸妓ハ人身ノ権利ヲ失フ者ニテ牛馬ニ異ナラス人ヨリ牛馬ニ物ノ返済ヲ下求ムルノ理ナシ故ニ従来同上ノ娼妓芸妓ヘ借ス所ノ金銀並ニ売掛滞金等ハ一切債ルヘカラサル事…

❸ **太政官達**（1872年）

娼妓解放後旧業ヲ営ムハ人々ノ自由ニ任スト雖、地方官之ヲ監察制駁シ悪習蔓延ノ害ナカラシム

❹ **娼妓取締規則**（内務省令44号：1900年）

第5条 娼妓名簿削除ノ申請ハ、書面又ハ口頭ヲ以テスベシ。
第6条 娼妓名簿削除ノ申請ニ関シテハ、何人ト雖妨害ヲ為スコトヲ得ズ。

コラム　からゆきさん

　かつての日本は、売春女性の送り出し国であった。19世紀後半から1920年代にかけて海外で売春に従事した日本人女性を「からゆきさん（唐行き＝外国行き）」と呼ぶ。1910年代には、2万2000人ものからゆきさんが海外（日本植民地であった朝鮮・台湾を除く）に存在した。背景には、植民地主義の世界的進展や労働力としての男性移民（中国人男性労働者（苦力）など）の急増がある。からゆきさんには、貧しい農漁村出身の娘が多い。彼女たちは、人身売買や誘拐同然の手口で集められ、海外に輸送された。廃娼運動は、からゆきさんを「国辱」たる「海外醜業婦」と呼んで取締強化を訴えた。1925（大14）年、日本は女性・児童売買禁止条約を批准し、人身売買は禁止された。これを受け、からゆきさんの中には条約適用外の満州に向かった者もおり、31年に十五年戦争が始まると「慰安婦」になる者も多かった。からゆきさんの悲劇が認識されるようになるのは、ようやく1980年代以降である。

キーワード 3　売春防止法　→5-2　→8-6

◆**売春防止法**　1946年2月、**廃娼運動**が再開された。GHQは、「公娼制は民主主義の理想に反し、個人の自由発達に反するので、売春を業務に契約した一切を放棄させよ」という覚書を出した。同月、政府は娼妓取締規則を廃止し、公娼制は名目上全廃された。ところが、政府は私娼が接待所で売春営業をすることを認めた。これがいわゆる**赤線**である。「パンパン」と呼ばれる売春婦が営業を行った。

売春防止法(1956年)は、売春を「人としての尊厳を害し、性道徳に反し、社会の善良の風俗をみだすもの」とみなし、「売春を助長する行為等を処罰するとともに、性行又は環境に照して売春を行うおそれのある女子に対する補導処分及び保護更正の措置を講ずることによつて、売春の防止を図ること」を目的としている(売防法1条*)。売春は「対償を受け、又は受ける約束で、不特定の相手方と性交すること」(同2条*)と定義される。「何人も、売春をし、又はその相手方となつてはならない」(同3条*)として買売春を禁じているが、売春そのものと買春には処罰規定がない❶。

◆**性産業規制の二元性**　性産業に対する日本の現行法制は二元構造をとる。売春防止法は買売春を禁止し、性交を行わせる営業を処罰する(廃止主義)。一方、性交類似行為を行わせる営業は**風俗営業等適正化法**(風適法/風営法:1948年)により、規制付きながらも公認されている(規制主義)。風適法は過去3度の大幅改正を経ている。1984年改正では、タイトルが風俗営業等取締法から現行名に変わり、ノーパン喫茶が姿を消す。98年改正では、出張マッサージなどの無店舗型営業が届出対象とされたが、それは事実上の公認であった。2005年改正は人身売買罪新設と連動したもので、罰則が強化された。しかし、事実上の売春営業である個室付き浴場(風適法2条6項1号)を公認しているという問題は未解決のままである。(M)

120　第Ⅲ部　身体と性

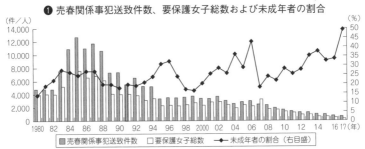

❶ 売春関係事犯送致件数、要保護女子総数および未成年者の割合

出典：内閣府『男女共同参画白書』平成30年版

コラム　特殊慰安施設協会——占領期の買売春（1945〜46年）

　1945年8月26日、特殊慰安施設協会（RAA）という売春組織が発足した。内務省の指令で、警視庁が指導し、大蔵省の融資を得て、貸座敷業者が設立したのである。占領軍兵士を相手に「特殊女性（売春婦）」に売春させ、「一般婦女子の貞操」「民族の純潔」を守ることが目的であった。衣食住など全部支給で18〜25歳の「女性事務員」が急募され、生活苦にあえぐ多くの女性が応募した。最盛期には7万人を数えたが、性病蔓延のため、翌46年3月、GHQは施設を閉鎖する。仕事を失った5万5000人の女性が町にあふれだし、「パンパン」と呼ばれる街娼となった。彼女たちは、しばしば警察や米軍憲兵の「刈り込み」にあい、強制的性病検診を受けさせられた。

コラム　風俗営業等適正化法

　「風俗営業」（キャバレー、ナイトクラブ、バー、ダンスホールなど）を行う場合には公安委員会の許可を要する。「性風俗特殊営業」（個室付き浴場〔ソープランド〕、ストリップ劇場、ラブホテル、個室ビデオ、出会い喫茶、派遣型ファッションヘルス、テレフォンクラブなど）は届出でよい。後者を届出制としたのは、違法性が強いため、許可制になじまないという理由であった。

コラム　買春ツアー（1970年代）

　高度経済成長を迎えた日本は豊かになり、日本人女性の身売りの悲劇は減っていく。しかし、買売春がなくなったわけではない。1970年代、売春婦を求めて、日本の男性たちは東南アジアや韓国に繰り出した。買春ツアーである。家族のために身売りした貧しい少女を日本人男性が社内親睦旅行と称して、組織的に買った。これは国際的非難を浴び、かわって80年代から登場したのが、人身売買である。タイやフィリピンから女性たちが日本に買われてきた。時代は変わっても、売春女性の多くが貧困地域から人身売買によって供給される構造は変わっていない。

8　買売春と人身取引

キーワード4　人身取引（トラフィッキング）

➡5-7
➡8-7

◆**人身取引**　　人身取引（トラフィッキング human trafficking）は、国際組織犯罪の一つであり、重大な人権侵害である❶。売春および売春目的の人身取引が人間の尊厳に反するという認識は、20世紀前半の国際社会ですでに共有されていた。一連の関連条約（1904、10、21、33年）を統合したものが、人身売買禁止条約（1949年・日本批准58年）である。本条約は、廃止主義（性業者を処罰するが、単純売春は不処罰とする）の立場をとるが、人身取引が売春目的に限定されている点で限界があった。今日、人身取引は売春目的以外にも、臓器摘出や強制労働など多様化している。このため、**人身取引防止議定書**❷（2000年）が、国際組織犯罪防止条約（2000年）に関する3つの議定書の一つとして採択された。

◆**人身売買罪の新設**　　2004年、米国務省が発表した「人身売買報告書」では、日本は「強制労働や性的搾取のために売買される女性や子どもの目的地」となっており、法律も政策もないと指摘された。政府はすぐさま「人身取引対策行動計画」を策定し、2005年、刑法に**人身売買罪**（226条の2*）が新設された。人身取引事犯の検挙数は2005年以降急減したが、近年ふたたび増えている❸。懲役1～10年という刑罰の規定は厳格といえるが、実際には人身売買罪で有罪判決を受けても実刑になるケースは少ない。

◆**関連法の改正**　　人身売買罪新設に伴い、関連法も多く改正された。刑事訴訟法改正により、被害者証言ではビデオリンクによる尋問が可能となった。出入国管理法改正では、人身取引などにより他人の支配下におかれた者は退去強制の対象から除外されることになった。組織犯罪処罰法も改正され、人身売買、人の密輸などに関わる犯罪が追加された。旅券法の罰則が強化され、風適法も厳格化された。これら一連の改正は、上記の人身取引防止議定書、密入国防止議定書の批准に向けてとられた措置の一つである。（M）

122　第Ⅲ部　身体と性

❶ **現代の奴隷制**（2017年ILO報告書より）

「現代の奴隷制」とは、「強制労働・借金による束縛・強制結婚・その他の奴隷的習慣・人身取引」の総称である。ILO（国際労働機関）などによる報告書（2017年）によると、現代奴隷制の被害者は世界全体でおよそ4000万人と推定される。そのうち、約2500万人が強制労働、1500万人が強制結婚（被害者の88％が女性）の被害者である。被害者総数の71％（2900万人）が女性と少女であり、性産業における強制労働（強制売春：490万人）に限ると、99％が女性・少女である。しかし、軍隊・農場での強制労働には男性・少年被害者も多い（少年兵士など）。地域別の人口比では、アフリカが最も多く、次がアジア太平洋地域である。（参考：http://www.ilo.org/wcmsp5/groups/public/---dgreports/---dcomm/documents/publication/wcms_575479.pdf）

❷ **人身取引防止議定書**（2000年・日本2002年署名・2005年国会承認・2017年批准）

第2条（目的）　この議定書は、次のことを目的とする。

(a) 女性及び児童に特別の考慮を払いつつ、人身取引を防止し、及びこれと戦うこと。

(b) 人身取引の被害者の人権を十分に尊重しつつ、これらの者を保護し、及び援助すること。…

第3条（用語）　この議定書の適用上、

(a)「人身取引」とは、搾取の目的で、暴力その他の形態の強制力による脅迫若しくはその行使、誘拐、詐欺、欺もう、権力の濫用若しくはぜい弱な立場に乗ずること又は他の者を支配下に置く者の同意を得る目的で行われる金銭若しくは利益の授受の手段を用いて、人を獲得し、輸送し、引き渡し、蔵匿し、又は収受することをいう。搾取には、少なくとも、他の者を売春させて搾取することその他の形態の性的搾取、強制的な労働若しくは役務の提供、奴隷化若しくはこれに類する行為、隷属又は臓器の摘出を含める。…

❸ **人身取引事犯の検挙状況等**

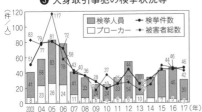

出典：内閣府『男女共同参画白書』平成30年版

◼ 日本は、2005年に刑法に人身売買罪を新設したが、人身取引議定書の批准には消極的であった。2020年東京オリンピック開催に向けて「世界一安全な国、日本」を目標に掲げた結果、批准が急がれた（2017年）。政府報告書によると、2017年中に日本が保護した人身取引被害者は46人（うち女性45人〔少女7人〕）であった。被害者は日本人が最も多く（28人）、被害内容は性的搾取（31人）が最多である。参考：「人身取引対策に関する取組について（年次報告）」(https://www.kantei.go.jp/jp/singi/jinsintorihiki/dai4/honbun.pdf)

資料：あるタイ人女性の手記から

「…ブローカーが日本に行く手筈を整えてくれました。日本のボスは、成田から、あるアパートに私を連れていきました。…ボスは、私をまた別の人間に売るので遠くに連れていくのだ、と言いました。別のアパートに着くと、そこには日本人の男性とタイ人の女性がいました。…日本人男性は、『オレはお前をタイのボスから買ったんだ。オレに350万円の借金を返すんだぞ』と言いました。私は驚いてしまいました。勝手に人を売り出していて、借金を返せと言うのです。…1ヶ月働いたとしても、3、4万円も貯められません。泊りで3万円、ショートで2万円ですが、代金は全てボスが取り上げます。つまり、食費さえないという状態です。…日本の男性は、私たちを買ってサービスを受けさせるのを当然だと思っています。…ママさんも冷酷です。ボスと同じです。生理のときも熱があるときも、客をとらせるので、客をとらなかったら罰金です。借金以外にアパート代や食事代、衣装代が差し引かれます。…」［吉田2004：30頁以下］

キーワード 5 子どもの性をめぐる問題

➡5-3
➡8-4

◆児童買春・児童ポルノ禁止法　児童 (18歳未満) に対する性的搾取❶は深刻で、途上国への児童買春ツアーはあとをたたない。1996年、ストックホルムで「児童の商業的性的搾取に反対する世界会議」が開催された。これを受け、1999年に**児童買春・児童ポルノ禁止法**[*]が成立する。同法は、売春防止法とは異なり、買春行為を処罰する画期的な法律であった。海外での買春行為も帰国後に処罰される。2004年改正により罰則が強化され、電子メディアによる児童ポルノへの対応が盛り込まれた。改正法は、国内外を問わず、金銭やものを与える約束をして児童と性交や性交類似行為をした者に5年以下の懲役または300万円以下の罰金を科すと定める。また、児童を被写体としたポルノの製造・販売が禁じられ、違反者には5年以下の懲役もしくは500万円以下の罰金が科せられる❷。

◆出会い系サイト規制法　携帯電話やインターネットの普及は、新たな性的搾取を生み出した。1996年、**援助交際**という語が流行語大賞となる。出会い系サイトを通じた援助交際は、18歳未満の少女が小遣い稼ぎで行っている場合も多く、社会問題化した。2003年に成立した**出会い系サイト規制法**は、サイト運営者やサイトを利用した大人だけでなく (6月以下の懲役か100万円以下の罰金)、サイトに書き込みをした児童もまた処罰される (100万円以下の罰金)。

◆コミックの販売規制　2010年12月、**東京都青少年健全育成条例**❸が改正された。同条例はこれまで「不健全図書」を指定し、販売規制をしてきた。今回の改正は、児童を性的対象とする著作物を「青少年性的視覚描写物」と定義し、特定のジャンルを「不健全」として制限を強化した。その結果、アニメやコミックなどの非実写作品も規制対象となった。「表現の自由」と「児童の性の保護」をめぐって、都と漫画家団体・出版社との間で激しい対立がある。(M)

❶ 児童福祉法違反等 検察庁新規受理人員の推移

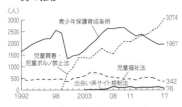

出典：法務省『犯罪白書』平成30年版

❷ 児童買春・児童ポルノ禁止法に定める罰則規定

金銭目的の児童（18歳未満）への性行為等（性行為・性交類似行為）	5年以下の懲役または300万円以下の罰金
児童と買春者の間を取り持つ行為	5年以下の懲役または500万円以下の罰金
上記のうち営利目的のもの	7年以下の懲役または1,000万円以下の罰金
営利目的に児童買春への勧誘	5年以下の懲役または500万円以下の罰金
児童との性行為等を撮影したデータを所持	1年以下の懲役または100万円以下の罰金
児童との性行為等を撮影（製造）したり、撮影したデータを他者へ提供	3年以下の懲役または300万円以下の罰金

❸ 東京都青少年健全育成条例（2010年12月22日改正）

第3章　不健全な図書類等の販売等の規制（図書類等の販売等及び興行の自主規制）

第7条　図書類の発行、販売又は貸付けを業とする者並びに映画等を主催する者及び興行場（興行場法（昭23年法律第137号）第1条の興行場をいう。以下同じ。）を経営する者は、図書類又は映画等の内容が、次の各号のいずれかに該当すると認めるときは、相互に協力し、緊密な連絡の下に、当該図書類又は映画等を青少年に販売し、頒布し、若しくは貸し付け、又は観覧させないように努めなければならない。

一　青少年に対し、性的感情を刺激し、残虐性を助長し、又は自殺若しくは犯罪を誘発し、青少年の健全な成長を阻害するおそれがあるもの

二　漫画、アニメーションその他の画像（実写を除く。）で、刑罰法規に触れる性交若しくは性交類似行為又は婚姻を禁止されている近親者間における性交若しくは性交類似行為を、不当に賛美し又は誇張するように、描写し又は表現することにより、青少年の性に関する健全な判断能力の形成を妨げ、青少年の健全な成長を阻害するおそれがあるもの

〈事件紹介〉「関西援交」シリーズ事件（2005年）［中里見 2007：88頁以下］

　本件は、未成年を標的にした極めて悪質なポルノ被害事件である。同シリーズは157巻製造され、1本5000円で販売された。押収されたテープに映っていた少女は合計95人で、18歳未満が79人と推測される。主犯男性は、経済的に苦しい中「わいせつビデオ」を見てストレスを解消していたが、金儲けをねらって、1999〜2005年のあいだ、買春・ビデオ製造・販売を繰り返した。制作にあたった犯行グループは、インターネットの出会い系サイトで「モデル募集」として少女を集め、少女には5〜10万円を支払っていた。少女が友人を紹介したケースもあれば、親が子を売ったケースもある。販売サイトは別のインターネット関連会社によって運営され、大量の複製・販売が繰り返された。売上げ利益は2億円に達した。「少女が幼ければ幼いほど売れた」（主犯男性）。突き止められた顧客は168名。その大半は20〜30歳代の会社員だったが、教師10名程度や医師、国会議員秘書も含まれた。「女優の演技ではない、素人っぽさがいい」（顧客）。

　主犯男性には、強姦罪、児童ポルノ禁止法違反（児童買春）等で懲役8年と罰金600万円および児童福祉法違反（児童に淫行をさせる行為）で懲役7年の判決が下された。また、男優A（強姦罪で懲役3年、児童福祉法違反で懲役4年）、男優B（強制わいせつ罪で懲役2年、児童福祉法違反で懲役4年）、インターネット関連会社社長（児童ポルノ禁止法違反で懲役3年・執行猶予5年）も罪に問われた。

キーワード 6 　日本軍「慰安婦」問題

➡ 5 - 4
➡ 8 - 2

◆「慰安婦」訴訟　　1991年、「慰安婦」たちにより、はじめて集団訴訟が提起された。90年代前半には、河野官房長官❶や村山首相による「謝罪」がなされた。しかし、国家補償は1965年日韓合意で解決済みとされ、**アジア女性基金**という民間での支援が決定された（95年）。その後も訴訟が相次いでいるが、日本の裁判所は以下のような理由からほとんど訴えを退けている。①国家無答責の法理：官吏が公権力の行使にあたる行為によって市民に損害を与えても国家は損害賠償責任を負わない。国家賠償法（1947年）附則6項によれば、施行前の行為には同法は適用されない。②除斥期間：民法上、被害発生（不法行為）から20年経過すると請求権は消滅する（724条2項）。この期間は時効ではなく除斥期間と解釈されており、いっさいの中断が否定される。③平和条約による個人的請求権の棄却：ハーグ陸戦条約3条は戦争被害に対する損害賠償責任を定めている。「慰安婦」訴訟の被害者原告は同条約を根拠に損害賠償を請求したが、裁判所は、個人は特別の手続が定められていない限り、国際法の権利をもたないと判示した。しかし、90年代末以降、国際刑事裁判所や女性差別撤廃条約選択議定書など、国際法は個人の請求権を認める方向にある。日本の政府および裁判所の速やかな対応が望まれる。

◆女性法廷　　1991年、金学順さんがはじめて元「慰安婦」だったと証言した。この後、被害者救済の動きが加速化し、日本とアジアのNGOにより、女性に対する暴力を裁く民間模擬法廷が開催された。1994年の**女性の人権アジア法廷**、2000年の**女性国際戦犯法廷**である。前者では、アジア16か国から人身売買、基地買春、「慰安婦」などの被害者が来日し、陪審法廷で陳述を行った。後者は「慰安婦」問題を裁くもので、実際の裁判と同様の形式がとられた。「判決」では、昭和天皇ほか戦争指導者が「有罪」とされた。(M)

❶ 「慰安婦」関係調査結果発表に関する内閣官房長官談話（「河野談話」1993年）

　「…今次調査の結果、長期に、かつ広範な地域にわたって慰安所が設置され、数多くの慰安婦が存在したことが認められた。慰安所は、当時の軍当局の要請により設営されたものであり、慰安所の設置、管理及び慰安婦の移送については、旧日本軍が直接あるいは間接にこれに関与した。慰安婦の募集については、軍の要請を受けた業者が主としてこれに当たったが、その場合も、甘言、強圧による等、本人たちの意思に反して集められた事例が数多くあり、更に、官憲等が直接これに加担したこともあったことが明らかになった。また、慰安所における生活は、強制的な状況の下での痛ましいものであった。…」

❷ 朝日新聞「吉田証言」取消し問題と橋下大阪市長発言

　2014年8月、朝日新聞は吉田清治氏の証言に基づく日本軍「慰安婦」の強制連行関連の記事を取り消すと発表した。この責任をとり、朝日新聞は幹部交代をはかって報道姿勢を改めると表明した。しかし、問題の深刻さは別の3点に現れている。①元慰安婦などへのヘイトスピーチの過激化、②記者やその家族などへの脅迫行為、③慰安婦強制連行という歴史的事実の否定である。1990年代以降、すでに歴史研究は吉田証言を根拠にすることはなくなっていた。今回の吉田証言の取消しは、慰安婦の実態や強制連行の事実を明らかにしてきた歴史研究の現在の成果を否定するものではない。1991年8月14日の金学順さんの証言以来、被害者救済の運動が国際社会でも高まったが、2000年以降の日本ではこうした動きが抑圧されている。「［当時］慰安婦制度が必要だったことは誰だってわかる」という橋下大阪市長の発言（2013年5月13日）は国際社会で大きな反発をよび、同市長は、後日謝罪と釈明を行った。公人が「女性に対する暴力」への認識を欠いた発言を公然と行っても国内ではその責任を厳しく問われず、被害者や民間人の言論を封殺してしまう事態に、日本社会と国際社会の大きなギャップが読み取れる。

> **コラム　日本軍「慰安婦」問題**
>
> 　「慰安婦」とは、十五年戦争（1931〜45年）時に日本軍の占領地等において軍管理下で性奴隷とされた女性たちの当時の呼称である。1970〜80年代に「従軍慰安婦」という名称が広く使われたが、2000年代以降は「戦時性的強制被害者」という表現も使われる。「慰安婦」被害者の国籍は多岐にわたっており、未成年女性が多い。総数は8〜20万人と見積もられている。
>
> **コラム　アジア女性基金**
>
> 　1995年7月、元「慰安婦」への「償い金」を民間から募ることを目的として、日本政府主導で「女性のためのアジア平和国民基金（アジア女性基金）」が発足した。基金からは、計285名に対し、一人あたり200万円の「償い金」が贈られ、政府予算から医療・福祉支援事業も追加された。しかし、国家補償を求める元「慰安婦」や支援団体は、日本政府の責任逃れだとして反発を強めた。1998年、韓国政府は国家補償を主張する立場から「償い金」の受け取りを認めない方針を出し、代わりに元「慰安婦」142名に生活支援金を支給した。2005年3月、アジア女性基金は解散した。

8　買売春と人身取引　127

比較 **7** 国際社会の動向 ➡8-4
➡8-8

◆**買売春法制**　買売春をめぐる各国の法制は多様である❶。ⓐイスラム圏には禁止主義をとる国が多い。罰金刑・懲役刑・死刑など刑罰は様々であるが、サウジアラビアではすべての関係者が死刑になる。ⓑ日本も含め、廃止主義（売春斡旋のみ処罰）をとる国は依然として多い。ⓒ売春完全合法化（売春・売春斡旋の合法化）の国は、オランダ（2000年）、ドイツ（2002年）、オーストリア（2002年）などである。ⓓ売春非処罰化（単純売春のみ非犯罪化）。西洋諸国ではこのタイプが多い。ⓔ買春処罰化（買春を処罰）は、スウェーデンやノルウェーの立場である。

◆**買春処罰化**　1999年、スウェーデンで**買春禁止法**が施行された。買春者には、金銭による性的サービス取得の罪により罰金刑か6月以下の懲役刑が科せられる。「売春は女性の尊厳に合致しない」という考え方が基礎にある。同法により街娼はほとんど消滅した。しかし、インターネット等を通じた売春の摘発は困難であり、近隣諸国への買春ツアーもなくなってはいない。2008年、スウェーデンの例にならい、ノルウェーでも買春処罰化が定められた。

◆**セックスワーク合法化**　ヨーロッパの多くの国では単純売春が合法化されている。これに対して、北欧型の買春処罰化に倣う動きも強まっている。オランダ、ドイツ、オーストリアなど売春を完全合法化した国では、登録や性病検診が義務づけられることが多く、かつての規制売春（公娼制）と似た構造がある。合法化の理由としては、①労働権の保障、②社会保障の給付、③衛生管理の向上が挙げられることが多い。反面、**人身取引**がグローバル化しており、貧困国から売春合法化国への女性の移動や、先進国から途上国あるいは違法国から合法国への買春ツアーは増大している。事実、ヨーロッパの売春合法国で働く売春婦の大半は東欧やロシアの出身者であり、しばしば人身取引が介在している。売春合法化が他国女性の性的搾取と裏腹である事実は無視できない。(M)

128　第Ⅲ部　身体と性

❶ 売春に対する法規制

凡例：違法／合法／完全合法／不明

出典：http://commons.wikimedia.org/wiki/File:Prostitution_laws_of_the_world.PNG（2017年更新）

❷ 2018年アメリカ国務省人身取引報告書（2018年6月28日）

　日本（第1階層）　　日本政府は、人身取引撲滅のための最低基準を十分に満たしている。政府は、…重要な成果を上げた。ゆえに、日本は第1階層への昇格となった。こうした成果の中には、大人の男性に未成年少女を引き合わせるデート業である「JK」ビジネス(JKとは女子高生を指す)やポルノビデオ出演強要における性的搾取目的の児童の人身取引対策を目的とした新たな関係府省対策会議の設置、技能実習制度に対する規制および新たな監督体制の運用、国際的な組織犯罪の防止に関する国際連合条約および2000年に採択された国連人身取引議定書の締結、が含まれた。政府は最低基準を満たしてはいるが、当局は引き続き、より軽微な刑の法律に基づき人身取引犯を訴追し、裁判所は多くの場合…刑の執行を猶予した。性的搾取目的の児童の人身取引や強制労働が疑われる事案の多くは、…行政処分や営業許可の取り消しにより処分された。技能実習生を借金で束縛する主な要因の1つとなっているのが外国に拠点のある募集機関による過剰な金銭徴収であるが、その徴収の阻止を目指した「外国人の技能実習の適正な実施及び技能実習生の保護に関する法律」(技能実習制度改革法)の規定を政府は十分に執行できていなかった。当局は、契約機関での搾取的な環境から逃れてきた技能実習生が被害者であるかどうかの確認審査を行い、保護支援サービスへとつなげるのではなく、拘束、告発、場合によっては強制送還した。

　日本への勧告　　性的および労働搾取目的の人身取引事案を精力的に捜査、訴追し、有罪判決が下された人身取引犯に重い刑を科して責任を課す。実刑の代替として罰金刑を認める量刑規定を削除し、最長で4年もの実刑を含め、人身取引犯罪に適用される処罰を強化するため、人身取引対策関連法を改正する。人身取引被害者専用シェルターなど、人身取引の被害者に専門のケアと支援を提供する資源を拡充し、これらの支援サービスが外国人被害者と男性被害者の双方にも利用できるようにする。雇用主に対する調査を増加し、過剰な手数料やその他金銭を課す外国の募集機関との契約解除などにより、技能実習制度改革法の監督および執行措置を引き続き実施する。強制労働の一因となる、組織や雇用主による「処罰」の合意、パスポートの取り上げ、その他の行為の、禁止の実施を強化する。技能実習制度の下での移住労働者や児童を含む被害者が、適切に認知され、かつ支援サービスを受けられるようにし、人身取引の被害に直接起因する違法行為を犯したことで拘束または強制送還されることがないよう、被害者の審査を強化する。海外で児童買春旅行に参加する日本人の捜査、訴追、有罪判決、処罰を積極的に行う。（以下略）
出典：在日米国大使館・領事館(仮翻訳) (https://jp.usembassy.gov/ja/tip-2018-ja/)

キーワード **8** セックスワーク

→8-3
→14-1

◆**セックスワーク**　　性風俗産業において、性的サービスの代償として金銭を得る行為の総称であり、その担い手のほとんどが女性である。性行為は人格の深淵な部分に触れる行為であり、本来は、他者に従属して行うべきものではない。また、その労働は身体侵襲性が高く、密室で従事することも多いため、危険を伴うものでもある。

◆**売春は労働か否か**　　女性が**売春**をしなければならない社会とは、女性の経済的地位が低い社会である。そのため、売春等の性的サービス業は、廃絶されるべきであり、違法と位置づける国家は少なくない。例えば、売春防止法で禁止される売春行為は公序良俗に反して無効とされ、売春行為をした女性は、相手が料金を踏み倒しても、裁判所にその請求を求めることができない。売春を適法なものと認めることは、男女平等な社会の構築という目的と矛盾する。しかし、他方で、売春を廃絶すべき違法な行為として取り扱うと、実際に売春に従事する人びとを保護することができない。売春行為は労働なのか、長く論争が繰り広げられてきたゆえんである。

◆**必要な保護**　　売買春は性的支配従属であるといわれるが、実は、労働法が対象としている「労働」という概念も、労働者が会社の命令に従うことを約束するという、支配服従の関係でしかなく、自律的な存在であるはずの人間の理想像とはほど遠いものである。本来は、「労働」を解消し、廃絶して、より自由で平等な関係を目指していくべきであるが、それにもかかわらず、法は労働を対象として規制している。そのため、労働法は、強制労働など違法な関係をもその対象として、労働者を保護しているのである。同様に考えれば、セックスワークを廃絶すべきかどうかはさておき、従属的地位にある**セックスワーカー**を保護しない理由はない。労働基準法の労働時間などの規定、労働災害や安全衛生法などの適用は可能だろう。また、均等法上のセクハラに関する使用者の措置なども重要な意味をもつ。さらに、労働基準法の適用が確保されていないセックスワーカーにとっては**団結権**保障は、必須である。(S)

130　第Ⅲ部　身体と性

◀コラム▶ セックスワーカーの連帯

セックスワーカーの権利を保障するために、セックスワークを合法化している国もある。しかし、たとえ、法によってその権利が保障されているといっても、一般にセックスワーカーの立場は弱いものである。そこで、ヨーロッパ、南北アメリカ、東南アジア、アフリカ、オセアニアなど、世界中の国において、セックスワーカーの権利擁護の団体が設立されている。そのほとんどは、当事者が連帯するもので、性感染症や外国語習得の情報を提供するなどして、当事者が危険を回避する術を身につけ、権利を回復するための支援を行っている。あるいは団体として、国家社会に対して必要な要求を行うこともある。Grobal Network of Sex Work Project/NSWP（http://www.nswp/org/）は国際的なセックスワーカーの当事者組織である。

日本においては、セックスワーカーの権利擁護については関心が非常に低い。しかし、SWASHという当事者を中心とした団体がセックスワーカーの健康と安全の確保を目的として活動しており、また、ガールズヘルスラボというサイトで、性感染症を含む健康に関する情報を提供している。

SWASH：http://swashweb.sakura.ne.jp/blog

ガールズヘルスラボ：http://www.girls-health.jp/

◀コラム▶ 求められる法的支援とは何か

アメリカのSex Workers ProjectというNGOの調査によれば、ニューヨークで性産業に従事する人びとの必要としている法的援助として、総合的な医療保険サービス、相談窓口、定住のための住居の提供、法律扶助、仕事を変えたいと希望した場合の支援や訓練の機会、教育の機会の提供などの回答が上がった。

Sex Workers Project, *Behind Closed Doors: An analysis of indoor sex work in New York City*, 2005（http://sexworkersproject.org/publications/reports/behind-closed-doors/）

◀コラム▶ キャバクラ嬢も労働組合結成

ホステス、キャバクラ嬢は、自営業者のような契約をお店／会社と取り交わしている場合が多く、労働基準法の適用を受けることができないことも多い。そして、そのために、不当な扱いを受けても泣き寝入りする人も少なくない。けれども、ついに彼女たちは立ち上がり、2009年12月に、キャバクラユニオンを結成した。2010年3月24日付け朝日新聞によれば、電話相談を実施したところ、「店を辞めるなら数十万円払えと言われた」とか「店長にセクハラを受けた」などの相談があったという。同月26日には東京新宿歌舞伎町をデモ行進した。

キャバクラユニオンのブログ http://ameblo.jp/cabaunion/

| 判例 9 | 買売春・人身売買 |

①前借金無効判決（最二小判昭30年10月7日民集9巻11号1616頁）

【事実】1950年、父親Yは、15歳の娘Aが住み込みで酌婦労働をする条件で、業者Xから4万円の借金をした。Aの取得金の半額を借金弁済にあてるという約束であった。半年後にAが逃亡したため、XはYに対し借金返済を求めて提訴した。1952年、一審（松山地裁）は、未成年者の長期住み込み労働に結びついた前借金弁済は公序良俗に反し無効として、Xの請求を棄却する。翌53年、高松高裁は、一審の判決を取り消し、酌婦稼働契約と消費貸借を分離して、前者は無効だが後者は有効と判示した。

【判旨】破棄自判。酌婦稼働契約と前借金契約は「密接に関連して互いに不可分の関係にあるものと認められるから、本件において契約の一部たる稼働契約の無効は、ひいて契約全部の無効を来す」。判決は大きな反響を呼び、売春防止法につながっていく。

②人身取引事件（東京地判平15年3月28日LEX/DB2808436）

【事実】人身売買罪成立以前に立件された人身取引事件。被告人の日本人男性Aは旅行会社に勤務しているうち、1998年ごろから就労資格のないコロンビア人女性をストリップ劇場に紹介する仕事を手伝うようになり、やがて自らブローカーとなった。事件当時には、70～80名程度の女性を40件ほどの紹介先（主にストリップ劇場）に斡旋していた。女性たちは日本に来たときに数百万の借金を負わされており、10日ごとに劇場を点々とさせられ、売春にも従事させられた。Aは10日ごとに1万円の手数料を女性からとるとともに、借金取り立ても請け負っていた。女性たちは10日間の報酬として13～15万円を受け取っていたが、借金返済に10万円、Aへの手数料支払いに1万円を支払い、ほとんど手元に金銭が残らない状態であった。2002年末には、Aは月400～500万円の収入を得ていた。そのほとんどは職業紹介手数料収入と集金手数料であった。

【判旨】求刑3年及び罰金刑30万円に対し、判決は、出入国管理及び難民認定法違反、職業安定法違反により、懲役1年10月に処すというものであった。「強い非難が避けられない」としつつも、Aが女性たちに暴行・脅迫を加えた事実はなく、監禁状態にも置いていなかったと認定され、刑は軽いものとなった。

③「慰安婦」補償請求裁判

(a) 中国人「慰安婦」一次訴訟（東京高判平16年12月15日訟務月報51巻11号2813頁）

【事実】もと「慰安婦」が日本政府に謝罪や個人補償を求めた裁判では、いずれも被害者が敗訴している。しかし、多くの裁判所が「被害の事実」を認定している。「被害の事実」は認定するが、個人補償を認めないという論理がとられている。本件はその一例である。

【判旨】請求棄却。「第三　当裁判所の判断　1　本件各行為及びその背景事情について　証拠（略）及び弁論の全趣旨によれば、以下の事実が認められる。（一部公知の事実を含む。）(1)…日本軍の北支那方面軍は、同年〔1937年〕10月初めころ山西省に侵入し、同年11月8日に省都である太原を占領した後、敗戦にいたるまで8年近く同地域の占領を続けた。なお、日本軍が占領した地域には、日本軍人の強姦事件を防ぐ等の目的で、「従軍慰安所」が設置され、日本軍の管理下に女性を置き、日本軍将兵や軍属に性的奉仕をさせた。…このような中で、日本軍構成員によって、駐屯地近くに住む中国人女性（少女も含む）を強制的に拉致・連行して強姦し、監禁状態にして連日強姦を繰り返す行為、いわゆる慰安婦状態にする事件があった」。

(b) オランダ人「慰安婦」補償請求事件（東京高判平13年10月11日判時1769号61頁）

【事実】旧日本軍が占領したインドネシアに在留していたオランダ人女性たちが、日本軍により収容所に入れられて性的虐待を受けたとして、ハーグ陸戦条約3条に基づき、日本政府に対して1人当たり2万2000ドルを請求した。

【判旨】請求棄却。裁判所は、①ハーグ陸戦条約3条は、個人の損害賠償請求権を認めたものではない、②サンフランシスコ条約14条bの請求権放棄条項によって連合国国民の日本国に対する請求権は消滅したとの2点を根拠に、請求を棄却した。（M）

❶ 日本人男性の買春観光先の変化

8　買売春と人身取引　133

9 性と生殖の権利

概説 1 性と生殖の権利 歴史的展開
➡9-4
➡9-8

◆**嬰児殺と間引き**　避妊知識が乏しく、堕胎が危険であった古代・中世には、嬰児の遺棄や殺害は安全な生殖コントロール手段とされた。アリストテレスは障害児の遺棄を唱え、ローマの十二表法も障害児の殺害を認めている。古代ローマでは**嬰児遺棄**は頻繁に行われており、奴隷の供給源となっていた。ただし、嬰児殺や嬰児遺棄は家父長の権限であり、女性に生殖コントロール権はなかった。一方、カトリック教会は避妊も堕胎も嬰児殺も認めなかった。ヨーロッパ社会で嬰児殺が犯罪として処罰され始めるのは16世紀以降である。カロリナ刑法典（1532年）によれば、嬰児殺女性には、女性に対する極刑たる溺殺刑・心臓杭刺し刑が科せられた。

　これに対し、江戸期の日本では、**間引き**（嬰児殺）は禁じられながらも、飢饉時の農村では黙認された。通常は、子だくさんの夫婦の意を受けて、産婆が嬰児を殺した。江戸では中条流という堕胎術が行われていた。しかし、明治期にフランス刑法典の影響を受けて、旧刑法（1880年）に**堕胎罪**が規定され、間引きも堕胎も犯罪となる。

◆**生殖の自己決定権**　欧米で女性がはじめて公然と生殖コントロールを主張したのは1910〜20年代である。当時の欧米フェミニズムの重要な課題は、母体危険時以外の中絶を認めない刑法堕胎罪の改正であった。ヤミ堕胎が横行し、命を落とす女性が少なくなかったからである。アメリカ人**マーガレット・サンガー**は避妊による産児制限を唱え、欧米でも日本でも**産児制限運動**が展開する。すでに男性避妊具（コンドーム）は開発されていたが、販売はわいせつ物頒布にあたるとして禁じられていた。日本では、産児制限運動は労働運動と結びついた結果、弾圧されてしまう。1930〜40年代には大政翼賛体制が確立

134　第Ⅲ部　身体と性

し、「産めよ、増やせよ」がスローガンとされ、個人や家族による生殖コントロールは国家により否定された。1970年代、リベラル・フェミニズムの成果として、生殖に関する**自己決定権**が女性の**プライバシー権**として確立する。また、**性と生殖の健康／権利**（リプロダクティブ・ヘルス／ライツ）は、カイロ行動計画（1994年）以降、普及した。

M. サンガー

◆**生殖と人口問題**　一人の女性が一生のあいだに産む子どもの平均数を示す**合計特殊出生率**は、国によって大きく異なる❶。同出生率が極端に高い国では、しばしば安全な妊娠・出産が保障されていない。人口爆発を懸念する中国では、一人っ子政策（1979-2015年）により中絶を強制される女性も多い。男児選好が強いインドや中国では、男女比のバランスがくずれている。

いわゆる先進国のほとんどでは、合計特殊出生率が人口再生産を可能とする率（2.08）を下回っている。20世紀初頭以来ずっと少子化に悩んできたEU諸国では、近年、ジェンダー平等の視点にたつ育児支援策が奏功し、出生率が上向き始めた。一方、日本では少子化は戦後急速に進み、いまなおとどまるところを知らない（2017年の合計特殊出生率1.43）。女性の社会進出を少子化の原因とみなし、育児支援が進まないことがかえって少子化を進めているといえよう。(M)

❶ 合計特殊出生率の国際比較

出典：http://en.wikipedia.org/wiki/Total_fertility_rate より作成

9　性と生殖の権利　135

キーワード 2　優生保護法から母体保護法へ

➡9-4
➡9-7

◆**優生学と優生法制**　**優生学**は、19世紀末に成立した新興学問である。「不良な子孫」の抑制をはかる「消極的 (negative)」優生学と「優良な子孫」の創出を目指す「積極的 (positive)」優生学の2タイプがある。アメリカのインディアナ州断種法 (1907年) を皮切りにスイスや北欧諸国、アメリカ諸州で優生法制が導入され、精神障害者や性犯罪者が断種された。「生きるに値しない生命」を抹殺するための**ナチス断種法** (1933～45年) により、約40万人の精神障害者 (男女半々) が断種された。事実上の強制断種が多く、1980年代以降、被害者への補償が始まった。

◆**国民優生法**　ナチス断種法をモデルに、遺伝性疾患者の断種を定めたのが**国民優生法** (1940年) である。しかし、当時の日本は、欧米ではすでに克服された感染症 (結核) 対策に追われており、遺伝病対策に取り組む余地がなく、国民優生法は中絶禁止法として機能した (1941～48年の不妊手術総数538件、強制断種0件)。他方、ハンセン病者は、法的根拠なく断種された。

◆**優生保護法から母体保護法へ**　1948年、**優生保護法❶**が成立する。背景には、復員・引き揚げによる人口過剰と占領軍兵士等による強姦の多発があった。相次ぐ改正で同法の優生的性格は強化されていく (ハンセン病〔48年法〕、精神病・精神薄弱者〔51年改正〕、遺伝性以外の精神病・精神薄弱〔52年改正〕)。1948～94年に、18,072件も強制断種が実施された。他方、優生保護法は中絶を合法化した。もとはヤミ堕胎対策であったが、経済的理由の追加 (49年)、中絶審査制度の廃止 (52年) などにより、中絶手続は簡便化し中絶件数も急増した❷。「不幸な子どもの生まれない運動」(1966-72年、兵庫県) など、優生政策を公然と展開する自治体もあった。96年、優生条項が削除される形で優生保護法は**母体保護法**に改正された。しかし、刑法の自己堕胎罪 (刑法212条) は削除されておらず、母体保護法において女性の自己決定権は保障されていない。(M)

136　第Ⅲ部　身体と性

❶ 優生保護法（1948〜96年）

第1条 この法律は、優生上の見地から不良な子孫の出生を防止するとともに、母性の生命健康を保護することを目的とする。

第4条 医師は、診断の結果、別表に掲げる疾患に罹つていることを確認した場合において、その者に対し、その疾患の遺伝を防止するため優生手術を行うことが公益上必要であると認めるときは、都道府県優生保護審査会に優生手術を行うことの適否に関する審査を申請しなければならない。

第14条 都道府県の区域を単位として設立された社団法人たる医師会の指定する医師（以下「指定医師」という。）は、左の各号の一に該当する者に対して、本人及び配偶者の同意を得て、人工妊娠中絶を行うことができる。

一　本人又は配偶者が精神病、精神薄弱、精神病質、遺伝性身体疾患又は遺伝性奇形を有しているもの

二　本人又は配偶者の四親等以内の血族関係にある者が遺伝性精神病、遺伝性精神薄弱、遺伝性精神病質、遺伝性身体疾患又は遺伝性奇形を有しているもの

三　本人又は配偶者が癩疾患に罹つているもの

四　妊娠の継続又は分娩が身体的又は経済的理由により母体の健康を著しく害するおそれのあるもの

五　暴行若しくは脅迫によつて又は抵抗若しくは拒絶することができない間に姦淫されて妊娠したもの。

別表（第4条、第12条関係）

一　遺伝性精神病　精神分裂病　そううつ病　てんかん

二　遺伝性精神薄弱

三　顕著な遺伝性精神病質　顕著な性慾異常　顕著な犯罪傾向

四　顕著な遺伝性身体疾患　ハンチントン氏舞踏病…(中略)…全色盲…(中略)…遺伝性の難聴又はろう血友病

五　強度な遺伝性奇形　裂手　裂足　先天性骨欠損症

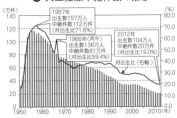

❷ 人工妊娠中絶件数の推移

備考：厚生労働省「衛生行政報告例」をもとに作成。
注：対出生比は厚生労働省「人口動態統計」の出生数から算出。2001年以前は1月〜12月、2002年以降は4月〜翌年3月の年度。出生数は1月〜12月による。
出典：内閣府「人口動態について(中長期、マクロ的観点からの分析③)」平成26年2月14日 (http://www5.cao.go.jp/keizai-shimon/kaigi/special/future/0214/shiryou_04.pdf)

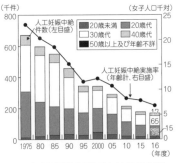

❸ 年齢階級別人工妊娠中絶の推移

出典：内閣府『男女共同参画白書』平成30年版、I-特-35図より抜粋

◆旧優生保護法下で不妊手術を受けた障害者ら20名が国家賠償訴訟を起こした（2018年）。2019年3月、与党ワーキングチームと超党派議員連盟は一時金支給320万円とする法律案を公表したが、弁護団は全く不十分な金額で被害回復にならないと批判している。（参考：http://yuseibengo.wpblog.jp/archives/706）

キーワード 3　女性の自己決定権と胎児の生命　➡9-2　➡9-4

◆**中絶合法化の2モデル**　中絶合法化には2つのタイプがある。**適応規制モデル**と**期限規制モデル**である。適応規制モデルは、一定の要件を定め、それに該当する場合に中絶を認めるというものである。要件としては、①医学的適応（母体の生命危険時）、②倫理的適応（強姦被害など）、③胎児適応（胎児の障害など）、④社会的適応（経済的条件など）などがある。日本の**優生保護法**や**母体保護法**は、適応規制モデルにあたる。妊娠22週以降の中絶はできないとされる（1991年厚生事務次官通知）が、刑法上必ずしも処罰されるわけではない。一方、期限規制モデルは、妊娠初期の一定期間内であれば理由を問わずに中絶を認めるというものである。最近では、妊娠初期3か月（12週程度）の妊娠中絶を自由化する国が増えている。

◆**刑法堕胎罪**　日本の中絶法制は、刑法で堕胎を禁止しつつ、母体保護法で例外的に人工妊娠中絶を認めるという構造をとる。現行刑法（1907年）は、堕胎罪として、自己堕胎、同意堕胎、業務上堕胎、不同意堕胎を禁じている（第29章）。自己堕胎罪は久しく適用されていない。妊娠中絶を女性の自己決定権として捉える観点からすると、自己堕胎罪は削除されなければならない。

◆**母体保護法改正の課題**　母体保護法改正に向けての課題は、以下の3点である。①女性の自己決定権を保障する。今日、女性の自由意思による妊娠初期の中絶は、欧米諸国ではプライバシー権たる自己決定権として理解されている。日本でも、中絶の権利は憲法13条の幸福追求権の一つと考えることができる。②「夫の同意」を削除する。女性とパートナーとのあいだで意見が一致しなかった場合には、アメリカの判例で確立しているように、女性の意見を優先するべきである。③合法的妊娠中絶について、期限規制型（妊娠初期）と適応規制型（妊娠中・後期）の適切な混合が望まれる。(M)

❶ **優生保護法の一部を改正する法律案に対する附帯決議**(1996年6月17日参議院厚生委員会)

政府は、次の事項について、適切な措置を講ずべきである。

一 この法律の改正を機会に、国連の国際人口開発会議で採択された行動計画及び第四回世界女性会議で採択された行動綱領を踏まえ、リプロダクティブヘルス・ライツ(性と生殖に関する健康・権利)の観点から、女性の健康等に関わる施策に総合的な検討を加え、適切な措置を講ずること。右議決する。

❷ 人工妊娠中絶の国際比較

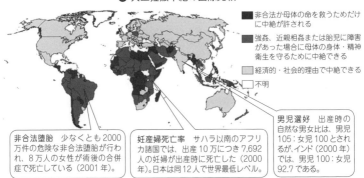

出典:国連 Population Facts, No.2014/1 (http://www.un.org/en/development/desa/population/publications/pdf/popfacts/PopFacts_2014-1.pdf)、コメントはシーガー 2005:34-35頁

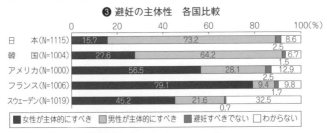

出典:❸❹とも、「平成17年度少子化社会に関する国際意識調査」報告書より作成

9 性と生殖の権利 139

キーワード 4 リプロダクティブ・ヘルス／ライツ ➡9-3 ➡12-3

◆**リプロダクティブ・ヘルス／ライツ** リプロダクティブ・ヘルス／ライツ（性と生殖の健康／権利）は、すべての個人とカップルに保障されるべき人権の一つである。妊娠・出産には限定されず、性と生殖に関する包括的な権利（①安全な性生活、②生殖能力、③家族計画など）を内容とする。①は性感染症やHIV感染の予防、②は強制的不妊化の否定、③は安全な妊娠・出産・出生調節を含む。

◆**カイロ行動計画** リプロダクティブ・ヘルス／ライツは、国連の国際人口開発会議（カイロ会議、1994年）で関心を集め、**カイロ行動計画❶**で明文化された。1970年代にWHO（世界保健機構）がリプロダクティブ・ヘルスという語を用い始めた。ここでの「ヘルス」は「良好な状態」を指し、障害者を差別する意図はないとされる。79年の女性差別撤廃条約12条もまた、「保健サービス」や「妊娠、分娩及び産後の期間中の適当なサービス」の保障を謳っている。**北京行動綱領❷**は、カイロ行動計画の文言をほぼそのまま引き継ぎ、「女性の権利」に組み込んだ。

◆**生殖補助医療にひそむ差別** 不妊は、当人たちがそれを不都合に思わなければ病気ではない。しかし、生殖補助技術が進み、運命としての不妊が解決可能となったとき、不妊は「不妊症」となる。不妊女性にはしばしば「治療」への圧力がかかり、「産む」ことが強制される。一方、生殖補助医療へのアクセスはすべての人に平等に開かれているわけではない。①高度医療のため実施施設が少なく、費用も高額で、利用者は先進国の富裕層に限定されがちである。②経済的弱者が子宮提供者や被験者になりやすいが、権利享受者にはなりにくい。③「子の福祉」のため、しばしば同性カップルや単身者は生殖補助医療を受ける権利を制限される。現在の生殖補助医療には、経済格差や人種、性的指向に基づく差別が内在しているのである。（M）

140 第Ⅲ部 身体と性

❶ カイロ行動計画（1994年）

第7章　A.リプロダクティブライツとリプロダクティブヘルス：行動の基礎

7.2　リプロダクティブヘルスとは、人間の生殖システム、その機能と（活動）過程のすべての側面において、単に疾病、障害がないというばかりでなく、身体的、精神的、社会的に完全に良好な状態にあることを指す。したがって、リプロダクティブヘルスは、人々が安全で満ち足りた性生活を営むことができ、生殖能力をもち、子どもを産むか産まないか、いつ産むか、何人産むかを決める自由をもつことを意味する。この最後の条件で示唆されるのは、男女とも自ら選択した安全かつ効果的で、経済的にも無理がなく、受け入れやすい家族計画の方法、ならびに法に反しない他の出生調節の方法についての情報を得、その方法を利用する権利、および、女性が安全に妊娠・出産でき、またカップルが健康な子どもを持てる最善の機会を与えるよう適切なヘルスケア・サービスを利用できる権利が含まれる。…

7.3　上記の定義を念頭に置くと、リプロダクティブライツは、国内法、人権に関する国際文書、ならびに国連で合意したその他関連文書ですでに認められた人権の一部をなす。これらの権利は、すべてのカップルと個人が自分たちの子どもの数、出産間隔、ならびに出産する時を責任を持って自由に決定でき、そのための情報と手段を得ることができるという基本的権利、ならびに最高水準の性に関する健康およびリプロダクティブヘルスを得る権利を認めることにより成立している。その権利には、人権に関する文書にうたわれているように、差別、強制、暴力を受けることなく、生殖に関する決定を行える権利も含まれる。…［山下ほか編集 2015：164頁以下］

❷ 北京行動綱領（1995年）

96.　女性の人権には、強制、差別及び暴力のない性に関する健康及びリプロダクティブ・ヘルスを含む、自らのセクシュアリティに関する事柄を管理し、それらについて自由かつ責任ある決定を行う権利が含まれる。…

出典：内閣府HP「第4回世界女性会議　行動綱領（総理府仮訳）」

コラム　ピルの解禁

　経口避妊薬（ピル）の解禁により、女性ははじめて生殖コントロール権を手にしたといわれる。しかし、それは女性の身体をリスクにさらすこととひきかえであった。ピルは、女性ホルモンを人工的に投与して妊娠状態を作り出し、排卵・着床を押さえる薬であるが、血栓症、心筋梗塞、高血圧などの副作用を伴うからである。1960年以降、ピルは欧米諸国で避妊薬としての使用が認められた。日本では、1965年に中高用量ピルが生理不順薬として承認されたが、避妊薬として低用量ピルが解禁されたのは1999年である。2011年、日本ではじめて緊急避妊薬の販売が開始された。レイプや避妊失敗時などに性交後に服用して妊娠を防ぐもので、医師の処方が必要である。

各種避妊法使用開始1年間の失敗率（妊娠率）

方　法	理想的な使用	一般的な使用
経口避妊薬		5
配合剤	0.1	データなし
プロゲストーゲン単味剤	0.5	データなし
コンドーム	3	14
女性避妊手術	0.5	0.5
男性避妊手術	0.1	0.15
避妊せず	85	85

厚生省：「低用量経口避妊薬（ピル）の承認を「可」とする中央薬事審議会答申について」（'99/06/02）改変

| キー ワード | **5** | 生殖補助医療の利用と課題 | →12-1 →12-5 |

◆生殖補助医療技術とその問題　　生殖補助医療とは、不妊治療全般を意味する言葉である。現代では、妊娠しにくいカップルが妊娠できるように多くの技術が開発されており、生殖補助医療とはこうした技術を包括した用語とされる❶。日本では、1949年に人工授精児が、1983年には体外受精児が誕生している。

具体的な技術として、**人工授精**とは、人工的に男性の精液を女性の子宮内に注入する方法である。配偶者間人工授精（AIH: Artificial Insemination by Husband）と、精子提供者の精子を使用する非配偶者間人工授精（AID: Artificial Insemination by Donor）がある。また、**体外受精**とは通常体内で行われる卵子と精子の受精を体の外で行い、受精・分割した胚を子宮内に移植する方法である。さらに、日本では規制されているが、生殖補助医療として代理懐胎を認める国も存在する。夫の精子を妻以外の女性に人工授精してその女性に妊娠・出産させる場合と、夫の精子と妻の卵子を体外受精させて得た胚を妻以外の女性の子宮に移植して妊娠・出産させる場合がある。

AIHは親子関係や倫理面において問題が少ない。配偶者間で行われる人工授精のため、誰が父かをめぐる問題がないからである。一方、AID、体外受精、代理懐胎は、倫理的な問題や親子関係を決めるうえで問題が多く存在する。生まれた子の福祉（**出自を知る権利**等）、営利目的の取引にならないか、優生思想との整合性、親子関係の複雑化の問題などである。

◆日本産科婦人科学会による自主規制　　現在わが国には生殖補助医療を規制する法律は存在せず、日本産科婦人科学会の会告により自主規制されている❸。例えば、人工授精と夫婦間の体外受精について、実施を母体の生殖可能年齢期間に限定している。いわゆる代理懐胎・**代理出産**は認められていない。さらに、卵子や受精卵の保存期間

を制限したり当事者の死亡とともに廃棄し、死亡後の精子を用いた生殖補助操作をしないなどの規制をしている。ただし、この会告は会員以外には拘束力をもたない。

このように複雑かつ多様化する生殖補助医療を前に、国内でこの規制に従わない医師による行為があったり、海外で行われた代理出産について国内で親子関係が争われたり、生殖補助医療の現場で起こる事故など、様々な問題が起こっている。生殖補助医療は、プライベートな選択かつ決定ではあるが、新たな生命を生みだすという意味で、社会全体で調整すべき課題も多く存在する。また、生殖補助医療の技術は日々進歩する。立法による早期のルール化が求められている。（T）

❶ 生殖補助医療とは

より厳密には、不妊治療の段階に応じて、一般不妊治療（タイミング法から人工授精まで）と区別して、体外受精や顕微授精などのより高度な技術を用いた治療を、生殖補助医療（ART: Assisted Reproductive Technology）と呼ぶこともある。体外受精によって生まれた子どもは、2016年には5万4110人と報じられた。総出生数に対し、18.0人に1人が体外受精で生まれた計算となる。1983年の国内初の体外受精による子の出生以来、その累計は約53万人となっており、2016年の数字は過去最多を更新した。また、国立社会保障・人口問題研究所「第15回出生動向基本調査（結婚と出産に関する全国調査）」（2015年実施）によると、18.2％の夫婦に不妊治療の経験があるという。

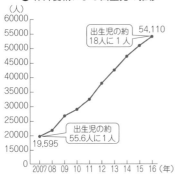

❷ 体外受精による出生児の推移

出典：日本産科婦人科学会「平成29年度倫理委員会登録・調査小委員会報告」2018年9月発表、ARTデータブックより作成

❸ 日本産科婦人科学会の会告（自主規制）

法的拘束力はないが、違反者は学会からの「除名」など、学会の内部的制裁を受ける。
▼非配偶者間人工授精（AID）
・法的に婚姻している夫婦に限る
・被実施者夫婦双方の同意
・精子提供者のプライバシー保護
▼体外受精
・子を強く希望する夫婦※
・被実施者夫婦双方の同意
・受精卵の慎重な取り扱い
▼代理懐胎
・代理懐胎の実施、その実施に関与してはならない
・代理懐胎斡旋の禁止

※2013年12月の民法900条の改正を受け、事実婚カップルにも体外受精の治療を拡大した（2014年6月）

9　性と生殖の権利　143

| キー
ワード 6 | バイオテクノロジーの進展 | ➡9－8
➡12－3 |

◆生殖革命　　体外受精❷は「生殖革命」をもたらした。初の体外受精は、「試験管ベビー」と呼ばれたルイーゼ・ブラウンの誕生である（1978年）。1983年、日本もまた体外受精に成功する。体外受精の成功は、生命・生殖の根幹をゆるがす問題を生み出した。**生殖ビジネス**の展開（精子・卵子・胚〔受精卵〕・代理母）とバイオテクノロジーの進展である。後者には、着床前診断と遺伝子操作による生命の改変や卵子・余剰胚の実験利用が含まれる。

◆生殖ビジネス　　生殖ビジネスはほとんどがベンチャー企業で、インターネットを通じた広告宣伝❶が多い。HP上には法制度の間隙をかいくぐるようなプログラムが紹介されており、提供者・施術地はグローバル規模である。子宮だけを借りる借り腹型代理母は人種を問わないとか、卵子提供者は日本人限定で「実子」届け出ができるので安心という宣伝には、女性身体のあからさまな道具視がうかがえる。失敗に備えて保存された余剰胚は、成功時には廃棄される。

◆バイオテクノロジー　　小泉内閣時代の『バイオテクノロジー戦略大綱』（2002年）によれば、「20世紀は、エレクトロニクスの世紀であった。…21世紀は生命科学の世紀であり、バイオテクノロジーの世紀である」。『大綱』は、「テーラーメイド医療の実現」、「再生医療・遺伝子治療・細胞治療の推進」を掲げて「夢の医療」をうたい、バイオテクノロジー市場は2025年にはアメリカだけでも300兆円市場に成長すると見積もる。いまや、**バイオテクノロジー**は国益をかけた巨大産業に成長している。しかし、先端生殖技術は、胚の利用や解体など人体実験の恐れをはらむ❷。卵子を大量採取し、子宮を観察場とすることで、女性身体そのものを実験材料とする恐れも強い。また、遺伝子を改変して、親の希望通りの子ども（**デザイナー・ベビー**）を生み出すことは、子の人格権を大きく損なう。(M)

❶ A社の生殖ビジネス（インターネット広告）の例

《代理出産プログラム》
「この画期的な生殖医療プログラムにおいては、代理母の協力のもと、ご夫婦は『遺伝的・生物学的に100％自分達夫婦の子供』を授かるための治療を受けることができる」。
(1) アメリカのプログラムは2,500万円かかるが、インドでの代理出産なら750万円（医療費450万円、弁護士・保険等100万円、エージェンシー料などを含む。渡航費・宿泊費等は別途）から可能。
(2) 代理母となるのは21～30歳の既婚インド人女性で、すでに1人以上の子をもつことが条件とされ、各種検査を受けなければならない。
(3) 余剰胚を保存するため、「失敗」時の追加費用は85万円という。

《卵子提供プログラム》
「奥様が出産されるお子さんはご夫妻の『実子』として戸籍登録されます」。
(1) 卵子提供者は20～29歳の日本人女性
(2) 体外受精は韓国で行う。
(3) 1回の体外受精・胚移植は350万円
(4) 余剰胚を保存するため、追加費用は80万円となる。

❷ 受精と着床／ES細胞（胚性幹細胞）

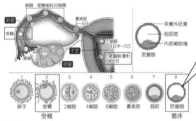

ES細胞は、着床期の胚盤胞を解体してつくられる。ES細胞は、①無限の自己複製、②条件次第でいかなる細胞にもなりうるという万能性をもつ。
ES細胞＝Embryonic Stem Cell（胚性幹細胞）、1998年に取り出し成功。
あらゆる細胞になりうるおおもとの万能細胞

出典：http://www.ibri-kobe.org/trc/cont/00 www/basics/02 02.htmlより作成

コラム　韓国の論文捏造事件（2005年）

　先端医療技術の一つに、臓器移植に代わるものとしての再生医療がある。この分野では、これまでヒトのES細胞を培養して組織や臓器をつくる研究が進められてきた。しかし、ES細胞をつくるには胚を解体しなければならない。そこで脚光を浴びたのが、体細胞クローン胚を用いたES細胞の樹立である。体細胞クローン胚をつくるには未受精卵から核を取り除いて、体細胞から得た別の核を入れる。2005年に韓国で起こった論文捏造事件では、研究に用いた2,221個の卵の4分の3が違法入手されていたことが判明した。バイオテクノロジーの進展のかげで、女性の身体組織は様々に濫用される恐れがある。

　卵子提供　体外受精での卵子採取（卵胞刺激法）では、刺激を強くすると卵の量が増えるが、副作用（腹水・多胎妊娠）も出やすい。また体に負担をかけるため、連続治療は困難で、卵子の質は治療を受けるたびに低下する。他方、卵子提供を受けた人と自分の卵子で体外受精をした人を比較すると、前者では予定日より1か月以上前に生まれる早産が後者の1.5倍にのぼり、なかには出産後大量出血のおそれがある癒着胎盤を起こした人もいたとの調査報告がある。(http://www.nhk.or.jp/gendai/kiroku/detail02_3292_4.html)

キー ワード	7	性／生殖の権利と自治体	→9－2 →9－8

◆性教育への自治体の介入　日本では、HIVに対する誤解から発した「エイズパニック」(1980年代)を受け、学校教育における**性教育**の必要が論じられるようになった。1992年から小学校で理科や保健の授業を通じて性教育が始まる(「性教育元年」)。しかし、性教育に関する明確な方針がないまま、2000年代には性教育を「過激」として排除する動きが強まった。それを象徴する事件が、東京都立七生養護学校で実践されていた性教育に対する都教委および都議による介入である〈判例①〉。欧米では「包括的性教育」の必要が唱えられ、性犯罪から身を守る方法や性感染症を避けるための知識を低学年から教えるようになっている。子どもたちや障害者がリプロダクティブ・ヘルス／ライツを実現するためにも適切な性教育を受ける権利が保障されるべきである。

◆選択的中絶と自治体　中絶件数が減るなかで、新たな問題として浮上しているのが**選択的中絶**(出生前診断で胎児が障害をもつ可能性が示された場合の中絶)である。1970年代初頭、自治体主導(兵庫県など)で「不幸な子どもが生まれない運動」が展開された。それは、妊婦に羊水検査の受診と障害をもつ胎児の中絶を勧めるものであった(障害者団体やウーマン・リブの抗議を受けて運動は中止)。今日では、新型出生前診断や着床前診断などにより、高い精度で胎児や受精卵の障害の有無を判定できるようになっている。妊婦やカップルの自己決定は、社会に内面化された優生思想(内なる優生思想)に支配されがちになったといえよう。

◆LGBTIの権利保障　日本におけるLGBTIの権利保障は非常に遅れている。日本で唯一の判例ともいうべきブルーボーイ事件により、トランスジェンダーの権利は著しく阻害された(**判例②**)。2015年2月、東京都渋谷区が同性カップルに「パートナーシップ証明書」を発行する方針を示した。諸外国ではこのような自治体の取り組みが同性婚法の成立につながってきた。日本の新しい動きを示すものとして注目される。(M)

〈判例紹介①〉七生養護学校事件

　七生養護学校では、知的障害をもつ子どもたちに性器をつけた人形を使って性教育を行っていた。生徒のあいだで起こった性暴力事件を受けて、性の大切さをわかりやすく教えるために、数年にわたり教員と保護者が協力して築き上げた教育方法である。この実践は教育界でも高い評価を得ていた。ところが、2003年、突然、東京都議会で七生養護学校の教育が「過激な性教育」として批判され、校長は教諭降格と1か月の停職になり、性教育は中止に追い込まれた。元校長に対する処分は取消しが確定した（2010年東京高裁）。

　一方、元教員と保護者は、都教委と都議3名及び産経新聞社（授業内容について紙面で「過激な性教育」等の見出しで報じた）に対して教育現場への不当介入により精神的苦痛を受けたとして約2930万円の損害賠償と没収された教材の返還を要求する訴訟を起こした。2009年3月、東京地裁は次のように判示した。「都議らの行為は政治的な信条に基づき、学校の性教育に介入・干渉するもので、教育の自主性をゆがめる危険がある」。都教委については「教育内容の適否を短期間で判定するのは容易ではなく、いったん制裁的な取り扱いがされれば教員を萎縮させて性教育の発展が阻害されかねない」として裁量権の乱用を認定し、都と都議に対して210万円の賠償金支払いを命じた。新聞社への賠償請求は報道の範囲を逸脱しているとはいえないとして棄却した。2011年9月、東京高裁は一審を支持して、控訴を棄却した。最高裁（第1小法廷）は、2013年11月、原告被告双方の上告を棄却した。その結果、都と都議3名に控訴審判決額の賠償を命じる高裁判決が確定した。

〈判例紹介②〉ブルーボーイ事件（性別適合手術をめぐる裁判：1969年）
（東京地裁1969年2月15日、東京高裁1970年11月11日）

　【事実】1964年、3人の「男性」に対して被告人医師が行った性別適合手術（当時の呼称では性転換手術）が、「故なく生殖を不能にする手術」（優生保護法28条）にあたるとされた事件。3人はゲイ・バーで働くトランスセクシュアル（当時ブルーボーイと呼ばれた男娼）で、性別適合手術を自ら望んだが、執刀した被告人医師は有罪となった。本件は、優生保護法違反としては初の刑事事件であり、今日でも通用するような性別適合手術の正当化要件が示された。しかし、有罪イメージが一人歩きし、以後1998年まで、日本では公に性別適合手術は行われず、海外で手術を受ける人が続出した。

　【判旨】地裁判決は、「性転向症に対して性転換手術を行うことの医学的正当性を一概に否定することはできないが、生物学的には男女のいずれでもない人間を現出させる非可逆的な手術であるので、少なくとも次のような条件を満たさなければならない」とした。
1. 手術前には精神医学ないし心理学的な検査と一定期間にわたる観察を行うべきである。
2. 当該患者の家族関係、生活史や将来の生活環境に関する調査が行われるべきである。
3. 手術の適応は、精神科医を交えた専門を異にする複数の医師により検討されたうえで決定され、能力のある医師により実施されるべきである。
4. 診療録はもちろん調査、検査結果等の資料が作成され、保存されるべきである。
5. 性転換手術の限界と危険性を十分理解しうる能力のある患者に対してのみ手術を行うべきであり、その際手術に関し本人の同意は勿論、配偶者のある場合は配偶者の、未成年者については一定の保護者の同意を得るべきである。

9　性と生殖の権利　147

| 比較 8 | 生命倫理とジェンダー | ➡9-6 ➡9-9 |

◆**自己決定権**　生殖に関する**自己決定権**が女性のプライバシー権として確立するのは、1970年代である。妊娠初期3か月の中絶を女性のプライバシー権としたアメリカの**ロウ判決**（1973年）は画期的意義をもった。自己決定権の確立は、リベラル・フェミニズムの成果であったが、アメリカの政治背景も関係していた。ニクソン政権下（1971～74年）でアメリカの科学政策がアポロ計画からバイオテクノロジーへと転換し、遺伝子診断技術の進歩と中絶解禁が対になって進んだのである。1960年代半ばにインフォームドコンセントの問題として浮上していた**生命倫理**（バイオエシックス）は、1970年代半ばから生命の始期と終期に焦点をあてるようになる。一方、1970～80年代の日本では、生命の終期（脳死）については国民的議論が起こったが、生命の始期（中絶）についてはほとんど議論されなかった。このため、日本では今なお中絶が自己決定権として語られることは少なく、選択的中絶の是非をめぐる議論も不十分である。

◆**人間の尊厳vsエンハンスメント**　生殖補助医療に対する法規制は国ごとに異なる。「**人間の尊厳**」に人類という「類」の尊厳を含めて法規制が厳しいドイツ、イタリアなどは、卵子や胚の提供、余剰胚の研究利用を禁じる。中道路線のフランスやスペインは、卵子や胚の提供、余剰胚の研究利用を認めるが、代理母、着床前診断は禁じている。一方、アメリカは生殖補助医療に関する連邦法をもたず、自己決定権は研究推進の正当化根拠として活用されている。リベラル優生学（積極的優生学）の影響下で人間の改造（**エンハンスメント**＝増殖的介入）を肯定する意見も強い。日本では法整備の必要が唱えられながら立法化が遅れており、日本産科婦人科学会会告の自主規制に頼る現状である。代理母や着床前診断を禁じる会告に違反した医師は学会除名処分を受けるが、医師免許は剥奪されない。（M）

148　第Ⅲ部　身体と性

❶ 生殖補助医療に対する法的規制の比較

出典：服藤・三成 2011：169頁

> **人間の尊厳**　「人間の尊厳」理念は古く、古代ストア派に発し、ルネサンス期に発展した。「人間性そのものは一つの尊厳である」として人間の手段化を認めず、「自己目的としての人間」を唱えたカントの定義が有名である。「人間の尊厳」を明記した法文書としては、世界人権宣言（1948年）が最も早い。

❷ フランス民法（2004年フランス生命倫理法改正法）

第1編 人　第1章 私権について　第2節 人体の尊重

第16条　この法律は、人の優越性を保証し、その尊厳へのあらゆる侵害を禁止し、及び人をその生命の始まりから尊重することを保証する。

第16-1条　何人も、自己の人体を尊重される権利を有する。人体は不可侵である。人体、その構成要素及びその産物は財産権の対象としてはならない。

第16-5条　人体、その構成要素又はその産物に財産的価値を与える効果を生ずる契約は、無効とする。

第16-7条　他人のための生殖又は妊娠を目的とする契約は、全て無効とする。

第16-8条　自己の人体の構成要素又は産物の提供者及びそれを受領した者を同時に特定することを可能にするいかなる情報も漏洩してはならない。提供者は受領者の身元を知ることができないし、受領者は提供者の身元を知ることができない。…

第16-9条　この章の規定は、公序に関わるものとする。

❸ アメリカ・ネバダ州修正法（代理懐胎に関する規定）

第11編 家族関係　第126章 親子関係　代理母契約

第126.045条　契約条件；依頼した親の実親としての取り扱い；違法行為

1　ネバダ州修正法第122章に基づいて婚姻が有効な2人の者は、補助生殖のために、代理母と契約を結ぶことができる。いかなる契約も、次の各号を含む各当事者の権利を定める規定を含まなければならない。(a) 親子関係、(b) 事情が変更した場合の子どもの監護権、(c) 契約当事者それぞれの責任と義務

2　第1項で定められた契約において依頼した親と同定された者は、全ての事情において実親として法律上扱われなければならない。

3　契約書に明記された子どもの出産に関わる医療費及び必要な生活費を除いて、金銭又は価値のあるものを代理母に支払うこと、又は支払いを申し出ることは違法である。

❹ スウェーデン・遺伝的なインテグリティに関する法律（2006年）

第7章 体外受精

第7条（情報への権利）体外受精によって生まれた者で、その体外受精において利用された卵が治療の対象となる女性に由来しない場合、又は精子が夫もしくはパートナーに由来しない場合、その者は十分に成熟すれば、病院になる特別な記録簿にある提供者に関する情報について知る権利を有する。

[❷❸❹とも神里・成澤 2008：❷ 小門穂訳、❸ 神里彩子訳、❹ 井上悠輔訳]

9　性と生殖の権利

判例 9　人工妊娠中絶

①アメリカのロウ判決（1973年）[石井 1994]

【事実】1969年、21歳の独身女性ジェーン・ロウ（仮名）は、望まぬ妊娠（裁判では集団レイプによると説明したが、実際にはいきずりの性関係）をし、中絶しようとした。しかし、テキサス州法（刑法堕胎罪）は、1857年以来、生命危険時以外の中絶を認めていなかった。ロウから相談を受けた2人の女性弁護士は、同様の境遇にある女性すべてを救おうと、たとえロウが出産によって訴えの利益を失っても訴訟を継続させるためにクラス・アクション訴訟（共通点をもつ全員のために1人または数人が代表して行う訴訟）として提訴した。裁判の途中でロウは男児を出産し、子は養子に出された。

【判旨】1973年、連邦最高裁は、修正14条の適正手続条項違反を理由に、7対2（9名の判事は全員男性、判決文起草者は共和党系の判事）の大差で中絶を女性のプライバシー権と認めた。「憲法はプライバシー権については明示的に述べていない。しかしながら、当裁判所は個人のプライバシーの権利、あるいはプライバシーの一定の領域または範囲の保障を認めてきた。…これらの判決は、つぎのようなことを明らかにしている。すなわち、"基本的"または"秩序ある自由の概念に含まれる"とみなされる人格権のみが、この個人のプライバシーの保障中に包摂されること。また、その権利は婚姻、生殖、避妊、家族関係そして子の養育と教育に関係する権利に及んでいること」。「このプライバシー権は、女性の妊娠を中絶するか否かの決定を包含するに十分な広がりをもつ」。

しかし、判決は、女性の権利を絶対的なものとする原告の主張は退けた。「個人のプライバシー権は人工妊娠中絶決定を包摂する。しかし、この権利は無条件ではなく、州が人工妊娠中絶を規制することにもつ重要な利益に対置して考えられなければならない」。州の利益とは「妊婦の健康を保護することと潜在的な人間の生命を保護すること」であり、それぞれの利益は「妊娠中のある時点でやむにやまれぬもの」になる。こうして、判決は、妊娠期間を3期に分け、妊娠前期は妊婦の主治医の判断にゆだねるとした。妊娠中期は母体の健康に合理的な範囲で州による中絶規制が可能で、胎児が母体外でも生存可能となる妊娠後期は潜在的な人間の生命（胎児）を保護するために母体の生命または健康を保護するために必要でない限りにおいて中絶は禁止できるとされた。

妊娠前期	・妊婦のプライバシー権として保護
妊娠中期	・州による中絶規制が可能
妊娠後期	・中絶は原則禁止

②ドイツの堕胎判決　第1次（1975年）、第2次（1993年）［ドイツ憲法判例研究会 2003：67-72頁、Ⅱ 2003：61-66頁］

【事実】ドイツでは、刑法218条（1871年）により中絶が禁じられていた。戦後、「医学的適応」が拡大解釈されて「社会的適応」まで含むようになった。「合法的」中絶件数は17,814件（1974年）にのぼり、「非合法」中絶は94件になっていた。1967年にイギリスが適応規制モデルにのっとって中絶を解禁しており、裕福な層は「堕胎旅行」にでかけるという格差も生まれていた。世論は中絶合法化を支持し、1974年、妊娠12週までの中絶を認める期間規制モデルの中絶法が成立した。しかし、翌75年、違憲判決が出される（第1次堕胎判決）。1990年、東西ドイツ統一とともに、中絶法の統一が急務となった。旧東ドイツでは1972年に妊娠12週までの中絶を合法化していたからである。

【判旨】第1次堕胎判決は、第2条2項の「各人」には胎児も含まれ、「人間の尊厳」は女性のプライバシー権に優越するとした。第2次堕胎判決（1993年）は、92年中絶法において12週までの中絶を「違法ではない」とする箇所を違憲とした。95年中絶法では、同箇所を違法だが「犯罪構成要件を構成しない」と改め、妊娠葛藤法に基づくカウンセリングを義務づけた。（M）

【ドイツ基本法】［高田・初宿編訳 2016：213-4頁（初宿訳）］
第1条1項　人間の尊厳は不可侵である。これを尊重し、かつ、これを保護することは、すべての国家権力の義務である。
第2条2項　何人も、生命への権利及び身体を害されない権利を有する。人身の自由は、不可侵である。これらの権利は、法律の根拠に基づいてのみ、これに介入することが許される。

【ドイツ刑法の中絶条項】
第219条1項　相談は未出生の生命の保護に奉仕する。相談は、妊娠を継続するよう女性を勇気づけ並びに子との生活の展望を女性に開かせる努力によって、指導されていなければならない。相談は、責任ある誠実な決断を下すよう、女性を援助するものとする。その際、女性は、未出生の生命は妊娠のあらゆる段階において、女性に対してさえ独自の生きる権利を持つこと、それ故に法秩序に従えば妊娠中絶は、期待可能な犠牲の限界を超えるほど重大かつ異常な負担が、臨月まで子を懐胎することによって女性に生じるような例外状況においてのみ考慮することができることを、自覚しなければならない。相談は、助言援助を通じて、妊娠と関連して存在する葛藤状態の克服および困窮状態の除去に寄与すべきものとする。細目は妊娠葛藤法に定める。

　ダウン症候群　ダウン症は、通常、21番目の染色体が1本多くなっていることから「21トリソミー」とも呼ばれる。この染色体の突然変異は誰にでも起こり得る。ダウン症の特性として、筋肉の緊張度が低く、多くの場合、知的な発達に遅れがある。心疾患などを伴うことも多いが、最近ではほとんどの人が普通に学校生活や社会生活を送っている。

友だちがこう言ったら、あなたはどう答えますか？

ポルノ・ビデオに出ている子は幼いほどいいネ！

ビデオショップで…

食事の片付けは女の子に任せておけば？

ゼミ合宿で…

避妊なんてしないわ！彼がいやがるもの。

ガールズトークで…

私の身体を売って、なにが悪いの？

ブランド品を持った彼女が…

NOと言わなかったんだから合意だろ？

デートの夜…

IV

親密圏

10 家族法とその課題

概説 1 日本の家族の現実と社会システム ➡10-2 ➡13-1

◆変わりゆく家族　「家族」という言葉から、私たちはどんなイメージをもつだろう。夫婦と未成年の子のいる家族を、標準的な家族と捉える人が多いのではないだろうか。

しかしながら、実際の日本の家族構成は、単独世帯や夫婦のみの世帯がかなり多くなっている。日本の世帯数の将来推計によると、2035年には単独世帯が38.7％となっており、夫婦と子からなる世帯23.8％や夫婦のみの世帯21.0％よりも、断然多くなると予測される❶。さらに、65歳以上未婚率は、2015年では男性5.9％・女性4.5％だが、2035年には男性13.0％・女性7.9％になると推計されている。このような現実を前に、婚姻制度を中心として、未成熟子を育てる機能を前提に考えられてきた家族制度は、見直しを迫られることになる。

◆日本の家族と社会システム　そもそも税法上の**配偶者控除**の制度や、国民年金の**第三号被保険者**の問題など、現在の日本の社会システムは性役割家族がモデルとされている。夫婦がともにフルタイム雇用に従事する共働き夫婦よりも、夫婦の一方のみが賃金労働をする世帯（専業主婦・専業主夫世帯）、あるいは、一方はフルタイム・他方はパート労働に従事することで世帯収入を抑える働き方をする（多くは、夫がフルタイム＋妻がパート労働の世帯）ほうが、「お得」に感じる税制や社会保障の仕組みが維持されてきたのである。

これに加えて、男女の賃金格差や職場での性差別、さらに、女性が妊娠・出産することなどを考慮すると、合理的な選択として、女性の側が結婚や出産の際に仕事を辞めたり、パートタイムでの働き方を選びがちである。しかしながら、キャリア形成ができなかった女性は、夫との死別や離別があれば、深刻な経済問題を抱える結果となり、こ

154　第Ⅳ部　親密圏

のことは子どもの貧困の問題とも直結する。

　また近年では、児童虐待、ドメスティック・バイオレンス（DV）、高齢者虐待といった家族内（親密圏）の暴力の問題が明るみになってきた。現在では、それぞれの防止法が成立しているが、被害からの救済だけでなく長期的な支援が必要なケースが多い。特にDVの問題では、多くの場合、女性が被害者であり、離婚手続や離婚後の就労の問題と切り離せない。

　このように、すでに登場するモデルが多様化するなかで、日本の家族をめぐる社会システムは混迷している。ここではジェンダーの視座から、現在の婚姻と離婚をめぐる法制度について広く学習してほしい。(T)

❶ 家族類型別一般世帯数および割合

（2018年1月推計）

年次	単独世帯	核家族世帯			その他の世帯
		夫婦のみの世帯	夫婦と子の世帯	ひとり親と子の世帯	
2015	18,418（34.5）	10,758（20.2）	14,342（26.9）	4,770（8.9）	5,044（9.5）
2018	19,007（35.3）	10,988（20.4）	14,254（26.4）	4,939（9.2）	4,702（8.7）
2020	19,342（35.7）	11,101（20.5）	14,134（26.1）	5,020（9.3）	4,510（8.3）
2025	19,960（36.9）	11,203（20.7）	13,693（25.3）	5,137（9.5）	4,123（7.6）
2035	20,233（38.7）	10,960（21.0）	12,465（23.8）	5,074（9.7）	3,583（6.8）

注：（　）内は全体に占める割合%
出典：国立社会保障・人口問題研究所「日本の世帯数の将来推計（全国推計）」(2018年2月28日)
(http://www.ipss.go.jp/pp-ajsetai/j/HPRJ2018/t-page.asp) より

コラム　「おひとりさま」を生きる

　2000年代以降、「おひとりさま」という言葉が定着している。結婚しない単身の男女や一人暮らしの高齢者を指すことが多いようである。実際、晩婚化・非婚化を反映し生涯未婚率が伸びているだけでなく、高齢社会のなかで配偶者と死別して一人で暮らす高齢者は多い。

　そんな「おひとりさま」にとって、「終活」といわれる人生の最期を迎えるにあたって行う活動は、重要なテーマである。特に、生涯未婚で生きる場合、自身の子どもがいないことが多い。そのため、介護やお墓、遺産の問題など、将来に向けての準備が話題になる。

　日本では現在、世帯割合として単独世帯が最も多く、2035年には38.7%になると推計されている。社会保障制度や税制といった国の諸政策についても、同居人がいる家族を標準化する設計だけでは対応できない日は、すでに来ているのである。

10　家族法とその課題　155

キーワード 2　婚姻形態の多様化と法

➡4-5
➡11-7

◆**法律上の夫婦になる意味**　　婚姻届を提出して結婚することには、どのような意味があるのだろうか。民法では、婚姻の効果として、**夫婦同氏の原則**（民法750条）や**同居協力扶助義務**（民法752条）を定める。また、民法770条1項1号の離婚原因に不貞行為があることなどから、夫婦には互いに**貞操義務**があると考えられている。

　財産上の効果としても、夫婦は自分たちの財産関係について自由に取り決め、**夫婦財産契約**を結ぶことができる（民法756条以下）。日本ではこの契約の利用はごく少数であるため、夫婦の一方の名で得た財産はその者の特有財産とする法定の夫婦財産制（いわゆる「夫の物は夫の物、妻の物は妻の物」）に従う夫婦が多い。そのほかにも、法律上婚姻している男女の間に生まれた子どもには、**嫡出子**という法的身分が与えられる。また、法律上婚姻している配偶者の一方が死亡すれば、他方に**相続権**が生じる。

◆**多様な結婚の形**　　しかしながら、カップルの結びつきの形は多様で、日本の民法に基づく婚姻家族だけが存在するわけではない。**国際結婚**（夫婦のうちの一方が外国人）も一定の割合を占めている。2019年の人口動態統計によれば、近年、日本の婚姻件数の約3.7%は国際結婚である。2016年の国際結婚の相手の主な出身国籍は、妻が外国人（夫は日本人）の場合、中国、フィリピン、韓国・朝鮮、夫が外国人（妻は日本人）の場合では、韓国・朝鮮、米国、中国の順に多いという。また、離婚率の増加に伴い、再婚率も伸びている。2018年の婚姻総数に対して、夫婦とも再婚、またはどちらか一方が再婚である婚姻は、26.7%に及ぶ。加えて、**事実婚**、同性カップルなど、法律上の婚姻関係にはない関係もある。このように、現代のカップルの結びつきは多様化していることを前提に、家族に関わる法のあり方を考えなくてはならない。（T）

156　第Ⅳ部　親密圏

❶ 夫婦の国籍別にみた婚姻件数の推移

出典：厚生労働省「人口動態統計」(http://www.mhlw.go.jp/toukei/saikin/hw/jinkou/suii10/) より作成

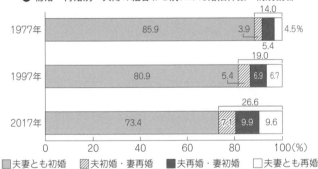

❷ 初婚―再婚別・夫婦の組合わせ別にみた婚姻件数・構成割合

出典：厚生労働省「人口動態統計」各年（各定数）より作成

コラム　ステップファミリーの難しさ

　ステップファミリーとは、「一対の男女が共に暮らし、少なくともその一方で、前の結婚でもうけた子どもがいる家族」などと定義される。いわゆる継親子関係を含む家族のことである。離婚夫婦の約6割は未成年の子をもつ夫婦であり（2018年は離婚夫婦の57.8％）、子連れ再婚も増加している。このようなステップファミリーは、血縁関係のない同居親と子との関係、子と血縁関係のある別居親との関係を含め、複雑な問題を抱えるが、日本の社会では、まだまだ当事者のストレスを理解する土壌がととのっていない。

キーワード 3　憲法と家族

➡3-2
➡3-5

◆**日本国憲法と家族法**　　戦後新しく成立した日本国憲法では、14条で法の下の平等を定め、性別による差別を禁じている。また24条では、家族生活における個人の尊厳と両性の本質的平等について定めている。この日本国憲法の施行に伴い、1947年、明治民法は大幅に改正された。この改正で明治民法の定めていた家制度は廃止され、個人の尊厳と両性の本質的平等に基づいた、新しい家族法が生まれたのである。

◆**ベアテ・シロタの活躍**　　憲法24条成立の立役者として、**ベアテ・シロタ**という女性を知っているだろうか。GHQの民生局員として当時22歳の若いベアテ・シロタが、熱意をもって提案した憲法草案（ベアテ・シロタ草案❶）の精神は、GHQ草案23条の形で日本政府に示され、現行憲法24条の成立につながった。また、ベアテ・シロタ草案19条では、既婚・未婚を問わず、妊娠している女性や乳児の保育にあたる女性を国家が保護することや、嫡出でない子どもが法的に差別を受けずに、身体的、知的、社会的に成長する機会の保障を定めていた。その後、日本政府の反発を予想した民政局運営委員会によってこの条文は削除されることになるが、今日の国際社会の流れをみると、このベアテ・シロタ草案19条の先進性は改めて評価すべきだろう。

◆**憲法24条改定の動き**　　憲法24条は、個人を尊重するとともに家族に関する男女同権を宣言したものであり、家制度の解体の現れでもあった。そのため従来の家意識を重んじる保守層には制定当時から反対も強く、1950年代から現在に至るまで、24条を改変すべきとの主張が一部でみられる。しかし、公的な世界だけでなく、家族生活という私的な生活における個人の尊厳や両性の平等を定めた本条の意義は、現在でも大きいといえる。（T）

158　第Ⅳ部　親密圏

【ベアテ・シロタ略歴】

・1923年、ウィーン生まれ。両親はロシア（現ウクライナ）の人。ピアニストの父レオ・シロタは、作曲家の山田耕筰の誘いで東京音楽学校（現在の東京芸大）のピアノ教授として来日した。このときベアテは5歳。

・戦後、日本に残した両親を探すためにGHQのスタッフに応募して来日する。民政局員のメンバーとして日本国憲法の草案作成に関与する。草案作成当時22歳。

・その後はニューヨークにてアジアの民俗芸能を紹介するプロデューサーをしていたが、退職後の1996年より、日本国憲法制定時のエピソードについて講演活動を開始する。2012年12月没。

❶ ベアテ・シロタ草案

第18条 ①　家庭は、人類社会の基礎であり、その伝統は、善きにつけ悪しきにつけ国全体に浸透する。それ故、婚姻と家庭は、法の保護を受ける。婚姻と家族とは、両性が法律的にも社会的にも平等であることは当然であるとの考えに基礎をおき、親の強制ではなく相互の合意に基づき、かつ男性の支配ではなく両性の協力に基づくべきことを、ここに定める。

②　これらの原理に反する法律は廃止され、それに代わって、配偶者の選択、財産権、相続、本居の選択、離婚並びに婚姻および家庭に関するその他の事項を、個人の尊厳と両性の本質的平等の見地に立って定める法律が制定されるべきである。

第19条　妊婦と乳児の保育にあたっている母親は、既婚、未婚を問わず、国から守られる。彼女たちが必要とする公的援助が受けられるものとする。

②　嫡出でない子どもは法的に差別を受けず、法的に認められた子ども同様に、身体的、知的、社会的に成長することにおいて機会を与えられる。

第26条　すべての日本の成人は、生活のために仕事につく権利がある。その人にあった仕事がなければ、その人の生活に必要な最低の生活保護が与えられる。

②　女性は専門職業および公職を含むどのような職業にもつく権利を持つ。その権利には、政治的な地位につくことも含まれる。同じ仕事に対して、男性と同じ賃金を受ける権利を持つ。

出典：中里見 2005：30頁

◼︎ベアテ草案には、GHQ草案23条として採用された内容以外にも、長男の単独相続の廃止、女性の就労の権利、男女同一賃金の保障など、多岐にわたって平等の視点や女性の権利が盛り込まれていた。

コラム　国籍法違憲の判断

2008年6月4日、最高裁によって、外国籍母と日本人父の間に生まれた子の日本国籍の取得につき、父母が結婚していない場合、父による胎児認知を要した国籍法3条1項が憲法14条の平等原則違反と判断された。このように、今日でも男女平等の視点から、家族に関わる法規定の違憲性が問われる場面は少なくない。

キーワード 4　戸籍法の仕組み

→3-2
→3-4

◆**戸籍の意義**　戸籍❶は、日本において、国民であることを登録し証明するものである。また、各人の出生、婚姻、転籍、死亡など、身分上の変動を記録し、夫婦、親子などの身分関係を公証する。この戸籍を置いてある場所のことを**本籍地**といい、戸籍の第1順位に記載された人を**筆頭者**という。婚姻により選択される夫婦の氏をもともと名乗っていた人が筆頭者となるため、現状では、夫婦の戸籍のほとんどは夫が筆頭者である。戸籍は、夫婦と氏を同じくする子どもごとに編製される。欧米諸国では、個人単位の登録システムであるが、日本の戸籍制度は、家族単位の登録システムである。

◆**戸籍による差別**　戸籍は国民の登録システムである一方で、様々な差別にもつながってきた。1871（明4）年、明治政府は総人口を把握するために戸籍法を成立させ、全国的な**戸籍制度**を確立させた。この戸籍法に基づいて編製された明治五年式戸籍（いわゆる**壬申戸籍**）は、皇族、華族、士族、平民などの身分ごとに集計されたため、一部地域では強い身分差別につながった。その後戸籍は、明治民法の施行に伴い、登録簿として家の単位で編製されるようになる。

　こういった戸籍による身分差別は、遠い昔のことではない。1968年、このかつての壬申戸籍の閲覧を通じ、部落差別につながる事件が発覚したため、現在では人権保護の観点から閲覧は禁止されている。また、2004年11月に戸籍法の施行規則が改正されるまで、非嫡出子については戸籍の続柄欄に「長女」「長男」などの記載でなく「女」「男」と記載されていたため、差別の問題が指摘されてきた。特例法による性別変更や特別養子縁組などの履歴も、当事者、家族の戸籍に記載される。そもそも、戸籍は家制度の廃止後も、氏や戸籍記載にこだわる意識を温存させてきた。2008年、戸籍関係の証明書取得の要件や手続が厳格化されたが、プライバシーの観点からも批判は多い。（T）

160　第Ⅳ部　親密圏

❶ かつての戸籍とコンピュータ戸籍

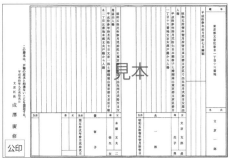

▶1994年の戸籍法改正により、戸籍実務はコンピュータ処理が可能になった。

出典：東京都文京区HPより（http://www.city.bunkyo.lg.jp/var/rev0/0005/6059/kami.pdf, http://www.city.bunkyo.lg.jp/var/rev0/0005/6058/dennsan.pdf）

コラム　個人単位に変わった韓国の登録システム

　韓国では、2008年1月1日、民法改正に伴い、新しい家族関係登録簿制度が始まった。これまで韓国では、戸主を中心に家父長的な家単位の戸籍制度を維持してきたが、これが廃止され、個人を基準に編製する家族関係登録制度が導入されたのである。改正前は、戸籍に本人の身分事項だけではなく、戸主を中心にした同一戸籍内の家族構成員全員の身分事項が載せてあったため、不必要な個人情報の露出が問題となっていた。また、この民法改正とあわせ、子どもは父の氏を継ぐという規定や、離婚後の女性の再婚禁止期間も廃止した。

10　家族法とその課題　161

キー ワード 5	夫婦の氏の問題	→2-3 →10-7

◆家族法改正の動き　　国際的な家族法改正の動向を受け、日本でも1980年代後半から、「多様な家族観」「男女平等の徹底」などを理念に、民法の家族法部分の改正が目指されてきた。その対象となった条文は、**夫婦同氏の原則**（民法750条）、女性のみに課される**再婚禁止期間**（民法733条）、男女で異なる**婚姻適齢**（民法731条、成人年齢の引下げに伴い、2022年4月以降は男女とも満18歳以上に）など、多岐に及んだ。1991年から、法務省法制審議会の民法部会において、この家族法改正の検討が進められた。さらに、94年には中間試案が、96年には「**民法の一部を改正する法律案要綱**」が答申された。

◆夫婦別姓…なぜ?　　このように、法制審議会で改正案要綱が答申されたにもかかわらず、家族法改正案は政府案として国会に上程されないまま現在に至っている。家族に関わる法改正は価値観の対立が強く、特に一部強い反対があったのは、民法750条を改正して**選択的夫婦別姓制度**を導入する法改正である。

　現行の民法は夫婦同氏の原則を定めているが、これには、同じ氏の者で編製される戸籍制度や明治民法で定められた**家制度**の影響が大きい。氏とは、「鈴木家」「田中家」といった「家」の呼称であり、そこに所属する家族構成員はすべて同じ「家」の呼称を、氏として名乗ったのである❷。

　結婚によって氏が変わることで、氏の変更に伴う手続の煩雑さ、職業上の不都合、アイデンティティの喪失など、様々な問題を感じる人もいる。日本では結婚するカップルの約96%が男性の氏を夫婦の氏として選択している実情から、氏を変える女性の側がこれらの不都合を感じることが多く、男女平等の視点からも問題がある。また互いの氏を大切にする思いを尊重し、婚姻届❶を提出できない事実婚カップルも存在する。

◆選択的夫婦別姓　　民法750条の改正案として、別姓で結婚する道をひらく選択的夫婦別姓制度の導入が検討されてきた。しかしなが

162　第Ⅳ部　親密圏

ら、2015年12月、民法750条については最高裁によって合憲判断が下された。家族の「呼称を一つに定めることには合理性が認められる」としたのである。ただし、最高裁は選択的夫婦別氏「制度に合理性がないと断ずるものではない」と述べ、国会での議論を投げかけた。今後、立法府による積極的な議論が期待される。(T)

❶ 婚姻届（京都市の例）

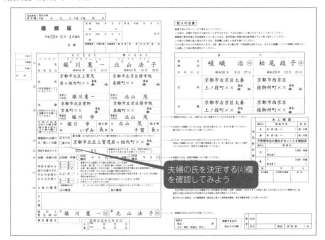

夫婦の氏を決定する(4)欄を確認してみよう

❷ 明治民法の氏に関する条文
第746条　戸主及ヒ家族ハ其家ノ氏ヲ称ス

> ### コラム　新たな別姓訴訟へ
>
> 2015年の最高裁判決後にも、新たに夫婦別姓での婚姻を求める人たちによる裁判が、複数提起されている。その一つは、戸籍法上の問題についての裁判である。日本人と外国人の婚姻では、夫婦同氏は強制されず、夫婦はそれぞれ別々の氏となる。婚姻の日から6か月以内に届出をすることにより、日本人配偶者は、外国人配偶者の氏に変更することもできる（戸籍法107条2項）。つまり、外国人との婚姻では、日本人配偶者は使用する氏を選択することができるが、日本人同士の婚姻の場合は夫婦同氏が強制されるのである。この裁判は、氏を、純粋に「個人の呼称」として考える視点から提起されたものだといえるだろう。

10　家族法とその課題　163

キーワード6　憲法違反が問われる家族法の条文　→10-7　→12-2

◆**非嫡出子の相続分差別の解消**　　子を産んだ母が婚姻していない場合、子の法的身分は**非嫡出子**となる。父子関係は認知により成立することになる。日本の民法は2013年まで非嫡出子への差別を残していた。非嫡出子の親に、他に嫡出子がいる場合、非嫡出子の相続分は嫡出子の2分の1と定められていた（旧民法900条4号但書）。諸外国の多くは、非嫡出子への相続分差別を改めており、嫡出子・非嫡出子の区別そのものを廃止する方向にある。**非嫡出子の相続分差別**については、「生まれによる差別」であるとして、憲法14条*の法の下の平等に反すると批判されてきた。

　日本政府は、子どもの権利条約や女性差別撤廃条約などの人権委員会から、この問題について度々勧告を受けてきたが、法改正に消極的な国内の世論動向❶や、非嫡出子にも2分の1の相続分を認めることで調整を図っているなどとして、積極的に法改正を進めなかった。しかしながら、2013年9月、最高裁はついに非嫡出子への相続分差別を定める民法900条*について憲法14条1項に違反すると判断した（最大決平25・9・4民集67巻6号1320頁、本書167頁）。長年にわたる法律上の差別が一つ解消された瞬間である。

◆**女性のみに課される再婚禁止期間**　　女性は夫の死亡や離婚などの後、100日間は再婚をすることができない（民法733条*）。このような**再婚禁止期間**が女性のみに設定されている理由は、女性が再婚前後に懐胎した場合、子の父親の法律上の推定が前夫と後夫で重複することを避けるためだとされる。2015年12月、最高裁は「六箇月」とされていた再婚禁止期間について、嫡出推定制度との関係から100日を超える部分を憲法違反だと判断した。一方で、再婚禁止期間の設定自体には合理性があると判示した。親子鑑定の技術の進歩を考えると、再婚禁止期間そのものの違憲性についても検討されるべきであろう。(T)

164　第Ⅳ部　親密圏

❶ 嫡出でない子の相続分に関する世論

	現在の制度を変えない方がよい	どちらともいえない	わからない	相続できる金額を同じにすべきである

（該当者数）				
今回(2012年12月)調査 (3,041人)	35.6	34.8		25.8

〔性〕

男　　性　（1,366人）	36.2	31.6	2.9	29.4
女　　性　（1,675人）	35.2	37.4	4.5	22.9

出典：内閣府「家族の法制に関する世論調査」（平成24年度 http://www8.cao.go.jp/survey/h24/
h24-kazoku/zh/z24.html）

〈判例紹介〉再婚禁止期間をめぐる判決（最大判平27・12・16民集69巻8号2427頁）
　「本件規定の立法目的は、女性の再婚後に生まれた子につき父性の推定の重複を回避し、もって父子関係をめぐる紛争の発生を未然に防ぐこと」にあり、それには合理性が認められる。一方、諸外国でも、再婚に関する「制約をできる限り少なくするという要請が高まって」いる。また、「婚姻をするについての自由」は「十分尊重されるべきもの」であり、「本件規定のうち100日超過部分は合理性を欠いた過剰な制約を課すもの」である。

コラム　「嫡出」とは？

　民法では、婚姻関係にない男女間で生まれた子は、「嫡出でない子」と表現され、「非嫡出子」の用語が使われてきた。しかし、「嫡出」とは「正統・正出」を表し、「嫡出」でない子を意味する「非嫡出子」という言葉には、差別的な意味合いもある。したがって、子の生まれに中立性をもつ「婚内子・婚外子」の表現が使用されることも多い。

コラム　違憲判決、その後…

　2013年9月の最高裁決定を受けて、同年12月、非嫡出子の相続分差別規定を削除した改正民法が成立した。具体的には、民法900条4号但書中の「嫡出でない子の相続分は、嫡出である子の相続分の2分の1とし」の文言が削除された。
　一方、政府内では、婚姻家族の保護を重視し、嫡出子と非嫡出子の相続分の平等化に反対する声も強く、民法改正後も、出生届の「嫡出子／嫡出でない子」を記載する欄は残された。民法改正に併せて、戸籍法49条の規定を改正しなかったためである。子どもの平等の視点からは、もう一歩踏み込んだ改正が求められる。

判例 7　民法750条・900条をめぐる裁判所の判断

①　夫婦同氏を定める民法750条について違憲ではないとした事案

(1)　氏名権侵害妨害排除等請求事件（東京地判平5年11月19日判時1486号21頁、判タ835号58頁）

【事実】原告は、1982（昭57）年に国立J大学情報学部助教授に就任した国家公務員の女性である。原告は婚姻に基づき戸籍名は「●●禮子」になったが、婚姻後も、日常生活、研究活動、論文発表等において、「▲▲礼子」と表示してきた。ところが、大学は、人事記録その他の文書において旧姓名の使用を認めず、および戸籍名の使用を強制するなどした。原告は、こうした行為は、氏名保持権（人格権―憲法13条[*])、プライバシー権（幸福追求権―同13条[*]）などに違反するとして、J大学の学長、同事務局長、同事務局庶務課長を被告として、氏名保持権に基づき戸籍名使用の差止めと通称の使用を求めるとともに、損害賠償を支払うよう請求した。

【判旨】「法律上保護されるべき重要な社会的基礎を構成する夫婦が、同じ氏を称することは、主観的には夫婦の一体感を高める場合があることは否定できず、また、客観的には利害関係を有する第三者に対し夫婦である事実を示すことを容易にするものといえるから、夫婦同氏を定める民法七五〇条は、合理性を有し、何ら憲法に違反するものではない。」

(2)　夫婦別姓訴訟最高裁判決（最大判平27・12・16民集69巻8号2586頁）

【事実および判旨】事実婚の夫婦ら5人が、国が、民法750条の改正をしないで放置したことから精神的苦痛を受けたとして、国家賠償法1条1項に基づく損害賠償を国に求めた事案。最高裁は夫婦同氏を定めた民法750条について、「夫婦が同一の氏を称することは、上記の家族という一つの集団を構成する一員であることを、対外的に公示し、識別する機能を有している」、「家族を構成する個人が、同一の氏を称することにより家族という一つの集団を構成する一員であることを実感することに意義を見いだす考え方も理解できる」、「本件規定の定める夫婦同氏制それ自体に男女間の形式的な不平等が存在するわけではなく、夫婦がいずれの氏を称するかは、夫婦となろうとする者の間の協議による自由な選択に委ねられている」などとして、本規定が憲法13条[*]、14条[*]ならびに24条[*]に反しないと判断した。

※なお、本判決では、15人の裁判官のうち5人が「違憲」とする反対意見を述べている。

166　第Ⅳ部　親密圏

そして多数意見でも、「婚姻によって氏を改める者にとって、そのことによりいわゆるアイデンティティの喪失感を抱いたり、婚姻前の氏を使用する中で形成してきた個人の社会的な信用、評価、名誉感情等を維持することが困難になったりするなどの不利益を受ける場合があることは否定できない」と改氏の不利益を認め、さらに、「夫の氏を選択する夫婦が圧倒的多数を占めている現状からすれば、妻となる女性が上記の不利益を受ける場合が多い状況が生じているものと推認できる」としている。最高裁は同時に、「この種の制度の在り方は、国会で論ぜられ、判断されるべき事柄にほかならないというべきである」とも述べ、国会における議論の必要性を示唆した。本判決で、女性裁判官が3人とも「違憲」と判断した点も重い事実である。

② 民法900条4号但書に定める非嫡出子の相続分を違憲とした事案（最大決平25年9月4日民集67巻6号1320頁、判タ1393号64頁）

【事実】平成13年7月に死亡した被相続人Aの遺産につき、Aの嫡出子であるYら（代襲相続人を含む）が、Aの嫡出でない子であるXらに対して、遺産分割の審判を申し立てた。原審の東京高裁は、民法900条4号但書について憲法14条1項に違反しないとし、本規定を適用して算出された法定相続分を前提にAの遺産分割をすべきものとした。そこで、Xらが本規定は憲法14条1項に違反し無効であると主張した。

【判旨】民法900条4号但書前段の規定は、遅くとも本件相続が発生した平成13年7月当時において、憲法14条1項に違反していた。

「昭和22年民法改正時から現在に至るまでの間の社会の動向、我が国における家族形態の多様化やこれに伴う国民の意識の変化、諸外国の立法のすう勢及び我が国が批准した条約の内容とこれに基づき設置された委員会からの指摘、嫡出子と嫡出でない子の区別に関わる法制等の変化、更にはこれまでの当審判例における度重なる問題の指摘等を総合的に考察すれば、家族という共同体の中における個人の尊重がより明確に認識されてきたことは明らかであるといえる。」

「父母が婚姻関係になかったという、子にとっては自ら選択ないし修正する余地のない事柄を理由としてその子に不利益を及ぼすことは許されず、子を個人として尊重し、その権利を保障すべきであるという考えが確立されてきているものということができる。以上を総合すれば、遅くともAの相続が開始した平成13年7月当時においては、立法府の裁量権を考慮しても、嫡出子と嫡出でない子の法定相続分を区別する合理的な根拠は失われていたというべきである。したがって、本件規定は、遅くとも平成13年7月当時において、憲法14条1項に違反していたものというべきである」。（T）

11 離婚をめぐる諸問題

概説 1	離婚法概説	➡11-2 ➡11-5

◆離婚の手続　日本の離婚は、**協議離婚**が約90％を占める。これは、夫婦が離婚に合意し、役所に離婚届を提出することで成立する離婚である。そのほか、民法770条*に定める離婚原因がある場合には判決によって成立する**裁判離婚**、家事事件手続法による**調停離婚**、**審判離婚**がある。また2003年からは、訴訟上、和解による離婚が認められている。夫婦で離婚の協議が調わず、離婚の裁判を提起する際には、まずは家庭裁判所で調停を申し立てなければならない。調停が不成立のとき、当事者の申立ての範囲で家庭裁判所が別に審判をすることができる。

　法律上離婚が成立すると、婚姻によって氏を変更していた者は従前の氏に戻る。ただし、離婚後3か月以内の届出により、婚姻中に使用していた氏を引き続き使用することもできる（**婚氏続称**：民法767条*2項）。また再婚も可能になるが、女性には100日の再婚禁止期間が設けられている（民法733条*）。

◆離婚の自由の問題点　日本では**届出主義**を採用しているため、離婚は、離婚届の提出をもって成立する。このような離婚制度は、簡便で費用もかからず当事者の「**離婚の自由**」が尊重された制度であるが、子どもがいる場合でも養育費等の取り決めをしなかったり、夫婦財産の清算について話し合いが不十分で争いを残すケースもある。

　一方、離婚を求める夫や妻が、相手方に無断で離婚届を提出することもある。もちろん、これは立派な犯罪行為（刑法157条*）であるが、勝手に離婚届が提出された場合、戸籍に記載された離婚を無効とするためには、無効確認を求める調停や審判を家庭裁判所に申し立てなければならず、非常に手間がかかる。そこで、このような身勝手な届出を防ぐために、**不受理申出制度**が存在する。（T）

168　第Ⅳ部　親密圏

❶ 離婚届（京都市の例）

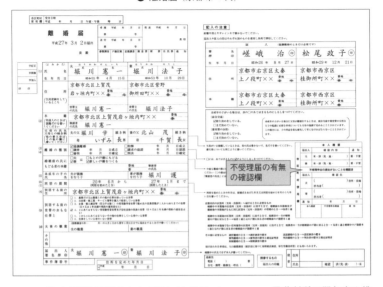

❷ 夫婦関係調停の申立て理由（上位5つ）

	夫による申立て （総数17,918）		妻による申立て （総数47,807）	
1位	性格が合わない	11,030	性格が合わない	18,846
2位	精神的に虐待する	3,626	生活費を渡さない	13,820
3位	異性関係	2,547	精神的に虐待する	12,093
4位	家族親族と折り合いが悪い	2,463	暴力を振るう	10,311
5位	性的不調和	2,316	異性関係	7,987

出典：裁判所HP「司法統計平成29年度家事編」第19表より

◉ 裁判所の関与する離婚のうち、一番割合が多いのが調停離婚である。調停離婚では、家裁への申立て書類で動機を選択する（複数選択可）。離婚理由にも性差がみられ、夫と妻とでは申立て件数自体にも差が大きいことがわかる。

コラム 「不受理申出制度」を知っていますか？

　市町村の役場に行って、「離婚届が提出されても受理しないでほしい」という申出をすることができる。この申出が受け付けられると、相手からの離婚届は受理されない。この制度は離婚だけでなく、婚姻や養子縁組についても利用でき、年間2万5～8千件ほどの利用がある（2013～2017年度）。なかでも離婚に関する不受理届が多く、離婚に応じる意思がないのに、相手から勝手に離婚届が提出される心配をする人は、決して少なくない。

11　離婚をめぐる諸問題　169

キーワード 2　離婚と財産
➡11- 1
➡11- 6

◆**財産分与**　　離婚の財産上の効果として、夫婦は他方に対して財産の分与を請求することができる（民法768条[*]）。日本では法定財産制度として**夫婦別産制**が定められているため、婚姻中に夫の賃金労働により家計を支えてきた家庭では、夫名義の財産が多いうえ、妻の家事労働や育児は金銭的に評価されない。そこで、離婚の際の**財産分与**では、名義に関わらず夫婦財産の清算が行われる。離婚後すぐには経済的に自立が難しい一方に対して、財産分与には扶養的な性質もあると考えられている。

　離婚後の財産分与は、原則として夫婦2分の1ずつというのが実務の基準であるが、年齢が若い夫婦の場合などでは夫婦財産自体が少額であることが多い。結婚や出産でキャリアを中断している女性の場合、離婚後すぐに職に就くことも難しく、経済的な問題を抱えやすい。

◆**離婚と慰謝料**　　離婚の慰謝料には、離婚を招いた有責行為（例えば相手の不貞など）による精神的苦痛に対する慰謝料と、離婚するに至ったこと自体の精神的苦痛に対する慰謝料があるが、裁判所の実務では両者を特に区別していない。離婚慰謝料の額については、精神的苦痛の大小が算定の基準ではあるが具体化しにくいため、婚姻期間や有責性、当事者の資力などから総合して算定される。一般的には、決して高額な慰謝料ではないといわれる。

◆**別居中の生活費**　　離婚前の別居中には、夫婦の一方が他方に対し、生活費として**婚姻費用**を請求することができる。近年では2003年に裁判官らの研究会が示した算定表に基づいて算出される実務が定着している。婚姻費用は支払義務者として夫側から、請求権利者として妻側に支払われるケースが多いが、この算定表に基づく金額は、別居中の生活を支えるには十分でないとの指摘が多く、養育費の算定表と合わせて見直しが検討されている。(T)

170　第Ⅳ部　親密圏

コラム　算定表に基づく婚姻費用請求の現実

例えば、専業主婦である妻と高校生の子ども1人を残して夫が家を出て行った場合、算定表によれば、夫の給与が年収500万円、妻が収入なしのケースで、月額10〜12万円の婚姻費用を夫に請求することができる（夫の年収が1000万円のときでも20〜22万円程度となる）。しかし、この金額は、残された母子2人にとって十分だろうか。出て行った配偶者の生活と比べ、2人の生活のすべてを賄うことができる額だろうか。もちろん、妻が夫を残して家を出るようなケースで妻の収入が多ければ、支払義務者が妻となるケースも考えられる。

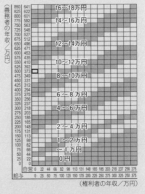

（権利者の年収／万円）

上記のように一方が家を出て、さらに離婚を求めている場合、他方は離婚に応じる意思がなくとも、婚姻費用の支払いがなければ「兵糧攻め」状態になる。2019年に新しい算定表が公表されたが、算定表に基づいた支払いでは十分でなく、相手の年収によっては生活レベルを相当落とさざるをえない。

コラム　不倫の相手方への慰謝料請求?!

日本では、不貞行為の相手方への慰謝料請求が実務として定着しているが、これは国際的にみれば大変めずらしい。民法752条の同居協力扶助義務の理念から、夫婦は互いに配偶者以外の者と性的関係をもつべきではないとされる（貞操義務）。重婚は禁止されているし、不貞行為は民法770条にいう離婚原因の一つでもある。また、最高裁1979年の判決によれば、不倫、浮気は不法行為を構成し、不貞行為の相手方は、夫婦の他方が被った精神的苦痛を慰謝すべき義務があるとする（最判昭54年3月30日民集33巻2号303頁）。しかし、そもそも夫婦の貞操義務に反する行為をしたのは、不貞をはたらいた夫・妻の側ではないのだろうか。

その後、1996年の最高裁判決では、その不法行為責任の範囲を限定した。「婚姻関係が既に破綻している場合には、共同生活の平和の維持という権利又は法的保護に値する利益がない」（最判平8年3月26日民集50巻4号993頁）とする判断である。この判決では、夫婦関係が破綻していれば、不倫相手への慰謝料は認めないということになるが、夫婦関係の破綻の状況をどのように判断できるのだろうか。学説では、婚姻したといえども、性に関しては自己決定権があるという説も有力である。

11　離婚をめぐる諸問題　171

| キー ワード 3 | 離婚と子ども | →11-4 →11-6 |

◆「子はかすがい」は古い？

近年では、離婚するカップルの約6割に未成年の子どもがいる。日本では、離婚後は**単独親権**となるため（民法819条*1項）、離婚時に未成年の子があれば、父母のうちの一方を親権者と定め、離婚届に記入しなければならない。子の親権者は父母の協議で決めるが、協議が調わなければ家庭裁判所が審判で定めることになっている（同条5項）。親権者と別に他方を**監護者**とする実務もあるが、一般的とはいえない。

◆養育費の実態

現在では、夫婦の離婚後、母を親権者とする割合が8割を超える。「平成28年度全国ひとり親世帯等調査」によると、ひとり親世帯で**養育費**の取り決めをしているケースは、母子世帯で42.9％、父子世帯で20.8％にすぎず、協議離婚ではそれぞれ37.8％、16.4％のみである。また、養育費の受給状況も良いとはいえない❶。裁判所による履行勧告の制度もあるが、支払いを強制できない。このような状況を受け、2019年5月、民事執行法の改正が実現した。これにより、支払義務者の財産情報や勤務先情報が容易に把握可能になり、支払いの実効性が高まった。ただし、協議離婚の場合には、養育費の取り決めを公正証書にしておく必要がある。

◆母子世帯の経済状況

上記の「ひとり親世帯等調査」によると、2015年の母子世帯の母自身の収入は243万円、同居親族の収入を含めた世帯収入でも348万円にとどまる。児童のいる世帯全体の平均収入を100とすると、母子の世帯収入の割合は49.2と低い。住宅についても、父子世帯の父本人名義の持ち家率が49.4％であるのに比べて、母子世帯では母本人名義の持ち家率は15.2％と相当低い（なかでも、母名義の持ち家率については、死別母子世帯が41.8％であるのに比べ、生別母子世帯は12.8％である）。このように、所得・資産いずれの面からも、母子世帯は他の世帯類型に比べて厳しい状況であることがわかる❷❸。（T）

172　第Ⅳ部　親密圏

❶ 母子世帯の養育費の受給状況

	現在も受けている	受けたことがある	受けたことはない	不詳
2006年	19.0%	16.0%	59.1%	5.9%
2011年	19.7%	15.8%	60.7%	3.8%
2016年	24.3%	15.5%	56.0%	4.2%

出典：厚生労働省「平成28年度全国ひとり親世帯等調査結果報告」より作成

■ 日本のひとり親世帯のうち、母子世帯は約85％を占める。そのうち、離別による母子世帯は約8割であり、母に十分な収入がない場合、子の父親からの養育費の支払いが子どもの生活を支えることになる。しかし左表のように、養育費の受給状況は、不払いや後に不払いとなるケースが目立つ。

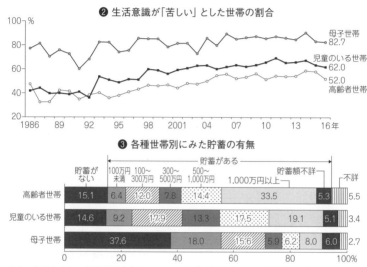

出典：❷❸ともに、厚生労働省「グラフでみる世帯の状況（国民生活基礎調査〔平成28年〕の結果から）」2018年3月

コラム　日本の子どもの貧困

　経済的に豊かな日本で、子どもの貧困なんて信じられないだろうか。しかし昨今、日本の子どもの相対的貧困率は深刻である。相対的貧困とは、貧困線（OECD、厚生労働省では、等価可処分所得の中央値の50％）以下の所得で暮らす子どもの生活状況を示す。日本の子どもの相対的貧困率は、OECD加盟国34か国中10番目に高く、子どもがいる世帯で大人が1人の世帯（多くは、ひとり親世帯）はOECD加盟国中、最も高い（2010年段階）。特に母子世帯の貧困が指摘されている。全国ひとり親世帯等調査（平成28年度）によると、母の預貯金額の状況では「50万円未満」が39.7％と最も多くなっている。

キー ワード 4	離婚後の父と子	➡11-2 ➡11-3

◆**離婚後の親権**　日本では離婚後は**単独親権**であるが、1965年ごろまでは、父親が親権者となる割合が高かった。家制度の影響から、離婚後も子どもは父方に属するという意識が強かったことや、男性が両親と暮らすことで、子どもを養育する人を確保できたためだといわれる。現在では、母が全児の親権者となる割合が、未成年の子のいる夫婦の離婚の8割を超えている。高度経済成長以降、核家族率の急増や男性の長時間労働の影響で、男性が一人親として子育てする環境を整えるには困難が多い。一方、諸外国では、離婚後も子どもにとって父母であることに変わりないとの理念から、**共同親権**の国が多くなっている。日本でも、離婚後、父母のどちらが親権者となるかについて争いがある場合には、親権者と別に他方を監護者とする実務もあるが、一般的ではない。また、家庭裁判所で親権の紛争がある場合でも、子どもの年齢が低いほど、母親が親権者として定められる割合が高く、父親は離婚後、子どもとの関係を継続しにくいケースも多い。

◆**離れて暮らす親と子の交流**　離婚後、子どもと一緒に暮らしていない父または母が、子どもと会ったり、手紙や電話などを通じて交流をはかることを**面会交流**という。この交流は、憲法13条に基づく権利とも考えられ、近年家裁では積極的に面会交流を認めている❶❷。

　ただ、DV加害者である夫が「父の権利」を振りかざし、被害者である妻とともに暮らす子どもへの面会を執拗に求めたり、親権を主張することで離婚調停や審判、離婚裁判を長引かせるケースも報告されている。2004年より、児童虐待防止法2条が改正され、児童虐待の定義に両親間のDVが追加された。親権や面会交流をめぐる紛争は、まさに子どもの福祉に基づいた判断が必要である。2011年、民法766条において面会が明文化され、家裁に係る件数も伸びているが、安全性の確保や子の意思の尊重など、課題も多い。（T）

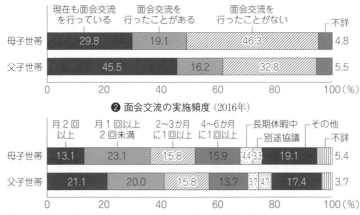

❶ 面会交流の実施状況（2016年）
❷ 面会交流の実施頻度（2016年）

注：面会交流を現在も行っているまたは行ったことがある世帯に限る
出典：❶❷ともに、厚生労働省「平成28年度全国ひとり親世帯等調査結果報告」より作成

◆日本では、離婚後の面会交流の取り決めは義務や届出事項ではなく、取り決め率は決して高くない。面会交流や養育費の取り決めを促進する意味で、2012年4月より、下のような項目が離婚届に追加されている（169頁❶離婚届）。

> 未成年の子がいる場合は、次の□のあてはまるものにしるしをつけてください。
> （面会交流）
> □取決めをしている。
> □まだ決めていない。
> （養育費の分担）
> □取決めをしている。
> □まだ決めていない。
>
> 未成年の子がいる場合に父母が離婚をするときは、面会交流や養育費の分担など子の監護に必要な事項についても父母の協議で定めることとされています。この場合には、子の利益を最も優先して考えなければならないこととされています。

コラム　面会時の悲劇

2017年4月、兵庫県伊丹市において、離れて暮らす父親との面会中に4歳の女児が亡くなった。父親によって首を絞められ殺害されたのである。事件後の母親の証言からは、婚姻中にはDV被害があったものの、子どもが父親を慕っていたため面会は継続されていたという。ただ、母親は子どもの受け渡しに友人宅を利用し、元夫と直接会わないようにするなど、子どもの父母としての関係は、母親にとって安心できる良好なものではなかったようである。

面会は当然ながら、子どもが安心できる安全な環境で行われなければならない。親の都合のみで実施されたり、親の権利が濫用されるようなことは許されない。その点では、子どもの権利としての意味合いが強いと考えられるべきであろう。

11　離婚をめぐる諸問題

キーワード 5　家事調停とジェンダー

➡1 - 5
➡11 - 1

◆離婚調停の仕組み　夫婦の間で離婚の協議がまとまらない場合には、離婚の裁判を提起する前に、家庭裁判所に離婚の**調停**を申し立てなければならない（家事事件手続法257条による**調停前置主義**）。離婚調停は、1人の裁判官と2人以上の**家事調停委員**で構成される調停委員会によって行われ、非公開とされている。調停によって当事者間に離婚の合意が成立すると、これを調書に記載することで離婚が成立する。その後10日以内に、市長村に離婚届とともに、この調書の謄本を届け出ることになる。

実際の離婚調停では、家事調停委員の男女が、夫と妻を交代で調停室に呼んで、双方の言い分を聞き合意できる点を探ることが多い。同席調停として夫婦が同じ席について話し合うケースもある。右イラストのように、代理人が同席することもできる。

◆家事調停におけるジェンダー・バイアス　右頁にあるのは、「両性の平等に関する委員会」（第二東京弁護士会）が作成した寸劇のシナリオである❶。ここに示されているのは、家庭裁判所で行われる離婚調停における、ジェンダー・バイアスの問題である。

諸外国のように資格制が義務付けられていない日本の調停委員の中には、ジェンダー・バイアスのある価値観や性別役割分業意識を強くもつ委員もいるといわれる。夫から妻への暴力を軽視したり、「妻は夫を立てるべき」「仕事を辞めてしまう夫なんて…」というような発言は、当事者らに不公平感を与えるとともに、DV事案において特に問題があると指摘される。調停の問題だけではない。これまで、明らかにジェンダー・バイアスがみられる判決も存在する。このような司法におけるジェンダー・バイアスをなくしていくためには、裁判官や弁護士、検察官をはじめ、司法に関わる職に就くすべての人が、ジェンダー・バイアスのもたらす影響について学ぶ機会が必要である。（T）

❶ 司法におけるジェンダー・バイアス―家事調停をめぐって

妻が夫からの暴力を原因として、離婚調停を申し立てたケース

男調停委員：「他に怪我は？」
申立人（妻）：「こぶとか、あざとか…」
男調停委員：「こぶあざね…（理解できないという風に首をかしげる）。ところであなたは子供の親権を主張してますけど、子供は置いてきたのでしょう？」

男調停委員：「先ほど、ろくに家事もせずと聞きましたが、その点は…」
相手方（夫）：「どんな教育を受けて育ったのか知りませんが、家事の能力は私の母の足下にも及びません。母はいつも嘆いてました。家の中はいつも散らかし放題だし、料理はスーパーの惣菜ばかりじゃ、疲れて帰ってきたら腹もたちますよ。その上すぐに遊びや買い物に行きたがるんですから、手に負えません。」

女調停委員：「それは奥様もわるいわねェ…」
相手方（夫）：「とはいったって、どうせ別れたって生活していけないんですよ、うちにいるしか能がないんですよ、結局は泣いて帰ってくると思います。」
女調停委員：「ただ、奥様もそれなりの決心をして離婚を申し立てられたのだから、ここは男らしく、いくらかお支払いして自由にしてあげるといったことは、お考えになれないですか？」

出典：第二東京弁護士会両性の平等に関する委員会作成「司法におけるジェンダー・バイアス」寸劇シナリオより抜粋

家事調停委員はどんな人？

　実際の家事調停委員の構成は、公益財団法人日本調停協会連合会のHPによると、任命時の年齢で、70歳以上が0.5％、60歳代が70.3％、50歳代が20.8％、と9割以上を占めている。職業別には、「無職」と区分される人が約4割であるが、年齢層から退職後の人も多いことが想定される。他には、公認会計士や税理士などが18.9％、弁護士が12.1％、会社・団体の役員や理事が9.0％と続く（2017年4月1日現在）。

キーワード 6　破綻主義と離婚後の経済問題
→11-3
→11-8

◆**破綻主義の是非**　諸外国の離婚法では、1960年代末頃から、次第に離婚における破綻主義を導入する国が増えている。つまり一方が離婚に合意しなくとも、長期の別居など婚姻が破綻しているときには、裁判所が離婚を認める考え方である（例えば、フランスは2年、イギリスは5年、オーストラリアでは1年の別居で離婚が認められる）。現在では、日本の裁判所実務でも、6〜10年の別居で離婚が認められるケースが出てきている。

1996年の「**民法の一部を改正する法律案要綱**」では、積極的な**破綻主義**の導入が検討され、民法770条1項の裁判離婚原因に、「夫婦が五年以上継続して婚姻の本旨に反する別居をしているとき」を加える改正が提案された。この改正は、離婚を望む人を形骸化した婚姻から解放する意義はあるが、養育費の受給状況や母子世帯の経済的な問題をふまえると、経済力の弱い女性の側に苛酷な状況をもたらす可能性も指摘されてきた。なお改正案では、2項で「離婚が配偶者又は子に著しい生活の困窮又は耐え難い苦痛をもたらすときは、離婚の請求を棄却することができるものとする」とする、いわゆる**苛酷条項**が入っている。

◆**離婚後の経済問題**　日本では長い間、母子家庭や夫と離別した女性の老後の経済的な問題が指摘されてきた。2018年度の司法統計年報家事事件編によると、裁判所が関わる調停・審判離婚でさえ、財産分与の取り決めのある割合は28.5％である。取り決められた額も100万円以下が最も多い。2007年4月以降は、離婚に伴う**年金分割制度**が導入され定着してきたが❶、離婚後の夫婦の公平性や、女性と子どもの生活保障の観点から、諸外国のように実効的な離婚給付の制度を検討しなければならない。まずは、離婚後の財産分与の基準を民法上2分の1と明記し、協議離婚の際にも、夫婦の財産を確実に2分の1ずつに分けられる制度が必要である。(T)

❶ 離婚時年金分割(合意分割)手続の流れ

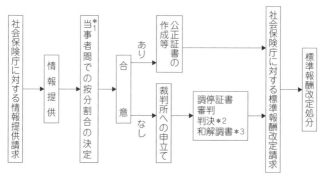

*1 離婚の際あるいは離婚後(事実婚解消後)に行われる
*2 離婚判決中の付帯処分に関する判示事項として判決主文に掲記される
*3 和解離婚の際に年金分割の合意が成立した場合

出典:堀勝洋・本沢巳代子ほか編著『離婚時の年金分割と法』(日本加除出版、2008年):81頁表を一部改変

コラム 離婚後の年金分割、意外に少ない?!

年金は、2007年4月から離婚時に分割されることになった。夫婦が婚姻期間に加入していた厚生年金の部分のみが対象である。たとえ妻が専業主婦で賃金をもらう労働をしていなかったとしても、妻も夫を内助の功で支え、夫婦でつくった年金とみなされるのである。しかし、夫の年金の全額のうちの半分が妻に渡されるわけではない。夫の老齢基礎年金や企業年金は分割の対象外である。したがって、離婚によって妻が受け取る部分は思っているほど大きくない。そもそも夫婦が世帯として受け取る予定だった年金を2人で分けるのだから、離婚後、双方とも老後の生活は厳しくなる。

さらに、08年4月以前の婚姻期間分については、無条件に2分の1ずつ分配されるわけではない。話し合いにより「最大2分の1まで」分割される(この割合を按分割合という)。したがって、年金分割自体に合意が得られない場合や、按分割合が決められなければ、家庭裁判所に申し立てることになる。

もちろん、夫が専業主夫で妻の扶養家族である場合には、妻の厚生年金を分けることになり、共働きなら、婚姻期間中の厚生年金を合算して、最大2分の1まで分けることになる。なお年金分割の請求期限は、離婚をした日の翌日から2年以内である。

11 離婚をめぐる諸問題

比較 **7**　　諸外国における離婚制度　　➡11-4
　　　　　　　　　　　　　　　　　　　➡11-6

　◆**離婚制度、ところ変われば**　　婚姻や離婚の制度は、国によって
異なる。日本の民法は役所への届出のみで離婚が成立する協議離婚を
認めるが、海外では協議離婚を認める国は少数である。多くの国で、
裁判所を通じての離婚が一般的である。

　また、国際的には**破綻主義**が採用され、離婚の自由が拡大する傾向
にある。夫婦の破綻は、別居によって認定することが一般的になって
いる。裁判所は、一定の別居期間（178頁）によって、破綻の理由にか
かわらず夫婦関係の修復は不可として離婚を認めるのである。ただ
し、破綻主義の拡大とともに、離婚給付や離婚後の養育費などについ
ては、裁判所や行政を通じて確保されるよう制度設計されている。つ
まり、経済的に弱い者が「泣き寝入り」することを防いでいるのであ
る。

　◆**国際結婚が終わるとき**　　婚姻や離婚は国によって制度が異なる
ため、日本人と外国人配偶者が離婚をする場合、様々なケースに対
し、どの国の法令が適用されるべきか（準拠法の決定に関する問題）は国
際私法上の問題であり、「**法の適用に関する通則法**」に従うことにな
る❷。この法によると、夫婦の一方が日本に常居所を有する日本人で
あるときは、離婚は日本法（民法等）による（27条但書）。反対に、日本
人と外国人配偶者が相手国で暮らしていて、相手国内において離婚を
する場合は、その国の法律が適用される。

　いわゆる国際結婚において、離婚後、外国人配偶者が日本から離れ
本国に帰国する場合、日本国内で成立した離婚は外国人配偶者の本国
でも有効かという問題がある。例えば、日本で協議離婚として成立し
た離婚は、協議離婚が認められていない他国では別途手続が必要な
ケースもある。そのような場合、日本では離婚が成立し「独身」だ
が、本国では「既婚者」のままとなりうるのである。（T）

180　第Ⅳ部　親密圏

❶ 国際結婚・国際離婚の件数と婚姻・離婚の総件数に占める割合（日本国内）

	1993年	1998年	2003年	2008年	2013年	2018年
婚姻	26,657	29,636	36,039	36,969	21,488	21,852
	3.4%	3.8%	4.9%	5.1%	3.3%	3.7%
離婚	7,597	10,306	15,256	18,774	15,196	11,044
	4.0%	4.2%	5.4%	7.5%	6.6%	5.3%

出典：e-Stat「人口動態調査2018年」より作成

❷ 法の適用に関する通則法

- 第25条（婚姻の効力）
  婚姻の効力は、夫婦の本国法が同一であるときはその法により、その法がない場合において夫婦の常居所地法が同一であるときはその法により、そのいずれの法もないときは夫婦に最も密接な関係がある地の法による。
- 第27条（離婚）
  第25条の規定は、離婚について準用する。ただし、夫婦の一方が日本に常居所を有する日本人であるときは、離婚は、日本法による。

コラム ハーグ条約とは

　国際結婚が増えるにつれ、様々な問題が起こっている。夫婦関係が破綻した後、一方の親がもう一方の親の同意を得ることなく、子どもを自分の母国へ連れ出し、もう一方の親との連絡を絶ってしまうといった「子の連れ去り」の問題もその一つである。このような背景から、1980年「国際的な子の奪取の民事上の側面に関する条約（ハーグ条約）」が採択された。この条約の主旨は、一方の親が国境を越えて子を「連れ去った」場合、この子どもを元の居住国に即時に返還させることを、国どうしが約束するというものである。2019年10月現在、世界101か国がこの条約を締結している。

　日本も2014年4月から加盟国の一員となった。ただし、家庭内に暴力があるケースなどでは、「子の連れ去り」は実質的には「加害者からの避難」である場合もあり、ケースに応じた慎重な対応が求められている。

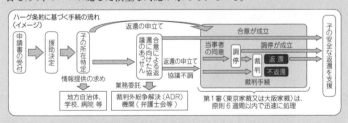

出典：外務省HP「ハーグ条約の実施状況」2019年3月

判例 8　離婚裁判の現状

① **有責配偶者からの離婚請求事件1 "踏んだり蹴ったり判決"**（最判昭27・2・19民集6巻2号110頁）

【事実】X男とY女は、1937（昭12）年8月から同居し、1943年3月に婚姻届を出した。1946年7月頃、Xは訴外A女と関係をもち、Aは妊娠した。翌年、YはXにAとの関係を絶つよう求めたがXが拒絶したため、これをきっかけに口論となり、Yは暴言を吐いたり、暴力的な振る舞いをするようになった。その後Xは家を出て、Aと同居。XはYに離婚を求めて提訴した。

【判旨】「婚姻関係を継続し難いのは上告人が妻たる被上告人を差し置いて他に情婦を有するからである。上告人さえ情婦との関係を解消し、よき夫として被上告人のもとに帰り来るならば、何時でも夫婦関係は円満に継続し得べき筈である」「上告人は上告人の感情は既に上告人の意思を以てしても、如何ともすることが出来ないものであるというかも知れないけれども、それも所詮は上告人の我儘である。結局上告人が勝手に情婦を持ち、その為め最早被上告人とは同棲出来ないから、これを追い出すということに帰着するのであつて、もしかかる請求が是認されるならば、被上告人は全く俗にいう踏んだり蹴たりである。法はかくの如き不徳義勝手気儘を許すものではない」。

② **有責配偶者からの離婚請求事件2**（最大判昭62年9月2日民集41巻6号1423頁、家月39巻12号120頁、判時1243号3頁）

【事実】X男とY女は、1937（昭12）年2月1日に婚姻をした。X・Yは子どもがなく、1948年にA女の子a・bと養子縁組をした。翌年、YがX・A間に男女関係があることを知ったことから、X・Y間は不和になる。その後、X・Aは同居しc・dが生まれた。

Xは、1951年頃離婚訴訟を提起したが、有責配偶者からの離婚請求であるとして棄却された。1983（昭58）年、Xは再びYに離婚等を求めたが拒絶されたため、翌年離婚調停を申し立てた。調停が不調に終わったため、Xは本離婚訴訟を提起した。

【判旨】「有責配偶者からされた離婚請求であつても、夫婦の別居が両当事者の年齢及び同居期間との対比において相当の長期間に及び、その間に未成熟の子が存在しない場合には、相手方配偶者が離婚により精神的・社会的・経済的に極めて苛酷な状態におかれる等離婚請求を認容することが著しく社会正義に反するといえるような特段の事情の認められない限り、当該請求は、有責配偶

者からの請求であるとの一事をもつて許されないとすることはできないものと解するのが相当である」「けだし、右のような場合には、もはや五号所定の事由に係る責任、相手方配偶者の離婚による精神的・社会的状態等は殊更に重視されるべきものでなく、また、相手方配偶者が離婚により被る経済的不利益は、本来、離婚と同時又は離婚後において請求することが認められている財産分与又は慰藉料により解決されるべきものであるからである」。(T)

解説 裁判所の動向：1952（昭27）年の最高裁判決（①の事例）以来、裁判所は有責配偶者からの離婚請求を認めなかった。夫婦関係が完全に破綻している場合でも、その破綻の原因を作った責任のある有責配偶者からの離婚は許さないと判断してきた。しかし、そのような夫婦は、裁判上離婚が認められないとしても、元通りに婚姻生活を回復させることは少なく、長い間別居生活が続くケースも多い。そこで、裁判所は、1987（昭62）年に判例変更を行い（②の事例）、有責配偶者からの離婚請求を、1）同居期間との対比において相当長期の別居、2）未成熟子の不存在、3）離婚により一方配偶者が苛酷な状態に置かれない、といった3要件のもとで認めるようになっている。

その後の傾向として、同居期間が短い場合には別居期間が2～6年程度でも、裁判所が離婚を認めたケースもある（東京高判平14・6・26、東京高判平26・6・12など。後者のケースでは未成熟子がいた）。一方で、成人の子どもが身体障がい者である事例では、子の介助のため妻の経済的自立が困難であることが認められ、離婚請求は信義則に照らし容認できないと判断された（東京高判平19・2・27）。

コラム　性交渉の拒否に慰謝料??

夫婦間での性交渉の拒否は離婚原因となることもある。ただちに慰謝料請求が認められるわけではないが、それが夫婦関係の破綻の大きな原因となる場合、慰謝料が認められるケースもある。

(1) 夫の性交渉拒否を原因とする離婚（慰謝料額500万円）、京都地判平2年6月14日判時1372号123頁　婚姻後、夫が一切性交渉をもとうとせず1月足らずで別居。夫が事態善処に努力しなかったことにより婚姻破綻したとされた事例。妻は結婚退職しており、相当額の結婚費用を使っていたことから夫に慰謝料の支払いを命じた。婚姻期間は約3か月。

(2) 妻の性交渉拒否を原因とする離婚（慰謝料額150万円）、岡山地津山支判平3年3月29日判時1410号100頁　夫と妻は婚姻から約9か月で協議離婚。婚姻中、性交渉を拒否し続けた妻に対し、離婚後夫から慰謝料請求がなされた事案。婚姻の破綻は、妻の性交渉に耐えられない性質からの性交渉の拒否によるものであるとされ、慰謝料が認められた。

12 親子関係と生殖補助医療

概説 **1** 子ども・親子関係の法と政策

➡11-3
➡4-6

◆**日本の子ども** 　国家は、次世代を担う子どもについて、どの時代も関心事である。現代の日本においても、教育や児童虐待の問題をはじめ、国や自治体が子どもに関与する領域は広い。ただし日本は、国家予算のうち、家族政策に支出する額が決して多い国とはいえない❶。近年では、子どもの相対的貧困率が高いことが指摘されるようになった。日本の子どもの7人に1人が貧困に陥っているという❷。親の貧困状態は子どもの生活環境と直結し、十分な教育が受けられなかった子どもたち❸が就職においても不利になり、結果、子ども世代が大人になっても貧困状態から抜け出せない。これがいわゆる貧困の連鎖の問題である（173頁コラムも参照）。

◆**親子とは何か** 　また、子をこの世へ送り出す親の概念が多義化している。親子とは何か、根源的な問題を考える必要性が出てきた。卵子と精子が結びつき受精卵ができる。受精卵は数日かけて母の子宮に着床する。着床した受精卵は少しずつ成長を続け、この世に誕生する。元来この卵子と精子の主が母と父であり、特に母親は子を宿し、出産することから母子関係は容易に確定できた。しかし、科学技術の進歩により、卵子や精子を採取し体外で保存したり、体外で授精させた受精卵を直接子宮に移植することも可能になった。そうなると、血縁上の親と分娩する親が別である場合が生じる。

さらに、卵子や精子をドナーから譲り受けたり、子を分娩してもらう代理母などの存在もあり、厳密にいうと、血縁上の親、分娩する親、子を養育する親…と、親の概念が多義化している。このような現実を踏まえ、改めて親子とは何かという問いを考える必要があるだろう。なぜなら、どの関係を「親子」と捉えるか、またどのような「親子」の

184　第Ⅳ部　親密圏

種別を設定するかは法政策によるからである。ここでは、まず日本の親子関係に関する法の仕組みを理解しよう。そのうえで、現代の親子関係と法のあり方について、考えてもらいたい。(T)

❶ 各国の家族関係社会支出の対GDP比

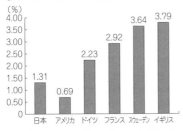

出典：内閣府（https://www8.cao.go.jp/shoushi/shoushika/data/gdp.html）

❷ 相対的貧困率の年次推移

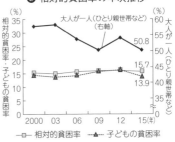

出典：厚生労働省「平成28年国民生活基礎調査」より

❸ 子どもの大学等進学率の推移

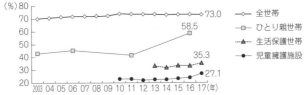

出典：内閣府「第9回子供の貧困対策に関する有識者会議」資料1より
（https://www8.cao.go.jp/kodomonohinkon/yuushikisya/k_6/pdf/s1.pdf）

コラム　少子化解消のために

　日本では、婚外子の出生率が低いため、若い世代の婚姻率は少子化の問題と直結する。近年、若い世代では、非正規雇用者の割合が増加し、所得水準が下がっている。所得の低下は、若い世代に結婚や子をもつ選択を躊躇させる。男性の非正規雇用者は、正規雇用者の半数しか婚姻していないのも現実である。少子化を克服したといわれる国々では、家族政策への財政支出は「将来への投資」と見なされ、子育てを社会全体で支える体制がある。子どもへの手厚い手当があり、教育費の負担も軽い。一方で、日本の家族政策の支出は、GDPとの比較でも、イギリスやスウェーデンなどと比べ4割弱である。また、フランスや北欧諸国では婚外子も多く、どのような家庭に生まれた子どもも平等に社会に受け入れられる風土は、少子化克服の手がかりかもしれない。

キーワード 2　親子関係をめぐる法の仕組みと課題

➡12-6
➡9-5

◆**民法上の親子関係**　　裁判所は、母子関係の発生について分娩の事実により当然に生じるとしている（最判昭37年4月27日民集16巻7号1247頁）。それに対し父子関係は、子を産んだ母が婚姻している場合、民法772条*により二段階の推定があり、これを**嫡出推定制度**という。まず、第1項により、妻が婚姻中に懐胎した子は夫の子と推定される。また、その期間について第2項では、婚姻成立の日から200日後、または婚姻の解消もしくは取消しの日から300日以内に生まれた子を、婚姻中に懐胎したものと推定する❶。これらは嫡出子に関する規定であり、子を産んだ母が婚姻していないときは、子と父の親子関係の発生には**認知**を要する。認知は届出によって行い、父子関係の証明はいらない。父は自由に認知できるが、身勝手な認知を防ぐため、子が成年になった後は子の承諾が必要である。胎児の認知もできるが、母の承諾が要る。

◆**嫡出否認の訴え**　　嫡出推定制度は「推定」であるため、法律上父と推定される場合でも、父は**嫡出否認の訴え**によりその推定を覆すことができる（民法774条以下）。この訴えを提起できるのは、民法772条によって子の父親と推定される者のみであり、母親も血縁上の父親からも訴えを起こすことはできない。また、出訴期間も子が生まれてから1年と短く、この制度自体を知らない人も多い（下級審では一部「自分の子でないことを知った時から1年」とする解釈もあるが、通説ではない）。

◆**離婚後300日問題**　　嫡出推定制度をめぐっては、親子鑑定の技術の発達した今日、批判も多い。それが問われたのが、いわゆる「**離婚後300日問題**」である。民法772条2項によると、離婚後300日以内に、女性が前夫ではない男性の子を出産すると、血縁関係はなくとも法律上、前夫の子として扱われる。つまり、真実の父を「父親」とする出生届は受理されず、戸籍記載もできない。このことにより、戸籍のない子の問題が生じる。（T）

186　第Ⅳ部　親密圏

❶ 嫡出推定制度 　　　　❷ 嫡出推定期間と再婚禁止期間

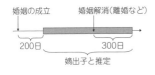
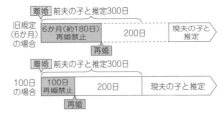

コラム 「戸籍のない子」―嫡出推定制度がもたらす問題

　戸籍は、出生や結婚、死亡などの身分関係を登録すると同時に、日本の国籍をもつことを証明するものである（160頁）。出生の届出がなされない場合、その人の戸籍は作られず無戸籍の状態となる。無戸籍者は、行政サービスを十分に受けられなかったり、国籍の証明ができないため原則的にはパスポートを作ることができない。法務省によると、2014年7月から2017年10月10日までに、1,495人の無戸籍者が確認されている。このような無戸籍者のうちには、夫あるいは元夫の嫡出推定を避けるために、出生届が提出されず、その結果、無戸籍者となった人が75.1%を占めていた。

　例えば、婚姻が破綻し夫婦が別居中に、妻が新しいパートナーとの間で妊娠し、出産する。このとき血縁上の父は新しいパートナーである。しかしながら、民法には妻が婚姻中に懐胎した子は夫の子と推定するという嫡出推定規定が設けられているため、血のつながりに関係なく、法律上は別居中の夫の子と推定される。同様に、夫婦が離婚した場合も、離婚後300日以内に生まれた子は、婚姻中に懐胎したと推定される。別居中、あるいは離婚後、血縁上の父母と子が安定した生活を送っている場合でも、現在の戸籍実務では子の父親について真実の届出をすることも、血縁上の父が子を認知することもできない。嫡出を否認する権利も夫のみに設定されている（民法774条）。

　この点をめぐり、嫡出推定を否認できる権利が夫に限っていることについて憲法違反を問う訴えが提起された。2017年の一審、2018年の二審ともに請求は却下されたが、2019年7月より、法務省法制審議会において、この問題も含め親子法制について検討されている。

　子の血縁上の親として、子の誕生に関し父と母には生物学的な差異がある。しかし現在では、DNA鑑定などの技術の進歩によって短期間で親子関係を判明させられる。母や血縁上の父親、子の意思を尊重する視点からも、一定の法改正が求められる。

キーワード 3　生殖補助医療により出生した子の親子関係

➡9-5
➡12-5

次の各ケースから、生殖補助医療と法の問題を考えてみよう。

「A女＝B男の夫婦には子がなく、何らかの生殖技術を利用して子どもをもつことを検討している。」

① AB夫婦は、B男の精子をA女の胎内に注入することにより妊娠を試みた。

② B男の精子を用いた妊娠が不可能であることが判明した。AB夫婦は、ドナーによる妊娠を考えるようになった。その後、ドナーの精子によりA女は妊娠し、子Cが生まれた。

③ ②と同ケースで、B男の精子を用いた妊娠が不可能である場合、B男は夫婦の子どもを諦めようと考えた。しかし、A女はどうしても自分と血のつながった子どもがほしいと望み、医師にB男が承認していると伝え、ドナーによる妊娠を単独で実行し、子Cが生まれた。

④ A女の卵管を原因とする不妊が判明したため、自分たちの受精卵をA女の胎内に移植し、子Cが生まれた。

⑤ 検査の結果、不妊の原因はわからず、夫婦は、ドナーから卵子を得てB男の精子と体外受精を試み、その受精卵をA女の胎内に移植させることを選択した。

⑥ A女は、病気により子宮を摘出していて妊娠の可能性がない。よって、夫婦は、代理出産によって子どもをもつことを望んでいる。

---

①④のケースでは、「誰が母か」「誰が父か」といった、血縁上の親子関係については争いがないが、②③のケースでは、子Cの父をめぐる問題が起こる。現在では、ドナーの精子を利用するAIDの場合、夫の同意がある場合には、生まれてくる子どもと夫の間に親子関係を成立させ、嫡出子としている。また日本国内では、⑤のような卵子提供は2013年より一部で実施されているが、⑥のような代理出産は認められていない。ただし、海外では代理母が認められる国もあるため、海外で代理出産を依頼する日本人もいる。日本では、母子関係については**分娩主義**によるため、卵子提供により妻が出産する場合には、妻が子の母となるが、代理出産のケースでは、夫婦の受精卵であっても、代理母と子どもの間に親子関係が成立する。

188　第Ⅳ部　親密圏

現行民法には、生殖補助医療技術を使って誕生する子どもの親子関係について規定がない。そのようななかで、医療行為だけが先行しており、時として当事者らが納得できない形で判決が下されることもある。夫婦やカップル間の生殖と異なり、関係する当事者が多い生殖補助医療では、様々な利害関係の対立がある。日本では、生殖補助医療に関する法制定が実現しないままの状態が長く続いた。2020年12月、ついに生殖補助医療法（生殖補助医療の提供等及びこれにより出生した子の親子関係に関する民法の特例に関する法律）が成立したが、出自を知る権利に関する規定がないなど、多くの課題が残されている。（T）

◀コラム▶ 受精卵の取り違え事件

2009年2月、香川県は、高松市の県立中央病院で、不妊治療を受けた20代の女性に、誤って別の患者の受精卵を移植した疑いから、妊娠9週目の段階で人工中絶をしたと発表した。産婦人科の男性医師が、体外受精の3日後、受精卵の発育を確認するため培養器から受精卵の入ったシャーレを取り出した際に、片づけられていなかった別の患者の受精卵の容器に、女性の名前が書かれたふたをして培養器に戻したらしい。

医師は取り違えに気付かないまま、女性に受精卵を移植。10月上旬に超音波検査で妊娠していることが分かった。医師は受精卵の発育状況から別の患者のものと取り違えた可能性があると思い作業手順を確認。間違って移植した可能性が高いと考え、院長らに報告、病院も作業手順などを検証し、ほぼ取り違えていると判断した。

医師らから事情を聞いた夫は、医師らに「自分たちの受精卵の可能性はないか」と詰め寄ったが、病院側は、妊娠15週まで待てば判別できるが、中絶時の身体的負担が大きくなると説明したため、夫婦は中絶手術を選んだという。夫婦は精神的苦痛を受けたとして、県に約2000万円の損害賠償を求め高松地裁に提訴し、後に県が820万円を払うことで和解した。このような悲しい事件は二度とあってはならない。2016年の体外受精による妊娠率は、新鮮胚で20.5%、凍結胚で33.3%である（日本産科婦人科学会ARTデータブック2016年による）。不妊治療が一般化されるほど、子を望む夫婦や周囲の期待は高くなる。しかし不妊治療は人の誕生に関わる医療行為である。成功率を高めるための無理な治療や、ずさんな管理は許されない。

キーワード **4**　子の育みへの関わり　養子縁組・里親制度　→12-1　→4-6

◆**養子縁組制度**　日本では江戸時代以降、家の継承のために養子を迎える、いわゆる「家のための養子」が認められていた。現在も、家の後継ぎとしてや老後の世話を期待する成人養子が圧倒的に多い❶。養子が未成年の場合には、家庭裁判所の許可が必要である（民法798条）。また、配偶者のある者が未成年者を養子にするときには、配偶者と共同での縁組を必要とする（民法795条）。日本では、未成年の子との養子縁組については、配偶者の連れ子と縁組する「連れ子養子」が多い。

1987年、民法に**特別養子制度**が導入された（民法817の2〜11）。この制度は、「子のための養子」に特化した制度で、実父母による監護が著しく困難または不適当などの事情がある場合に、試験養育期間を経たうえで家庭裁判所の審判により縁組が成立する。同意のうえで実父母との関係が切れ、養親と養子はより実親子関係に近い形になる。日本では諸外国に比べ、このような要保護児童のための特別養子縁組の件数は非常に少ない（2017年度には養子縁組の届出は全国で75,111件あったが〔成人養子含む〕、家裁における特別養子縁組の認容件数は616件である「戸籍統計・司法統計」より）。

◆**里親制度**　里親制度は、親のない子や親による監護が適当でない子を、自宅に引き取り家庭的な環境で養護する児童福祉法上の制度である。研修を受けて児童相談所の里親名簿に登録されると、都道府県知事によって里親として要保護児童の養育を委託される。里親には、子どもの数に応じて、生活費や委託措置費が支払われる。

保護者のいない児童や被虐待児など、社会的な養護を必要とする子どもたちは、日本に約4万5000人いる。日本では、この子どもたちのうち約8割が施設で暮らす。厚生労働省は、養子縁組や里親制度を活用し、要保護児童が家庭的な環境で過ごせる割合を増加させることを目指している。（T）

190　第Ⅳ部　親密圏

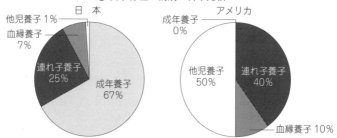

出典：森口千晶「日本はなぜ子ども養子小国なのか」井堀利宏・金子能宏・野口晴子編『新たなリスクと社会保障』（東京大学出版会、2012年）

❷ 里親制度について

1. 里親の種類

養育里親	18歳まで（必要に応じて20歳まで）の要保護児童を、自分の家庭に受け入れて育てる里親。期間は子どもの事情による。
専門里親	被虐待児や障害のある子どもなど、専門的なケアを必要とする子どもを育てる里親
養子縁組里親	特別養子縁組を前提として要保護児童を養育する里親
親族里親	両親が死亡するなどして親が育てられない子どもを、親族が育てる場合

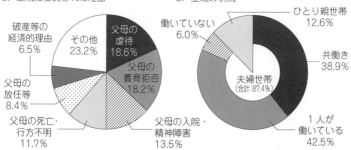

出典：厚生労働省HP「里親制度について」(http://www.mhlw.go.jp/bunya/kodomo/syakaiteki_yougo/02.html) より作成

◆2017年以降、厚生労働省は、要保護児童に対し家庭養育優先原則を打ち出した。2017年8月に発表された「新しい社会的養育ビジョン」では、3歳未満の子についてはおおむね5年以内に、それ以外の就学前の子どもについてはおおむね7年以内を目途に、里親委託率75%以上を実現する方向性を示している。これに伴い、2019年、特別養子制度についても民法の改正があった。特に大きな改正点は、養子となる子の年齢制限について、現在の「原則6歳未満」から、「原則15歳未満（審判確定時に18歳に達していないこと）」と上限年齢を大きく引き上げた。

比較 5 **諸外国における生殖補助医療と法** ➡9-5
➡4-6

◆**国際的な動向**　　1978年、イギリスで世界初の体外受精児が誕生した。その後、欧米諸国では、生殖補助医療に関する法律を整備し、現在も新しい法の制定や改正が行われている。日本を含む東アジア諸国でも、近年、立法作業が進められている。ただ、その内容は国によって大きく異なり、国際的な基準となるようなモデルが見いだせないのが現状である。

　特に議論があるのは、**死後懐胎**（夫の死後に夫の保存精子を用いて懐胎）と**代理懐胎**（妻以外の代理母による妊娠・出産）である。日本では、判例上、死後懐胎子と父との間に親子関係を認めていない（194頁）が、アメリカやイギリスなどでは父子関係を認めている。代理懐胎についても、認めない国（ドイツ、フランス、イタリア、スウェーデン、ノルウェーなど）もあれば、認める国（アメリカの一部の州、イギリス、オランダ、ロシア、タイ、インドなど）もあり、営利での代理懐胎の契約を認める国もある。自然界では起こりえない死後懐胎と、妊娠・出産を他の女性に負わせる代理懐胎については、倫理面や女性の身体を使用する契約・取引という点から批判も多い。

　また、子どもが**出自を知る権利**についても、国により扱いが様々である。実施国が多いAIDによる場合を中心に、子のアイデンティティの確立のためにアクセス権を保障する国も少なくない。近年では医療情報の面からも重要視されている。

◆**被施術者の要件**　　また、被施術者についても、国により大きく違っている。事実婚や同性カップルにも適用を広げたり、フィンランドやスペイン、アメリカの一部の州では単身女性も生殖補助医療を利用して子どもをもつことが認められている。このように、それぞれの国でそれぞれの議論があり、生殖補助医療をめぐる法規制は統一的でない。また現状や国民感情に合わせ、改正を重ねている。日本も諸外国の法制から学ぶことが多い。(T)

192　第Ⅳ部　親密圏

❶ 生殖補助医療に関するアンケート結果

1. 第三者を介する生殖補助医療を社会的に認めてよいか

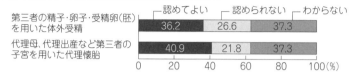

2. 第三者を介する生殖補助医療によって生まれた子供について、「出自を知る権利」を認めるべきか

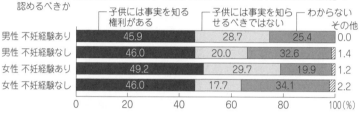

注：20歳〜59歳の男女2500人へのアンケート結果より

出典：平田哲也・大須賀穣「卵子提供、代理懐胎など第三者を介する生殖補助医療と出自を知る権利に対する国内の意識調査について」2018年11月（日本医療研究開発機構プレスリリース http://www.h.u-tokyo.ac.jp/vcms_lf/release_20181101.pdf による）

コラム　タイでの代理出産に注目が集まる！

タイでは、多くの外国人が費用の安さや医療レベルの高さから、代理出産を利用してきた。2014年、以下のような報道に注目が集まった。

2014年8月、タイでの代理出産で双子を授かったオーストラリア人の夫婦が、双子のうち、ダウン症であることが判明した男児の引き取りを拒否した。報道によれば、出産したタイ人女性は、仲介業者を通じて1万6000豪ドル（≒約152万円）で体外受精卵の代理出産を引き受けた。この女性は、家族の借金の返済や6歳と3歳の子どもの養育費が必要だったという。オーストラリア人夫婦は、「この男児の存在を知らなかった」としているが、真実は定かでない。このダウン症児の心臓手術のために世界中で募金がなされ、代理出産したタイ人女性がこの男児を養育する意思を示している。

同じ頃、タイ人の複数の代理母から、ある日本人男性と血縁関係のある子どもが、少なくとも15人以上産まれていたことが判明した。報道によると、この日本人男性は20歳代の資産家で、弁護士を通じ、自分の行った行為に違法性はなく、相続のために多くの子どもを持ちたかったと話しているそうである。

これらの事件を受け、2015年2月、タイの暫定議会は外国人による代理出産を禁止する法律を可決した。

判例 6 　生殖補助医療・DNA鑑定と親子関係

①死後懐胎子からの認知請求事件（最二小判平18年9月4日民集60巻7号2563頁、家月58巻12号44頁、判時1952号36頁）

【事実】X男・Y女夫婦は、1997（平9）年に婚姻した夫婦で不妊治療を行っていた。また、以前から白血病の治療を受けていたXは、骨髄移植手術を受けるに際し、手術に伴う放射線照射によって無精子症になることを恐れ、精子を冷凍保存していた。しかし、1999年、Xは死亡した。翌年、Yは凍結保存精子を用いて体外受精を行い、2001年5月には子Aを出産した。Aの出生後、Yは、X・Yから生まれた嫡出子としてAの出生届をしたが、受理されなかった。そこでYは、Aの法定代理人として、検察官を相手に死後認知の訴えを提起した。なお、Xは、骨髄移植手術を受ける以前に、Yに対して「自分が死亡することがあっても、Yが再婚しないなら、自分の子を産んでほしい」という趣旨を伝えていた。

一審（松山地判平15年11月12日）は訴えを棄却した。原審（高松高判平16年7月16日）は、認知を認め、亡きXとAとの間に親子関係の成立を認めた。

【判旨】「死後懐胎子については、その父は懐胎前に死亡しているため、親権に関しては、父が死後懐胎子の親権者になり得る余地はなく、扶養等に関しては、死後懐胎子が父から監護、養育、扶養を受けることはあり得ず、相続に関しては、死後懐胎子は父の相続人になり得ないものである」「両者の間の法律上の親子関係の形成に関する問題は、本来的には、死亡した者の保存精子を用いる人工生殖に関する生命倫理、生まれてくる子の福祉、親子関係や親族関係を形成されることになる関係者の意識、更にはこれらに関する社会一般の考え方等多角的な観点からの検討を行った上、親子関係を認めるか否か、認めるとした場合の要件や効果を定める立法によって解決されるべき問題であるといわなければならず、そのような立法がない以上、死後懐胎子と死亡した父との間の法律上の親子関係の形成は認められないというべきである」。

②外国人代理母が出産した子の親子関係をめぐる事件（最二小決平19年3月23日民集61巻2号619頁、家月59巻7号72頁、判時1967号36頁）

【事実】X男とY女はともに日本在住の夫婦である。Y女は子宮摘出手術を受けており、妊娠が望めないため代理出産を希望したが日本では実施できない。そのため米国ネバダ州にて、同州在住の米国人女性Aと代理出産の有償契約

をした。2003年、X・Yの受精卵がAの子宮に移植され、Aは双子Z_1・Z_2を出産した。同年12月、ネバダ州の裁判所は、X・YがZ_1・Z_2の父母であるとする内容の裁判を行い、その後、Z_1・Z_2について、Xを父、Yを母とするネバダ州出生証明書が発行された。

　Xらは、2004年1月に帰国し、Xを父、Yを母とするZ_1・Z_2の出生届を東京都品川区に提出したが、Yによる分娩の事実がないことを理由として、受理されなかった。そこで、Xらは家裁に受理を命じることを求める申立てをしたが、家裁は出生届の不受理は適法と判断。Xらは東京高裁に抗告した。東京高裁は家裁の審判を取り消し、品川区長（相手方）Bに対し出生届の受理を命じた。本件はBからの許可抗告の事案。

　【判旨】「民法が、出産という事実により当然に法的な母子関係が成立するものとしているのは、その制定当時においては懐胎し出産した女性は遺伝的にも例外なく出生した子とのつながりがあるという事情が存在し、その上で出産という客観的かつ外形上明らかな事実をとらえて母子関係の成立を認めることにしたものであり、かつ、出産と同時に出生した子と子を出産した女性との間に母子関係を早期に一義的に確定させることが子の福祉にかなう」「現行民法の解釈としては、出生した子を懐胎し出産した女性をその子の母と解さざるを得ず、その子を懐胎、出産していない女性との間には、その女性が卵子を提供した場合であっても、母子関係の成立を認めることはできない」。

　③DNA鑑定によって嫡出推定が覆せるかが争われた事件（最一小判平26年7月17日〈札幌事件〉民集68巻6号547頁〈大阪事件〉集民247号79頁）

　【事実】妻が、夫とは別の男性との間にもうけた子につき、DNA鑑定の結果をもとに夫とは親子でないことの確認を求めて提訴した事案。民法上の嫡出推定制度とDNA鑑定の結果、どちらが法律上の親子関係を決める要素として重視されるかが問われた事件。

　【判旨】「夫と子との間に生物学上の父子関係が認められないことが科学的証拠により明らかであり、かつ、子が、現時点において夫の下で監護されておらず、妻及び生物学上の父の下で順調に成長しているという事情があっても、子の身分関係の法的安定を保持する必要が当然になくなるものではないから、上記の事情が存在するからといって、同条（民法772条）による嫡出の推定が及ばなくなるものとはいえ」ない。なお、本件では、5人中2人の裁判官の反対意見が付されている。（T）

13 親密圏における暴力

概説 1 親密圏における暴力
➡13-2
➡13-6

◆家のなかで暴力？　1999年2月、カナダ・バンクーバーの日本の総領事が、公邸で口論になり妻の顔を殴ったため暴行の疑いで地元警察の取り調べを受けた。この総領事は逮捕されまもなく釈放されたが、妻は目の周りにあざができるほどの状態だったという。この総領事は事実関係を認めながらも、「(妻を殴るのは) 日本の文化では咎められない」「単なる夫婦げんか」という趣旨の説明をしたことから、批判が高まった。このような夫婦間の暴力（**ドメスティック・バイオレンス**＝以下、**DV**）以外にも、幼い子どもへの虐待、身体的に弱った高齢の親に対する虐待など、あまりに痛ましい家族内の暴力事件が、日々ニュースや新聞で取り上げられる。

◆家族の崩壊？　マスコミでは、このような暴力事件を、現代に特有の「家族の崩壊」が引き起こした事件だとして扱い、「子どもを虐待する母親なんて…」「子が親を殺すとは、何と恐ろしい時代…」などとコメントされる。この発想には、家族、親子、夫婦のような**親密圏**を、「愛情にあふれた温かいイメージ」で捉える前提があるのかもしれない。しかし、日本の殺人の検挙件数に関する統計では、父母、夫婦、子どもなど、家族を被害者とする割合は1979年から一貫して約4割を占める。傷害致死の統計でも、同じような割合である。親密圏の内部だからこそ、強者から弱者に向かう暴力は「しつけ」「けんか」として隠蔽されやすく、女性、子ども、高齢者といった弱者の人権侵害は放置されてきたのではないだろうか。

◆なぜ逃げられないか？　とりわけDV問題については、被害者は大人であり、本当に危険なら自分で逃げられるはず…と考えられがちである。しかし、精神的にも生活の面でも基盤である親密圏から抜け出

196　第Ⅳ部　親密圏

すことは、心理的な負担が非常に大きい。そのうえ、経済的な問題や子どもの問題を考えると、傷つき判断力が弱められた被害者のなかには、加害者から容易に逃げられず、暴力に耐える続ける人も多いのである。

　内閣府男女共同参画局では、女性に対する暴力に関する専門調査会報告書において、「配偶者からの暴力など、女性に対する暴力は、女性の人権を著しく侵害する社会的問題であるとともに、男女の固定的な役割分担、経済力の格差、**男尊女卑**意識の残存など、わが国の男女が置かれている状況等に根ざした構造的な問題」であると分析している。この表現からも、DVは「たまたま暴力的な男性と結婚した可哀そうな女性」の問題ではなく、社会的な問題であることがわかる。

◆**現実を見据えて**　近年になり、日本の社会は、家族内で起こる暴力の問題をようやく人権侵害だと認識し始めた。「愛情にあふれた温かいイメージ」でのみ親密圏を捉え続ける限り、家族内の暴力は明るみに出にくく、暴力の問題を抱えた夫婦や家族は、特別視されがちになる。親密圏の内部で、強い者が弱い者を支配して殴る、それを社会が許容してきた過去を重く受け止め、暴力の構造や救済・支援のあり方について、しっかりと学ばなければならない。(T)

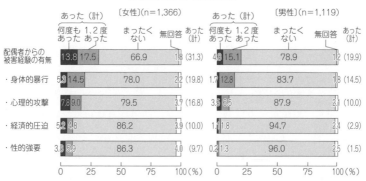

❶ 配偶者からの被害経験

出典：内閣府男女共同参画局「男女間における暴力に関する調査」平成30年3月、図2-1-2より作成
（http://www.gender.go.jp/policy/no_violence/e-vaw/chousa/pdf/h29danjokan-4.pdf）

キーワード 2　ドメスティック・バイオレンス

➡13- 4
➡13- 7

◆**暴力の実態**　　配偶者や内縁のパートナーなどからの暴力はDVと呼ばれ、多くの場合、女性がその被害者である。内閣府「**男女間における暴力に関する調査**（平成30年3月）」では、配偶者から身体的暴行などの被害を受けた経験が「何度もあった」「1、2度あった」と答えた女性は合わせて31.3％、男性では19.9％となっている（197頁❶）。また司法統計によると、家庭裁判所の離婚調停事件において、妻側の申立ての動機のうち「（夫が）暴力をふるう」は、3割を超えている。

◆**どのような暴力か**　　暴力の内容は、平手や拳骨で殴る、蹴る、首を締めるなどの身体的暴力が多く、なかには刃物や木刀で傷を負わせたり、骨折させたりとかなり深刻である❶。また、望まない性行為の強要や、避妊への非協力など、性的な暴力も多い。そのほかにも、生活費を渡さないといった経済的暴力、言葉による侮辱や威嚇するなどの精神的な暴力もDVに含まれる。

　DVの暴力の構造を示したものに、**パワーとコントロールの車輪**の図がある❷。これは、アメリカ合衆国ミネソタ州ドゥルース市の支援グループが作成したものであるが、様々な言語に訳され世界中に広まっている。この図は、力と支配を軸に、暴力の車輪が回り続けることを示している。アメリカでは、1970年代からDVへの取組が進められ、現在では夫婦や恋人間の暴力は犯罪であるという認識が広がっている。

◆**DV被害の影響**　　DV被害者には、経済的な問題に加え、子どもの問題、離婚に伴う法的な手続など、簡単に逃げられない実情がある❸。また、うつ病や**PTSD**など、精神的な疾患に悩まされることも多い。DV問題は、閉ざされた家庭という親密圏と男女の役割が固定化された社会、その双方が絡み合って起こることに留意し、DV被害者への社会的な支援が必要である。（T）

❶ 医療機関への受診状況

あなたは、暴力による怪我や精神的不調について、医師の診察等を受けたことがありますか。

診察等を受けたことがある	67.2%

N=720人　　診察等を受けたことはない 32.5%　　無回答 0.3%

出典：内閣府「配偶者からの暴力の被害者の自立支援等に関する調査」(2007年調査)

◆被害者は配偶者からの被害を受けたあと、整形外科、外科、心療内科など、医師による診察を受けている。また、治療を受けた診療科が複数ある人は484人中301人で、一人当たり平均2.3科を受診していた。

❷ パワーとコントロールの車輪

出典：戒能民江編書『ドメスティック・バイオレンス防止法』(尚学社、2001年) 51頁

◆パワーとコントロールという車軸が、暴力の車輪を回している。誰の目にも明らかな「身体的暴力」は外輪で、外からわかりにくく、暴力と認識しにくい「心理的暴力」「経済的暴力」が、車輪の空気圧のように、暴力の効果を強くすることを示す。

❸ DV被害者は、なぜ逃げる事が出来ないのか？

(1) 恐怖感

被害者は、「逃げたら殺されるかもしれない」という強い恐怖から、家を出る決心がつかないこともあります。

(2) 無力感

被害者は暴力を振るわれ続けることにより、「自分は夫から離れることができない」「助けてくれる人は誰もいない」といった無気力状態に陥ることもあります。

(3) 複雑な心理

「暴力を振るうのは私のことを愛しているからだ」「いつか変わってくれるのではないか」との思いから、被害者であることを自覚することが困難になっていることもあります。

(4) 経済的問題

夫の収入がなければ生活することが困難な場合は、今後の生活を考え逃げることができないこともあります。

(5) 子どもの問題

子どもがいる場合は、子どもの安全や就学の問題などが気にかかり、逃げることに踏み切れないこともあります。

(6) 失うもの

夫から逃げる場合、仕事を辞めなければならなかったり、これまで築いた地域社会での人間関係など失うものが大きいこともあります。

出典：内閣府男女共同参画局「配偶者からの暴力被害者支援情報」より

コラム　DVの健康被害とコスト

オーストラリア・ヴィクトリア州では、DVが女性に深刻な健康被害をもたらすとの認識から、DVの防止啓発活動を広めている。ヴィクトリア州Vic Health研究所によると、15歳から44歳までの女性にとって、DV被害によって健康を損なう可能性は、喫煙や肥満などで健康を損なう可能性よりも高い。また、DVはケガやうつ病につながり、職場での労働者の休業にかかるコストにもつながる。DVは個人の悲惨な経験ではなく、社会の問題なのである。

キーワード 3	デートDVの問題	➡13- 4 ➡13- 5

◆楽しい恋愛してる？　　本当はいつも恋人の顔色を窺っている、言いたいことが言えない、どこか怖い…などと感じているのに、それを「切ない恋」と勘違いしていないだろうか。内閣府の「男女間における暴力に関する調査」によると、交際相手からの被害経験（身体的暴行・心理的攻撃・経済的圧迫・性的強要のいずれか）があったと回答した人は、女性では21.4%、男性では11.5%である。また、DV被害の場合と比べ、被害についての相談先として「友人・知人」を選ぶ人が多いのが特徴である❶。

◆デートDV　　最近では、このような恋人との間で起こる暴力は、「デートDV」と呼ばれている。デートDVの被害は、高校生や大学生にも多くみられる。その内容は、身体的暴力とともに、携帯電話やメールでの嫌がらせなど、若い世代に特徴的な被害もある。恋愛経験の少ないデートDVの被害者は、暴力を含む関係を「これが普通だ」と自分に言い聞かせたり、過度な束縛を「愛されている」と思いこむなど、被害自体に気付きにくく、適切な救済につながらないこともある。また、同棲していない場合はDV防止法の適用外でもあり（ストーカー行為を含む場合は、「ストーカー行為等の規制等に関する法律」〔=**ストーカー規制法***〕に基づく扱いが可能）、法的な救済の難しさも指摘される。

◆男女ともに被害はあるけれど…　　内閣府調査によると、デートDVの被害は男女ともにみられる。しかしその被害で「命の危険」を感じたのは、女性の側に多い❶- 3。その意味では、DV問題と同じように、女性への人権侵害という視点を踏まえた対応が求められる。諸外国では、デートDV問題を含め、若年層への暴力防止教育が進められている。「どのような理由があっても、暴力を振るうことは許されない」という考え方を社会に広めるためである。DV防止法24条*の下、日本でも2010年以降内閣府や法務省が教材案❷を発表するなど、学校教育機関における暴力の予防啓発に期待が高まっている。（T）

200　第Ⅳ部　親密圏

❶ 交際相手からの被害

1. 交際相手から「身体的暴行」「心理的攻撃」「経済的圧迫」「性的強要」のいずれかをされた経験（女性969人、男性864人から回答）

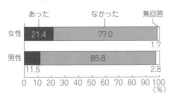

2. 被害についての相談先（被害経験を有する人306人から回答、上位6位まで）

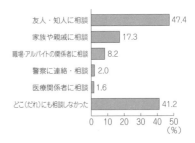

3. 被害により命の危険を感じた経験（被害を受けたことのある306人中）

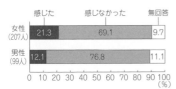

出典：内閣府男女共同参画局「男女間における暴力に関する調査」平成30年3月、図3-1-1、図3-3-2、図3-7-1より作成（http://www.gender.go.jp/policy/no_violence/e-vaw/chousa/pdf/h29danjokan-5.pdf）

❷ 若年層を対象とした交際相手からの暴力の予防啓発教材

出典：内閣府「人と人とのよりよい関係をつくるために」

13 親密圏における暴力 201

キーワード4　DV防止法の仕組み

→13-7
→13-8

◆DV防止法概要　2001年、「配偶者からの暴力の防止及びその保護に関する法律」(＝DV防止法) が成立した。この法律は、各都道府県への**配偶者暴力相談支援センター**の設置と**保護命令制度❶**を大きな柱に、DV被害者の救済と保護を図っている。配偶者暴力相談支援センターは、2007年改正によって市町村にも、この機能を有する施設の設置が努力義務とされている (2018年7月現在、全国281か所〔うち市町村108か所〕)。また、加害者による生命・身体に重大な危害を受けるおそれが大きいとき、地方裁判所への申立てにより、6か月の**接近禁止命令**と2か月の**退去命令**が発令される。保護命令の申立てには、配偶者暴力相談支援センターあるいは警察で相談している必要がある (これらの相談実績がない場合には、公証人面前宣誓供述書の添付でも可)。また命令に違反すれば、刑事罰が科せられる。

さらにこの法律では、警察、婦人相談所、**民間シェルター** (2017年現在、全国で108)、母子生活支援施設など、各施設の連携により被害者の保護にあたることが定められている。また、DV問題では、離婚に関わる法律や児童虐待防止法、被害者の生活の再建のために福祉関係諸法など、DV防止法以外の法律との関わりも重要である。

◆DV防止法成立の意義　DVは長い間、「夫婦げんか」として、あるいは「妻へのしつけ」などとして、その行為が夫婦間で起こるがゆえに、暴力だと認識されてこなかった。しかしDV防止法では、まず前文*において、DVが暴力であり、犯罪であると明記されている。同じく前文において、DV被害者は「多くの場合女性」であると謳い、また、「経済的自立が困難である女性に対して配偶者が暴力を加えることは、個人の尊厳を害し、男女平等の実現の妨げとなっている」と述べている。今後は、この法律を最大限に活かせるよう、制度の周知と各専門家の努力が求められる。(T)

202　第Ⅳ部　親密圏

❶ 保護命令制度—地方裁判所に申し立てる

> **被害者への接近禁止命令**
>
> 配偶者が被害者の身辺に付きまとったり、被害者の住所、勤務先等の付近を徘徊することを禁止する命令
> 6か月間

> **退去命令**
>
> 配偶者に、被害者とともに住む住居から退去することを命じる命令
> 2か月間

> **被害者の子・親族等への接近禁止命令**
>
> 被害者の未成年の子どもや親族、被害者と社会生活上密接な関係を有する者に対する接近禁止。被害者本人への接近禁止命令が発令されている場合に限る
> 6か月間

> 命令に違反すれば、
> 1年以下の懲役、
> または
> 100万円以下の罰金

◆2007年改正（2008年1月施行）により、保護命令制度は以下のように拡充された。
　⇒生命・身体に対する「脅迫を受けた」被害者も、生命・身体への重大な危害を受ける恐れが大きいときには、保護命令の申立てができる。
　⇒被害者に対する電話・FAX・電子メール等が禁止できる。
　⇒被害者の親族等も接近禁止命令の対象とできる。
　2013年改正（2014年1月施行）により、同居する交際相手（生活の本拠を共にする交際をする関係にある相手）からの暴力についても、DV防止法の適用がある。
　※DV防止法の制定から約20年が経った。相談件数は増加の一途ながら、被害者の一時保護の件数、保護命令の発令件数は、ともに近年減少傾向にある。また、被害の多様性も認識されてきており、DV防止法のさらなる改正が求められている。

🐟コラム🐟　性的マイノリティとDV問題

　DV問題は、男女のカップル間のみの問題だろうか。海外の研究では、同性カップル、性同一性障害者の性別変更後の婚姻関係においても、DV問題が存在することがわかっている。男女の夫婦やカップルにおける加害者・被害者像に共通する点もあれば、性的マイノリティに固有の特徴も指摘されている。特有の問題として、被害者が自分の性的な情報について公表していない場合には、パートナーにアウティング（暴露）されるかもしれないという恐怖感を抱えたり、性的マイノリティのDV問題への理解が広まっていないため、不適切な対応を受けるのではないかという不安から公的窓口への相談を躊躇することもある。

　DVは、親密圏における暴力であり、その関係性において、強い者が弱い者を支配・コントロールする。これは、同性パートナーの中でも起こりうることで、トランスジェンダーの人たちも同様に被害者にも加害者にもなりえる。DV被害を異性のカップル間の問題と限定して捉えるのは間違いである。

13　親密圏における暴力　203

| キー
ワード 5 | ストーカー規制法 | ➡13-1
➡13-3 |

◆契機となった事件　　1999年埼玉県桶川市で、大学生の女性が、元交際相手から復縁を求められて、様々な嫌がらせを受けた後に殺害された。この事件を契機に、ストーカー規制法[*]が制定された。認知件数は、23,079件（2017年）。被害者の約9割が女性、加害者の8割強が男性である❶。

◆DV防止法との違い　　DV防止法における被害者保護は、裁判所が判断して保護命令を発令するのに対し、ストーカー規制法では警察および公安委員会が判断して警告・命令を出すという違いがある。

◆規制法の構造　　被害者が警察に相談し、それがつきまとい等に該当するとき、被害者は警察に、加害者への警告等を出すこと、または自らへの援助を求めることができる❷。加害者が警告に従わずつきまとい等を行った場合、公安委員会は禁止命令を出すことができる。つきまとい等を繰り返すことをストーカー行為という。ストーカー行為に対しては、被害者はただちに告訴して司法手続に移行することが可能である。

　ストーカー規制法については、警察の恣意的な判断が介入するおそれがあることから、DV防止法と同様に裁判所の判断を介在させるべきとの批判がある。ストーカーの6割はDV型（配偶者・交際相手）である❶-5。

◆その後の改正　　頻発するストーカー殺人事件を受けて、①「つきまとい等」に連続メール送信とSNSを加える、②被害者が公安委員会に禁止命令を申し出ることができる、③警察・公安委員は警告・禁止命令の発令有無・理由を被害者に速やかに通知しなければならない、④被害者の住所地以外にも加害者の住所地・行為が行われた地を管轄する公安委員会により禁止命令を行うことができる等の改正を行った。（Y）

　桶川事件（1999年）　被害女性は、元交際相手から暴力を振るわれるなどしたため別れ話を切り出したが、元交際相手はこれを受け入れず兄らとともに女性を脅迫し、金員を要求する、女性の自宅周辺や父親の職場に誹謗中傷のビラをまくなどした後に殺害した。相談を受けた警察の捜査の怠慢も問題となった事件。

❶ ストーカー事案に関する統計（2017年）

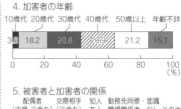

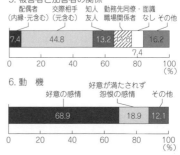

注：全て相談等件数（23,079件）の内訳による
出典：生活安全局生活安全企画課「平成29年におけるストーカー事案及び配偶者からの暴力事案等への対応状況について」より作成

❷ ストーカー規制法の用語

1「つきまとい等」とは、好意の感情、その感情が満たされなかったことに対する怨恨の感情を充足させる目的で次の行為をおこなうことをいう。

1 つきまとい・待ち伏せ・押しかけ	5 無言電話、連続電話、ファクシミリ、メール、SNS 等
2 監視していると告げる行為	6 汚物などの送付
3 面会・交際の要求	7 名誉を傷つける
4 乱暴な言動	8 性的羞恥心の侵害

2「ストーカー行為」とは、同一の者に対し、つきまとい等を繰り返し行うことをいう。
3「警察本部長等の援助」とは、

- ・被害防止措置の教示
- ・被害防止交渉に必要な事項の連絡
- ・行為者の氏名及び連絡先の教示
- ・被害防止交渉に関する助言
- ・被害防止活動を行う民間組織の紹介
- ・被害防止交渉場所として警察施設の利用
- ・被害防止に資する物品の教示又は貸出
- ・警告等を実施した旨の書面の交付
- ・110番緊急通報登録システムへの登録
- ・住民基本台帳閲覧制限事務における支援

DV被害者のPTSD シェルター等に入所した女性に対する調査により、DV被害者の75％にPTSDまたはそれに近い症状があること、20％は自殺を試みたり計画していること、PTSDになるのは「心理的な攻撃」や「性的な強要」を受けた女性に多いことが明らかにされている。[読売新聞2005年6月3日]

| キー ワード | **6** | 児童虐待防止法 | ➡ 5 - 5
➡ 8 - 5 |

◆4種類の児童虐待　　児童虐待防止法2条[*]では、18歳未満の者に対して、その保護者（親権者、後見人、現に監護する者）が、身体的虐待、性的虐待、養育の怠慢、心理的虐待を行うことを児童虐待と定義する❶-1。小学生以下の被害が8割を占める❶-2。全国の児童相談所が年間に対応する児童虐待件数は、133,778件（2017年）である。

身体的虐待とは暴行を加えることであり、ケガの有無を問わない。性的虐待は、被害児にわいせつな行為をする／させる／見せる、ポルノの被写体にする等である。養育・監護の怠慢はネグレクトと呼ばれ、食事を与えない、長時間放置する、保護者ではない同居人による虐待を放置すること等が含まれる。心理的虐待とは、著しい暴言、著しく拒絶的な対応、DVを目撃させること等である。

◆虐待の加害者　　虐待者の最多は実母であり、虐待死の加害者も過半数が実母である。嬰児殺（出生直後に死亡させる）のほとんども実母によるが、「望まない妊娠」をさせた男性の無責任さも問わなければならない。

◆虐待につながりやすい家庭　　東京都『児童虐待の実態』（2001年）では、児童虐待は、被虐待児に共通する問題行動等は特になく、虐待する側の問題であることがわかっている。また、実父や母の内縁の夫が虐待をしつけと主張するのに対して、実母では虐待を認め援助を求めている者が多い。**虐待者の被虐待経験**は1割ほどである。虐待につながると思われる家庭の状況に、経済的困難、一人親、就労の不安定、育児疲れ、孤立がある。実母の就労状況では定職に就いている者は1割ほどであり、専業主婦（3割）と無職（2割）が多い。

◆2011年民法改正　　児童虐待を行う親に対する親権喪失制度はあったが、要件も効果も重く、活用されにくかったため、**親権停止制度**が新設された。2年間以内に限り親権を行えないようにすることで、比較的軽い事案でも必要に応じて親権を制限できるようになった。（Y）

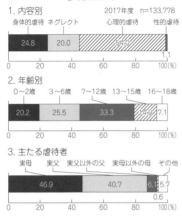
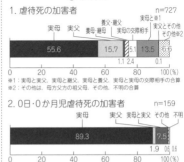

出典：厚生労働省HP ❶「平成29年度福祉行政報告例の概況」、❷「子ども虐待による死亡事例等の検証結果等について」（第14次報告・2018年）より作成。

コラム　児童性虐待の実態

　19世紀末にフロイトは父から娘への性虐待が蔓延していることを発見したが、その事実が男性中心社会に与える衝撃性に恐れをなし、被害者のでっちあげ、あこがれによる幻想と決めつけた（ハーマン）。21世紀の今日でも男性中心社会が父から娘への性虐待の跋扈を認め、被害者の保護に動くことは容易ではない。

　2010年に大阪の阪南中央病院内に開設された日本初のワンストップセンター（性暴力被害者支援の総合拠点）SACHICOは、対応した性虐待（家庭内で女児になされる性的行為）事例124件について、加害者の61％が義父・実父であり、妊娠した被害者は1人だったとしたうえで、以下を指摘する。「妊娠率が低い背景には加害者が避妊をしている実態があり、加害者（多くは父親）は罪に問われることは殆どない」。「加害者は社会的に尊敬されている職業を持っていることもある。性的虐待はどんな環境の中でも起こっている」。「性的虐待を受けた子どもが起こしやすい症状は、リストカットや不登校、引きこもり、非社会的行動、性化行動、夜間の徘徊などと言われているが、実際には被害を受けた子どもの症状はさまざまである」。「1歳に満たない子どもの被害もあり、多いのは中学生年齢である」。「その時点では自分の身に起こっていることの意味もわからず、大人になると深刻な人間不信に陥り、自己肯定感を喪失することがある。また『心地よく感じてはいけない』『自分の身体は汚れている』『将来の夢がもてない』と感じたり、『身体感覚の喪失』『皮膚感覚の異常』『臭覚の異常』などの症状が出る場合がある」。（内閣府「性犯罪被害者支援に関する調査研究」2014年報告書）。

| 比較 7 | DV加害者更生プログラム | ➡ 4 - 3
➡ 5 - 6 |

◆諸外国の例　イギリス、ドイツ、韓国、台湾、アメリカなど、諸外国では刑事司法制度の中にDV加害者更生プログラムを組み入れているところがある。逮捕後の処分において、または有罪判決を受けて執行猶予中に、もしくは実刑後の保護観察中に、DV加害者更生プログラムの受講が命じられる。

　全米に影響を与えたプログラムのドゥルース・モデルは、暴力行為の全責任はその実行者に帰する、加害者との接触は暴力をやめさせるためであって加害者擁護ではないとの立場をとる。そのアメリカでは44州が加害者プログラム基準をもち、全米で1,000以上のプログラムが運営されている。内容は実施機関により異なるが、週に2時間ないし3時間を52週間かけて、非常に多岐にわたる内容を学ばせる。プログラムでは、支配や強制をよしとする男性役割信念、暴力とは何か、ストレスや怒りのコントロール、暴力とは違う表現方法などの**コミュニケーションスキル**、虐待行為でいかに多くのものを失うか、自分自身の責任を取ること、性差別文化、女性の恐怖や怒り、子どもへの影響や薬物依存等について学ぶ❶。

◆日本の現状　日本の刑事司法制度には**DV加害者更生プログラム**は組みこまれておらず、公的機関によるプログラムも存在しない。いくつかの民間団体が外国のプログラムを参考に独自の方法で行っている。ある民間団体は、カリフォルニア州認定のプログラムを応用して、週に2時間、約1年間のプログラムを提供している。

◆プログラムの有効性　加害者プログラムについては、受講後も暴力を繰り返す加害者が少なくない、命じられて不承不承の受講では更生しない、加害者に使う費用があるならば被害者支援に回すべき等の批判がある。だが、数は少なくとも、プログラムにより効果のある加害者も存在しており、新たな被害の発生を防いでもいる。(Y)

❶ DV加害者更生プログラムの効果

参加者同士の率直な話し合いにより（ファシリテーターが介在する）次のような効果がある
とされている。

① 同じ問題をもつ者同士で語り、問い、答える中で、自分の気持ちやアビューシブな態度に気づく。
② DVは相手の責任ではなく、自分の選択であり責任である。
③ 暴力で家庭内の問題を解決することは社会が許さない。
④ 自分の気持ちを見つめ、言葉で表す。
⑤ 暴力的態度を変えることは可能である。

〔山口 2001：135-136頁より一部修正〕

🔊コラム🔊 DV罪の新設

　スウェーデンでは、1998年改正刑法にDV罪が新設された。刑法第4章4条 a
第1項では親しい関係にある、または、あった人物に対して、繰り返し刑法第3章、
第4章、第6章（生命と健康に対する罪、自由と安全に対する罪、性犯罪）に規定
された侵害行為を行い、その人物の完全性を侵害し、よって自尊心を著しく傷つけ
た場合に、6月以上6年以下の拘禁刑となる。第2項ではこれを、婚姻／同棲して
いる、またはしていた男性から女性への行為に限定して同様の規定を置いた。内容
としては同じなので第1項だけで足りるが、あえて第2項をおくことで「女性に対する
暴力を許さない」とのメッセージを打ち出したとされる（矢野〔岩井2010所収〕）。

🔊コラム🔊 刑務所での性犯罪者処遇プログラム

　DVにはないが、性犯罪者に対しては、近年、日本でも刑務所内での処遇
プログラムが策定された。従来、刑務所での処遇は監獄法に基づき行われて
きたが、個々の施設が任意で行っており、全国統一のプログラムは存在してい
なかった。また、監獄法には法律上の根拠が無かったことから、受刑者に対
してプログラム受講を強力に働きかけることができない、個々の性犯罪者の問
題性に合わせた指導が困難、受講回数が少ない等の問題があった。

　2004年11月の奈良女児誘拐殺害事件を端緒に性犯罪者処遇プログラムの
開発作業が始まり、先行する海外での知見をもとに、認知行動療法（自らの認
知の誤りや歪みに気づかせ、変化させることで問題行動を改善）を基礎とし
て、リラプス・プリベンション技法（再発防止のスキルを身につける）等を活用
した全国統一の標準プログラムが策定され、2006年5月、監獄法に代わる刑
事収容施設及び被収容者等の処遇に関する法律の施行と同時に開始した。プ
ログラムは、刑事収容施設法103条2項3号、同規則64条2号に基づいて行
われ、受刑者に受講を義務付けることが可能となり、個々の性犯罪者の問題
性を明らかにしたうえで最大8か月64セッションの指導が可能となった。

13 親密圏における暴力 209

判例 **8**　**DV裁判例**（離婚、損害賠償、殺人）

①青い鳥判決（名古屋地裁岡崎支部判平3年9月20日判時1409号97頁）

【事実】原告（妻）は、約28年の婚姻生活で、被告（夫）から、気を失って倒れるまで殴りつけ、それに水をぶっかけるような執拗な暴力や、口汚く罵るいじめのような言動を繰り返されてきたとして、家出したのちに離婚を申し立てた。被告は、理由なしに乱暴を振るったり、侮辱罵倒を加えたことはないとして、婚姻の継続は可能であると主張した。

【判旨】請求棄却。「〔被告は〕仕事一筋で…家庭の在り方を省みることが少なく、性格的に社会性や柔軟性がなく、几帳面で口やかましく、仕事上は細かい点まで気がつく面もあ〔る。〕しかしながら、〔原告の主張に対しては〕たまに仕事を手伝わせようと…呼びに行くと、テレビを見ながら寝転んで煙草をふかしたり、コーヒーを飲んだりしている、二、三度呼ぶとやっと〔被告を〕睨み付けるようにして動き出す、…旅行などで家を出るとき…ほとんど支度をしてくれない、などと…反論している」。「〔被告の暴力的な〕態度も散発的であって、常時…乱暴な態度を採っているとは受け取れ〔ない〕」。「〔原告が〕安泰な生活ができるのは〔被告が〕仕事に精を出したためである」。「二人して何処を探しても見つからなかった青い鳥を身近に探すべく…離婚の請求を棄却する」。（Y）

②夫の暴行によって被った傷害に対する損害賠償請求事件（大阪高判平12年3月8日判時1744号91頁）

【事実】夫（被控訴人）は船員であり、6〜8か月にわたっての乗船勤務があったり、3年に及ぶ単身赴任を余儀なくされたため、その間は妻（控訴人）に家庭内の一切を任せて仕事に専念していた。夫は妻に対し、家事をおろそかにせず、子ども達を厳しくしつけることを求めたのに対し、妻は外向的な性格で、その家事、育児は夫の期待に応える程度ではなかった。夫は、言うことを聞かないと暴力で自分の言うことに従わせる傾向にあった。ある時、妻を投げ飛ばしたうえ、顔面、頭部、腰等を何度も蹴る、殴るなどしたため、妻はこれにより鎖骨を骨折し、腰椎椎間板ヘルニアの傷害を被った。

【判旨】離婚を認め、離婚に伴う財産分与のほかに、入通院慰謝料100万円、後遺障害慰謝料500万円、後遺障害による逸失利益1113万5023円、合計約1714

万円が認められた。

「本件暴行は、前記認定のとおり夫婦間で口論の末、控訴人が一旦家を出た後下着を取りに戻ったことから被控訴人が激昂して振るったものであり、本件暴行につき控訴人にも責任があるということは到底でき」ない。「夫婦間における暴行が、その原因において、相手方が暴力行為を挑発したなどの特段の事情がある場合は格別、単に夫婦関係があることのみから損害額を低く算定すべきであるとはいえない」。（T）

③DV過剰防衛事件（名古屋地判平7年7月11日判時1539号143頁）

【事実】被告人（妻）は、被害者（夫）との7年間の生活で、病院での治療も数回受けるほど日常的に暴力を振るわれ、何度か別れようとしたもののかなわず、警察に保護を求めたり、婦人相談所に身を寄せたりしたが、被害者の懇願を受けて同居を再開した。しかし、事件当日も、被害者から、殴る、蹴る、ナイフを首に当てる、シャツで首を絞めて失神・失禁させる、ゴルフクラブで殴る等により加療1か月の頭蓋骨骨折を負う等の執拗な暴行を受けたことから、被告人は、被害者の持ち出したナイフを手に取り、このままでは殺されるかもしれないと考え、目を閉じて仰向けに横たわっていた被害者の首を1回突き刺して失血死させた。

【判旨】「被害者の一連の暴行を全体的に考察すると…被告人の生命・身体に対する急迫不正の侵害は継続していた」。「被告人は防衛の意思をもって…刺殺行為に及んだ」。しかし、ナイフによる殺害は「社会通念に照らし客観的に適正妥当として容認される程度を逸脱したものであ〔る〕」から過剰防衛が成立する。被害者から長期間にわたり暴力を受けてきたこと等を考慮して刑を免除する。（Y）

解説：日本の刑事裁判では殺人に正当防衛が認められて無罪となることは稀であり、DV被害者の正当防衛的な殺人事件に対してもこれまで無罪が言い渡されたことはない。配偶者間の暴行事件・傷害事件における加害者の9割以上は夫だが、殺人事件では6割ほどに下がる。すなわち、妻が加害者となる事案が殺人事件で増える。その理由に夫のDVに対する妻の正当防衛的な事案の存在が指摘されている。（Y）

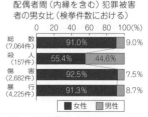

配偶者間（内縁を含む）犯罪被害者の男女比（検挙件数における）

	女性	男性
総数（7,064件）	91.0%	9.0%
殺人（157件）	55.4%	44.6%
傷害（2,682件）	92.5%	7.5%
暴行（4,225件）	91.3%	8.7%

出典：内閣府『男女共同参画白書』平成30年版、I-7-2図

友達の悩みごと…。背景には、どんな法律問題が?

どこかにいる父親に会ってみたいなぁ。子どもの頃に両親が離婚してから、一度も会ってないんだ…。

どうして離婚したのって、母に聞いてみたいわ。だって、養育費ももらえず、母子家庭のうちの家は、ずっと苦しかったんだもの。離婚時に、養育費の約束、しなかったのかしら?

一緒に暮らしている父とは血がつながってないらしいんだ。ドナー精子ってやつ? 父とも母ともうまくいっているけど、血縁上の父を一目見てみたいなぁ。

うちの両親は、戸籍上は結婚してないの。お互いの名字を捨てたくないからだって。私は母の名字だけど、友達の家族はみんな同じ名字。どうしてそんなことを選んだのかしら?

V

労　働

14 労働者保護の基本

概説 1 労働者保護の基本的な仕組み
→ 3-3
→ 17-1

◆権利を行使する勇気 職場におけるジェンダー・バイアスに悩む労働者は少なくない。会社や行政の対応に苛立つこともあるだろう。けれども、まずは、基本的な法的知識をしっかりと身につけ、自ら改善するように努力することが必要である。例えば、法律で保障されている**有給休暇**の権利さえ行使することができなくては、**ワーク・ライフ・バランス**を改善することはできない。

労働基準法をはじめとする労働者を保護する法律は、パート、アルバイト、派遣などを含む、あらゆる労働者（労働契約を締結して働く人びと）に適用されるものである。

◆最低基準としての労働基準法 人びとが会社から酷使されるのを回避するために作られた法律の代表が、**労働基準法**（労基法）である。労基法の基準に達しない労働条件は、労基法の基準に置き換えられる（労基法13条）。働く人自身が望んだとしても、労基法よりも酷い労働条件で働かされることはなく、違反した使用者には罰則が適用される。

◆最も重要な就業規則 ほかにも、**労働契約**の内容、つまり労働条件を決める重要なものがある。最も大事なものは**就業規則**で、10人以上雇用する使用者は必ず作成して、**労働基準監督署**に届け出なければならない（労基法89条）。就業規則には労働時間、賃金、退職に関する事項を必ず定めて記載しなければならず、他にも労災や懲戒などについて取決めをするのであれば、記載しなければならない。就業規則は、労基法より低い条件を定めることはできず、法令や**労働協約**に反する場合には、その部分については無効になる。そして、個別に締結される労働契約は、就業規則を下回ることができない（労働契約法12条）。

就業規則の作成変更については、会社が一方的に作成し、変更する

214　第Ⅴ部　労働

ことができる。会社は、就業規則の作成変更について、労働者の過半数で組織する労働組合か、労働者の過半数を代表する者の意見を聴かなければならないだけである。

そのために、就業規則の作成変更が、労働者の利益と矛盾することも生じる。就業規則は、賃金や労働時間など労働者にとって重要な労働条件を規定するものであるから、時としてその不利益は労働者にとって深刻なものとなる。この点について、労働契約法10条では、就業規則の変更が「労働者の受ける不利益の程度、労働条件の変更の必要性、変更後の就業規則の内容の相当性、労働組合等との交渉の状況その他の就業規則の変更に係る事情に照らして合理的なものであるとき」は、労働者の労働条件は変更後の就業規則に従うと規定されている。実際には、就業規則の作成変更が合理的なものといえるのかどうかは、最終的には裁判所の判断をあおぐことになる。

◆**組合との約束である労働協約**　労働組合は組織（団体）として会社と対等に交渉し、その結果を書面にして契約をかわす。この契約は労働協約と呼ばれ、会社はそれに違反することができない。ここで労働条件にかかわる重要な事項を決めておけば、私たち働く者の意思が就業規則等にも反映される可能性がでてくる。(S)

〈判例紹介〉就業規則の変更が問題となった裁判例

羽後銀行（北都銀行）事件（最三小判平12年9月12日労判788号23頁）
　週休2日制の導入にかかわり、1日の労働時間を延長することとした就業規則の変更が有効とみなされた例。

岩手銀行事件（仙台高判平4年1月10日判時1410号36頁）
　家族手当の支給要件である「世帯主」について、共働きの場合においては「夫たる行員とする」という給与規定が、公序良俗に反して無効であるとして、女性行員にも家族手当の支給が認められた例。

タケダシステム事件（最二小判昭58年11月25日判時1101号114頁）
　有給の生理休暇を減給したり、一部無給とする就業規則の変更が有効とされた例。裁判所は、女性労働者が生理休暇を悪用していると認定したのが、特徴的。

　その他、賃金の減額が問題となるものが多い。

キーワード 2　労働時間規制と有給休暇

➡14-1
➡3-3

◆**労働時間の原則と残業**　労基法では、最長労働時間は1日8時間、1週間40時間である（32条）。使用者は、この時間を超えて労働者を働かせてはならならない。

しかし、労基法には、この原則を超えた**時間外労働**に関する規定がある。臨時の必要がある場合の時間外労働（33条）と、労使協定に基づく時間外労働（36条）である。いずれの場合も、あるいは法律上の手続を経ずに時間外労働をさせた場合にも、使用者は、通常の賃金に割増しした賃金を支払わなければならず（37条）、違反した場合には罰則がある（119条）。

労基法36条の**労使協定**は、労働者の過半数で組織する労働組合もしくは労働者の過半数を代表する者と使用者が締結し、労働基準監督署長に届け出なければならない。この協定（通称「**サブロク協定**」）があれば、使用者は、就業規則の規定に基づいて労働者に時間外労働を命じることもできる。2018年の労基法改正により、時間外労働には上限が罰則付きで設けられた❶。

◆**年次有給休暇**　年次有給休暇は、仕事を休んでも賃金が保障される制度である（労基法39条）。6か月の継続勤務やその間の出勤率が8割以上であることが要件で、その要件を満たしてさえいれば、毎年、一定の日数❸❹が必ず取得できる。アルバイトやパートなどの短時間労働者もその就労日数に応じて、権利が発生する。

権利行使は、休みたい時季を決めて、使用者に請求すればよく、使用者は、その時季に休暇を与えることが「事業の正常な運営を妨げる」場合に、時季を変更することができるだけである。なお、2018年の労基法改正によって、使用者は、10日以上の休暇が付与される労働者に対し、5日について、毎年、時季を指定して与えなければならないこととなった。

❶ 時間外労働の上限規制の導入

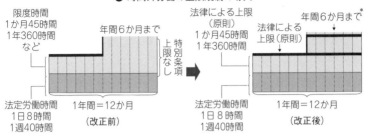

出典：厚生労働省「働き方改革を推進するための関係法律の整備に関する法律」(平成30年7月6日公布) の概要 (https://www.mhlw.go.jp/content/000332869.pdf)

＊法律による上限（例外）
・年720時間
・複数月平均80時間（休日労働含む）
・月100時間未満（休日労働含む）

❷ 長時間労働（週49時間以上の労働）をする労働者の全就業者に対する割合

	2005	2010	2012	2013	2014	2015	2016
日 本	28.1	23.1	22.7	21.6	21.3	20.8	20.1
アメリカ	−	15.4	16.4	16.4	16.6	16.4	16.4
イギリス	12.5	11.6	11.9	12.3	12.5	12.3	12.2
ドイツ	13.9	11.7	11.2	10.5	10.1	9.6	9.3
フランス	11.6	11.7	11.5	10.7	10.3	10.1	10.5
オランダ	7.9	8.4	8.2	8.6	8.9	8.7	8.7
スウェーデン	8.3	8	7.6	7.5	7.3	7.3	7.1
香 港	−	37.7	33.9	32.2	30.8	30.1	−
韓 国	−	37.9	35.4	30.7	32.4	32	−

出典：(独)労働政策研究・研修機構『データブック国際労働比較2018』209頁より作成。
(https://www.jil.go.jp/kokunai/statistics/databook/2018/index.html)

❸ 取得できる有給休暇の日数

継続勤務年数	毎年取得できる有給休暇日数
6か月	10労働日
1年6か月	11労働日
2年6か月	12労働日
3年6か月	14労働日
4年6か月	16労働日
5年6か月	18労働日
6年6か月以上	20労働日

❹ パートタイマーの場合の有給休暇の日数

1週間の所定労働日	1年間の所定労働日	6か月	1年6か月	2年6か月	3年6か月	4年6か月	5年6か月	6年6か月以上
4日	169〜216	7日	8日	9日	10日	12日	13日	15日
3日	121〜168	5日	6日	6日	8日	9日	10日	11日
2日	73〜120	3日	4日	4日	5日	6日	6日	7日
1日	48〜72	1日	2日	2日	2日	3日	3日	3日

◧ 時給制や日給制の契約の場合に有給休暇を請求したら、休んでもあたかも働いたかのように1日分の賃金がもらえるということになる。

キーワード 3　労働災害と過労死

➡3-3
➡14-1

◆労働災害とは？　業務上の負傷・疾病・死亡（労働災害）は、無過失であっても、使用者は労働者に補償しなければならない（労基法第8章）。そして、その補償が確実になされるように制度化された仕組みが労働者災害補償保険制度（**労災保険**）である。使用者は強制的に労災保険に加入して保険料を支払い、労働者が**労働災害**に遭ってしまったら、労災保険から補償がなされる。使用者が労災保険未加入の場合も、労働者には補償がなされ、使用者は後で追徴される。しかし、負傷等が「業務上」かどうかの判断は容易ではない（コラム）。

　特に、職業病の場合は、その原因の特定は医学的にも容易ではないため、特定の職業に発症リスクのある特定の病気をリスト化し、その職業に従事している労働者が特定の病気に罹患した場合には、労災を認定している（労基法75条2項、労基法施行規則別表第1の2）。

◆過労死　過労も「長期間にわたる長時間の業務その他血管病変等を著しく増悪させる業務」による脳・心臓疾患として、職業病のリスト（別表第1の2）に掲載されている。しかし、高血圧等の既往症を有する労働者が長時間労働の末に脳・心臓疾患などで倒れた場合、倒れた原因が既往症によるものなのか長時間労働によるものなのか、判断は易しくない。そのため、厚生労働省は、過労による脳・心臓疾患をなかなか労災と認めてこなかった。しかし、裁判所がこうした突然死等を積極的に長時間労働に起因する労災と認定し続け、（横浜南労基署長事件：最一小判平12年7月17日労判785号6頁など）、厚生労働省も態度を変えるに至った。現在の労災認定基準によれば、長時間労働に関しては、「発症前1か月間におおむね100時間又は発症前2か月間ないし6か月間にわたって、1か月当たりおおむね80時間を超える時間外労働が認められる場合」は、業務と脳・心臓疾患との関係が強いと判断される。(S)

218　第Ⅴ部　労　働

❶ 脳・心臓疾患の時間外労働時間数（1か月平均）別
支給決定（認定）件数

評価期間　区分	2016年度			2017年度		
	評価期間1か月	評価期間2～6か月（1か月平均）	合計	評価期間1か月	評価期間2～6か月（1か月平均）	合計
45時間未満	0	0	0	0	0	0
45時間～60時間未満	0	0	0	0	2	2
60時間～80時間未満	0	14	14	0	11	11
80時間～100時間未満	9	97	106	5	96	101
100時間～120時間未満	31	26	57	42	34	76
120時間～140時間未満	20	16	36	14	9	23
140時間～160時間未満	14	4	18	13	3	16
160時間以上	13	4	17	17	3	20
合　計	87	161	248	91	158	249

注
1. 本表は、支給決定事案のうち、「異常な出来事への遭遇」又は「短期間の過重業務」を除くものについて分類している。
2. 「評価期間1か月」の件数は、脳・心臓疾患の発症前1か月間の時間外労働時間を評価して支給決定された件数である。
3. 「評価期間2～6か月」の件数は、脳・心臓疾患の発症前2か月間ないし6か月間における1か月平均時間外労働時間を評価して支給決定された件数である。

出典：厚生労働省「平成30年版過労死等防止対策白書」43頁より作成（https://www.mhlw.go.jp/wp/hakusyo/karoushi/17/index.html）

コラム　出張中に酒を飲んで怪我をしたら、労災？

　出張中に同僚と夕方飲酒し、その後宿泊所で、トイレに行こうとして2階の階段から転落して死亡した例では、裁判所は労災と認めた（福岡高判平5年4月28日労判648号82頁）。第1に、寝泊まりしている場所での事故であっても、出張中は業務遂行中の災害と認められる。第2に、飲酒も出張者相互の慰労と懇親などの意味があり、業務と関係があるとされる。通達レベルでは、この「出張中に2階から転落」には多彩なバリエーションがあり、2階の窓から「小用をたそうとして転落した」場合は、労災が認められない。また、飲み過ぎて、夜中に旅館の2階の窓から吐こうとして転落した場合も労災ではない。業務以外の要因によって死亡したと認定され、業務起因性が否定されるのである。

コラム　健康は誰のもの？電電公社帯広局事件

　会社は、従業員が過労で倒れないようにその健康に注意すべきである。しかし、それでは従業員は、会社の健康診断受診の命令に従うべきか？　この事件は、頸肩腕症候群の女性従業員が、会社指定の医療機関で健康診断を受けるように命じられたが、それを拒否し、そのために懲戒処分を受けたという事件である。最高裁は、従業員には会社の健康診断受診命令に従う義務があるとして、懲戒処分の無効を訴えた女性の請求を退けた。この女性は他の機関で診断を受けており、ただ、会社指定の機関は信用できないと考えていたのだ。裁判所は、医療機関であれば、どんなところでも患者本人のことを第一に考えてくれると信じているのだろうか。自分の健康は誰のためのものだろうか（最一小判昭61年3月13日労判470号6頁）。

| キーワード 4 | パワハラと過労自殺 | ➡6-1 ➡6-7 |

◆**過労自殺**　　　長時間労働など過度のストレスは、**自殺**さえひき起こす場合がある。自殺とは、自分の意思による死であるため、なかなか労災とは結びつけられなかった。しかし、裁判所は、異常な**長時間労働**によって**うつ病**などの**精神疾患**を発症し、その疾患が原因で自殺に至ったのであれば、死亡は業務に帰因すると考えた。例えば、**電通事件**（最二小判平12年3月24日民集54巻3号1155頁）では、異常な長時間の残業が続き、寝る間もなく働いたため、精神的な疾病に罹患した入社間もない労働者の自殺について、会社に損害賠償責任を認めた。労働者が罹患した精神疾患は、長時間労働に起因するものであり、自殺はその疾患の結果、正常な判断を行うことなく履行されたものであると認定されたのである。その後、労災についても、裁判所は同様の判断を続け、厚生労働省は自殺を含む精神障害を労働災害と認定する判断指針（基発1226第1号平成23年12月26日）を作成するに至った。

◆**パワー・ハラスメント**（**パワハラ**）　　　精神疾患は、職場における異常な人間関係に帰因する場合にも、業務に起因したものと認定される。多くの場合、そうした異常な人間関係は、パワハラとして評価されよう。護衛艦の中で、上司（Y₁）による日常的な暴力行為が原因で自殺し、死亡した自衛隊員の事件で、東京高裁は、Y₁の「機嫌が悪いときや単にBの反応を見ておもしろがるときなど、業務上の指導という外形もなく行われている」行為については、Y₁が個人として不法行為責任を負うが、Y（国）は、Y₁の暴行のうち、「業務上の指導と称して行われたものにつき……責任を負うほか、Y₁の上司職員において、Y₁に対する指導監督義務違反があったと認められる場合には、上司職員の職務執行につき違法な行為があったものとして」責任を負うとして、国の責任と認めた（護衛艦たちかぜ〔海上自衛隊員暴行・恐喝〕事件：東京高判平26年4月23日労判1096号19頁）。（S）

220　第Ⅴ部　労働

❶ ストレスチェック制度の概要

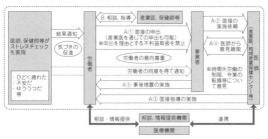

◆ **ストレスチェック制度**
使用者のストレスチェックの義務により、その簡便なチェック結果に基づいて労働者は精神医療に繋がれる。しかし、長時間労働などはストレスチェックを待たずに改善されるべきものであるにもかかわらず、煩雑な手続を経なければ実施されないことは問題であろう。

出典：厚生労働省発表資料「労働安全衛生法の一部を改正する法律（平26法82）の概要」より抜粋

コラム　過労死等防止対策推進法

なかなか減らない過労死・過労自殺に対して、過労による健康被害や死亡の被害者や遺族を中心とした働きかけにより、2016年に過労死等防止対策推進法が制定され、政府や企業に一定の役割を促している。それによれば、過労死等とは、①業務における過重な負荷による脳血管疾患もしくは心臓疾患を原因とする死亡、②業務における強い心理的負荷による精神障害を原因とする自殺による死亡、③（死亡には至らないまでも）これらの脳血管疾患もしくは心臓疾患もしくは精神障害と定義されている（2条）。国が整備すべき対策として、調査研究（8条）、啓発（9条）、相談体制の整備（10条）、および民間団体の活動支援（11条）を規定する。過労死の防止対策として不十分という評価もあるが、過労死が重大な問題として社会に認識されたことは意義が大きい。

コラム　パワー・ハラスメント（パワハラ）とは？

パワハラとは、職場における暴力、暴言、仲間外しなどの「いじめ」を指す言葉だが、行き過ぎた指導なども含まれる。厚生労働省は、パワハラ対策の本質について、「職場の一人ひとりが……それぞれの価値観、立場、能力などといった違いを認めて、互いを受け止め、その人格を尊重し合う」ことにあるとして、「こうした互いの人格の尊重は、相互に理解し協力し合う適切なコミュニケーションをとるよう努めることで実現できる」と指摘する。しかし、コミュニケーションの重要性を強調すれば、人間関係の構築が不得手な労働者はよりいっそう精神的に追いつめられるのではないか。

政府は、パワハラ防止のために雇用対策法を改正し、労働施策総合推進法を策定、使用者の防止義務を規定した。パワハラとなる行為や必要とされる措置に関する指針も揃い、2020年6月1日に施行された。

14　労働者保護の基本

キー ワード 5	解雇・退職	→14-1 →16-2

◆**解雇権濫用の法理**　労働契約法 (2008年) 16条*では、「客観的に合理的な理由を欠き、社会通念上相当であると認められない場合」は、解雇しても無効になると規定している。労働契約法成立以前から裁判所が働く者を守るために作ってきた基準があり (**解雇権濫用の法理**)、16条はその裁判所の伝統的な姿勢に沿って解釈される。

◆**高知放送事件**　合理的な理由がなければ解雇は認められないというときの合理的な理由とは、具体的にどのような状況なのか。この事件は、解雇の理由が不合理であると判断された一つの例である。ラジオ放送のアナウンサーだったXが、宿直勤務をした翌日寝過ごしてしまい、朝6時からの10分間のラジオニュースを全く放送できなかった。彼は、その後ももう一度寝過ごしてしまい、今度は朝6時からのニュースを約5分間放送できなかった。そこで、高知放送が、Xを解雇した。Xを起こすべき担当者も寝過ごしたが、その担当者は解雇されなかった。そこで、Xが労働契約上の地位の確認を求めて訴えたというのが事件の概要である。

◆**寝坊してもクビにはならない**　最高裁は、「本件事故は、いずれもXの寝過しという過失行為によつて発生したものであつて、悪意ないし故意によるものではなく、…寝過しによる放送の空白時間はさほど長時間とはいえないこと、上告会社において早朝のニュース放送の万全を期すべき何らの措置も講じていなかつたこと…Xに対し解雇をもってのぞむことは、いささか苛酷にすぎ、合理性を欠くうらみなしとせず、必ずしも社会的に相当なものとして是認することはできない」と判断した。ようするに、このくらいでは会社は解雇できないということである。こうした裁判例もあって、現在の日本は、簡単に労働者をクビにできない社会と考えられている (最二小判昭52年1月31日労判268号17頁) (コラム参照)。(S)

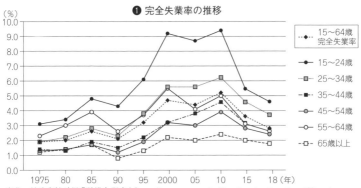

❶ 完全失業率の推移

出典：総務省統計局「労働力調査」(http://www.stat.go.jp/data/roudou/longtime/03roudou.htm#hyo_1)より作成

❷ 失業給付受給者数の国際比較

(千人)

	2008年	2010年	2012年
日　本	607	654	576
アメリカ	3,898	9,723	6,035
イギリス	788	1,355	1,529
ドイツ	5,929	5,918	5,292
フランス	2,088	2,461	2,579

出典：労働政策研究・研修機構『データブック国際労働比較2014』

コラム　雇用保険に加入していますか？

以下の要件に該当する労働者は、事業所規模に関わりなく、原則としてすべて雇用保険の被保険者となる。雇用保険に加入していれば、解雇されても失業手当を受け取ることができる。失業手当の金額と日数は、加入期間等の要件に応じて決定される。

①1週間の所定労働時間が20時間以上であること
②31日以上の雇用見込みがあること

コラム　簡単に辞めてはなりません！

整理解雇（会社の経済的理由による解雇）についても、裁判所は厳しい基準を設けてきた。①解雇の必要性が本当にあるか、②解雇回避努力をしたか、③人選は合理的か、④解雇するに当たって真摯な説明をするなど適正な手続を踏んだか。この4つの要件が揃っていなければ、合理的な解雇と認められない。最近ではこの基準を緩和して、4つを総合的に検討して合理的かどうかを判断するというものも少なくないが、いずれにしても、日本では会社の都合で従業員を解雇することは容易ではない。バブル崩壊期に、多くの中高年がリストラ解雇されたが、中には「辞めません」と主張して解雇されずにすんだ人もいた。法を知らずに損をすることもあるのである。

| キーワード 6 | 労働組合制度 | ➡14-1
➡8-8 |

◆労働組合を結成する権利　　憲法28条[*]では、勤労者に**団結権、団体交渉権、団体行動権**（＝**争議権**）を保障している。そして、それを受けて、日本には**労働組合法**という法律が作られている。**労働組合**とは、労働者自らがその労働条件を改善するために、使用者と対等に交渉するための団体である。労働組合と名前が付いていても、使用者の思いどおりに行動する団体は労働組合とはいえない。

◆不当労働行為　　使用者は、労働組合に加入していることや労働組合の活動をしていることなどを理由として、労働者に不利益な取扱いをしてはならない。使用者は、正当な理由なくして、労働組合との交渉を拒否してはならず、誠実に交渉しなければならない。また、使用者は、労働組合に様々な便宜を与えるなどして、労働組合を支配し、その活動に介入してはいけない。こうした禁止事項を「不当労働行為」と呼び（労働組合法7条[*]）、使用者が違反した場合には、労働組合あるいは労働組合員は労働委員会に申し立てることができる。

　労働委員会は、労使間の紛争の調整を行うほか、救済命令を出して、不当労働行為の救済を行う独立行政委員会である。

◆性差別する労働組合　　多くの職場には性差別がある。そして、そういう職場で働いている労働者が組織すると、どうしても、労働組合の中にも、性差別は当然に生まれてしまう。例えば、女性に対する差別的な賃金体系を採用している企業の中には、「この賃金体系については、労働組合も承認している」などと主張するものもいる。事実、労働組合と企業との約束である労働協約も、差別的な賃金を認めていたりする。労働組合内部の公正な代表を保障する仕組みは、これからの大きな課題である。また、女性のみならず、企業の枠を出て、地域労組など個人で加入できる組合に加入したり、新たな労働組合を結成するなどして、対応する労働者も存在する。(S)

❶ 雇用者数、労働組合員数および推定組織率の推移（単一労働組合）

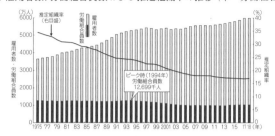

❷ パートタイム労働者の労働組合員数および推定組織率の推移

年	労働組合員数(千人)	全労働組合員数に占める割合(%)	短時間雇用者数(万人)	推定組織率(%)
2009	700	7.0	1,317	5.3
2011	776	7.8	—	—
2013	914	9.3	1,410	6.5
2015	1,025	10.4	—	7.0
2017	1,208	12.2	—	7.9
2018	1,296	13.0	—	8.1

出典：❶❷とも厚生労働省発表「労働組合基礎調査結果の概況」各年版より作成

❸ 連合の地方連合会の地域ユニオンの現況

1. 地方連合会の労働相談件数と相談内容の違法件数
2. 地方連合会の労働相談内容構成比（2008年）

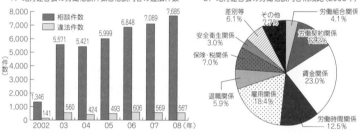

出典：JIL「労働紛争発生メカニズムと解決プロセス—コミュニティ・ユニオン（九州地方）の事例—（労働政策研究報告書 No.111）」（呉 学殊執筆）（2009年）7、8頁（http://www.jil.go.jp/institute/reports/2009/documents/0111.pdf）

◐ 個人加入の地域労組の役割が大きくなっていることが見て取れる。

コラム　誠実交渉義務

　会社は、複数の労働組合が社内にある場合、それぞれの労働組合と誠実に交渉しなければならない。日産自動車事件（最三小判昭60年4月23日労判450号23頁）は、社内に2つ労働組合があって、一方の労働組合の組合員には残業を命じたのに、別組合に所属している従業員には残業を命じず、そのため、賃金に差がついたという事件である。最高裁は、両方の労働組合を同じように尊重するべきであると判断した。しかしながら、残業をさせないことが差別にあたるというのは、問題が残る。

14　労働者保護の基本　225

15 雇用における差別

概説 1 雇用における差別

➡3-2
➡3-6

◆雇用における差別　差別とは、社会がある特定の特徴をもつ人びとを劣位の集団であるとみなして、それらの人びとを集団として、あるいは個人として繰り返し攻撃し、その権利や利益を侵害することである。人間はみな等しく尊厳ある存在であるから、いかなる理由においても他者を劣位と位置づけることは誤りである。また、私たちの社会は、理由がなんであれ、他者を攻撃し、その者の権利や利益を侵害することを許さない建て前を採っている。雇用における差別とは、通常、不当な賃金格差を意味すると考えられているが、侮辱的な発言や職場八分、あるいは暴力という形で表れることも少なくない。

◆性差別　性差別とは、身体的特徴によって社会的地位を決定する差別であり、妊娠出産により職務遂行能力が低下した女性に対する差別であり、同時に「私は女（男）性である」あるいは「私は同性（異性）を愛する者である」というアイデンティティに対する攻撃である。そのため、差別の形態は、同じ仕事をする女性を低く処遇することに限らず、結婚や出産を理由とする解雇などの不利益取扱いや、男（女）性らしくないことを理由とするいやがらせなど、多様である。

◆雇用差別を規制する方法　雇用差別を規制する方法は、大きくいって2種類に分けられる。一つは、差別した者を被害者に告発させ、被害者の損害賠償や権利の回復をさせるやり方である。この方法では、被害者は、具体的な損害の回復を得るだけではなく、差別を訴えることによって、尊厳、誇りや名誉を回復する。しかし、社会全体における差別に対する改善のインパクトはそれほど大きくない。もう一つは、権力的に弱い集団を積極的に雇用するように促すやり方である。この方法は、社会や組織における差別の改善を大きく進めるのに有効であるが、差別された個人の尊厳、

226　第V部　労　働

誇りや名誉というような重要で神聖な部分の回復にはあまり役に立たない。

◆**日本の差別規制**　憲法 (14条※・24条※) も間接的に雇用関係を規律する。また、労基法は、労働者の国籍、信条または社会的身分を理由とする労働条件の差別を禁止し (3条※)、賃金については女性を差別しないよう (4条※) に規定している。他にも労働組合法 7 条は労働組合の活動を行う者に対する差別を禁止し、雇用対策法10条では募集・採用における年齢差別を規制している。均等法は雇用のあらゆる段階における男女差別を禁止し、他方で、14条※で、職場の男女平等を積極的に促進する措置 (**ポジティブ・アクション**) について規定している。障害者雇用促進法は国・地方公共団体および使用者に対して、一定の割合で障害者を雇用するように要請している。

障害者雇用促進法は2013年に改正され、2016年より障害者に対する雇用差別を禁止し、障害者に対する**合理的配慮**を提供するように使用者に義務づけている。労働者の障害に対して使用者が一定の配慮を行うことによって職務遂行が可能になるよう、使用者の側に義務づけるこの制度は、障害者のみならず、特別な事情を有する他の労働者の就労環境を検討するうえでも、今後参考になると考えられる。

また、雇用形態の違いによる差別についても認識され、2018年よりパートタイム労働法などが改正された。その結果、非正規雇用労働者の処遇を正規雇用労働者と均等にするように義務づけられた。

なお、差別に当たるようないやがらせや不利益取扱いは、一般に、民法709条 (不法行為) 等に基づいて広く損害賠償を求めることができる。

◆**女性活躍推進法**　「女性の職業生活における活躍の推進に関する法律」(女性活躍推進法) は2015年に成立した。企業 (従業員300人以下の企業は努力義務) については、①自社の女性の活躍状況の把握・課題分析、②行動計画の策定・届出、③情報公表などが義務づけられており、2016年 4 月より10年間の時限立法として施行された。女性の能力等を最大限に利用するための政策であり、差別の根絶や、平等の実現が目的ではないが、公正な社会の実現のために利用できると考えられている。(S)

キーワード 2　男女雇用機会均等法制定前の雇用差別裁判 →3-2 →15-3

◆**結婚退職制度**　均等法制定前、女性たちに「結婚し、あるいは35歳に達したら退職する」と約束させる会社が多かった。住友セメントの女性従業員のXさんは、その約束にもかかわらず、結婚後に退職しなかったため、解雇された。そこで、彼女は労働者としての地位の確認を求めて訴えた。東京地裁は、結婚退職制は、法の下の平等（憲法14条）および結婚の自由（憲法24条）の趣旨を損ない、公序良俗（民法90条）に反して無効と判断した。日本初の女性雇用差別の裁判である。（住友セメント事件：東京地判昭41年12月20日労民集17巻6号1407頁）。こうして、結婚退職制の約束は違法なものとされた。最近になって、35歳早期退職制度を設置する会社も増えたが、性差別的な退職勧奨に発展しないよう、注意が必要である。

◆**定年差別**　男女別定年制も長く続いた。伊豆シャボテン公園では、定年を男性57歳、女性47歳とする制度を作ったため、すでに47歳に達していた女性たちは会社を訴えた。一審も二審も請求を容認、最高裁は会社の上告を棄却した（昭50年8月29日労経速898号15頁）。会社の主張は、①女性の職務には「若さ」「明るさ」等が要求される、②女性は40代後半に更年期を迎え、労働能力が低下する、③一家の大黒柱たる男性と違い、女性は家計補助的労働にすぎない等。裁判所はすべて一蹴した（伊豆シャボテン公園事件：東京高判昭50年2月26日判時770号18頁）。

◆**賃金差別**　賃金表が男女で明確に異なるという会社も、少なくなかった。均等法制定以前には、男女別の賃金表は労基法4条に違反するという判断がなされている（秋田相互銀行事件：秋田地判昭50年4月10日労民集26巻2号388頁）。均等法以降は、雇用管理区分内における男女別賃金の格差のみが問題とされるようになった（230頁）。(S)

これらの判決から学ぶべきこと　第一に、男女が「異なる仕事」をしていても、女性を差別的に解雇しては違法である。第二に、当時としては「当たり前」の慣行であっても、差別的なものは公序良俗に反し、違法である。均等法など、法律の整備が進むなかで、忘れられていく点である。

228　第Ⅴ部　労　働

❶ 憲法と公序良俗

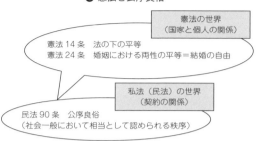

憲法14条　法の下の平等
憲法24条　婚姻における両性の平等＝結婚の自由

憲法の世界
（国家と個人の関係）

民法90条　公序良俗
（社会一般において相当として認められる秩序）

私法（民法）の世界
（契約の関係）

コラム　結婚退職制ができた事情

　最近の裁判では、昭和40、50年代に、女性を男性と同じ雇用区分（総合職）として採用しなかったのは、当時の女性は結婚したら退職する意思や希望が強く、長く企業に定着しない傾向にあったからだという企業側の主張を採用するものが少なからずある（241頁参照）。しかし、女性の現実は、そんなに甘いものではなかった。三井造船事件（大阪地判昭46年12月10日判時654号29頁）では、「戦時中男子従業員の不足を補うため大量に女子従業員を雇用し、女子従業員に男子従業員の代替として事務補助業務のみならず現業職、および基幹業務にも従事せしめていたところ、終戦後も引き続いて労働を継続する女子従業員が多かつたため、女子従業員の高令化現象が生じ」たため、女性従業員の反対を押し切る形で、結婚退職制度を作ったという被告会社の歴史を紹介している。

コラム　結婚退職制度と皇太子妃

　1993年6月、日本は「おめでたい」気分で一色になった。皇太子徳仁親王が、小和田雅子さんという外交官と結婚したからである。一般に、「結婚はおめでたいもの」と考えられているが、ちょっと待ってほしい。小和田雅子さんは「外交官」だったのに、退職して結婚したのだ。結婚したからといって「外交官」を簡単に辞めるだろうか？　皇太子を愛していたがゆえなのかもしれないが、でも、仮に、彼女が「外交官を続けたい」と主張したとしても、それを「政府」が認めただろうか？「結婚退職」は暗に強制されたのではないだろうか。それも、宮内庁＝国家によって。1966年に、住友セメント事件で「結婚した女性に退職を強要することは違法だ」という判決が出て、その後の均等法の制定につながっていったのだが、1993年には再び「結婚退職を強制されて、おめでとう」という世の中になってしまったのだろうか。

15　雇用における差別　229

キー ワード	**3**	男女雇用機会均等法	➡3-2 ➡15-2

◆**男女雇用機会均等法の成立**　　1985年、**男女雇用機会均等法**（均等法）が成立した。当時の均等法は、雇用の様々な場面において「差別しないように努力しなければならない」という**努力義務**しか規定していなかったため、その実効性に疑問が残された。しかし、解雇・退職については、「女性差別禁止」を明確に義務付けており、**住友セメント事件**判決等の数々の裁判闘争の結果が刻み込まれていた。

◆**1997年改正**　　1990年代半ばにバブルがはじけた結果、特に女性の新卒採用が急激に落ち込んだ。しかし、これを機に均等法の改正は進み、募集・採用に始まる雇用のあらゆる段階における女性に対する差別を禁止すると明記するに至った（5条[*]・6条[*]）。また、使用者のセクシュアル・ハラスメント防止義務も明記され、非常にゆるやかな**積極的是正措置**（ポジティブ・アクション）も規定された（14条[*]）。

◆**2007年改正**　　それまでの「女性に対する差別」の禁止から、「**男女双方に対する性差別**」の禁止と改正された。そのため、**妊娠・出産を理由とする不利益取扱い**は性差別ではなく、妊産婦に対する特別の配慮として取り扱われることになった（9条[*]。その後、2016年改正で、いわゆる**マタハラの防止義務**が規定された〔11条の2〕。244頁参照）。また、**間接差別**の概念が取り入れられ、部分的に禁止することになった（7条[*]）。

◆**問題点**　　1997年改正の際、施行ガイドラインの中で「**雇用管理区分**」という概念が導入された。異なる雇用管理区分に属する労働者については、労働条件について平等に取り扱う義務はない。単なる職務の違いを指すものではなく、「職種、資格、雇用形態、就業形態等の区分その他の労働者についての区分であって、当該区分に属している労働者について他の区分に属している労働者と異なる雇用管理を行うことを予定して設定しているもの」という曖昧なものであり、均等待遇を求める者にとっては非常に厳しい区分になっている（228頁も参照）。(S)

230　第Ⅴ部　労　働

❶ コース別雇用管理制度の状況

1. コース転換制度の転換要件

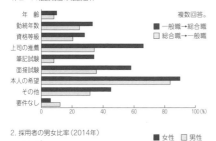

2. 採用者の男女比率（2014年）

3. 応募者に占める採用者割合と倍率（2014年）

4. 1995年4月採用者の20年後の状況（労働者）

出典：厚生労働省発表「平成26年度コース別雇用管理制度の実施・指導状況（確報版）」（平成27年10月20日）(https://www.mhlw.go.jp/file/04-Houdouhappyou-11902000-Koyoukintoujidoukateikyoku-Koyoukintouseisakuka/kakusoku2.pdf)

❷ 男女雇用機会均等法の履行状況
（2017年度）

等の雇用相談件数（室）への均	男女雇用機会均等法	19,187
	育児・介護休業法	77,963
	パートタイム労働法	2,446
	合計	99,596
是正指導件数	5条関係（募集・採用）	59
	6条関係（配置・昇進・降格・教育訓練等）	30
	7条関係（間接差別）	0
	9条関係（婚姻、妊娠・出産等を理由とする不利益取扱い）	35
	11条関係（セクシュアルハラスメント）	4,458
	11条の2関係（妊娠・出産等に関するハラスメント）	5764
	12条、13条関係（母性健康管理）	4,248
	その他	1
	合計	14,595
労働局長による紛争解決の援助申立受理件数	5条関係（募集・採用）	1
	6条関係（配置・昇進・降格・教育訓練等）	2
	7条関係（間接差別）	0
	9条関係（婚姻、妊娠・出産等を理由とする不利益取扱い）	78
	11条関係（セクシュアルハラスメント）	101
	11条の2関係（妊娠・出産等に関するハラスメント）	16
	12条、13条関係（母性健康管理）	10
	合計	208
機会均等調停会議による調停申請受理件数	6条関係（配置・昇進・降格・教育訓練等）	1
	7条関係（間接差別）	0
	9条関係（婚姻、妊娠・出産等を理由とする不利益取扱い）	11
	11条関係（セクシュアルハラスメント）	34
	11条の2関係（妊娠・出産等に関するハラスメント）	0
	12条、13条関係（母性健康管理）	0
	合計	46

出典：厚生労働省発表「平成29年度都道府県労働局雇用環境・均等部(室)での法施行状況」より作成。(https://www.mhlw.go.jp/content/11900000/000307421.pdf)

コラム　リクルートスーツ・パレード

　1990年代前半は、就職活動中の女子学生たちにとっては超氷河期と呼ばれた。それも、単に採用がないというだけではなく、面接に出かけても真面目に対応されないなど、就職活動に徒労感が伴っていた。これは、そんな状況を打破しようという一つの1994年の企画。リクルートスーツを着て、オフィス街である丸の内を主張しながら練り歩く。最後は、労働省(当時)と経団連に意見を届けた。そして、その後しばらくして、1997年改正均等法の原案が生まれたのだった。

1994年7月28日　朝日新聞

15　雇用における差別　231

キーワード 4　有期労働契約とその悪用

➡14- 5
➡15- 6

◆**期間の定めのある労働契約**　解雇から保護されるいわゆる「正社員」は、労働の期間を定めることなく労働契約を締結している者である。これに対して、多くのアルバイト、パート、派遣等の非正社員的労働者の労働契約には労働期間が定められている（**有期労働契約**）。労働期間が満了したら、労働契約は自然と終了する。もちろん、労使双方が合意して、この労働関係を長く続けようと考えることも少なくない。その場合には、この期間の定めのある労働契約を再度締結する（契約の更新という）。

◆**有期労働契約の更新**　労働契約の更新を何回もすることによって、**有期労働**も長期間にわたることが少なくない。このような場合は、労働の実態が**期間の定めのない労働契約**と同じのようにみえるが、労働期間の満了日に（解雇の手続をとることなく）、労働契約を終了させることができるのである。また、どんなに長く働いても、期間満了ごとに新しい労働契約を締結しているので、賃金などの労働条件や諸権利は改善されることがない。

◆**新しい労働契約法**　有期労働者の雇用保障のため、裁判所は解雇権濫用の法理（222頁）を類推適用して、労働者を保護してきた（東芝柳町工場事件：最一小判昭49年7月22日民集28巻5号927頁、日立メディコ事件：最一小判昭和61年12月14日労判486号6頁）。そして、2012年に改正された労働契約法では、これらの判例を明文化し、一定の場合には有期労働者を雇止めすることができなくなった（労契法19条*）❸。また、有期労働契約が5年を超えて反復更新されて継続されたときは、労働者の請求をまって、期間の定めのない労働契約に転換されることとなった（労契法18条*）❸。有期労働者が正社員と同じ仕事をしている場合には、有期契約労働者の労働条件など、労働契約の内容について不利に取り扱ってはならないことも定められた（労契法20条）。(S)

232　第Ⅴ部　労　働

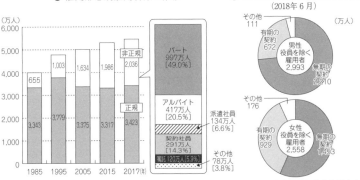

❶ 雇用形態別雇用者数の推移

出典：厚生労働省資料「『非正規雇用』の現状と課題」
(https://www.mhlw.go.jp/content/000179034.pdf)

❷ 無期労働者と有期労働者数（2018年6月）

出典：総務省統計局「労働調査」より

❸ 改正労働契約法

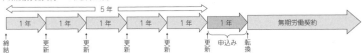

(1)無期労働契約への転換（18条）

(2)雇い止めが制限される場合（19条）

①過去に反復更新された有期労働契約で、その雇止めが無期労働契約の解雇と社会通念上同視できると認められるもの（東芝柳町工場事件）
②労働者において、有期労働契約の契約期間の満了時に当該有期労働契約が更新されるものと期待することについて合理的な理由があると認められるもの（日立メディコ事件）

以上のような場合において、会社が雇止めをすることが、「客観的に合理的な理由を欠き、社会通念上相当であると認められないとき」には、雇止めが無効となり、従前と同一の労働条件で有期労働契約が更新される。

コラム　有期労働契約の2018年問題

　改正労働契約法が2013年に施行され、2018年には5年を超えて就労を継続する有期契約労働者が、無期契約への転換を請求する権利を得ることができるようになった。この無期転換制度を積極的に受け入れて、2018年になる前に、有期契約労働者を無期契約に転換するための制度を調えた企業も少なくない。しかし、残念ながら、多くの会社ではこの無期転換制度を嫌い、5年を経過する前に有期契約労働者を雇止めする事件が頻発している。あるいは、長年契約が更新されてきたにもかかわらず、就業規則を変更するなどして、契約が5年間継続しないように制度そのものを変更したところもある。しかし、労働契約法19条により、脱法的な雇い止めについてはその効力は無効となる可能性も高い。

キーワード 5　派遣という働き方

➡15- 4
➡15- 6

◆労働者派遣契約とは　　労働者派遣会社（派遣元会社）が、派遣先会社に労働者を派遣し、派遣先会社が派遣元会社に派遣料を支払う契約である❶。**派遣労働者**は、派遣元会社と労働契約を締結し、仕事の指示等（指揮命令）は派遣先会社に従う。派遣元会社に派遣労働者が常時雇用されている**常用型**と、派遣先会社で働いているときだけ派遣元会社との間に労働契約が成立している**登録型**がある。

◆クビきりも、超簡単派遣　　派遣労働では、労働者は、労働契約関係にない派遣先会社の命令に従うことになるため、労働者としての権利行使や保護について責任の所在があいまいになる。労働基準法や労働者派遣法は、そうした弊害を取り除くべく、派遣先会社の責任と派遣元会社の責任を明確にしているが、特に登録型の派遣関係の場合、雇用が簡単に終了できるため、不安定な働き方といえる。

◆労働者派遣法のゆくえ　　労働者派遣は、もともと違法な行為であった。1985年均等法成立と同時に、特に事務職の女性を簡便に使うことを狙って、労働者派遣法が成立し、3年間という限定的な期間で、限定列挙された業務に限り、部分的に適法化されたものである（ポジティブ・リスト方式）。その後、幾度かの改正を重ね、1999年には限定列挙された業務（港湾業務など）以外は一般的に適法化された（ネガティブ・リスト方式）。その後、それまでは禁止されていた製造業への派遣も適法となり、派遣可能期間も専門26業務は制限がなくなり、それ以外の業務は3年となった。しかし、その弊害として、多くの労働者が簡単に失職してしまう事態に及んだため、2012年の民主党政権の際に、日雇い派遣を原則禁止にするなど、規制を若干程度強化した。ところが、同年12月に再び自民党に政権が戻ると、経済界の強い要請により、再度規制緩和がなされた。このように、労働者派遣は、経済界の都合に応じて政策が左右し、労働者は振り回されている。(S)

234　第Ⅴ部　労　働

❶ 労働者派遣の契約関係

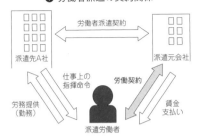

直接雇用	← →	派 遣
A社	労働者と労働契約を結ぶのは（雇用主は）	派遣会社
A社	賃金を支払うのは	派遣会社
A社	社会保険・労働保険の手続を行うのは	派遣会社
A社	勤務先は	**派遣先のA社**
A社	仕事上の指揮命令を行うのは	**派遣先のA社**
A社	年次有給休暇を付与するのは	派遣会社
A社	休業の際の休業手当を払うのは	派遣会社

※労働基準法などの労働基準関係法令については、一部は派遣先が責務を負いますが、基本的には派遣労働者の雇用主である派遣会社が責務を負います。

出典：厚生労働省HP「派遣で働くときに知っておきたいこと」

コラム　派遣労働者の困難

派遣先会社でパワハラにあったにもかかわらず、10年以上も勤務していた職場から追い出されたケース（伊予銀行・いよぎんスタッフサービス事件：最一小判平21年3月27日労経速2047号25頁）、違法な労働者派遣を問題としたため、不当に苦痛を伴う職務遂行を命じられたケース（松下プラズマディスプレイ事件：最二小判平21年12月18日）など、いずれも派遣先と派遣労働者の間には労働契約関係がないという理由で、派遣先との間の雇用関係確認の請求は退けられている。指揮命令権および雇用継続の鍵を握るのが派遣先会社であるため、派遣労働者が被る問題の多くは、派遣先会社との間で生じる。にもかかわらず、賃金の支払い等の、労働契約にかかわる事務手続は派遣元会社が請け負っているため、派遣先会社に責任が及ばない。深刻な問題であり、派遣労働者の権利を擁護する立場からは、登録型の派遣をなくすよう要求が出ているくらいである。

コラム　2015年改正法の問題点

2015年改正法では、専門26業務であるかどうかに限らず、派遣先の同一組織単位で、同一派遣労働者個人についての受入可能期間は、3年に限定される。他方で、派遣先は、同一事業所において、労働者派遣の可能期間は3年を上限とするが、過半数労働組合などの意見を聴取すれば、この期限は延長できることになる。つまり、派遣労働者個人は、3年を超えて同一組織で就労することができず、しかし、企業は労働者を入れ替えれば長く派遣労働者を利用することができるようになった。企業は恒常的に正社員を派遣労働者と入れ替えることが可能になると指摘されている。なお、派遣元会社には、派遣労働者の雇用安定措置として、新たな就労の機会を提供することなどが義務づけられるが、実効性に疑問が残る（2018年改正については、236頁参照。）

15　雇用における差別　235

キーワード 6　賃金差別

➡15- 2
➡15- 7

◆労基法4条に基づく裁判　賃金表が男女別になっているなど、企業の賃金制度が差別的である場合は、職務内容の違いは問題とされずに性差別が認定される傾向にある（岩手銀行事件：仙台高判平4年1月10日判時1410号36頁など）。他方、人事考課を媒介として、個人の能力が賃金に反映される場合は、差別の立証は難しい。それでも、明らかに評価と賃金決定に齟齬がある場合には、賃金差別が認定されてきた（日ソ図書事件：東京地判平4年8月27日判時1433号3頁。228頁も参照）。

◆コース別人事制度　コースとは、処遇や人事管理の区別を指し、職務区分とは異なる。総合職にはもっぱら男性が、一般事務職にはもっぱら女性が採用されてきた伝統から、コース別の処遇は、男女の処遇格差を温存する。裁判では、コース転換制度が保障されているかどうかが問われてきた。（野村證券事件：東京地判平14年2月20日判時1781号34頁など）。

◆同一価値労働同一賃金　昭和シェル石油事件（東京高判平19年6月28日判時1981号101頁）では、男女の職務価値を比較して賃金差別を争った。裁判所は賃金差別を認定したが、同一価値労働は否定した。

◆同一労働同一賃金法　2018年に、非正規労働者と正規労働者との処遇格差是正のため、パート労働法、労働契約法、労働者派遣法が改正された（248頁）。短時間・有期労働者については、正規労働者との**均等待遇**および**均衡待遇**が規定され、具体的な対応に関する指針が整えられた。指針によれば、例えば、各種手当や福利厚生施設の利用などについては、基本的に正規労働者と同一の取り扱いが義務付けられることなる（「同一労働同一賃金ガイドライン」）。派遣労働者については、派遣先社員との均等・均衡待遇が創設され、あるいは労使協定によって一定水準による待遇を確保することなどが規定された。(S)

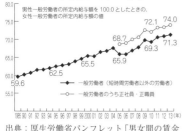

❶ 男女間賃金格差の推移

出典：厚生労働省パンフレット「男女間の賃金格差解消のためのガイドライン」

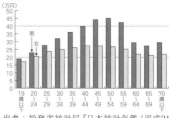

❷ 男女・年齢別常用労働者の月間現金給与額（2012年）

出典：総務省統計局『日本統計年鑑（平成24年版）』

📢均等法の影響があるのか、男女間の賃金格差は縮小されてきているように思われるが❶、年齢別の賃金格差を検討するならば、男性の賃金変動に比べて、女性の賃金変動は非常に平板であることが分かる❷。

❸ 同一労働同一賃金に関する主な法制度（日本－EU）

	(1)待遇の「違い」の合理性に関する「考慮要素」		(2)法制度の内容
日本	①職務内容（＝業務内容＋責任の程度） ②職務内容・配置の変更範囲（＝「人材活用の仕組み・運用等」） ＋ その他の事情	①・②(※)が正社員と同じ場合	同じ待遇が求められる【いわゆる「均等待遇」】 （＝正社員より不利な取扱いをしてはならない） （※成果・能力・経験等による賃金差は許容（不利な取扱いに当たらない））
		①・②(※)が正社員と違う場合	①～③を考慮して「不合理」な待遇差は禁止【いわゆる「均衡待遇」】 （2018年改正でそれぞれの待遇ごとに、どのような格差が不合理に当たるか明確化された）
(参考)EU	客観的正当化事由（具体的には司法判断）	客観的正当化事由がない場合	正社員（＝フルタイム労働者／常用雇用労働者）よりも不利益な取扱いを受けない（原則禁止）
		客観的正当化事由がある場合	不利益取扱いが許される（例外）（EUパートタイム労働指令、有期労働指令）

出典：厚生労働省HP「同一労働同一賃金に関する主な法制度（日本－EU）」を修正

コラム　日本におけるリーディングケース

Y社では、臨時女性社員は、女性正社員と全く同じ職務に従事しており、労働時間も責任も全く同じだった。臨時女性社員の中には雇用が長期に及ぶ者もいたが、その給与は同じ勤続の女性正社員の3分の2にすぎなかった。男性正社員の給与と比較すると、さらに格差は開いていたため、臨時女性社員はY社を訴えた。裁判所は、男性正社員との賃金格差を違法と認めなかったが、女性正社員との格差については、同一（価値）労働同一賃金原則の根底にある均等待遇の理念に反し、同じ勤続年数の女性正社員との格差が2割を超えるときには、その限度において違法となると判断した（**丸子警報器事件判決**：長野地上田支判平8年3月15日労判690号32頁）。

15　雇用における差別　237

| 比較 7 | 間接差別 | ➡15-3
➡15-6 |

差別とは実に巧妙なもので、無意識に行われ、結果として特定の人種や性に大きな不利益をもたらす場合もある。

◆差別的効果　1971年に、アメリカの連邦最高裁判所は、昇進試験がアフリカ系アメリカ人のみに著しい不利益をもたらすため、雇用差別禁止法（公民権法第七編）に反するという画期的な判決を下した（Griggs v. Duke Power Co., 401 US 424 [1971]. **差別的効果の法理**という）。

◆間接差別　この考え方は欧州や他の英国法体系の国家にも影響を与え、1976年EU男女均等待遇指令（76/207/EEC）では、「直接および間接」の性差別の禁止が規定された。欧州司法裁判所が**間接差別**の概念を明確化させたのは、1986年のBilka判決である。職域年金制度からパートタイム労働者を除外したことが、女性差別であるかどうかが争われ、裁判所は、この除外によって、男性より女性が著しく影響を受ける場合には、会社が正当性を立証しなければ、性差別になると判断した（Case 170/84 Bilka, [1986] ECR1607）。

2006年の男女均等統合指令（2006/54/EC）は、間接差別について、目的において正当で、手段において適当かつ必要でない限り、「表面上は中立的な規定、基準又は慣行がある性別の人に他の性別の人と比較して特定の不利益を与える場合」と定義している。

◆法理の目的は何か　その後、アメリカの差別的効果の法理は立証責任の分配という訴訟技術上の役割に限定されていった。他方で、欧州の間接差別の法理は、平等実現を阻む様々な障壁を廃絶していく機能をもつと評価されている。このアメリカと欧州の違いはどこにあるのか。当初は、アメリカも平等実現を阻むあらゆる障壁を廃絶していこうと考えて、差別的効果の法理を生み出したはずである。結局、最も大切なことは、技術的な法の発展ではなく、平等実現のための強い信念とたゆまぬ精神的努力なのかもしれない。(S)

コラム　日本における間接差別

　男女雇用機会均等法では、7条*に性に中立的な基準であって一方の性に不利益に働くようなもののうち、厚生労働省令で定めるものを、間接差別として規制している。厚生労働省令で定められているものは、次の3つである。①労働者の募集または採用にあたって、労働者の身長、体重または体力を要件とするもの、②労働者の募集もしくは採用、昇進または職種の変更にあたって、転居を伴う転勤に応じることができることを要件とするもの、③労働者の昇進に当たって、転勤の経験があることを要件とするもの。もちろん、会社がこうした基準を採用することに合理的な理由がある場合は、許される。また、厚生労働省令に定めがないような例であっても、裁判で間接差別を争うことはできる。例えば、芝信用金庫事件（240頁）では、職務に関連した試験の成績が昇格の条件となっていたものだが、こうした制度も一方の性に対して圧倒的に不利に作用する場合は、間接差別と評価できるだろう。

　この均等法の規定は間接差別をたった3つに限定するものだが、もちろん、欧州やアメリカでは、このような限定は存在しない。そのため、2012年、ILOの条約勧告適用専門委員会は、日本国政府に対して「労働者および使用者団体との協議の上、均等法の施行規則ができる限り早い機会に見直しがなされ、報酬に関するあらゆる形態の間接差別に対して効果的な保護措置を確保するよう」要望を行った。同委員会は、社会保険に関連した間接差別についても関心を寄せており、指摘がなされている。（ILOについては、96頁参照。）

コラム　日本初の女性機長誕生

　2010年7月2日、日本ではじめて、女性が、国土交通省の機長審査に合格し、日本初の女性機長が生まれた。報道によれば、日本航空グループのJEXの女性副操縦士は、当初身長が少し低くて航空大学校に入学できず、アメリカに留学して操縦士免許を取得した。ところが、日本の会社は、航空大学校を新卒した人しかパイロットとして採用しなかったため、なかなかパイロットになれなかった。しかし、1999年、海外で免許を取得したパイロットの採用を始めたJEXの入社試験に合格。その後も機長を目指して訓練を続けていたという。女性にとっての機長への道を阻む障害は、航空大学校の入学基準である身長基準の他、出産や育児による休業も大きい。

15　雇用における差別　239

判例 8　雇用性差別裁判

①芝信用金庫事件（東京高判平12年12月22日労判796号5頁）

【事実】　Yでは、資格試験によって資格を付与していた。Xらは、Yの職員あるいは元職員たる女性であるが、賃金が、同期同学歴同年齢の男性に比べて低いのは、男性のほとんど全員が昇格したにもかかわらず、女性は昇格していないためであり、違法な性差別であるとして、昇格の確認および差額賃金の支払いを求めて訴えた。

【判旨】　請求一部認容。資格試験制度自体の問題としては、「不公正・不公平とすべき事由は見出せないのであるが、……幹部職員である店舗長等が、年功序列的な人事運用から完全に脱却することができないままに、長期間受験を重ねてもなかなか合格しない係長である男性職員に対する人事の停滞防止について配慮した上で、男性職員に対してのみ、人事面、特に人事考課において優遇していたものと推認せざるを得ない」。「同期同給与年齢の男性職員のほぼ全員が課長職に昇格したにもかかわらず、（Xらが）依然として課長職に昇格しておらず、諸般の事情に照らしても、昇格を妨げるべき事情の認められない場合には、Xらについては、昇格試験において、男性職員が受けた人事考課に関する優遇を受けられないなどの差別を受けたため、そうでなければ昇格することができたと認められる時期に昇格することができなかったものと推認するのが相当」である（年功加味的運用差別）。

本件は、直接、賃金に関する事案ではないが、「資格の付与が賃金額の増加に連動しており、かつ、資格を付与することと職位に付けることとが分離されている場合には、資格の付与における差別は、賃金の差別と同様に観念」でき、「資格の付与につき差別があったものと判断される程度に、一定の限度を越えて資格の付与がされないときには、……同法（労基法）13条ないし93条の類推適用により、右資格を付与されたものとして扱うことができる」。

②住友金属事件判決（大阪地判平17年3月28日労判898号40頁）

【事実】　Yは、男女コース制度を採用していたが、一般職女性を男性一般に比較して、査定において不利益に取り扱う人事管理資料が存在していた。Xらは、Yの従業員および元従業員の女性であるが、同期同学歴同年齢の男性との間に著しい賃金の格差が存在するのは、Yによる性差別であるとして、訴えた。

240　第Ⅴ部　労　働

【判旨】　請求一部認容。Yの高卒事務職における男女間には、昇進・昇級および賃金に関して、顕著な格差が存在し、「格差について合理的な理由が認められない限り、Yが性別による差別的取扱いをしていることが推認される。」

「他方、憲法は、22条、29条等において、財産権の行使、営業その他の経済活動の自由をも保障しているから、事業主は、契約締結の自由を有し、労働者を雇用する、すなわち労働契約を締結するに当たり、いかなる者をいかなる条件で雇い入れるかについては、法律等による特別の制限がない限り、原則として自由」である。そして、「労働基準法3条にいう『労働条件』には募集及び採用に関する条件は含まれ」ず、「同法4条も、募集及び採用について男女間で異なった取扱いをすることまで直接禁止するものではない。XらがYに採用された当時、ほかに募集及び採用に関し男女間で異なった取扱いをすることを直接禁止する法律等は存在せず、それらが禁止されたのは、…改正均等法が平成11年4月1日に施行された時点からである」。しかも、当時、「一般的に女性の勤続年数は男性よりも短く、全国的な異動も期待し難かった」ので、「Yが、Xら女性の高卒事務職の募集、採用に当たり、そのような時代背景を前提に……男性の高卒事務職と同一の取扱いをしなかったことは、……直ちに公序良俗に違反するとはいい難い。」

しかし、本件は「Yが本件人事資料に基づく差別的取扱いにより、同等の能力を有する高卒事務職であっても、男女間で能力評価において差別的取扱いをし、同じ能力評価区分に該当した者についても評価区分及び査定区分において明らかに差別的取扱いをし、それに基づき、昇給・昇進等の運用をしていたことによるものであって、本件コース別取扱いとは合理的関連を有するとは認め難いから……性別のみによる不合理な差別的取扱いとして民法90条の公序に反する違法なものである」。したがって、「本件コース別取扱い上、Xら高卒女性事務職と別異に取り扱われることが予定されていなかった」男性を標準として、賃金差額請求を認めるのを相当とする。(S)

参考　三菱樹脂事件（最大判昭48年12月12日民集27巻11号1536頁）
　住友金属事件判決の基礎となっている最高裁判例。思想信条を理由として本採用を拒否された労働者が、思想信条を理由とする本採用拒否は、憲法違反であると訴えたが、最高裁は、憲法14条と19条の直接的私人間効力を否定し、採用活動における企業の自由が確認された。しかし、最高裁は、この事例における本採用拒否は解雇にあたると判断して、さらなる審理を高裁に差し戻したため、最終的には、事件は、労働者側の全面勝利の和解で決着した。

16 ワーク・ライフ・バランス

概説 **1**	ワーク・ライフ・バランス	→ 2 - 5 → 3 - 7

◆**ワーク・ライフ・バランスとは**　2007年の官民トップ会議で策定された「**仕事と生活の調和憲章**」では、「誰もがやりがいや充実感を感じながら働き、仕事上の責任を果たす一方で、子育て・介護の時間や、家庭、地域、自己啓発等にかかる個人の時間を持てる健康で豊かな生活ができるよう、今こそ、社会全体で仕事と生活の双方の調和の実現を希求していかなければならない」と宣言された。つまり、労働者の仕事と育児や家族介護等の責任を両立させることによって、**少子高齢社会**における労働者不足を補おうという趣旨である。

◆**これまでの政府・裁判所の姿勢**　しかし、これまでの政府・裁判所の姿勢は、労働契約を形式的に解釈するあまりに、労働者の生活や私的部分について軽視する傾向にあった。つまり、**日立製作所武蔵工場事件**（最一小判平3年11月28日民集45巻8号1270頁）では、たった一度の残業命令拒否を理由とする懲戒解雇が有効と判断され、**東亜ペイント事件**では家族の事情に基づく転勤拒否が懲戒解雇の事由として認められた（252頁）。労働契約の履行においては、私生活の事情よりも仕事を優先させてきたのであるが、それは、解雇から労働者を保護したいという裁判所等の思いにも支えられていた。しかし、同時に、労働者のモデルを男性正社員とし、家事育児は女性配偶者に担わせるという固定した家族像に基づくものでもあり、それを強化する役割を果たしてきたことも、また、事実である。

◆**女性労働者の保護から家族的責任を担う労働者の保護**　そうした仕事優先の傾向と反対に、妊娠出産を理由とする不利益取扱いから女性労働者を守ろうという原則は、労働基準法が成立する以前から、国際的な合意であった。妊娠し出産する女性は、一人の労働者として

242　第Ⅴ部　労　働

保護の対象たり続けてきたのである。その原則は、育児休業保障へと発展し、その後、性を問わない、「家族的責任を担う労働者」という概念が生まれることとなった（ILO156号条約参照）。こうした国際基準の発展は、国内の女性労働者に力を与え、**育児・介護休業法**などの国内法整備の実現をもたらした。

◆政府の方針転換　日本政府が仕事と育児・家族介護の両立に向けた姿勢に変更したのは、少子高齢化による労働力不足時代の到来による。いかにして効率よく女性の労働力を活用していくかが、政府の関心事になったわけである。しかし、労働者が人間として主体的に人生を送るためには、私生活が家族的責任に収斂されてもいけない。例えば、政治的な集団的意思を形成する活動などは、私生活の環境を守るためにも重要であろう。ところが、裁判所は、職場における自由時間の政治活動の禁止は合理的であると判断してきた（電電公社目黒電報電話局事件：最三小判昭52年12月13日民集31巻7号974頁）。この事件では、就業規則の「全力を挙げてその職務の遂行に専念しなければならない」という規定が、「職員がその勤務時間及び職務上の注意力のすべてをその職務遂行のために用い職務にのみ従事しなければならないことを意味する」と判断された。また、私生活との調和と言うからには、自らの心身にかかわる自己決定が最大限に尊重されるべきであろう。ところが、この点についても、裁判所は、会社指定の病院で2週間の入院を必要とする健康診断の受診命令を、業務命令の一つとして有効と判断している（電電公社帯広電報電話局事件、219頁参照）。

　こうした労働者の極めて精神的な領域への会社の介入について、政府は言及せず、特別な配慮を必要とする労働者に対する政策を追求するにとどまる。つまり、労働者が、企業中心社会を維持する限りにおける「**仕事と生活の両立**」でしかないのである。現在、真のライフの意味が、労働者に問われている。(S)

キーワード 2　妊産婦である労働者の保護

➡9 - 4
➡6 - 7

妊産婦である労働者の保護は、国際的にも、労働法が成立した当初から、最大の関心をもって取り扱われてきた。日本においても、労基法成立当初から、妊産婦である労働者を保護し、**マタニティ・ハラスメント**などというあいまいな概念の導入さえ許さない、決然たる姿勢で対応している。

◆産前産後休業等　労基法上の制度として、産前 6 週間（多胎の場合は14週）・産後 8 週間（うち 6 週間は強制）の休業保障のほか、残業や深夜業、有害業務への従事に対する規制、子が 1 歳になるまでの**育児時間の保障**（同64条の 2 ～67条*）などがある。また、**生理中の女性の休暇**を保障している（同68条*）。

◆解雇など不利益取扱いからの保護　労基法19条*では、65条の産前産後休業中およびその後30日間は、その女性労働者の解雇を禁止している。また、男女雇用機会均等法では、妊娠出産を理由とする不利益取扱いを禁止し（均等法 9 条）、**母子保健法**上の健康管理に関する権利を保障している（均等法12条*・13条）。妊娠中の労働者が作業軽減を求め、それに伴ってなされた降格等が不利益取扱いに当たるかについては議論の余地がある（広島中央保健生活協同組合事件（最一小判平26年10月23日労判1100号 5 頁は不利益取扱いと判断）。

さらに、2017年より、使用者の、いわゆるマタニティ・ハラスメント（マタハラ）に対する防止義務が加わった❶。まず、使用者は、上司・同僚からの妊娠・出産等に関する言動によって妊産婦である労働者の職場環境が害されることがないように防止する措置を講じなければならない（均等法11条の 2*）。次に、育児・介護休業者の職場環境についても同様のことが、使用者に義務づけられた（育児・介護休業法25条）。このような制度は、労基法65条および19条の精神に基づき、妊産婦である労働者が労働市場から排除されることによって、母子ともに貧困に陥ることないよう、労働者に保障された最低限の権利である。(S)

244　第Ⅴ部　労　働

❶ マタハラ防止のために事業主が講じるべき措置に関する指針

事業主は、法律（男女雇用機会均等法、育児・介護休業法）に基づき、妊娠・出産、育児休業、介護休業等に関する上司・同僚からの職場でのハラスメントの防止措置を講じなければならない。

指針に示されたハラスメントの２つの型

1　制度等の利用への嫌がらせ型

・制度等の利用を理由に解雇や不利益取扱いを示唆する言動
・制度等の利用を阻害する言動
・制度等の利用を理由に嫌がらせ等をする言動

法律に基づく制度

●男女雇用機会均等法が対象とする制度等
①産前休業
②妊娠中および出産後の健康管理に関する措置
③軽易な業務への転換
④変形労働時間制での法定労働時間を超える労働時間の制限、時間外労働および休日労働の制限並びに深夜業の制限
⑤育児時間
⑥坑内業務の就業制限及び危険有害業務の就業制限

●育児・介護休業法が対象とする制度等
①育児休業
②介護休業
③子の看護休暇
④介護休暇
⑤所定外労働の制限
⑥時間外労働の制限
⑦深夜業の制限
⑧育児のための所定労働時間の短縮措置
⑨始業時刻変更等の措置
⑩介護のための所定労働時間の短縮等の措置

2　状態への嫌がらせ型

・妊娠・出産等を理由に解雇その他不利益取扱いを示唆する言動
・妊娠・出産等を理由に嫌がらせ等をする言動

●対象となる状態
①妊娠したこと、②出産したこと、③産後休業を取得したこと、④つわり等で能率がさがったこと　など

出典：厚生労働省サイトより（https://www.mhlw.go.jp/stf/seisakunitsuite/bunya/koyou_roudou/koyoukintou/seisaku06/index.html）

コラム　妊産婦たる高校生の保護

　文部科学省の調査によれば、2015年４月から２年度間に学校が把握した生徒の妊娠は、2098件であり、そのうち、生徒の意思に反して「自主退学」がなされた例が32件あった。そのため、文部科学省は、「安易に退学処分や事実上の退学勧告等の対処を行わないという対応も十分考えられること」など、教育上必要な配慮を行うよう通達（2018年３月29日付）を出した。文部科学省『平成29年度文部科学白書』第４章第８節。

キーワード3 家族的責任と仕事の両立

➡3-7
➡17-2

◆育児・介護休業法　各休業は、労働者の請求により取得できる。**育児休業**は子が満1歳になるまで、保育所等に入所できない等の要件があれば、最大で子が満2歳になるまで保障される。父母が交代で育児休業を取得する場合には、子が満1歳2か月になるまで休業取得の権利が保障されるが（パパ・ママ育休プラス）、取得できる休業は、父母それぞれ1年が限度である。妻の産後休業中に育児休業を取得した夫は、その後再度休業を請求できるが、それ以外の場合の休業は、連続した1回に限定される。法律には、他に勤務時間の短縮の措置などが規定されている。**介護休業**は、要介護家族1人につき、常時介護を必要とする状態に至るごとに1回、93日まで保障される。両休業の間、社会保険料は労使ともに免除される。雇用保険制度より保障される育児休業給付金は、休業開始から6か月間は賃金の67%、それ以降は50%である。介護休業給付金は賃金の67%である。

　さらに、短期の子のための**看護休暇**や介護休暇制度もある❶。

◆保育所問題　労働者に対して**育児のための休業**を保障することは、育児と仕事の両立を実現するための、一つの戦略である。しかし、労働者の中には、ひとり親世帯など、様々な理由で長い休業をすることができない者もいる。また、労働力人口の低下に伴って、女性の労働力は期待されており、女性が労働市場で効率よく力を発揮するためにも、公的保育施設の完備は必須である。それを必要としているすべての労働者に対して、保育所利用の権利を保障することは、喫緊の課題であろう。しかしながら、整備がなかなか進まない自治体も多く、また、住居や職場からの距離など、育児と仕事の両立という点で、多くの課題を抱えている場合も少なくない。

　なお、**育児・介護休業法**では、短時間勤務制度の代替措置の一つとして、事業場内保育施設の設置管理を規定している（23条）。(S)

❶ 妊娠・出産・育児をしながら働く女性のための制度

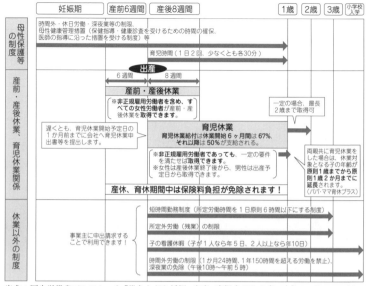

出典：厚生労働省パンフレット「働きながら妊娠・出産・育児をされる方へ」(http://www.mhlw.go.jp/general/seido/koyou/danjokintou/dl/turai_omoi.pdf)に制度の変更を加筆

❷ 待機児童数（年齢区分別）

	2017年4月	2017年10月	2016年10月からの増減
3歳未満児	23,114人	52,285人	+8,095人
うち0歳児	4,402人	28,805人	+6,798人
うち1,2歳児	18,712人	23,480人	+1,297人
3歳以上児	2,967人	3,148人	-400人
全年齢計	26,081人	55,433人	+7,695人

出典：厚生労働省発表「平成29年10月時点の保育園等の待機児童数の状況について」(2018年4月11日)(https://www.mhlw.go.jp/stf/houdou/0000202678.html)

❸ 「保活」の実態

1. 「保活」の結果

- ■希望どおりの保育施設を利用3130人 (56.80%)
- ■希望どおりではないが、認可保育施設等を利用 1417人 (25.70%)
- ☒希望どおりではないが、認可外の保育施設を利用592人 (10.70%)
- □保育施設を利用できなかった251人 (4.60%)
- ■無回答122人 (2.20%)

2. 「保活」の結果別感想（「保活」をして苦労や負担を感じたことについて）

希望どおり (3,130人)
希望外・認可保育園等 (1,417人)
希望外・認可外 (592人)
利用できなかった (251人)

■とても負担に感じた　■負担に感じた　☒少し負担に感じた
□負担に感じなかった　■無回答

3. 「保活」による苦労・負担の回答より抜粋

・入園自体が難しいので、保育方針や保育の質で施設を選ぶ余裕がないこと。
・実際に園に足を運んで話を聞かないと分からない情報が多く、30ヶ所以上暑い中子どもを連れて見学に行った。
・本当に仕事に復帰できるか分からないという不安があること。
・保育園に入れなければ職を失ってしまう不安があること。
・仕事をしなければ保育園に入れず、保育園に入れなければ仕事に就けないという状況で板挟みにあうこと。

出典：厚生労働省「「保活」の実態に関する調査の結果」2016年7月28日公表 (https://www.mhlw.go.jp/file/06-Seisakujouhou-11900000-Koyoukintoujidoukateikyoku/hokatsu-chousa_1.pdf)

キーワード 4 パートタイム労働

→15- 4
→17- 6

◆パートタイム労働とは 通常の従業員よりも労働時間の短い従業員のこと。給与体系が時給であるか月給であるか、また、契約期間の定めがあるか否かは関係ない。諸外国にはパートタイムの正社員という働き方は少なくないが、日本においては、パートタイムと有期契約がセットになっている場合が多い。パートタイム労働者は、フルタイム労働者に比べて就労時間が短いだけで、他に変わることはない。しかし、一般に両者には、契約期間、毎月の賃金、賞与の有無、社会保険や福利厚生の適用などについて、処遇の格差が顕著である。また、フルタイム労働者と同じ時間働いているのに、形式上パートタイムという名前をつけて、処遇に差を設けている場合も少なくない（「**疑似パート**」と呼ばれている）。

◆パートタイム労働法 こうしたパートタイム労働者に対する不利益をできるだけなくし、パートタイム労働者を正社員の処遇に近づけていこうと、1993年に**パートタイム労働法**（短時間労働者の雇用管理の改善等に関する法律）ができた。この法律は、何度かの改正を重ね、2018年には、有期労働者も同様に保護の対象となり、「短時間労働者及び有期雇用労働者の雇用管理の改善等に関する法律[*]」と名称が変わった（2020年4月1日施行、法律の内容については236頁参照）。

しかし、日本の税制等においては、一部の労働者にとって「配偶者が働かないか、低所得である」ことに一定の利益が伴う。そのため、パートタイム労働者などのように、一般に低所得の働き方においては、労働条件を上げるために必要な連帯の可能性が削ぎ落とされる状態にある。

◆パートタイムと社会保険等 労働時間が週20時間以上の労働に従事する労働者については、厚生年金と健康保険への加入が義務づけられている（265頁参照）。(S)

❶ パートタイム労働者の国際比較

1. 就業者に占めるパートタイム労働者の割合（2016年）

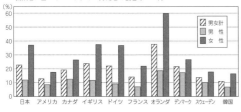

出所：労働政策研究・研修機構『データブック国際労働比較2018』
1. は3-7表、2. は5-5表より抜粋・作成（http://www.jil.go.jp/kokunai/statistics/databook/2018/ch.5.html）

2. フルタイム労働者に対するパートタイム労働者の賃金水準

	フルタイムを100とした時の割合
日 本※	59.4 (2017年)
	58.0 (2016)
	57.1 (2015)
	56.6 (2014)
イギリス	71.8 (2017p)
ドイツ	72.1 (2014)
フランス	86.6 (2014)
イタリア	66.4 (2014)
オランダ	74.3 (2014)
デンマーク	79.0 (2014)
スウェーデン	82.2 (2014)

※日本については、産業別、常用労働者10人以上の民営事業所、一般労働者に対する短時間労働者の1時間当たり所定内給与額（平均）、残業を除く。
（注）パートタイム（短時間）労働者の定義、調査対象、賃金水準の算出方法等は国によって異なるので、比較の際は注意を要する。

❷ 就業形態別　現金給与総額の年次推移

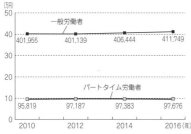

出典：『厚生労働白書』平成29年版、図表2-2-1のバックデータから最近の数値を抽出。

◆「最低賃金の上昇に伴い、パートタイム労働者等の時給は上昇しているが、実労働日数が減少し、月額の賃金は上がっていない。厚生労働省も「パートタイム労働者の時給は上昇が続き、2016年には過去最高となっている。一方で、実労働日数が減少し、月額の賃金はおおむね横ばい」と指摘している。

配偶者が低所得であることによって利益を受ける制度

【配偶者控除・配偶者特別控除】　配偶者を扶養している者には、税制上の優遇がある。配偶者の年間所得が38万円（収入が給与のみの場合は103万円）以下の場合には、当該納税者には所得税について38万円の控除（配偶者控除）がある。加えて、配偶者の所得が38万円（103万円の給与収入）を超え、150万円（同201万円）未満の場合には、その所得に応じて最高38万円までの控除（配偶者特別控除）がある（ただし、当該納税者の所得が1000万円を超える場合を除く）。他にも、住民税について控除も受けられる。

【社会保障】　上記の納税者が会社等に雇われている労働者である場合には、社会保険上、低所得の配偶者は当該労働者の扶養家族とみなされ、配偶者独自には社会保険料の負担がない。（265頁参照）

【賃金】　雇用されている労働者の場合、会社の給与体系によって家族手当等が支給されている場合もあり、年間にすると結構な額になる。

【同性婚に対する差別】　一部の制度には事実婚の場合も含まれるが、同性の配偶者については想定されていないため、同性愛者に対する差別として、今後問題とされることが増えると思われる。

キー ワード 5	柔軟な労働時間制度	➡14-2 ➡16-1

労働時間に関する原則は、1985年の均等法成立後、継続的に崩れている。規制が柔軟になり、労働者にも資するという意見もあるが、長時間労働が前提となっている社会では楽観できない。

◆変形労働時間制とフレックスタイム制　　変形労働時間制は一定期間において1週の平均労働時間が法定労働時間を超えない場合に、特定の日あるいは週に法定労働時間を超えて労働させることができる制度である。労使協定や就業規則への記載を必要とし、1年単位、1か月単位と1週間単位の3つの制度がある。これに対して、**フレックスタイム制**は、労使協定の取り決めにより、始業・終業時刻を労働者に自主的に決定させる制度である。いずれの制度でも、会社は時間外労働を命じることが可能である。

◆裁量労働制　　研究開発など、職務が高度に専門的なため、会社が仕事の仕方や労働時間について管理できない場合、一定の要件の下で、労働時間について労働者の裁量に任せる制度が、**専門業務型裁量労働制**である。この場合、会社は、あらかじめ決められた時間以外の時間外労働手当を支払う必要がない。事業の企画立案に関わる職務についても同様の制度（企画立案型裁量労働制）があるが、労働条件に関して協議決定する**労使委員会**の設置など、制度設置要件はより厳格である。

◆高度プロフェッショナル制度　　2018年の労基法改正によって創設され、対象労働者は労働時間、休日、深夜の割増賃金等の規定が適用除外される。対象労働者は、職務の範囲が明確で一定以上の年収があり、高度の専門的知識を必要とする業務に従事する者に限定される。健康確保措置、本人の同意や労使委員会の決議等の適用要件がある。

◆フリーランス　　特定の使用者と労働契約を締結せずに、独立した働き方であるため、労基法等の適用はない。現在、その保護のあり方が問われ始めている（254頁参照）。(S)

❶ 変形労働時間制の有無、種類別適用労働者割合

(％)

	適用を受ける労働者			適用を受けない労働者
	1年単位の変形労働時間制	1か月単位の変形労働時間制	フレックスタイム制	
2009年	49.5	24.1	16.8	8.5	50.5
2013年	46.7	21.3	17.4	7.9	53.3
2017年	50.7	20.9	21.9	7.9	49.3

❷ みなし労働時間制の有無、種類別適用労働者割合

(％)

	適用を受ける労働者			適用を受けない労働者
	事業場外労働のみなし労働時間制	専門業務型裁量労働制	企画業務型裁量労働制	
2009年	6.3	4.8	1.1	0.4	93.7
2013年	8.1	6.6	1.2	0.3	91.9
2017年	8.5	6.7	1.4	0.4	91.5

出典：厚生労働省「平成29年就労条件総合調査の概況」平成25年、29年❶＝第10表、❷＝第12表より作成 (http://www.mhlw.go.jp/toukei/itiran/roudou/jikan/syurou/17/gaiyou01.html)

コラム　管理監督者等の適用除外

　会社において「監督若しくは管理の地位にある者」は、労働基準法の労働時間、休憩や休日に関する規定の適用はない（労基法41条2号）。この管理監督者とは、経営者と一体的な立場にいる労働者を指している。課長とか店長という肩書きがあって、部下を指導しているというレベルでは管理監督者にはならない。しかし、現実には、多くの労働者が違法に管理監督者の扱いを受けている。41条の適用除外になるのは、他に、農業・畜産業・水産業に従事する者（1号）、監視又は断続的労働に従事する者であって、労基署に許可を受けた者（3号）、そして機密の事務を取り扱う者（2号）である。

コラム　サービス残業

　裁量労働制や管理監督者等の適用除外と似て異なるのが、「サービス残業」と通称されている働き方である。これは、労働者が残業を自発的に無償で行うという意味なのだろうが、残業はボランティアやサービスでやってはいけない。喜んで自らサービス残業をしてしまうと、他の同僚や後輩にもそれを見習わせることになり、その人たちに迷惑である。ひいては、労働市場における労働の価値（＝賃金水準）を引き下げることになり、下手をすると最低賃金法を骨抜きにする効果も生まれる。また、会社にも、残業させても時間外労働手当を支払わないという悪いクセを身につけさせてしまう。もちろん、会社がサービス残業を労働者にさせたら、立派な犯罪である。

判例 6　転勤命令が無効となる場合

① 東亜ペイント事件 (最二小判昭61年7月14日労判477号6頁)

【事実】　Xは、Y社の営業担当として神戸で勤務していた。Y社の職場では、営業職は定期的に転勤することが常態となっていて、Xも転勤した経験がある。Xは、名古屋への転勤を打診されたが、Xには実母と、無認可保育園で働く妻と、子がおり、家庭の事情を理由にこの内示を拒否した。このためY社はXに対して転勤を命じたところ、Xは転勤命令を拒否し、Y社はXを懲戒解雇した。Xは転勤命令の無効と、従業員としての地位の確認を求めて訴えた。一審、二審でXの請求が認められ、Y社が上告した。

【判旨】　一部破棄差戻し。会社には転勤を命じる権利はあるが、権利の濫用はしてはならない。権利の濫用になる場合とは、①「転勤命令につき業務上の必要性が存しない場合」、業務上の必要性がある場合でも②「他の不当な動機・目的」があった場合や③「労働者に対し通常甘受すべき程度を著しく超える不利益を負わせる」場合である。しかし、Xの不利益は我慢するべき程度のものでしかない。さらに不当な動機・目的がないか審理するため、高裁に差し戻す。

② 明治図書事件 (東京地決平14年12月27日労判861号69頁)

【事実】　アトピーの子ども二人を育てる共稼ぎ世帯の男性が大阪への転勤を命じられ、転勤先で就労する義務のないことを確認する訴えを起こした。

【判旨】　請求認容。「Xの二人の子がいずれも3歳以下であり、アトピー性皮膚炎である」から、Xの不利益は著しい。この点に関連して、男女共同参画社会基本法の趣旨等からも、「Xの妻が仕事をもっていることの不利益をX又はその妻の一方が自らの仕事を辞めることでしか回避できない不利益を『通常の不利益』と断定することはもはやできない」。また、改正育休法26条は、「『配置の変更をしないといった配置そのものについての結果や労働者の育児や介護の負担を軽減するための積極的な措置を講ずることを事業主に求めるものではない』けれども、育児の負担がどの程度のものであるのか、これを回避するための方策はどのようなものがあるのかを、少なくとも当該労働者が配置転換を拒む態度を示しているときは、真摯に対応することを求めているものであり、既に配転命令を所与のものとして労働者に押しつけるような態度を一貫してとるような場合は、同条の趣旨に反し、その配転命令が権利の濫用として無効になることがある」と解すべきである。(S)

252　第Ⅴ部　労　働

❶ 配転命令の権利濫用

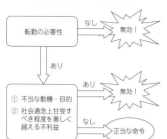

❷ ワーク・ライフ・バランスを促進するうえでの効果

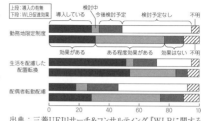

出典：三菱UFJリサーチ＆コンサルティング『WLBに関する調査』2008年（http://www.murc.jp/publicity/press_release/080206.pdf）

コラム　転勤に関する規制

　育児・介護休業法26条によれば、会社が転勤を労働者に命じる場合、当該労働者が育児や介護など家族的責任を担っている者であるときには、就労とその育児や介護の両立が困難になることがないよう、会社は配慮しなければならない。その他、男女雇用機会均等法では、間接差別との関連で転勤の規制をしている（239頁）。

コラム　限定正社員

　転勤は、家族的責任の有無にかかわらず、労働者の生活そのものを変えてしまうものなので、勤務地域を限定した労働契約による正社員という働き方（限定正社員）が提唱されている。一部では、地域を限定する代わりに解雇しやすくなるのではないかという主張もある。しかし、地域が限定されていたとしても、客観的に合理的な理由がなければ解雇できない点では変わらない。

コラム　東亜ペイント事件のその後

　一見Xの敗訴のように読めるこの事件は、その後、Xの全面勝利となる和解で決着した。最高裁は結論を出したわけではなく、転勤命令に不当な目的・動機がなかったかどうかについて審理するよう、高裁に差し戻したからである。実は、Xは、会社で起こった事故について疑問に感じ、仲間とともに調査をしていたのである。転勤命令は、調査の最中に、Xとその仲間に発令されたものである。仲間は、別の裁判で、不当な理由で転勤命令が発令されたと主張し、勝訴判決を得ていた。したがって、高裁でもう一度審理すれば、Xの配転命令も仲間と同じように不当なものであると判断されるはずだった。内部告発等を理由とする転勤命令については、裁判所はいまも昔も許していない。

17 労働法の保護から排除される労働者

| 概説 **1** | 労働法の保護から排除される労働者 | ➡11-6
➡17-5 |

　◆自営業として働く労働者　　労働基準法等は、**アルバイト・パートタイム労働者**そして**派遣労働者**等にも適用される。しかし、自営業者として、特定の事業主に経済的に従属し、もっぱらその命令に従って働く者も少なくない。この場合、働く人びとは労働者ではないため、労働基準法等の適用がない。そして、このような形態で働く人びと（プロスポーツ選手、ホステスやホスト業、運送業の運転手、建設業そしてフリーランスの労働者など）は、様々な領域に広く存在している。2020年の新型コロナウィルス感染症対策で、こうした人びとに保護の行き届かない状況が浮き彫りとなり、その後ようやく、保護政策策定の作業が動き出した。

　◆研修として働く労働者　　労基法は、労働契約を締結した労働者に適用があると解釈されているため、労働契約ではなく、研修という名目で働く場合にも労基法の適用がない。しかし、実際には研修という名前がついていても、特定の事業主に従属し、その命令のままに労働する例も少なくない。最近では、学生のインターンシップが、企業の採用活動と関連づけられることが問題とされることが多い。他にも、研修医の労働が、**研修**として処理され、長時間・低賃金労働の果て、過労死する事件も生じている（関西医大研修医〔過労死損害賠償〕事件：大阪高判平14年2月25日労判879号30頁）。研修のみならず、勤務医は、医局に管理されて労働するため、一般に不安定な労働を強いられる職種の一つである。さらに、国家の研修制度によって、劣悪な条件で就労させられている例が、**外国人技能実習制度**である。

　◆福祉としての労働　　研修と同じように、就労しているにもかかわらず、労働法の適用が及ばないものに、**福祉としての労働**がある。就労の能力がないとされて、リハビリテーションとか職業訓練として

254　第Ⅴ部　労　働

働く場合である。主に、障害や病気を伴う人びとの労働が問題となる。実際には就労させているにもかかわらず、福祉サービスとして労働基準法等の規制を免れている施設もあり、社会的に問題となっている。

◆**不払い労働**　家族に対する家事、育児や介護などはもちろんのこと、ボランティアやPTA、地域の活動など、報酬のない**不払いの労働**が存在している。主に、女性が担うことが多く、女性の年収が男性のそれに比較して低い一番の要因である。

◆**ワーキングプア**　貧困する人びとは、以前からかなり存在していたが、それぞれ別々に対応されていたため、なかなかその全貌が見えることはなかった。ところが、2000年代に入って、若い世代の貧困層が増え、また、就労しながらも貧困する人が増え（いわゆる**ワーキングプア**と呼ばれる人びと。女性は以前から少なくなかった）、政府も少しだけ深刻に問題を考えるようになり始めた。

◆**連帯の力**　その前後に、貧困する人びと自身も対策を考えた。分断されてきたそれぞれの集団が連帯することによって、人びとの目に見える形にしようと考えたのだ。そこで、2007年3月24日に、派遣・請負労働者、生活困窮フリーター、多重債務被害者、シングルマザー、DV被害者、障害者・病者、ホームレスの人、外国人労働者、年金・生活保護利用者などが集まり、それぞれの立場から貧困の実態が報告された。それは、単に貧しいというだけのことではなく、その貧しさが、労働や福祉の制度に関連していること、そして、性や国籍、年齢、障害などを理由とする差別と直接結びついていることが確認された。当日の集会では、こうした報告を踏まえて、国に「すべての人の人間らしい生活を守り、誰もが安心して生きることのできる社会を実現するため、**最低生活保障（ナショナルミニマム）を確立**」するように要求し、「人間らしい生活と労働の保障を求めて、さらに多くの人と連携と連帯を進めていく」と宣言（「人間らしい生活と労働の保障を求める3.24東京集会宣言」）、**反貧困ネットワーク**ができあがった。(S)

17　労働法の保護から排除される労働者　255

| キーワード 2 | アンペイドワーク | → 1 - 7 → 3 - 7 |

◆主婦の家事　　　2014年発表のOECDの調査によれば、日本の男性の1日の**家事時間**は1日62分で、最下位層にある。他方で、日本の女性は睡眠時間が1日456分とOECDの中で最も短い。しかし、日本のみならず、ほとんどの国において、無償である**家事**は女性がその多くを引き受けており、有償労働や学習にかける時間は男性のほうが多い。ここに、男女の財の格差が生まれる一つの要因が存在している。実質的な財の性平等な分配を実現するために、この家事の男女平等な負担を目指す政策は少なくない。日本においても、第四次男女共同参画基本計画では、「男女の働き方・暮らし方・意識を変革し、男性中心型労働慣行等を見直すことにより、互いに責任を分かち合いながら家事・育児・介護等へ参画し、…あらゆる分野において活躍する…社会の実現を目指す」ことを目標としている。

◆家事に賃金を　　　この主張は、ヨーロッパの女性たちの間でなされた。育児や介護は1日24時間、年中休みなしの労働である。また、労働が無償であるため、生計維持者に隷属してしまう危険性がある。通常の労働と異なり、家事はキャリアとして認められず、(再)就職が極めて困難であり、そのため、家事から離れることができない。このような状況の打開のために、家事を賃金に換算して可視化すると同時に、国の経済統計に反映させ、公的年金等の制度に影響を与えようというのである。

◆家事は労働か？　　　逸失利益の計算の際には家事も金銭で評価される。しかし、家事を労働法の対象とすることは容易ではない。法的には、労働とみなされるためには、①使用者の支配下にあること、②対価の2つの要件が必要だからである。しかし、無償の家事も、生計維持者の支配下という状況にあり、自らの存続のために必要で重要な何かと交換されているとすれば、それは法の救済を受ける価値のある労働であると考える余地がある。(S)

256　第Ⅴ部　労　働

❶ 無償労働の貨幣評価（OC法）

（単位：1,000円）

	女　性			男　性		
	有業有配偶	無業有配偶	有配偶以外	有業有配偶	無業有配偶	有配偶以外
1986年	1,324	2,178	535	178	380	120
1991年	1,765	2,762	660	314	590	186
1996年	1,993	3,039	740	366	684	234
2001年	2,103	3,115	830	419	804	311
2006年	2,128	3,002	851	467	872	347
2011年	2,234	3,041	937	493	910	382

出典：経済社会総合研究所『家事活動等の評価について』より (http://www.esri.cao.go.jp/jp/sna/sonota/satellite/roudou/contents/pdf/kajikatsudoutou2.pdf)

◆OC法とは　機会費用法（Opportunity Cost method）のことであり、家計が無償労働を行うことによる逸失利益（市場に労働を提供することを見合わせたことによって失う賃金）で評価する方法である。無償労働を行った者の賃金率を使用するため、評価額には、男女間の賃金格差などが反映し、無償労働の内容ではなく、誰が無償労働を行ったかで評価が変わりうる。賃金換算の際には、厚生労働省「賃金構造基本統計調査」の産業計（性別・年齢階層別）所定内平均賃金率を用いる。

❷ 6歳未満児のいる夫婦の夫の家事・育児時間（1日当たり）

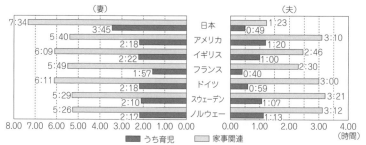

出典：内閣府『平成30年版少子化社会対策白書』第1-1-28図 (http://www8.cao.go.jp/shoushi/shoushika/data/ottonokyouryoku.html)

コラム　ボランティアの功罪

　担い手の少ない介護や家事援助などケア労働の分野において、ボランティアを利用しようという政府自治体も少なくない。しかし、そのボランティアは、本当に何の対価もなく奉仕したいと考えている人びとなのだろうか。仮に、家族や社会からの承認や尊敬を得たいと欲求し、そのために働いているのだとすれば、そして、働きを受け取る側も、そのことを知っていながら使っているとすれば、それはボランティアというよりも労働に近い。また、有償の市場が存在する職域において、多くのボランティアが無償で引き受けることになると、その有償の労働市場が壊れることになる。少なくとも、賃金に代表される労働条件の改善は見込めなくなる。当たり前だが、労働には、その担い手の生命活動を維持するために必要なだけの資源を保障していかなければならない。ボランティアを利用するにしても、そうした観点を持ち合わせていく必要がある。

キーワード 3　福祉的就労

➡16-1
➡17-2

◆**障害者と労働**　障害者の就労を考えることは、就労の本質を理解するうえで有益である。アメリカでは、「障害がなければ資格があるはずの労働者が不利益に取り扱われた」ことを**障害差別**という。しかし、本来は、「障害がゆえに『健常者』と同じくらい効率的に働けない労働者に、どうやって平等な雇用機会と労働条件を保障するのか」が、目指すべき雇用平等である。現在の日本における障害者雇用の政策は、障害者の差別を禁止するのか、それとも特別な存在として支援していくのか、大きく言って2つの方向で考えられている。しかし、この2つの政策は、その目的の方向性が異なるため、いくつかの矛盾が生じることになる。そして、その結果、おそらく「軽度の障害を有する者」の行き場を失わせることになる。これは、妊産婦である労働者の政策が、現在抱えている問題と類似する。

◆**福祉的就労**　障害者が働く**共同作業所**には、2種類のものがある。最低賃金法等の適用のある所とない所である（**障害者総合支援法**5条、施行規則6条の10）。そして、その最低賃金法でさえ、障害者については、能力に応じて最低賃金を減額できるという例外規定を置いている（最賃7条）。障害者とは、就労しても満足に賃金を得られないということを労働法自体が認めた者なのだろうか。

◆**中間的就労**　福祉的就労と類似の制度として、生活困窮者自立支援法に基づく中間的就労（就労訓練事業）がある。一般就労が難しい生活困窮者に対して、NPO法人等が事業主となって、清掃や農作業等の作業を提供し、一般就労に向けた個別の支援を提供する。労働契約は締結されず、労基法の適用もない。いわゆる「引きこもり」など、社会との接点がないため困窮している者には、一定の役割を果たすと考えられる。2015年より制度が実施されたばかりであるため、まだ実績が乏しいが、労基法の適用がないため、留意する必要がある。(S)

258　第V部　労　働

❶ 障害者法定雇用率

障害者雇用促進法では、使用者に対して、一定の割合で障害者を雇用するように義務付けているが、2018年8月、中央省庁でその数字を水増しして公表していたことが明らかになり、問題となった。法律で規定されている割合は、以下のとおり。

一般の民間企業	2.2%
特殊法人等	2.5%
国、地方公共団体	2.5%
都道府県等の教育委員会	2.4%

❷ 平成25年度障害者雇用実態調査

厚生労働省の調査によれば、調査に協力した8,673事業所において、身体障害者は23,803人、知的障害者は4,632人、精神障害者は2,124人雇用されていて、そのうち身体障害者の48.1%、知的障害者の16.9%、精神障害者の32.0%が正社員として雇用されている。平均賃金は、それぞれ、身体障害者223千円、知的障害者108千円、精神障害者159千円である。

当事者からみた「共同作業所」とは

「『精神病』というものは、社会状況によってつくりだされた『病』。多くの原因はその家庭にあり、あるいは職場にあったりする。病んでいるのは世間のほうであり、『病』者は"正常"であったがゆえに、『精神病』になったと思う。だから『病』の原因である世間（社会）にもどることは、再発を意味する。（中略）だから、『病』者のキバをぬくデイケアや就労幻想をかきたてる共同作業所には、腹が立つのだ。デイケアや共同作業所の指導員は、『本人のしたいようにさせています』とよく言う。どうして『病』者は指導してもらったり、収容所でもないのに、自由の権利まで与えてもらわないといけないのだ。もともと自由であたりまえである。

オカミは、すぐ、ノーマライゼーション思想によって、よい子、わるい子、ふつうの子というふるいわけをし、『病』者の間での、"内なる差別"を生みだす。『あのような人にはなりたくない。私もがんばって一人前に！』と、家族、ひいてはオカミが、『病』者の間のランクづけをし、そして『病』者の卑屈感をそそる。そして、多くの『病』者が、自殺に追いこまれたりするのである。」

出典：河井将史「ヨモダに生きる［ごかいの思想］」「病」者の本出版委員会編『天上天下「病」者反撃——地を這う「精神病」者運動』（社会評論社、1995年）61頁。

コラム　障害年金と就労の関係

障害を負っている場合には、障害年金の給付を受けることができる。障害年金を受給するためには、医師の診断により、日常生活や労働が不能ないし著しい制限を受けるものであることが証明されなければならない。とはいえ、身体障害者の場合は、四肢等身体の機能の程度が基準となり、実際に就労が可能かどうか、あるいは就労しているかどうかが問題になることは比較的少ない。他方で、内臓疾患、精神病等に罹患している者の場合には、就労可能かどうかが直接判断されることとなり、その障害認定は医師の診断に頼るところが多くなる。このため、障害者の医療への従属は問題となる。

関連して、政府は精神障害者の就労を促進している。しかし、内蔵疾患や精神病に罹患している者について障害者認定は「労働能力の欠如」が重要な判断要素となるのに対して、政府による就労促進の対象となるのは障害者と認定された者ということになり、矛盾をはらむ制度となっている。

キーワード 4　外国人労働力政策

➡8 - 4
➡17 - 1

◆外国人労働力政策　　日本政府は、建て前上、**外国人**が**移民**として大量に日本社会に定着することを嫌い、外国人に対する就労許可を制限してきた。しかし、実際には、専門的・技術的な能力をもつ者、婚姻等で身分として就労資格を有する者のほか、留学生や技能実習生として来日した者も含めれば、日本で働く外国人労働者は決して少なくない（2017年末現在で128万人）。そして、2018年、労働力人口の減少と人手不足の解消のため、ついに、政府は外国人労働者の受入れ拡大を決定し、**入管法**を改正した（2019年4月施行）。介護や建設、農業などの業種での労働が期待されている。とはいえ、外国人が日本に定着して移民となることを避けるため、家族帯同を認めずに5年間の受入れを認める資格（特定技能1号）を新設した。また、より熟練した技能を有する者については、長期間の受入れを想定し、家族帯同しつつ期間の更新を認める資格（特定技能2号）が与えられる。外国人技能実習生などの従来の制度も拡充された。

◆外国人技能実習制度　　1993年に日本の技能・技術や知識を外国の人びとに伝えることによって国際協力に貢献することを建て前としてできたものである。しかし、当初から、外国人を低賃金の労働者として使うことによって労働力を補うための制度として運用されてきた。それどころか、当初、労基法等の保護が行き渡らず、最低賃金を大幅に下回る長時間労働や、旅券を使用者が管理するなどの拘束も少なくなく、国際的にも人身取引との批判を受けている。2011年に制度を改革したが、その後も、状況は改善されず、2017年の労基署の監督指導は5,966件、うち労基法違反は4,226件、送検数も34件と発表されている。この制度については、2011年より、繰り返し日弁連が廃止を提言しているが、上記のとおり、日本国内の労働力強化のために、上述のように、かえって制度は拡大されている。(S)

❶ 在留資格別外国人労働者の割合　　❷ 産業別外国人労働者数

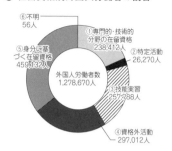
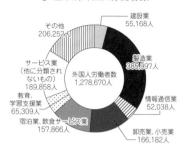

出典：厚生労働省発表「『外国人雇用状況』の届出状況まとめ」図3・図8-1（平成29年10月末現在）
（http://www.mhlw.go.jp/stf/houdou/0000192073.html）

コラム　外国人技能実習制度の実態

　三和サービス事件（名古屋高判平22年3月25労判1003号5頁）は、労働者が訴えられて、その労働実態が明らかになった事例である。Yら5名は、外国人技能実習制度で来日し、X社で自動車部品の縫製の仕事に従事していた中国人女性であったが、労働条件の改善についてX社と交渉しようとしたところ、ミシン台を下げるなどの嫌がらせを受け、また、それに抗議したところ、X社代表が暴力に及ぶなどしたため、Yらは仕事をボイコットした。そこで、X社は、以降、Yらの就労を拒否し、Yらはやむなく中国に帰国したところ、X社が、Yらの不就労が原因で廃業に追い込まれたとして、Yらに損害賠償請求を行った。そのため、Yらは、X社に対して、未払い賃金の支払いを求めて反訴を提起した。裁判所は、Yらの請求を認容した。裁判所の認定事実では、Yらの賃金は、月額約9万円で、残業手当が1時間あたり300円程度。残業は1月100時間を超えていた。

コラム　国籍を理由とする差別

　労基法3条は、労働条件について、労働者の国籍を理由として差別してはならないと定めている。しかし、外国人教師を有期契約でしか雇用しない大学や、労災にあっても外国人には補償しない工場など、事件は尽きない。また、国家や地方公共団体の行う差別は、ほとんど、その違法性が問われない。2009年、最高裁判所は東京都の保健師の係長試験受験拒否について、その違法性を否定した（東京都管理職試験拒否事件：最大判平17年1月26日民集59巻1号128頁）。

17　労働法の保護から排除される労働者　261

キーワード5　明日のための生活保護

→11-6
→17-6

◆社会保障制度　憲法25条[*]は、国民に健康で文化的な最低限度の生活を保障している。この規定を受けて、医療保険や年金などの**社会保険制度**、そして、生活保護などの**社会扶助制度**が設けられている。生活保護法は国民のみを対象としているが、日本を離れて生活できない外国籍・無国籍の人びとも権利が保障されるべきなのは当然である。国家はそこで暮らす人びとを保護する最低限の責任を有するからである。

◆生活保護　経済的に困窮している人びとを、理由のいかんを問わず、保障する制度である。給付のためには、資産や能力のすべてを使ってもなお、生活が維持できないことが必要である（**補足性の原則**）。また、被保護者は、収入を得た時には、その収入を届け出なければならず、一定額を返還しなければならない。その他に、行政からの就労努力の指導や、医療機関への受診指示に従う必要がある。つまり、被保護者は、給付を受けることにより実質的な行政の管理下に置かれることになる。

近年、非正規労働者の増大などの結果、ワーキングプアと呼ばれる人びとの増加に伴い生活保護受給者が増え、保護費負担金も増えている。このため、社会保障費の圧縮を狙って、申請要件の厳格化や保護基準の引下げなどの措置が進んでおり、異議を唱えて提訴する被保護者も増えている。また、申請窓口で、申請を思いとどまらせようとする**水際作戦**も少なくなく、社会的批判を受けている。

◆自己決定を保障するために　「ブラック企業」という言葉に象徴されるように、企業社会は労働者に厳しく、そのために、自ら会社や働き方を選ぶことに、危険と恐怖を感じる者も増えた。しかし、生活保護は、そうした臆病な私たちの背中を押してくれる命綱である。就職すべき会社を選び、問題があったら会社に対して異議を申し立てよう。失敗したら、生活保護が受け止める。だから、自分の意思で生き方を選択しよう！自己責任を伴うような自己決定を保障する。それこそが、社会保障の本来の役割である。(S)

❶ 国民負担率の国際比較

【国民負担率＝租税負担率＋社会保障負担率】【潜在的な国民負担率＝国民負担率＋財政赤字対国民所得比】

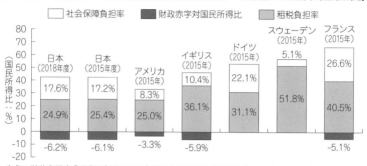

出典：財務省発表「平成30年度の国民負担率」(2018年2月23日) (https://www.mof.go.jp/budget/topics/futanritsu/sy3002b.pdf)

❷ 生活保護の不正受給件数、額の変化

年　度	2007	2008	2009	2010
生活保護利用世帯数	154万3321人	159万2629人	176万3572人	195万2063人
生活保護費総額	2兆6175億円	2兆7006億円	3兆0072億円	3兆3296億円
不正受給件数 (全体に占める率)	15,979	18,623	19,726	25,355
	1.44%	1.62%	1.54%	1.80%
不正受給額 (全体に占める率)	91億8299万円	106億1798万円	102億1470万円	128億7425万円
	0.35%	0.39%	0.34%	0.38%

(2012.3 厚生労働省社会・援護局関係主管課長会議資料より)

出典：日本弁護士連合会パンフ「今、ニッポンの生活保護制度はどうなっているの？」(http://www.nichibenren.or.jp/library/ja/publication/booklet/data/seikatuhogo_qa.pdf)

コラム　生活保護バッシング

　国家の目的は、そこで暮らす人びとに対する安全と安心を保障することであり、生活保護をはじめとする社会保障は、その最も重要な手段である。にもかかわらず、生活保護受給者などに対する心ない人びとの攻撃が止まない。その口実となるのが、生活保護の不正受給であろう。しかし、その件数も額も、捕捉率※の低さに比較すれば、ほんのわずかなものにすぎない。また、この不正受給の中には、高校生のアルバイトの不届けなど、違法性のないものも含まれている。

※捕捉率　生活保護基準以下の世帯のうち、つまり、本来は生活保護受給の権利を有する世帯のうち、実際に生活保護を受けている世帯の割合を捕捉率という。厚生労働省は、捕捉率に関する情報を出してこなかったが、2010年の審議会資料の中で、はじめて公表した。それによれば2007年の捕捉率はわずか32.1%である。

判例 6 　遺族補償のジェンダー

　性別役割分業に基づく伝統的な家族政策の影響で、社会保障の領域には、男女別の補償が存在する。漸次、平等化されてきたのだが、いまだ女性の保護が手厚い場合が残されている。以下は、地方公務員の労災補償に関する例である。

　遺族補償年金等不支給決定処分取消請求事件（最三小判平29年 3月21日裁判集民 255号55頁）

　【事実】Ｘの妻で地方公務員のＡが、公務上精神障害を発症して自殺して死亡したため、Ｘが地公災基金大阪府支部長（Ｙ）に対して、地方公務員災害補償法（地公災法）に基づき、遺族補償年金などの支給請求をしたが、不支給の決定がなされた。地公災法は、「遺族補償年金を受けることができる遺族は、職員の配偶者（中略）、子、父母、孫、祖父母及び兄弟姉妹であつて、職員の死亡の当時その収入によつて生計を維持していたもの」と規定し（32条）、夫、父母または祖父母については「60歳以上」という年齢要件が定められている。Ｘは、年金等の支給申請を行った当時、51歳であったため、法律の定める年齢要件が法の下の平等に反するなどと主張して、処分の取消しを求めた。一審（大阪地判平25年11月25日労判1088号32頁）はＸの請求を認めたが、二審（大阪高判平27年 6月19日労判1125号27頁）の大阪高裁はＸの請求を棄却したため、Ｘが上告した。

　【判旨】地公災法の定める遺族補償年金制度は、「憲法25条の趣旨を実現するために設けられた社会保障の性格を有する制度」であり、「男女間における生産年齢人口に占める労働力人口の割合の違い、平均的な賃金額の格差及び一般的な雇用形態の違い等からうかがえる妻の置かれている社会的状況に鑑み、妻について一定の年齢に達していることを受給の要件としないことは、Ｘに対する不支給処分が行われた当時においても合理的な理由を欠くものということはでき」ず、「憲法14条 1 項に違反するということはできない。」(S)

　社会保障制度におけるジェンダー　　社会保障制度において、その性によって請求者を異なるように取り扱っているものには、厚生年金保険法に基づく遺族厚生年金の給付（59条 1 号、「夫、父母又は祖父母については、55歳以上であること」）、および労災保険法16条の 2 に基づく遺族補償年金の受給権（16条の 2 第 1 号「夫…父母又は祖父母については、60歳以上であること」）である。国民年金保険法の遺族年金の給付についても、厚生年金保険と同じように夫のみに年齢要件を定めていたが、2014年 4月より男女の区別がなくなった。同じように、それまで母子家庭にのみ権利があった児童扶養手当も、2010年 8 月より父子家庭にも権利が付与されるようになった。

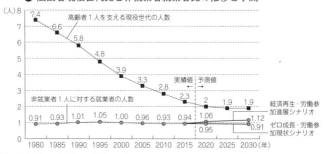

❶ 高齢者現役世代比と非就業者就業者比の推移と予測

(注) 1. 「高齢者1人を支える現役世代の人数」(15〜64歳人口／65歳以上人口)は、2015年までは「国勢調査」、2020年以降は「将来推計人口(平成29年推計)」の出生中位・死亡中位推計を用いて推計した。
2. 「非就業者1人に対する就業者の人数」(就業者数／非就業者数)は、2015年までは「国勢調査」を用いて推計した。なお、15歳未満人口はすべて非就業者とし、15歳以上で労働力状態が不詳の者は、就業者及び非就業者のいずれからも除いて計算した。2020年以降は、「将来推計人口(平成24年推計)」の出生中位・死亡中位推計と「平成27年労働力需給の推計」における「ゼロ成長、労働市場への参加が進まないシナリオ」及び「経済成長、労働市場への参加が進むシナリオ」の就業者数を用いて推計した。

出典：『厚生労働白書』平成29年版 (https://www.mhlw.go.jp/wp/hakusyo/kousei/17/backdata/01-01-02-08.html)

コラム　パートタイム労働者の社会保険

　年金財政の基盤強化のため、2016年より、パートタイム労働者の健康保険・厚生年金保険の加入が拡大された。パートタイム労働者であっても、以下の要件を充足する場合には、厚生年金・健康保険が適用される。①週20時間以上の就労、②月額賃金8.8万円以上(年収106万円以上)、③勤務期間1年以上、④学生以外、⑤従業員501人以上の企業。

　他方、納税者が会社等に雇われている労働者である場合には、配偶者の年間収入が130万円以下であれば、社会保険上、配偶者は当該労働者の扶養家族とみなされ、配偶者独自には社会保険料の負担がない。健康保険については、当該労働者の加入している保険組合に加入することになり、年金については、第3号被保険者として国民年金に加入することになる。そのため、パートタイム労働者の中には、この制度の利益を受けるために、低賃金で働くことを選択する場合がある。2016年の制度改正以降は、上記の条件を満たすことがないよう、106万円以下で働こうとするパートタイム労働者もいることだろう(ただし、社会保険上の利益は、雇用されている労働者の配偶者に限定されることに注意)。

　このように、適用基準は性中立ではあるものの、税制の配偶者控除・配偶者特別控除と同様、性別役割分業を反映して、一方の偏った影響を与える制度となっている(249頁参照)。

労働相談窓口等

労働基準監督行政について

　賃金不払い（残業手当を含む）などの労働基準法違反や労働安全衛生法違反について、各都道府県の労働局や全国各地の労働基準監督署が対応している。労働基準監督官による指導にもかかわらず、改善されないような悪質な案件の場合、労働基準監督官は特別司法警察官として犯罪捜査を行い、検察庁へ送検することができる。

監督実施状況

年	臨検監督実施事業場数	監督実施率	違反率
1985	204,910	6.4	64.2
1995	202,911	4.7	58.8
2005	164,141	3.7	66.3
2015	169,236	4.0	69.1
2016	169,623	4.1	66.8

出典：『厚生労働白書』平成29年版、117頁より作成

❖その他公的救済制度

●**総合労働相談・均等室**　各都道府県の労働局には、総合労働相談の窓口があるので、困ったときには、なんでも相談してみよう。相談の結果、必要と思われる場合には、労働局長が会社に対して助言や指導を行うこともあり、紛争調整委員会によるあっせんの制度も利用できる。同じ労働局の中でも、均等室は、性差別やセクハラなどの問題について対応している。

●**労働委員会**　労働委員会は本来、労働組合の活動を保護し、労使間の関係が正常に動くよう活動するものであるが、労働者個人の個別の問題についても対応する制度をもっている。個別労働者の問題について相談を受け、必要とされる場合には解決にむけて、あっせんする。こちらも、無料で労働相談を行っている。

●**労働審判制**　きちんと権利の確認をして、問題に決着をつけたいが、裁判をするのは時間もかかり、大げさだと考える人もいるだろう。労働審判制は、裁判よりもう少し簡易に紛争の決着をつける方法である。手続は、裁判官である1名の労働審判官と2名の労働関係の専門家である労働審判員によって進められる。労働審判官らは、まず調停を試み、調停が失敗に終わった場合は、審判を下す。当事者が審判に異議がある場合、あるいは審判にふさわしくないと考えられる場合には、通常の裁判に移る。審判手続は、原則として3回までの期日で終了することとなっており、申し立ててから3～4か月で審判が出る。

グズグズ言ってないでさっさと相談に行ったらどう？

主要参考文献 （重複文献は初出時のみ記載）

0 全 体

【0-1：公的機関・各種団体のWEBサイト】

内閣府男女共同参画局 http://www.gender.go.jp/

  『男女共同参画白書』（1996年度「女性白書」等／全体版は2000年度版〜）http://www.gender.go.jp/about_danjo/whitepaper/index.html

  世界女性会議等 http://www.gender.go.jp/international/int_kaigi/int_women_kaigi/index.html

  基本計画 http://www.gender.go.jp/about_danjo/basic_plans/index.html

内閣府 https://www.cao.go.jp/

  『国民生活白書』（1990年度版〜）

  『少子化社会対策白書（旧：子ども・子育て白書）』（2004年度版〜）

厚生労働省 https://www.mhlw.go.jp/index.html

  統計情報・白書 https://www.mhlw.go.jp/toukei_hakusho/index.html

  『厚生白書』／『厚生労働白書』（1956年度版〜）

  『働く女性の実情』（1995年度版〜）

  『母子家庭の母の就業の支援に関する年次報告』（2004年度版〜）

法務省 http://www.moj.go.jp/

  白書・統計 http://www.moj.go.jp/hakusyotokei_index.html

  『犯罪白書』（1960年度版〜）http://www.moj.go.jp/housouken/houso_hakusho2.html

外務省 https://www.mofa.go.jp/mofaj/

  条約データ検索 https://www3.mofa.go.jp/mofaj/gaiko/treaty/

  国際刑事裁判所（ICC）https://www.mofa.go.jp/mofaj/gaiko/icc/index.html

  人身取引 https://www.mofa.go.jp/mofaj/gaiko/jinshin/index.html

総務省 http://www.soumu.go.jp/

  e-Gov法令検索 https://elaws.e-gov.go.jp/search/elawsSearch/elaws_search/lsg0100/

裁判所 http://www.courts.go.jp/

  裁判例情報 http://www.courts.go.jp/app/hanrei_jp/search1

  司法統計検索 http://www.courts.go.jp/app/sihotokei_jp/search

警察庁 https://www.npa.go.jp/

  『警察白書』（1973年度版〜）https://www.npa.go.jp/publications/whitepaper/index_keisatsu.html

日本弁護士連合会 https://www.nichibenren.or.jp/

  会長声明・意見書等 https://www.nichibenren.or.jp/activity/document.html

ジェンダー法学会 http://jagl.jp/

  ジェンダー法学会編『ジェンダーと法』（年報）1（2004）〜14（2017）〜、日本加除出版

国際女性の地位協会 https://www.jaiwr.com/

国際女性の地位協会編「国際女性」(年報) 1 (1988) ～31 (2017) ～、尚学社

【0-2：ジェンダー法学教科書】

浅倉むつ子監修 2005『導入対話によるジェンダー法学〔第2版〕』不磨書房

浅倉むつ子・二宮周平責任編集『ジェンダー法研究』1 (2014～)、信山社

浅倉むつ子・戒能民江・若尾典子 2004『フェミニズム法学—生活と法の新しい関係』明石書店

浅倉むつ子・角田由紀子編 2007『比較判例ジェンダー法』不磨書房

犬伏由子・井上匡子・君塚正臣編 2012『レクチャージェンダー法』法律文化社

金城清子 1997『法女性学のすすめ〔第4版〕—女性から法律学への問いかけ』有斐閣

金城清子 1996『法女性学〔第2版〕—その構築と課題』日本評論社

金城清子 2007『ジェンダーの法律学〔第2版〕』有斐閣

谷口洋幸・綾部六郎・池田弘乃編 2017『セクシュアリティと法—身体・社会・言説との交錯』法律文化社

辻村みよ子 2010『ジェンダーと法〔第2版〕』不磨書房

吉岡睦子・林陽子編著 2007『実務ジェンダー法講義』民事法研究会

【0-3：参考図書（事典・資料集）・叢書・その他】

天野正子ほか編 2009-11『新編日本のフェミニズム』岩波書店、全12巻

ソニア・アンダマール、テリー・ロヴェル、キャロル・ウォルコウィッツ 2000『現代フェミニズム思想辞典』明石書店

ジョー・イーディー編著（金城克哉訳）2006『セクシュアリティ基本用語事典』明石書店

井上輝子・江原由美子編 2005『女性のデータブック〔第4版〕—性・からだから政治参加まで』有斐閣

井上輝子ほか編 2002『岩波女性学事典』岩波書店

北九州市立男女共同参画センター "ムーブ" 編 2003-2013『ジェンダー白書（ムーブ叢書）』明石書店、全9巻

カレン・グリーンスパン（進藤久美子・谷中寿子訳／補訂）2003『世界女性史年表』明石書店

ジェンダー法学会編 2012『講座ジェンダーと法』全4巻、日本加除出版

リサ・タトル（渡辺和子監訳）1998『フェミニズム事典〔新版〕』明石書店

辻村みよ子・大沢真理編 2011『ジェンダー社会科学の可能性』岩波書店、全4巻

辻村みよ子ほか編 2004～2008『東北大学21世紀COEプログラム：ジェンダー法・政策研究叢書』全12巻、東北大学出版会

マギー・ハム（木本喜美子・高橋準監訳）1999『フェミニズム理論辞典』明石書店

ジャネット・K・ボールズ、ダイアン・ロング＝ホーヴェラー編著（東海ジェンダー研究所、水田珠枝・安川悦子監訳）2000『フェミニズム歴史事典』明石書店

山下泰子・辻村みよ子・浅倉むつ子・二宮周平・戒能民江編 2015『ジェンダー六法〔第2版〕』信山社

1 ジェンダー法学の基礎知識

伊藤公雄・樹村みのり・國信潤子 2011『女性学・男性学—ジェンダー論入門〔改訂版〕』有斐閣アルマ

石原明・大島俊之編著 2001『性同一性障害と法律―論説・資料・Q&A』晃洋書房

石田仁編著 2008『性同一性障害―ジェンダー・医療・特例法』御茶の水書房

岩村正彦ほか編 1997『岩波講座・現代の法 11巻・ジェンダーと法』岩波書店

江原由美子 2001『ジェンダー秩序』勁草書房

江原由美子・金井淑子編 1997『フェミニズム―ワードマップ』新曜社

岡野八代 2012『フェミニズムの政治学―ケアの倫理をグローバル社会へ』みすず書房

加藤秀一 2006『知らないと恥ずかしいジェンダー入門』朝日新聞出版

加藤秀一・石田仁・海老原暁子 2005『図解雑学ジェンダー』ナツメ社

エヴァ・フェダー・キテイ（岡野・牟田監訳）2010『愛の労働あるいは依存とケアの正義論』白澤社

ジョニー・シーガー（原・木村訳）2005『地図で見る世界の女性』明石書店

千田有紀 2009『女性学／男性学』（ヒューマニティーズ）岩波書店

第二東京弁護士会 両性の平等に関する委員会、司法におけるジェンダー問題諮問会議編 2009『事例で学ぶ司法におけるジェンダー・バイアス〔改訂版〕』明石書店

男女共同参画条例一覧 http://www.jichisoken.jp/archive/gender/index.html

ロランス・ド・ペルサン（齊藤笑美子訳）2004『パックス―新しいパートナーシップの形』緑風出版

毎日新聞「境界を生きる」取材班 2013『境界を生きる―性と生のはざまで』毎日新聞社

キャサリン・マッキノン（森田成也・中里見博・武田万里子訳）2011『女の生、男の法』全2巻、岩波書店

三成美保 2005『ジェンダーの法史学―近代ドイツの家族とセクシュアリティ』勁草書房

三成美保 2008「ジェンダー概念の展開と有効性―学際的協力の可能性」『ジェンダーと法』5

牟田和恵編 2009『ジェンダー・スタディーズ―女性学・男性学を学ぶ』大阪大学出版会

2 国際社会の動向とジェンダー主流化の展開

赤松良子監修、国際女性の地位協会編 2005『新版 女性の権利―ハンドブック女性差別撤廃条約』岩波ジュニア新書

WIN WIN編著 2013『クオータ制の実現をめざす』パド・ウィメンズ・オフィス

国際女性の地位協会編 2010『コンメンタール女性差別撤廃条約』尚学社

辻村みよ子 2011『ポジティヴ・アクション―「法による平等」の技法』岩波新書

辻村みよ子編 2004『世界のポジティヴ・アクションと男女共同参画』（東北大学ジェンダー法・政策研究叢書1）東北大学出版会

糠塚康江 2005『パリテの論理―男女共同参画の技法』信山社

山下泰子 1996『女性差別撤廃条約の研究』尚学社

山下泰子 2006『女性差別撤廃条約の展開』勁草書房

山下泰子・植野妙実子編著 2004『フェミニズム国際法学の構築』中央大学出版部

3 人権とジェンダー

久留島典子・長野ひろ子・長志珠絵編 2015『歴史を読み替える ジェンダーから見た日本史』大月書店

齋藤純一編 2003『親密圏のポリティクス』ナカニシヤ出版

竹村和子・義江明子編著 2010『思想と文化』(ジェンダー史叢書第3巻) 明石書店

辻村みよ子 2008『ジェンダーと人権―歴史と理論から学ぶ』日本評論社

辻村みよ子 2018『憲法〔第6版〕』日本評論社

辻村みよ子・金城清子 1992『女性の権利の歴史 (人間の歴史を考える8)』岩波書店

ジョルジュ・デュビィ、ミシェル・ペロー監修 (杉村・志賀監訳) 1994『女の歴史Ⅱ 中世1』藤原書店

戸波江二ほか編集代表 2008『ヨーロッパ人権裁判所の判例』信山社

長野ひろ子・姫岡とし子編著 2011『歴史教育とジェンダー―教科書からサブカルチャーまで』青弓社

中山道子 2000『近代個人主義と憲法学―公私二元論の限界』東京大学出版会

水田珠枝 1983『女性解放思想の歩み』岩波新書

三成美保編著 2006『ジェンダーの比較法史学―近代法秩序の再検討』大阪大学出版会

三成美保・姫岡とし子・小浜正子編 2014『歴史を読み替える ジェンダーから見た世界史』大月書店

山中永之佑編 2003『日本近代法案内―ようこそ史料の森へ』法律文化社

義江明子 2005『つくられた卑弥呼―〈女〉の創出と国家』ちくま新書

4 性の多様性

石田仁 2019『はじめて学ぶLGBT―基礎からトレンドまで』ナツメ社

ロバート・オールドリッチ編 (田中英史・田口孝夫訳) 2009『同性愛の歴史』東洋書林

風間孝・河口和也 2010『同性愛と異性愛』岩波新書

上川あや 2007『変えてゆく勇気―「性同一性障害」の私から』岩波新書

谷口洋幸・齋藤笑美子・大島梨沙編著 2011『性的マイノリティ判例解説』信山社

G. チョーンシー (上杉・村上訳) 2006『同性婚―ゲイの権利をめぐるアメリカ現代史』明石書店

中塚幹也 2017『封じ込められた子ども、その心を聴く―性同一性障害の生徒に向き合う』ふくろう出版

日本学術会議法学委員会社会と教育におけるLGBTIの権利保障分科会 2017「提言 性的マイノリティの権利保障をめざして―婚姻・教育・労働を中心に」

三成美保編著 2015『同性愛をめぐる歴史と法―尊厳としてのセクシュアリティ』明石書店

三成美保編著 2017『教育とLGBTIをつなぐ―学校・大学の現場から考える』青弓社

ルイ=ジョルジュ・タン編 (金崎克哉監修、齋藤笑美子・山本規雄訳) 2013『〈同性愛嫌悪〉を知る事典』明石書店

5 女性に対する暴力

アムネスティ・インターナショナル編著 (アムネスティ・インターナショナル日本ジェンダーチーム訳) 2001『傷ついた身体、砕かれた心―女性に対する暴力と虐待』(アムネスティ・ジェンダーレポート1) 現代人文社

戒能民江 2002『ドメスティック・バイオレンス』不磨書房

ラディカ・クマラスワミ（クマラスワミ報告書研究会訳）2000『女性に対する暴力—国連人権委員会特別報告書』明石書店

ラディカ・クマラスワミ（VAWW-NETジャパン翻訳チーム訳）2003『女性に対する暴力をめぐる10年—国連人権委員会特別報告者クマラスワミ最終報告書』明石書店

中里見博 2007『ポルノグラフィと性暴力—新たな法規制を求めて』明石書店

中村義孝編訳 2006『ナポレオン刑事法典史料集成』法律文化社

ポルノ被害と性暴力を考える会編 2010『証言、現代の性暴力とポルノ被害—研究と福祉の現場から』東京都社会福祉協議会

C.A.マッキノン（述）、ポルノ・買春問題研究会（編訳）2003『キャサリン・マッキノンと語る—ポルノグラフィと売買春』不磨書房

渡辺和子編著 1994『女性・暴力・人権』学陽書房

6 セクシュアル・ハラスメント

小野和子編著 1998『京大・矢野事件—キャンパス・セクハラ裁判の問うたもの』インパクト出版会

柏﨑洋美 2014『労働者のセクシュアル・ハラスメントに関する紛争解決手続』信山社

金子雅臣 2007『職場いじめ—あなたの上司はなぜキレる』平凡社新書

公益財団法人21世紀職業財団 2014『わかりやすいセクシュアルハラスメント裁判例集〔増補２版〕』21世紀職業財団

小島妙子 2008『職場のセクハラ—使用者責任と法』信山社

職場での性的いやがらせと闘う裁判を支援する会編著 1992『職場の「常識」が変わる—福岡セクシュアル・ハラスメント裁判』インパクト出版会

二宮周平・村本邦子 2006『法と心理の協働—女性と家族をめぐる紛争解決へ向けて』不磨書房

沼崎一郎 2005『キャンパス・セクシュアル・ハラスメント対応ガイド—あなたにできること、あなたがすべきこと〔改訂増補版〕』嵯峨野書院

牟田和恵 2013『部長、その恋愛はセクハラです！』集英社

養父知美・牟田和恵 2008『知っていますか？セクシュアル・ハラスメント一問一答〔第３版〕』解放出版社

7 性的自己決定権の侵害

浅倉むつ子・角田由紀子編 2007『比較判例ジェンダー法』不磨書房

大阪弁護士会人権擁護委員会性暴力被害検討PT編 2014『性暴力と刑事司法』信山社

リチャード・B.ガートナー（宮地尚子ほか訳）2005『少年への性的虐待—男性被害者の心的外傷と精神分析治療』作品社

ジュディス・L・ハーマン（中井久夫訳）1999『心的外傷と回復〔増補版〕』みすず書房

女性犯罪研究会編 2014『性犯罪・被害—性犯罪規定の見直しに向けて』尚学社

全国児童相談所長会「全国児童相談所における子どもの性暴力被害事例（平成23年度）」報告書（全児相通巻第95号別冊）

角田由紀子 1991『性の法律学』有斐閣

角田由紀子 2002『性差別と暴力—続・性の法律学〔補訂版〕』有斐閣

羽渕一代 2013「現代日本の若者の性的被害と恋人からの暴力」財団法人日本児童教育
　　振興財団内日本性教育協会編『「若者の性」白書』小学館

藤岡淳子 2006『性暴力の理解と治療教育』誠信書房

米国精神医学会（日本精神神経学会監修、高橋三郎ほか監訳）2014『DSM‐5精神疾患の
　　診断・統計マニュアル』医学書院

8　買売春と人身取引

日本の戦争責任資料センター、アクティブ・ミュージアム「女たちの戦争と平和資料
　　館」編 2007『ここまでわかった！日本軍「慰安婦」制度』かもがわ出版

服藤早苗・三成美保編著 2011『権力と身体』（ジェンダー史叢書第1巻）明石書店

高橋喜久江 2004『売買春問題にとりくむ─性搾取と日本社会』明石書店

吉田容子監修、JNATIP編 2004『人身売買をなくすために─受入大国日本の課題』明
　　石書店

若尾典子 1997『闇の中の女性の身体─性的自己決定権を考える』学陽書房

若尾典子 2005『ジェンダーの憲法学─人権・平等・非暴力』家族社

9　性と生殖の権利

日本学術会議 http://www.scj.go.jp/
　　生殖補助医療の在り方検討委員会対外報告「代理懐胎を中心とする生殖補助医療の
　　課題─社会的合意に向けて」（2008年4月8日）http://www.scj.go.jp/ja/info/kohyo/
　　pdf/kohyo-20-t56-1.pdf

『学術の動向』（1996年4月号〜）http://www.h4.dion.ne.jp/~jssf/text/doukousp/

国立社会保障・人口問題研究所 http://www.ipss.go.jp/

国連人口基金『世界人口白書 2018』https://tokyo.unfpa.org/ja/publications/SWOP2018

国連開発計画『人間開発報告書』（1990年〜）http://www.jp.undp.org/content/tokyo/ja/
　　home/library/human_development/human_development1.html

世界保健機関（WHO）神戸センター https://extranet.who.int/kobe_centre/ja

石井美智子 1994『人工生殖の法律学─生殖医療の発達と家族法』有斐閣

江原由美子 1996『生殖技術とジェンダー』勁草書房

江原由美子 2002『自己決定権とジェンダー』岩波書店

太田素子・森謙二編 2006『〈いのち〉と家族Ⅰ』早稲田大学出版部

神里彩子・成澤光編 2008『生殖補助医療、生命倫理と法─基本資料集3』信山社

金城清子 1996『生殖革命と人権─産むことに自由はあるのか』中公新書

酒井明夫ほか編 2010『新版増補生命倫理事典』太陽出版

齊藤有紀子編著 2002『母体保護法とわたしたち─中絶・多胎減数・不妊手術をめぐる
　　制度と社会』明石書店

資料集生命倫理と法編集委員会編 2008『新版 資料集─生命倫理と法（ダイジェスト
　　版）』太陽出版

高田敏・初宿正典編訳 2016『ドイツ憲法集〔第7版〕』信山社

デボラ・L・スパー（椎野淳訳）2006『ベビー・ビジネス─生命を売買する新市場の実
　　態』ランダムハウス講談社

ドイツ憲法判例研究会編 2003・2006『ドイツの憲法判例〔第2版〕』『同Ⅱ〔第2版〕』信山社

優生手術に対する謝罪を求める会編 2018『優生保護法が犯した罪—子どもをもつことを奪われた人々の証言〔増補新装版〕』現代書館

米本昌平ほか 2002『優生学と人間社会—生命科学の世紀はどこへ向かうのか』講談社現代新書

10 家族法とその課題

植野妙実子 2005『憲法二四条 今、家族のあり方を考える』明石書店

大村敦志 2014『家族と法 比較家族法への招待』左右社

大村敦志 2014『新基本民法7 家族編—女性と子どもの法』有斐閣

婚姻法改正を考える会編 1995『ゼミナール婚姻法改正』日本評論社

婚差会編 2004『非婚の親と婚外子—差別なき明日に向かって』青木書店

榊原富士子 1992『女性と戸籍—夫婦別姓時代に向けて』明石書店

杉井静子 2010『たかが姓、されど姓—家族の変化と民法改正の焦点』かもがわ出版

杉浦郁子・野宮亜紀・大江千束編著 2016『パートナーシップ・生活と制度—結婚、事実婚、同性婚（プロブレムQ&A）〔増補改訂版〕』緑風出版

中里見博 2005『憲法24条＋9条—なぜ男女平等がねらわれるのか』かもがわブックレット

中田裕康編 2010『家族法改正—婚姻・親子関係を中心に』有斐閣

なくそう戸籍と婚外子差別・交流会編 2004『なくそう 婚外子・女性への差別—「家」「嫁」「性別役割」をこえて』明石書店

二宮周平 2006『戸籍と人権〔新版〕』解放出版社

二宮周平 2007『家族と法—個人化と多様化の中で』岩波新書

二宮周平 2019『家族法〔第5版〕』新世社

民法改正を考える会編著 2010『よくわかる民法改正—選択的夫婦別姓＆婚外子差別撤廃を求めて』朝陽会

11 離婚をめぐる諸問題

阿部彩 2008『子どもの貧困—日本の不公平を考える』岩波新書

赤石千衣子 2014『ひとり親家庭』岩波書店

秋武憲一 2018『離婚調停〔第3版〕』日本加除出版

NPO法人 Wink編 2008『離婚家庭の子どもの気持ち—面接交渉実態調査 アンケートとインタビュー』日本加除出版

梶村太市・長谷川京子・吉田容子編著 2018『離婚後の子の監護と面会交流—子どもの心身の健康な発達のために』日本評論社

厚生労働省「平成28年度全国ひとり親世帯等調査結果報告」https://www.mhlw.go.jp/stf/seisakunitsuite/bunya/0000188147.html

日弁連法務研究財団編 2007『子どもの福祉と共同親権—別居・離婚に伴う親権・監護法制の比較法研究』日本加除出版

年金分割問題研究会編 2013『離婚時年金分割の考え方と実務—年金の基礎知識から

分割のシミュレーションまで〔第2版〕』民事法研究会

水無田気流 2014『シングルマザーの貧困』光文社

12 親子関係と生殖補助医療

岩崎美枝子監修・公益社団法人家庭養護促進協会大阪事務所編 2013『子どもの養子縁組ガイドブック―特別養子縁組・普通養子縁組の法律と手続き』明石書店

小林亜津子 2014『生殖医療はヒトを幸せにするのか 生命倫理から考える』光文社

才村眞理編著 2008『生殖補助医療で生まれた子どもの出自を知る権利』福村出版

西岡攻・伊藤浩 2014『いま知ってほしい 養子縁組のはなし』日本法令

村田和木 2005『「家族」をつくる―養育里親という生き方』中央公論新社

湯沢雍彦監修、養子と里親を考える会編 2001『養子と里親―日本・外国の未成年養子制度と斡旋問題』日本加除出版

13 親密圏における暴力

岩井宜子編 2010『ファミリー・バイオレンス〔第2版〕』尚学社

伊田広行 2010『デートDVと恋愛』大月書店

伊田広行 2015『デートDV・ストーカー対策のネクストステージ―被害者支援／加害者対応のコツとポイント』解放出版社

戒能民江ほか編著 2013『危機をのりこえる女たち―DV法10年、支援の新地平へ』信山社

瀧田信之 2009『それ、恋愛じゃなくてDVです』WAVE出版

DV法を改正しよう全国ネットワーク編著 2006『女性たちが変えたDV法―国会が「当事者」に門を開いた365日』新水社

日本DV防止・情報センター編著 2007『デートDVってなに？ Q&A―理解・支援・解決のために』解放出版社

信田さよ子 2015『加害者は変われるか？― DVと虐待をみつめながら』筑摩書房

ジュディス・L・ハーマン（斎藤学訳）2000『父-娘近親姦―「家族」の闇を照らす』誠信書房

長谷川京子ほか 2017『ストーカー 被害に悩むあなたにできること―リスクと法的対処〔改訂版〕』日本加除出版

浜井浩一編著 2009『家族内殺人』洋泉社

エレン・ペンスほか編著（波田あい子監訳）2004『暴力男性の教育プログラム―ドゥルース・モデル』誠信書房

山口のり子 2001『DVあなた自身を抱きしめて―アメリカの加害者・被害者プログラム』梨の木舎

14 労働者保護の基本

厚生労働省『知って役立つ労働法～働くときに必要な基礎知識～』https://www.mhlw.go.jp/stf/seisakunitsuite/bunya/koyou_roudou/roudouzenpan/roudouhou/index.html

ILO駐日事務所 http://www.ilo.org/tokyo/lang--ja/index.htm

田島隆原作、秦建日子脚本 2014『ダンダリン 労働基準監督官』(DVD-BOX) バップ

土屋トカチ編・監督 2012『DVD BOOK フツーの仕事がしたい』旬報社

水町勇一郎 2011『労働法入門』岩波新書

濱口桂一郎 2009『新しい労働社会—雇用システムの再構築へ』岩波新書

15 雇用における差別

浅倉むつ子 1999『均等法の新世界—二重基準から共通基準へ』有斐閣

浅倉むつ子 2016『雇用差別禁止法制の展望』有斐閣

荒木尚志編著 2014『有期雇用法制ベーシックス（ジュリストBooks）』有斐閣

中西英治（文）、芝信用金庫男女差別是正裁判原告団編 2005『まっすぐに、美しい未来を—課長になった芝信用金庫の女性たち』学習の友社

中野麻美 2006『労働ダンピング—雇用の多様化の果てに』岩波新書

濱口桂一郎 2015『働く女子の運命』文芸春秋

水町勇一郎 2018『「同一労働同一賃金」のすべて』有斐閣

宮地光子監修、ワーキング・ウイメンズ・ネットワーク編 2005『男女賃金差別裁判「公序良俗」に負けなかった女たち—住友電工・住友化学の性差別訴訟』明石書店

和田肇・脇田滋・矢野昌浩編著 2013『労働者派遣と法』日本評論社

16 ワーク・ライフ・バランス

伊岐典子 2011『女性労働政策の展開—「正義」「活用」「福祉」の視点から（労働政策レポート Vol.9）』労働政策研究・研修機構

厚生労働省「育児・介護休業法のあらまし」https://www.mhlw.go.jp/stf/seisakunitsuite/bunya/000103504.html

厚生労働省パートタイムポータルサイト https://part-tanjikan.mhlw.go.jp/

竹信三恵子 2013『家事労働ハラスメント—生きづらさの根にあるもの』岩波新書

萩原久美子 2006『迷走する両立支援—いま、子どもをもって働くということ』太郎次郎社エディタス

17 労働法の保護から排除される労働者

赤石千衣子 2014『ひとり親家庭』岩波新書

岩田正美 2007『現代の貧困—ワーキングプア／ホームレス／生活保護』ちくま新書

堅田香緒里・野村史子・屋嘉比ふみ子・白崎朝子編著 2011『ベーシックインカムとジェンダー—生きづらさからの解放に向けて』現代書館

女性ユニオン東京編 1997『働く女性のパワーアップメニュー—勇気りんりんフルコース仕立て』教育史料出版会

手塚和彰 2005『外国人と法〔第3版〕』有斐閣

橋口昌治 2011『若者の労働運動—「働かせろ」と「働かないぞ」の社会学』生活書院

永野仁美ほか編 2018『詳説障害者雇用促進法〔増補補正版〕—新たな平等社会の実現に向けて』弘文堂

外国人技能実習生問題弁護士連絡会編 2018『外国人技能実習生法的支援マニュアル—今後の外国人労働者受入れ制度と人権侵害の回復』明石書店

資　料

日本国憲法（憲法）

男女共同参画社会基本法

政治分野における男女共同参画の推進に関する法律（候補者男女均等法）

民　法

性同一性障害者の性別の取扱いの特例に関する法律（性同一性障害特例法、特例法）

刑　法

売春防止法

児童買春、児童ポルノに係る行為等の規制及び処罰並びに児童の保護等に関する法律（児童買春・児童ポルノ禁止法）

ストーカー行為等の規制等に関する法律（ストーカー規制法）

母体保護法

配偶者からの暴力の防止及び被害者の保護に関する法律（DV 防止法）

児童虐待の防止等に関する法律（児童虐待防止法）

刑事訴訟法

労働契約法

労働基準法

雇用の分野における男女の均等な機会及び待遇の確保等に関する法律（雇用機会均等法、均等法）

女性の職業生活における活躍の推進に関する法律（女性活躍推進法）

育児休業、介護休業等育児又は家族介護を行う労働者の福祉に関する法律（育児・介護休業法）

短時間労働者及び有期雇用労働者の雇用管理の改善等に関する法律

障害者の雇用の促進等に関する法律（障害者雇用促進法）

労働組合法

女性に対するあらゆる形態の差別の撤廃に関する条約（女性差別撤廃条約）

日本国憲法
(昭和21年11月3日憲法)

第13条 すべて国民は、個人として尊重される。生命、自由及び幸福追求に対する国民の権利については、公共の福祉に反しない限り、立法その他の国政の上で、最大の尊重を必要とする。

第14条 すべて国民は、法の下に平等であつて、人種、信条、性別、社会的身分又は門地により、政治的、経済的又は社会的関係において、差別されない。

2　華族その他の貴族の制度は、これを認めない。

3　栄誉、勲章その他の栄典の授与は、いかなる特権も伴はない。栄典の授与は、現にこれを有し、又は将来これを受ける者の一代に限り、その効力を有する。

第24条 婚姻は、両性の合意のみに基いて成立し、夫婦が同等の権利を有することを基本として、相互の協力により、維持されなければならない。

2　配偶者の選択、財産権、相続、住居の選定、離婚並びに婚姻及び家族に関するその他の事項に関しては、法律は、個人の尊厳と両性の本質的平等に立脚して、制定されなければならない。

第25条 すべて国民は、健康で文化的な最低限度の生活を営む権利を有する。

2　国は、すべての生活部面について、社会福祉、社会保障及び公衆衛生の向上及び増進に努めなければならない。

第26条 すべて国民は、法律の定めるところにより、その能力に応じて、ひとしく教育を受ける権利を有する。

2　すべて国民は、法律の定めるところにより、その保護する子女に普通教育を受けさせる義務を負ふ。義務教育は、これを無償とする。

第27条 すべて国民は、勤労の権利を有し、義務を負ふ。

2　賃金、就業時間、休息その他の勤労条件に関する基準は、法律でこれを定める。

3　児童は、これを酷使してはならない。

第28条 勤労者の団結する権利及び団体交渉その他の団体行動をする権利は、これを保障する。

男女共同参画社会基本法
(平成11年6月23日法律第78号)

前文

我が国においては、日本国憲法に個人の尊重と法の下の平等がうたわれ、男女平等の実現に向けた様々な取組が、国際社会における取組とも連動しつつ、着実に進められてきたが、なお一層の努力が必要とされている。

一方、少子高齢化の進展、国内経済活動の成熟化等我が国の社会経済情勢の急速な変化に対応していく上で、男女が、互いにその人権を尊重しつつ責任も分かち合い、性別にかかわりなく、その個性と能力を十分に発揮することができる男女共同参画社会の実現は、緊要な課題となっている。

このような状況にかんがみ、男女共同参画社会の実現を二十一世紀の我が国社会を決定する最重要課題と位置付け、社会のあらゆる分野において、男女共同参画社会の形成の促進に関する施策の推進を図っていくことが重要である。

ここに、男女共同参画社会の形成についての基本理念を明らかにしてその方向を示し、将来に向かって国、地方公共団体及び国民の男女共同参画社会の形成に関する取組を総合的かつ計画的に推進するため、この法律を制定する。

第一章　総則

第1条(目的)　この法律は、男女の人権が尊重され、かつ、社会経済情勢の変化に対応できる豊かで活力ある社会を実現することの緊要性にかんがみ、男女共同参画社会の形成に関し、基本理念を定め、並び

に国、地方公共団体及び国民の責務を明らかにするとともに、男女共同参画社会の形成の促進に関する施策の基本となる事項を定めることにより、男女共同参画社会の形成を総合的かつ計画的に推進することを目的とする。

第2条（定義）　この法律において、次の各号に掲げる用語の意義は、当該各号に定めるところによる。

一　男女共同参画社会の形成　男女が、社会の対等な構成員として、自らの意思によって社会のあらゆる分野における活動に参画する機会が確保され、もって男女が均等に政治的、経済的、社会的及び文化的利益を享受することができ、かつ、共に責任を担うべき社会を形成することをいう。

二　積極的改善措置　前号に規定する機会に係る男女間の格差を改善するため必要な範囲内において、男女のいずれか一方に対し、当該機会を積極的に提供することをいう。

第3条（男女の人権の尊重）　男女共同参画社会の形成は、男女の個人としての尊厳が重んぜられること、男女が性別による差別的取扱いを受けないこと、男女が個人として能力を発揮する機会が確保されることその他の男女の人権が尊重されることを旨として、行われなければならない。

第4条（社会における制度又は慣行についての配慮）　男女共同参画社会の形成に当たっては、社会における制度又は慣行が、性別による固定的な役割分担等を反映して、男女の社会における活動の選択に対して中立でない影響を及ぼすことにより、男女共同参画社会の形成を阻害する要因となるおそれがあることにかんがみ、社会における制度又は慣行が男女の社会における活動の選択に対して及ぼす影響をできる限り中立なものとするように配慮されなければならない。

第5条（政策等の立案及び決定への共同参画）　男女共同参画社会の形成は、男女が、社会の対等な構成員として、国若しくは地方公共団体における政策又は民間の団体における方針の立案及び決定に共同して参画する機会が確保されることを旨として、行われなければならない。

第6条（家庭生活における活動と他の活動の両立）　男女共同参画社会の形成は、家族を構成する男女が、相互の協力と社会の支援の下に、子の養育、家族の介護その他の家庭生活における活動について家族の一員としての役割を円滑に果たし、かつ、当該活動以外の活動を行うことができるようにすることを旨として、行われなければならない。

第7条（国際的協調）　男女共同参画社会の形成の促進が国際社会における取組と密接な関係を有していることにかんがみ、男女共同参画社会の形成は、国際的協調の下に行われなければならない。

第8条（国の責務）　国は、第三条から前条までに定める男女共同参画社会の形成についての基本理念（以下「基本理念」という。）にのっとり、男女共同参画社会の形成の促進に関する施策（積極的改善措置を含む。以下同じ。）を総合的に策定し、及び実施する責務を有する。

第9条（地方公共団体の責務）　地方公共団体は、基本理念にのっとり、男女共同参画社会の形成の促進に関し、国の施策に準じた施策及びその他のその地方公共団体の区域の特性に応じた施策を策定し、及び実施する責務を有する。

第10条（国民の責務）　国民は、職域、学校、地域、家庭その他の社会のあらゆる分野において、基本理念にのっとり、男女共同参画社会の形成に寄与するように努めなければならない。

政治分野における男女共同参画の推進に関する法律
（平成30年5月23日法律第28号）

第1条（目的）　この法律は、社会の対等な構成員である男女が公選による公職又は内閣総理大臣その他の国務大臣、内閣官房副長官、内閣総理大臣補佐官、副大臣、大臣政務官若しくは大臣補佐官若しくは副知事若しくは副市町村長の職（次条において「公選による公職等」という。）にある者として国又は地方公共団体における政策の立案及び決定に共同して参画する機会が確保されること（以下「政治分野における男女共同参画」という。）が、その立案及び決定において多様な国民の意見が的確に反映されるために一層重要となることに鑑み、男女共同参画社会基本法（平成十一年法律第七十八号）の基本理念にのっとり、政治分野における男女共同参画の推進について、その基本原則を定め、並びに国及び地方公共団体の責務等を明らかにするとともに、政治分野における男女共同参画の推進に関する施策の基本となる事項を定めることにより、政治分野における男女共同参画を効果的かつ積極的に推進し、もって男女が共同して参画する民主政治の発展に寄与することを目的とする。

第2条（基本原則）　政治分野における男女共同参画の推進は、衆議院議員、参議院議員及び地方公共団体の議会の議員の選挙において、政党その他の政治団体の候補者の選定の自由、候補者の立候補の自由その他の政治活動の自由を確保しつつ、男女の候補者の数ができる限り均等となることを目指して行われるものとする。

2　政治分野における男女共同参画の推進は、自らの意思によって公選による公職等としての活動に参画し、又は参画しようとする者に対するこれらの者の間における交流の機会の積極的な提供及びその活用を通じ、かつ、性別による固定的な役割分担等を反映した社会における制度又は慣行が政治分野における男女共同参画の推進に対して及ぼす影響に配慮して、男女が、その性別にかかわりなく、その個性と能力を十分に発揮できるようにすることを旨として、行われなければならない。

3　政治分野における男女共同参画の推進は、男女が、その性別にかかわりなく、相互の協力と社会の支援の下に、公選による公職等としての活動と家庭生活との円滑かつ継続的な両立が可能となることを旨として、行われなければならない。

第4条（政党その他の政治団体の努力）　政党その他の政治団体は、基本原則にのっとり、政治分野における男女共同参画の推進に関し、当該政党その他の政治団体に所属する男女のそれぞれの公職の候補者の数について目標を定める等、自主的に取り組むよう努めるものとする。

民　法
（明治29年4月27日法律第89号）

第731条（婚姻適齢）　男は、十八歳に、女は、十六歳にならなければ、婚姻をすることができない。

第733条（再婚禁止期間）　女は、前婚の解消又は取消しの日から起算して百日を経過した後でなければ、再婚をすることができない。

2　前項の規定は、次に掲げる場合には、適用しない。

一　女が前婚の解消又は取消しの時に懐胎していなかった場合

二　女が前婚の解消又は取消しの後に出産した場合

第750条（夫婦の氏）　夫婦は、婚姻の際に定めるところに従い、夫又は妻の氏を称する。

第752条（同居、協力及び扶助の義務）　夫婦は同居し、互いに協力し扶助しなければならない。

第767条（離婚による復氏等）　婚姻によって氏を改めた夫又は妻は、協議上の離婚によって婚姻前の氏に復する。

2　前項の規定により婚姻前の氏に復した夫又は妻は、離婚の日から三箇月以内に戸籍法の定めるところにより届け出ることによって、離婚の際に称していた氏を称することができる。

第768条（財産分与）　協議上の離婚をした者の一方は、相手方に対して財産の分与を請求することができる。

2　前項の規定による財産の分与について、当事者間に協議が調わないとき、又は協議をすることができないときは、当事者は、家庭裁判所に対して協議に代わる処分を請求することができる。ただし、離婚の時から二年を経過したときは、この限りでない。

3　前項の場合には、家庭裁判所は、当事者双方がその協力によって得た財産の額その他一切の事情を考慮して、分与をさせるべきかどうか並びに分与の額及び方法を定める。

第770条（裁判上の離婚）　夫婦の一方は、次に掲げる場合に限り、離婚の訴えを提起することができる。

一　配偶者に不貞な行為があったとき。

二　配偶者から悪意で遺棄されたとき。

三　配偶者の生死が三年以上明らかでないとき。

四　配偶者が強度の精神病にかかり、回復の見込みがないとき。

五　その他婚姻を継続し難い重大な事由があるとき。

2　裁判所は、前項第一号から第四号までに掲げる事由がある場合であっても、一切の事情を考慮して婚姻の継続を相当と認めるときは、離婚の請求を棄却することができる。

第772条（嫡出の推定）　妻が婚姻中に懐胎した子は、夫の子と推定する。

2　婚姻の成立の日から二百日を経過した後又は婚姻の解消若しくは取消しの日から三百日以内に生まれた子は、婚姻中に懐胎したものと推定する。

第817条の7（子の利益のための特別の必要性）　特別養子縁組は、父母による養子となる者の監護が著しく困難又は不適当であることその他特別の事情がある場合において、子の利益のため特に必要があると認めるときに、これを成立させるものとする。

第819条（離婚又は認知の場合の親権者）　父母が協議上の離婚をするときは、その協議で、その一方を親権者と定めなければならない。

2　裁判上の離婚の場合には、裁判所は、父母の一方を親権者と定める。

3　子の出生前に父母が離婚した場合には、親権は、母が行う。ただし、子の出生後に、父母の協議で、父を親権者と定めることができる。

4　父が認知した子に対する親権は、父母の協議で父を親権者と定めたときに限り、父が行う。

5　第一項、第三項又は前項の協議が調わないとき、又は協議をすることができないときは、家庭裁判所は、父又は母の請求によって、協議に代わる審判をすることができる。

6　子の利益のため必要があると認めるときは、家庭裁判所は、子の親族の請求によって、親権者を他の一方に変更することができる。

第900条（法定相続分）　同順位の相続人が数人あるときは、その相続分は、次の各号の定めるところによる。

一　子及び配偶者が相続人であるときは、子の相続分及び配偶者の相続分は、各二分の一とする。

二　配偶者及び直系尊属が相続人であるときは、配偶者の相続分は、三分の二とし、直系尊属の相続分は、三分の一とす

る。

三　配偶者及び兄弟姉妹が相続人である
ときは、配偶者の相続分は、四分の三と
し、兄弟姉妹の相続分は、四分の一とす
る。

四　子、直系尊属又は兄弟姉妹が数人あ
るときは、各自の相続分は、相等しいも
のとする。ただし、父母の一方のみを同
じくする兄弟姉妹の相続分は、父母の双
方を同じくする兄弟姉妹の相続分の二分
の一とする。

性同一性障害者の性別の取扱いの特例に関する法律
(平成15年7月16日法律第111号)

第3条(性別の取扱いの変更の審判)
家庭裁判所は、性同一性障害者であって次
の各号のいずれにも該当するものについ
て、その者の請求により、性別の取扱いの
変更の審判をすることができる。

一　二十歳以上であること。

二　現に婚姻をしていないこと。

三　現に未成年の子がいないこと。

四　生殖腺がないこと又は生殖腺の機能
を永続的に欠く状態にあること。

五　その身体について他の性別に係る身
体の性器に係る部分に近似する外観を備
えていること。

2　前項の請求をするには、同項の性同
一性障害者に係る前条の診断の結果並びに
治療の経過及び結果その他の厚生労働省令
で定める事項が記載された医師の診断書を
提出しなければならない。

刑　法
(明治40年4月24日法律第45号)

第157条(公正証書原本不実記載等)　公
務員に対し虚偽の申立てをして、登記簿、
戸籍簿その他の権利若しくは義務に関する
公正証書の原本に不実の記載をさせ、又は
権利若しくは義務に関する公正証書の原本
として用いられる電磁的記録に不実の記録

をさせた者は、五年以下の懲役又は五十万
円以下の罰金に処する。

2、3(略)

第175条(わいせつ物頒布等)　わいせつ
な文書、図画、電磁的記録に係る記録媒体
その他の物を頒布し、又は公然と陳列した
者は、二年以下の懲役若しくは二百五十万
円以下の罰金若しくは科料に処し、又は懲
役及び罰金を併科する。電気通信の送信に
よりわいせつな電磁的記録その他の記録を
頒布した者も、同様とする。

2　有償で頒布する目的で、前項の物を
所持し、又は同項の電磁的記録を保管した
者も、同項と同様とする。

第176条(強制わいせつ)　十三歳以上の
者に対し、暴行又は脅迫を用いてわいせつ
な行為をした者は、六月以上十年以下の懲
役に処する。十三歳未満の者に対し、わい
せつな行為をした者も、同様とする。

第177条(強制性交等)　十三歳以上の者
に対し、暴行又は脅迫を用いて性交、肛門
性交又は口腔性交(以下「性交等」という。)
をした者は、強制性交等の罪とし、五年以
上の有期懲役に処する。十三歳未満の者に
対し、性交等をした者も、同様とする。

第179条(監護者わいせつ及び監護者性
交等)　十八歳未満の者に対し、その者を
現に監護する者であることによる影響力が
あることに乗じてわいせつな行為をした者
は、第百七十六条の例による。

2　十八歳未満の者に対し、その者を現
に監護する者であることによる影響力があ
ることに乗じて性交等をした者は、第
百七十七条の例による。

第208条(暴行)　暴行を加えた者が人を
傷害するに至らなかったときは、二年以下
の懲役若しくは三十万円以下の罰金又は拘
留若しくは科料に処する。

第212条(堕胎)　妊娠中の女子が薬物を
用い、又はその他の方法により、堕胎した
ときは、一年以下の懲役に処する。

第213条（同意堕胎及び同致死傷）　女子の嘱託を受け、又はその承諾を得て堕胎させた者は、二年以下の懲役に処する。よって女子を死傷させた者は、三月以上五年以下の懲役に処する。

第214条（業務上堕胎及び同致死傷）　医師、助産師、薬剤師又は医薬品販売業者が女子の嘱託を受け、又はその承諾を得て堕胎させたときは、三月以上五年以下の懲役に処する。よって女子を死傷させたときは、六月以上七年以下の懲役に処する。

第215条（不同意堕胎）　女子の嘱託を受けないで、又はその承諾を得ないで堕胎させた者は、六月以上七年以下の懲役に処する。

2　前項の罪の未遂は、罰する。

第216条（不同意堕胎致死傷）　前条の罪を犯し、よって女子を死傷させた者は、傷害の罪と比較して、重い刑により処断する。

第226条の2（人身売買）　人を買い受けた者は、三月以上五年以下の懲役に処する。

2　未成年者を買い受けた者は、三月以上七年以下の懲役に処する。

3　営利、わいせつ、結婚又は生命若しくは身体に対する加害の目的で、人を買い受けた者は、一年以上十年以下の懲役に処する。

4　人を売り渡した者も、前項と同様とする。

5　所在国外に移送する目的で、人を売買した者は、二年以上の有期懲役に処する。

売春防止法
（昭和31年5月24日法律第118号）

第1条（目的）　この法律は、売春が人としての尊厳を害し、性道徳に反し、社会の善良の風俗をみだすものであることにかんがみ、売春を助長する行為等を処罰するとともに、性行又は環境に照して売春を行うおそれのある女子に対する補導処分及び保護更生の措置を講ずることによつて、売春の防止を図ることを目的とする。

第2条（定義）　この法律で「売春」とは、対償を受け、又は受ける約束で、不特定の相手方と性交することをいう。

第3条（売春の禁止）　何人も、売春をし、又はその相手方となつてはならない。

児童買春、児童ポルノに係る行為等の規制及び処罰並びに児童の保護等に関する法律
（平成11年5月26日法律第52号）

第1条（目的）　この法律は、児童に対する性的搾取及び性的虐待が児童の権利を著しく侵害することの重大性に鑑み、あわせて児童の権利の擁護に関する国際的動向を踏まえ、児童買春、児童ポルノに係る行為等を規制し、及びこれらの行為等を処罰するとともに、これらの行為等により心身に有害な影響を受けた児童の保護のための措置等を定めることにより、児童の権利を擁護することを目的とする。

第2条（定義）　この法律において「児童」とは、十八歳に満たない者をいう。

2　この法律において「児童買春」とは、次の各号に掲げる者に対し、対償を供与し、又はその供与の約束をして、当該児童に対し、性交等（性交若しくは性交類似行為をし、又は自己の性的好奇心を満たす目的で、児童の性器等（性器、肛門又は乳首をいう。以下同じ。）を触り、若しくは児童に自己の性器等を触らせることをいう。以下同じ。）をすることをいう。

一　児童

二　児童に対する性交等の周旋をした者

三　児童の保護者（親権を行う者、未成年後見人その他の者で、児童を現に監護するものをいう。以下同じ。）又は児童をその支配下に置いている者

3　この法律において「児童ポルノ」とは、写真、電磁的記録（電子的方式、磁気的方式その他人の知覚によっては認識することができない方式で作られる記録であって、電子計算機による情報処理の用に供さ

れるものをいう。以下同じ。）に係る記録媒体その他の物であって、次の各号のいずれかに掲げる児童の姿態を視覚により認識することができる方法により描写したものをいう。

　一　児童を相手方とする又は児童による性交又は性交類似行為に係る児童の姿態
　二　他人が児童の性器等を触る行為又は児童が他人の性器等を触る行為に係る児童の姿態であって性欲を興奮させ又は刺激するもの
　三　衣服の全部又は一部を着けない児童の姿態であって、殊更に児童の性的な部位（性器等若しくはその周辺部、臀部又は胸部をいう。）が露出され又は強調されているものであり、かつ、性欲を興奮させ又は刺激するもの

ストーカー行為等の規制等に関する法律
（平成12年5月24日法律第81号）

　第1条（目的）　この法律は、ストーカー行為を処罰する等ストーカー行為等について必要な規制を行うとともに、その相手方に対する援助の措置等を定めることにより、個人の身体、自由及び名誉に対する危害の発生を防止し、あわせて国民の生活の安全と平穏に資することを目的とする。

　第2条（定義）　この法律において「つきまとい等」とは、特定の者に対する恋愛感情その他の好意の感情又はそれが満たされなかったことに対する怨恨の感情を充足する目的で、当該特定の者又はその配偶者、直系若しくは同居の親族その他当該特定の者と社会生活において密接な関係を有する者に対し、次の各号のいずれかに掲げる行為をすることをいう。

　一　つきまとい、待ち伏せし、進路に立ちふさがり、住居、勤務先、学校その他その通常所在する場所（以下「住居等」という。）の付近において見張りをし、又は住居等に押し掛け、又は住居等の付

近をみだりにうろつくこと。
　二　その行動を監視していると思わせるような事項を告げ、又はその知り得る状態に置くこと。
　三　面会、交際その他の義務のないことを行うことを要求すること。
　四　著しく粗野又は乱暴な言動をすること。
　五　電話をかけて何も告げず、又は拒まれたにもかかわらず、連続して、電話をかけ、ファクシミリ装置を用いて送信し、若しくは電子メールの送信等をすること。
　六　汚物、動物の死体その他の著しく不快又は嫌悪の情を催させるような物を送付し、又はその知り得る状態に置くこと。
　七　その名誉を害する事項を告げ、又はその知り得る状態に置くこと。
　八　その性的羞恥心を害する事項を告げ若しくはその知り得る状態に置き、その性的羞恥心を害する文書、図画、電磁的記録（電子的方式、磁気的方式その他人の知覚によっては認識することができない方式で作られる記録であって、電子計算機による情報処理の用に供されるものをいう。以下この号において同じ。）に係る記録媒体その他の物を送付し若しくはその知り得る状態に置き、又はその性的羞恥心を害する電磁的記録その他の記録を送信し若しくはその知り得る状態に置くこと。

　2　前項第五号の「電子メールの送信等」とは、次の各号のいずれかに掲げる行為（電話をかけること及びファクシミリ装置を用いて送信することを除く。）をいう。

　一　電子メールその他のその受信をする者を特定して情報を伝達するために用いられる電気通信（電気通信事業法（昭和五十九年法律第八十六号）第二条第一号に規定する電気通信をいう。次号において同じ。）の送信を行うこと。
　二　前号に掲げるもののほか、特定の個

人がその入力する情報を電気通信を利用して第三者に閲覧させることに付随して、その第三者が当該個人に対し情報を伝達することができる機能が提供されるものの当該機能を利用する行為をすること。

3　この法律において「ストーカー行為」とは、同一の者に対し、つきまとい等（第一項第一号から第四号まで及び第五号（電子メールの送信等に係る部分に限る。）に掲げる行為については、身体の安全、住居等の平穏若しくは名誉が害され、又は行動の自由が著しく害される不安を覚えさせるような方法により行われる場合に限る。）を反復してすることをいう。

第3条（つきまとい等をして不安を覚えさせることの禁止）　何人も、つきまとい等をして、その相手方に身体の安全、住居等の平穏若しくは名誉が害され、又は行動の自由が著しく害される不安を覚えさせてはならない。

母体保護法
（昭和23年7月13日法律第156号）

第14条（医師の認定による人工妊娠中絶）　都道府県の区域を単位として設立された公益社団法人たる医師会の指定する医師（以下「指定医師」という。）は、次の各号の一に該当する者に対して、本人及び配偶者の同意を得て、人工妊娠中絶を行うことができる。

一　妊娠の継続又は分娩が身体的又は経済的理由により母体の健康を著しく害するおそれのあるもの

二　暴行若しくは脅迫によつて又は抵抗若しくは拒絶することができない間に姦淫されて妊娠したもの

2　前項の同意は、配偶者が知れないとき若しくはその意思を表示することができないとき又は妊娠後に配偶者がなくなつたときには本人の同意だけで足りる。

配偶者からの暴力の防止及び被害者の保護等に関する法律
（平成13年4月13日法律第31号）

我が国においては、日本国憲法に個人の尊重と法の下の平等がうたわれ、人権の擁護と男女平等の実現に向けた取組が行われている。

ところが、配偶者からの暴力は、犯罪となる行為をも含む重大な人権侵害であるにもかかわらず、被害者の救済が必ずしも十分に行われてこなかった。また、配偶者からの暴力の被害者は、多くの場合女性であり、経済的自立が困難である女性に対して配偶者が暴力を加えることは、個人の尊厳を害し、男女平等の実現の妨げとなっている。

このような状況を改善し、人権の擁護と男女平等の実現を図るためには、配偶者からの暴力を防止し、被害者を保護するための施策を講ずることが必要である。このことは、女性に対する暴力を根絶しようと努めている国際社会における取組にも沿うものである。

ここに、配偶者からの暴力に係る通報、相談、保護、自立支援等の体制を整備することにより、配偶者からの暴力の防止及び被害者の保護を図るため、この法律を制定する。

第一章　総則

第1条（定義）　この法律において「配偶者からの暴力」とは、配偶者からの身体に対する暴力（身体に対する不法な攻撃であって生命又は身体に危害を及ぼすものをいう。以下同じ。）又はこれに準ずる心身に有害な影響を及ぼす言動（以下この項および第二十八条の二において「身体に対する暴力等」と総称する。）をいい、配偶者からの身体に対する暴力等を受けた後に、その者が離婚をし、又はその婚姻が取り消された場合にあっては、当該配偶者であった者から引き続き受ける身体に対する暴力等

資　　料　　285

を含むものとする。

2　この法律において「被害者」とは、配偶者からの暴力を受けた者をいう。

3　この法律にいう「配偶者」には、婚姻の届出をしていないが事実上婚姻関係と同様の事情にある者を含み、「離婚」には、婚姻の届出をしていないが事実上婚姻関係と同様の事情にあった者が、事実上離婚したと同様の事情に入ることを含むものとする。

第24条（教育及び啓発）　国及び地方公共団体は、配偶者からの暴力の防止に関する国民の理解を深めるための教育及び啓発に努めるものとする。

児童虐待の防止等に関する法律
（平成12年5月24日法律第82号）

第2条（児童虐待の定義）　この法律において、「児童虐待」とは、保護者（親権を行う者、未成年後見人その他の者で、児童を現に監護するものをいう。以下同じ。）がその監護する児童（十八歳に満たない者をいう。以下同じ。）について行う次に掲げる行為をいう。

一　児童の身体に外傷が生じ、又は生じるおそれのある暴行を加えること。

二　児童にわいせつな行為をすること又は児童をしてわいせつな行為をさせること。

三　児童の心身の正常な発達を妨げるような著しい減食又は長時間の放置、保護者以外の同居人による前二号又は次号に掲げる行為と同様の行為の放置その他の保護者としての監護を著しく怠ること。

四　児童に対する著しい暴言又は著しく拒絶的な対応、児童が同居する家庭における配偶者に対する暴力（配偶者（婚姻の届出をしていないが、事実上婚姻関係と同様の事情にある者を含む。）の身体に対する不法な攻撃であって生命又は身体に危害を及ぼすもの及びこれに準ずる心身に有害な影響を及ぼす言動をいう。

第十六条において同じ。）その他の児童に著しい心理的外傷を与える言動を行うこと。

刑事訴訟法
（昭和23年7月10日法律第131号）

第157条の4　裁判所は、証人を尋問する場合において、証人の年齢、心身の状態その他の事情を考慮し、証人が著しく不安又は緊張を覚えるおそれがあると認めるときは、検察官及び被告人又は弁護人の意見を聴き、その不安又は緊張を緩和するのに適当であり、かつ、裁判官若しくは訴訟関係人の尋問若しくは証人の供述を妨げ、又はその供述の内容に不当な影響を与えるおそれがないと認める者を、その証人の供述中、証人に付き添わせることができる。

2　（略）

第157条の5　裁判所は、証人を尋問する場合において、犯罪の性質、証人の年齢、心身の状態、被告人との関係その他の事情により、証人が被告人の面前（次条第一項及び第二項に規定する方法による場合を含む。）において供述するときは圧迫を受け精神の平穏を著しく害されるおそれがあると認める場合であつて、相当と認めるときは、検察官及び被告人又は弁護人の意見を聴き、被告人とその証人との間で、一方から又は相互に相手の状態を認識することができないようにするための措置を採ることができる。（後略）

2　裁判所は、証人を尋問する場合において、犯罪の性質、証人の年齢、心身の状態、名誉に対する影響その他の事情を考慮し、相当と認めるときは、検察官及び被告人又は弁護人の意見を聴き、傍聴人とその証人との間で、相互に相手の状態を認識することができないようにするための措置を採ることができる。

第157条の6　裁判所は、次に掲げる者を証人として尋問する場合において、相当

と認めるときは、検察官及び被告人又は弁護人の意見を聴き、裁判官及び訴訟関係人が証人を尋問するために在席する場所以外の場所であつて、同一構内（これらの者が在席する場所と同一の構内をいう。次項において同じ。）にあるものにその証人を在席させ、映像と音声の送受信により相手の状態を相互に認識しながら通話をすることができる方法によつて、尋問することができる。

一　刑法第百七十六条から第百七十八条の二まで若しくは第百八十一条の罪、（中略）又はこれらの罪の未遂罪の被害者

二、三　（略）

2、3　（略）

労働契約法
（平成19年12月5日法律第128号）

第16条（解雇）　解雇は、客観的に合理的な理由を欠き、社会通念上相当であると認められない場合は、その権利を濫用したものとして、無効とする。

第18条（有期労働契約の期間の定めのない労働契約への転換）　同一の使用者との間で締結された二以上の有期労働契約（契約期間の始期の到来前のものを除く。以下この条において同じ。）の契約期間を通算した期間（次項において「通算契約期間」という。）が五年を超える労働者が、当該使用者に対し、現に締結している有期労働契約の契約期間が満了する日までの間に、当該満了する日の翌日から労務が提供される期間の定めのない労働契約の締結の申込みをしたときは、使用者は当該申込みを承諾したものとみなす。この場合において、当該申込みに係る期間の定めのない労働契約の内容である労働条件は、現に締結している有期労働契約の内容である労働条件（契約期間を除く。）と同一の労働条件（当該労働条件（契約期間を除く。）について別段の定めがある部分を除く。）とする。

2　当該使用者との間で締結された一の有期労働契約の契約期間が満了した日と当該使用者との間で締結されたその次の有期労働契約の契約期間の初日との間にこれらの契約期間のいずれにも含まれない期間（これらの契約期間が連続すると認められるものとして厚生労働省令で定める基準に該当する場合の当該いずれにも含まれない期間を除く。以下この項において「空白期間」という。）があり、当該空白期間が六月（当該空白期間の直前に満了した一の有期労働契約の契約期間（当該一の有期労働契約を含む二以上の有期労働契約の契約期間の間に空白期間がないときは、当該二以上の有期労働契約の契約期間を通算した期間。以下この項において同じ。）が一年に満たない場合にあっては、当該一の有期労働契約の契約期間に二分の一を乗じて得た期間を基礎として厚生労働省令で定める期間）以上であるときは、当該空白期間前に満了した有期労働契約の契約期間は、通算契約期間に算入しない。

第19条（有期労働契約の更新等）　有期労働契約であって次の各号のいずれかに該当するものの契約期間が満了する日までの間に労働者が当該有期労働契約の更新の申込みをした場合又は当該契約期間の満了後遅滞なく有期労働契約の締結の申込みをした場合であって、使用者が当該申込みを拒絶することが、客観的に合理的な理由を欠き、社会通念上相当であると認められないときは、使用者は、従前の有期労働契約の内容である労働条件と同一の労働条件で当該申込みを承諾したものとみなす。

一　当該有期労働契約が過去に反復して更新されたことがあるものであって、その契約期間の満了時に当該有期労働契約を更新しないことにより当該有期労働契約を終了させることが、期間の定めのない労働契約を締結している労働者に解雇の意思表示をすることにより当該期間の

資　　料　　287

定めのない労働契約を終了させることと社会通念上同視できると認められること。

二　当該労働者において当該有期労働契約の契約期間の満了時に当該有期労働契約が更新されるものと期待することについて合理的な理由があるものであると認められること。

第20条（期間の定めがあることによる不合理な労働条件の禁止）　有期労働契約を締結している労働者の労働契約の内容である労働条件が、期間の定めがあることにより同一の使用者と期間の定めのない労働契約を締結している労働者の労働契約の内容である労働条件と相違する場合においては、当該労働条件の相違は、労働者の業務の内容及び当該業務に伴う責任の程度（以下この条において「職務の内容」という。）、当該職務の内容及び配置の変更の範囲その他の事情を考慮して、不合理と認められるものであってはならない。

労働基準法

（昭和22年4月7日法律第49号）

第3条（均等待遇）　使用者は、労働者の国籍、信条又は社会的身分を理由として、賃金、労働時間その他の労働条件について、差別的取扱をしてはならない。

第4条（男女同一賃金の原則）　使用者は、労働者が女性であることを理由として、賃金について、男性と差別的取扱いをしてはならない。

第19条（解雇制限）　使用者は、労働者が業務上負傷し、又は疾病にかかり療養のために休業する期間及びその後三十日間並びに産前産後の女性が第六十五条の規定によつて休業する期間及びその後三十日間は、解雇してはならない。ただし、使用者が、第八十一条の規定によつて打切補償を支払う場合又は天災事変その他やむを得ない事由のために事業の継続が不可能となつた場合においては、この限りでない。

2　前項但書後段の場合においては、その事由について行政官庁の認定を受けなければならない。

第64条の2（坑内業務の就業制限）　使用者は、次の各号に掲げる女性を当該各号に定める業務に就かせてはならない。

一　妊娠中の女性及び坑内で行われる業務に従事しない旨を使用者に申し出た産後一年を経過しない女性　坑内で行われるすべての業務

二　前号に掲げる女性以外の満十八歳以上の女性　坑内で行われる業務のうち人力により行われる掘削の業務その他の女性に有害な業務として厚生労働省令で定めるもの

第64条の3（危険有害業務の就業制限）　使用者は、妊娠中の女性及び産後一年を経過しない女性（以下「妊産婦」という。）を、重量物を取り扱う業務、有害ガスを発散する場所における業務その他妊産婦の妊娠、出産、哺育等に有害な業務に就かせてはならない。

2　前項の規定は、同項に規定する業務のうち女性の妊娠又は出産に係る機能に有害である業務につき、厚生労働省令で、妊産婦以外の女性に関して、準用することができる。

3　前二項に規定する業務の範囲及びこれらの規定によりこれらの業務に就かせてはならない者の範囲は、厚生労働省令で定める。

第65条（産前産後）　使用者は、六週間（多胎妊娠の場合にあつては、十四週間）以内に出産する予定の女性が休業を請求した場合においては、その者を就業させてはならない。

2　使用者は、産後八週間を経過しない女性を就業させてはならない。ただし、産後六週間を経過した女性が請求した場合において、その者について医師が支障がないと認めた業務に就かせることは、差し支え

ない。

3 使用者は、妊娠中の女性が請求した場合においては、他の軽易な業務に転換させなければならない。

第66条 使用者は、妊産婦が請求した場合においては、第三十二条の二第一項、第三十二条の四第一項及び第三十二条の五第一項の規定にかかわらず、一週間について第三十二条第一項の労働時間、一日について同条第二項の労働時間を超えて労働させてはならない。

2 使用者は、妊産婦が請求した場合においては、第三十三条第一項及び第三項並びに第三十六条第一項の規定にかかわらず、時間外労働をさせてはならず、又は休日に労働させてはならない。

3 使用者は、妊産婦が請求した場合においては、深夜業をさせてはならない。

第67条（育児時間） 生後満一年に達しない生児を育てる女性は、第三十四条の休憩時間のほか、一日二回各々少なくとも三十分、その生児を育てるための時間を請求することができる。

2 使用者は、前項の育児時間中は、その女性を使用してはならない。

第68条（生理日の就業が著しく困難な女性に対する措置） 使用者は、生理日の就業が著しく困難な女性が休暇を請求したときは、その者を生理日に就業させてはならない。

雇用の分野における男女の均等な機会及び待遇の確保等に関する法律
（昭和47年7月1日法律第113号）

第5条（性別を理由とする差別の禁止）
事業主は、労働者の募集及び採用について、その性別にかかわりなく均等な機会を与えなければならない。

第6条 （性別を理由とする差別の禁止）
事業主は、次に掲げる事項について、労働者の性別を理由として、差別的取扱いをしてはならない。

一 労働者の配置（業務の配分及び権限の付与を含む。）、昇進、降格及び教育訓練

二 住宅資金の貸付けその他これに準ずる福利厚生の措置であつて厚生労働省令で定めるもの

三 労働者の職種及び雇用形態の変更

四 退職の勧奨、定年及び解雇並びに労働契約の更新

第7条（性別以外の事由を要件とする措置） 事業主は、募集及び採用並びに前条各号に掲げる事項に関する措置であつて労働者の性別以外の事由を要件とするもののうち、措置の要件を満たす男性及び女性の比率その他の事情を勘案して実質的に性別を理由とする差別となるおそれがある措置として厚生労働省令で定めるものについては、当該措置の対象となる業務の性質に照らして当該措置の実施が当該業務の遂行上特に必要である場合、事業の運営の状況に照らして当該措置の実施が雇用管理上特に必要である場合その他の合理的な理由がある場合でなければ、これを講じてはならない。

第8条（女性労働者に係る措置に関する特例） 前三条の規定は、事業主が、雇用の分野における男女の均等な機会及び待遇の確保の支障となつている事情を改善することを目的として女性労働者に関して行う措置を講ずることを妨げるものではない。

第9条（婚姻、妊娠、出産等を理由とする不利益取扱いの禁止等） 事業主は、女性労働者が婚姻し、妊娠し、又は出産したことを退職理由として予定する定めをしてはならない。

2 事業主は、女性労働者が婚姻したことを理由として、解雇してはならない。

3 事業主は、その雇用する女性労働者が妊娠したこと、出産したこと、労働基準法（昭和二十二年法律第四十九号）第六十五条第一項の規定による休業を請求

し、又は同項若しくは同条第二項の規定による休業をしたことその他の妊娠又は出産に関する事由であつて厚生労働省令で定めるものを理由として、当該女性労働者に対して解雇その他不利益な取扱いをしてはならない。

4　妊娠中の女性労働者及び出産後一年を経過しない女性労働者に対してなされた解雇は、無効とする。ただし、事業主が当該解雇が前項に規定する事由を理由とする解雇でないことを証明したときは、この限りでない。

第11条（職場における性的な言動に起因する問題に関する雇用管理上の措置）　事業主は、職場において行われる性的な言動に対するその雇用する労働者の対応により当該労働者がその労働条件につき不利益を受け、又は当該性的な言動により当該労働者の就業環境が害されることのないよう、当該労働者からの相談に応じ、適切に対応するために必要な体制の整備その他の雇用管理上必要な措置を講じなければならない。

2　厚生労働大臣は、前項の規定に基づき事業主が講ずべき措置に関して、その適切かつ有効な実施を図るために必要な指針（次項において「指針」という。）を定めるものとする。

3　第四条第四項及び第五項の規定は、指針の策定及び変更について準用する。この場合において、同条第四項中「聴くほか、都道府県知事の意見を求める」とあるのは、「聴く」と読み替えるものとする。

第11条の2（職場における妊娠、出産等に関する言動に起因する問題に関する雇用管理上の措置）　事業主は、職場において行われるその雇用する女性労働者に対する当該女性労働者が妊娠したこと、出産したこと、労働基準法第六十五条第一項の規定による休業を請求し、又は同項若しくは同条第二項の規定による休業をしたことその他の妊娠又は出産に関する事由であつて厚

生労働省令で定めるものに関する言動により当該女性労働者の就業環境が害されることのないよう、当該女性労働者からの相談に応じ、適切に対応するために必要な体制の整備その他の雇用管理上必要な措置を講じなければならない。

2　厚生労働大臣は、前項の規定に基づき事業主が講ずべき措置に関して、その適切かつ有効な実施を図るために必要な指針（次項において「指針」という。）を定めるものとする。

3　第四条第四項及び第五項の規定は、指針の策定及び変更について準用する。この場合において、同条第四項中「聴くほか、都道府県知事の意見を求める」とあるのは、「聴く」と読み替えるものとする。

第12条（妊娠中及び出産後の健康管理に関する措置）　事業主は、厚生労働省令で定めるところにより、その雇用する女性労働者が母子保健法（略）の規定による保健指導又は健康診査を受けるために必要な時間を確保することができるようにしなければならない。

第13条　事業主は、その雇用する女性労働者が前条の保健指導又は健康診査に基づく指導事項を守ることができるようにするため、勤務時間の変更、勤務の軽減等必要な措置を講じなければならない。

2　厚生労働大臣は、前項の規定に基づき事業主が講ずべき措置に関して、その適切かつ有効な実施を図るために必要な指針（次項において「指針」という。）を定めるものとする。

3　第四条第四項及び第五項の規定は、指針の策定及び変更について準用する。この場合において、同条第四項中「聴くほか、都道府県知事の意見を求める」とあるのは、「聴く」と読み替えるものとする。

第三節　事業主に対する国の援助

第14条　国は、雇用の分野における男女の均等な機会及び待遇が確保されることを

促進するため、事業主が雇用の分野における男女の均等な機会及び待遇の確保の支障となつている事情を改善することを目的とする次に掲げる措置を講じ、又は講じようとする場合には、当該事業主に対し、相談その他の援助を行うことができる。

　一　その雇用する労働者の配置その他雇用に関する状況の分析

　二　前号の分析に基づき雇用の分野における男女の均等な機会及び待遇の確保の支障となつている事情を改善するに当たつて必要となる措置に関する計画の作成

　三　前号の計画で定める措置の実施

　四　前三号の措置を実施するために必要な体制の整備

　五　前各号の措置の実施状況の開示

女性の職業生活における活躍の推進に関する法律
（平成27年9月4日法律第64号）

第1条（目的）　この法律は、近年、自らの意思によって職業生活を営み、又は営もうとする女性がその個性と能力を十分に発揮して職業生活において活躍すること（以下「女性の職業生活における活躍」という。）が一層重要となっていることに鑑み、男女共同参画社会基本法（平成十一年法律第七十八号）の基本理念にのっとり、女性の職業生活における活躍の推進について、その基本原則を定め、並びに国、地方公共団体及び事業主の責務を明らかにするとともに、基本方針及び事業主の行動計画の策定、女性の職業生活における活躍を推進するための支援措置等について定めることにより、女性の職業生活における活躍を迅速かつ重点的に推進し、もって男女の人権が尊重され、かつ、急速な少子高齢化の進展、国民の需要の多様化その他の社会経済情勢の変化に対応できる豊かで活力ある社会を実現することを目的とする。

第2条（基本原則）　女性の職業生活における活躍の推進は、職業生活における活躍に係る男女間の格差の実情を踏まえ、自らの意思によって職業生活を営み、又は営もうとする女性に対する採用、教育訓練、昇進、職種及び雇用形態の変更その他の職業生活に関する機会の積極的な提供及びその活用を通じ、かつ、性別による固定的な役割分担等を反映した職場における慣行が女性の職業生活における活躍に対して及ぼす影響に配慮して、その個性と能力が十分に発揮できるようにすることを旨として、行われなければならない。

２　女性の職業生活における活躍の推進は、職業生活を営む女性が結婚、妊娠、出産、育児、介護その他の家庭生活に関する事由によりやむを得ず退職することが多いことその他の家庭生活に関する事由が職業生活に与える影響を踏まえ、家族を構成する男女が、男女の別を問わず、相互の協力と社会の支援の下に、育児、介護その他の家庭生活における活動について家族の一員としての役割を円滑に果たしつつ職業生活における活動を行うために必要な環境の整備等により、男女の職業生活と家庭生活との円滑かつ継続的な両立が可能となることを旨として、行われなければならない。

３　女性の職業生活における活躍の推進に当たっては、女性の職業生活と家庭生活との両立に関し、本人の意思が尊重されるべきものであることに留意されなければならない。

第3条（国及び地方公共団体の責務）　国及び地方公共団体は、前条に定める女性の職業生活における活躍の推進についての基本原則（次条及び第五条第一項において「基本原則」という。）にのっとり、女性の職業生活における活躍の推進に関して必要な施策を策定し、及びこれを実施しなければならない。

第4条（事業主の責務）　事業主は、基本原則にのっとり、その雇用し、又は雇用しようとする女性労働者に対する職業生活

資　　料　291

に関する機会の積極的な提供、雇用する労働者の職業生活と家庭生活との両立に資する雇用環境の整備その他の女性の職業生活における活躍の推進に関する取組を自ら実施するよう努めるとともに、国又は地方公共団体が実施する女性の職業生活における活躍の推進に関する施策に協力しなければならない。

育児休業、介護休業等育児又は家族介護を行う労働者の福祉に関する法律
（平成3年5月15日法律第76号）

第26条（労働者の配置に関する配慮）
事業主は、その雇用する労働者の配置の変更で就業の場所の変更を伴うものをしようとする場合において、その就業の場所の変更により就業しつつその子の養育又は家族の介護を行うことが困難となることとなる労働者がいるときは、当該労働者の子の養育又は家族の介護の状況に配慮しなければならない。

短時間労働者及び有期雇用労働者の雇用管理の改善等に関する法律
（平成5年6月18日法律第76号）

第8条（不合理な待遇の禁止）　事業主は、その雇用する短時間・有期雇用労働者の基本給、賞与その他の待遇のそれぞれについて、当該待遇に対応する通常の労働者の待遇との間において、当該短時間・有期雇用労働者及び通常の労働者の業務の内容及び当該業務に伴う責任の程度（以下「職務の内容」という。）、当該職務の内容及び配置の変更の範囲その他の事情のうち、当該待遇の性質及び当該待遇を行う目的に照らして適切と認められるものを考慮して、不合理と認められる相違を設けてはならない。

第9条（通常の労働者と同視すべき短時間・有期雇用労働者に対する差別的取扱いの禁止）　事業主は、職務の内容が通常の労働者と同一の短時間・有期雇用労働者（第十一条第一項において「職務内容同一

短時間・有期雇用労働者」という。）であって、当該事業所における慣行その他の事情からみて、当該事業主との雇用関係が終了するまでの全期間において、その職務の内容及び配置が当該通常の労働者の職務の内容及び配置の変更の範囲と同一の範囲で変更されることが見込まれるもの（…略…）については、短時間・有期雇用労働者であることを理由として、基本給、賞与その他の待遇のそれぞれについて、差別的取扱いをしてはならない。

第10条（賃金）　事業主は、通常の労働者との均衡を考慮しつつ、その雇用する短時間・有期雇用労働者（通常の労働者と同視すべき短時間・有期雇用労働者を除く。…略…）の職務の内容、職務の成果、意欲、能力又は経験その他の就業の実態に関する事項を勘案し、その賃金（通勤手当その他の厚生労働省令で定めるものを除く。）を決定するように努めるものとする。

第11条（教育訓練）　事業主は、通常の労働者に対して実施する教育訓練であって、当該通常の労働者が従事する職務の遂行に必要な能力を付与するためのものについては、職務内容同一短時間・有期雇用労働者（通常の労働者と同視すべき短時間・有期雇用労働者を除く。以下この項において同じ。）が既に当該職務に必要な能力を有している場合その他の厚生労働省令で定める場合を除き、職務内容同一短時間・有期雇用労働者に対しても、これを実施しなければならない。

2　事業主は、前項に定めるもののほか、通常の労働者との均衡を考慮しつつ、その雇用する短時間・有期雇用労働者の職務の内容、職務の成果、意欲、能力及び経験その他の就業の実態に関する事項に応じ、当該短時間・有期雇用労働者に対して教育訓練を実施するように努めるものとする。

第12条（福利厚生施設）　事業主は、通

常の労働者に対して利用の機会を与える福利厚生施設であって、健康の保持又は業務の円滑な遂行に資するものとして厚生労働省令で定めるものについては、その雇用する短時間・有期雇用労働者に対しても、利用の機会を与えなければならない。

障害者の雇用の促進等に関する法律
（昭和35年7月25日法律第123号）

第34条（障害者に対する差別の禁止）
事業主は、労働者の募集及び採用について、障害者に対して、障害者でない者と均等な機会を与えなければならない。

第35条 事業主は、賃金の決定、教育訓練の実施、福利厚生施設の利用その他の待遇について、労働者が障害者であることを理由として、障害者でない者と不当な差別的取扱いをしてはならない。

第36条の2（雇用の分野における障害者と障害者でない者との均等な機会の確保等を図るための措置） 事業主は、労働者の募集及び採用について、障害者と障害者でない者との均等な機会の確保の支障となつている事情を改善するため、労働者の募集及び採用に当たり障害者からの申出により当該障害者の障害の特性に配慮した必要な措置を講じなければならない。ただし、事業主に対して過重な負担を及ぼすこととなるときは、この限りでない。

第36条の3 事業主は、障害者である労働者について、障害者でない労働者との均等な待遇の確保又は障害者である労働者の有する能力の有効な発揮の支障となつている事情を改善するため、その雇用する障害者である労働者の障害の特性に配慮した職務の円滑な遂行に必要な施設の整備、援助を行う者の配置その他の必要な措置を講じなければならない。ただし、事業主に対して過重な負担を及ぼすこととなるときは、この限りでない。

第43条（一般事業主の雇用義務等） 事業主（中略）は、厚生労働省令で定める雇用関係の変動がある場合には、その雇用する対象障害者である労働者の数が、その雇用する労働者の数に障害者雇用率を乗じて得た数（中略）以上であるようにしなければならない。

労働組合法
（昭和24年6月1日法律第174号）

第5条（労働組合として設立されたものの取扱） 労働組合は、労働委員会に証拠を提出して第二条及び第二項の規定に適合することを立証しなければ、この法律に規定する手続に参与する資格を有せず、且つ、この法律に規定する救済を与えられない。但し、第七条第一号の規定に基く個々の労働者に対する保護を否定する趣旨に解釈されるべきではない。

2　労働組合の規約には、左の各号に掲げる規定を含まなければならない。

一、二　（略）

三　連合団体である労働組合以外の労働組合（以下「単位労働組合」という。）の組合員は、その労働組合のすべての問題に参与する権利及び均等の取扱を受ける権利を有すること。

四　何人も、いかなる場合においても、人種、宗教、性別、門地又は身分によつて組合員たる資格を奪われないこと。

五〜九　（略）

第7条（不当労働行為）　使用者は、次の各号に掲げる行為をしてはならない。

一　労働者が労働組合の組合員であること、労働組合に加入し、若しくはこれを結成しようとしたこと若しくは労働組合の正当な行為をしたことの故をもつて、その労働者を解雇し、その他これに対して不利益な取扱いをすること又は労働者が労働組合に加入せず、若しくは労働組合から脱退することを雇用条件とすること。ただし、労働組合が特定の工場事業

場に雇用される労働者の過半数を代表する場合において、その労働者がその労働組合の組合員であることを雇用条件とする労働協約を締結することを妨げるものではない。

二、三、四（略）

女性に対するあらゆる形態の差別の撤廃に関する条約
（1979年採択、81年発効。日本85年締結）

この条約の締約国は、

国際連合憲章が基本的人権、人間の尊厳及び価値並びに男女の権利の平等に関する信念を改めて確認していることに留意し、

世界人権宣言が、差別は容認することができないものであるとの原則を確認していること、並びにすべての人間は生まれながらにして自由であり、かつ、尊厳及び権利について平等であること並びにすべての人は性による差別その他のいかなる差別もなしに同宣言に掲げるすべての権利及び自由を享有することができることを宣明していることに留意し、

人権に関する国際規約の締約国がすべての経済的、社会的、文化的、市民的及び政治的権利の享有について男女に平等の権利を確保する義務を負っていることに留意し、

国際連合及び専門機関の主催の下に各国が締結した男女の権利の平等を促進するための国際条約を考慮し、

更に、国際連合及び専門機関が採択した男女の権利の平等を促進するための決議、宣言及び勧告に留意し、

しかしながら、これらの種々の文書にもかかわらず女性に対する差別が依然として広範に存在していることを憂慮し、

女性に対する差別は、権利の平等の原則及び人間の尊厳の尊重の原則に反するものであり、女性が男性と平等の条件で自国の政治的、社会的、経済的及び文化的活動に参加する上で障害となるものであり、社会

及び家族の繁栄の増進を阻害するものであり、また、女性の潜在能力を自国及び人類に役立てるために完全に開発することを一層困難にするものであることを想起し、

窮乏の状況においては、女性が食糧、健康、教育、雇用のための訓練及び機会並びに他の必要とするものを享受する機会が最も少ないことを憂慮し、

衡平及び正義に基づく新たな国際経済秩序の確立が男女の平等の促進に大きく貢献することを確信し、

アパルトヘイト、あらゆる形態の人種主義、人種差別、植民地主義、新植民地主義、侵略、外国による占領及び支配並びに内政干渉の根絶が男女の権利の完全な享有に不可欠であることを強調し、

国際の平和及び安全を強化し、国際緊張を緩和し、すべての国（社会体制及び経済体制のいかんを問わない。）の間で相互に協力し、全面的かつ完全な軍備縮小を達成し、特に厳重かつ効果的な国際管理の下での核軍備の縮小を達成し、諸国間の関係における正義、平等及び互恵の原則を確認し、外国の支配の下、植民地支配の下又は外国の占領の下にある人民の自決の権利及び人民の独立の権利を実現し並びに国の主権及び領土保全を尊重することが、社会の進歩及び発展を促進し、ひいては、男女の完全な平等の達成に貢献することを確認し、

国の完全な発展、世界の福祉及び理想とする平和は、あらゆる分野において女性が男性と平等の条件で最大限に参加することを必要としていることを確信し、

家族の福祉及び社会の発展に対する従来完全には認められていなかった女性の大きな貢献、母性の社会的重要性並びに家庭及び子の養育における両親の役割に留意し、また、出産における女性の役割が差別の根拠となるべきではなく、子の養育には男女及び社会全体が共に責任を負うことが必要

であることを認識し、

社会及び家庭における男性の伝統的役割を女性の役割とともに変更することが男女の完全な平等の達成に必要であることを認識し、

女性に対する差別の撤廃に関する宣言に掲げられている諸原則を実施すること及びこのために女性に対するあらゆる形態の差別を撤廃するための必要な措置をとることを決意して、

次のとおり協定した。

第1部

第1条〔女性差別の定義〕　この条約の適用上、「女性に対する差別」とは、性に基づく区別、排除又は制限であつて、政治的、経済的、社会的、文化的、市民的その他のいかなる分野においても、女性（婚姻をしているかいないかを問わない。）が男女の平等を基礎として人権及び基本的自由を認識し、享有し又は行使することを害し又は無効にする効果又は目的を有するものをいう。

第2条〔締約国の差別撤廃義務〕　締約国は、女性に対するあらゆる形態の差別を非難し、女性に対する差別を撤廃する政策をすべての適当な手段により、かつ、遅滞なく追求することに合意し、及びこのため次のことを約束する。

(a)男女の平等の原則が自国の憲法その他の適当な法令に組み入れられていない場合にはこれを定め、かつ、男女の平等の原則の実際的な実現を法律その他の適当な手段により確保すること。

(b)女性に対するすべての差別を禁止する適当な立法その他の措置（適当な場合には制裁を含む。）をとること。

(c)女性の権利の法的な保護を男性との平等を基礎として確立し、かつ、権限のある自国の裁判所その他の公の機関を通じて差別となるいかなる行為からも女性を効果的に保護することを確保すること。

(d)女性に対する差別となるいかなる行為又は慣行も差し控え、かつ、公の当局及び機関がこの義務に従って行動することを確保すること。

(e)個人、団体又は企業による女性に対する差別を撤廃するためのすべての適当な措置をとること。

(f)女性に対する差別となる既存の法律、規則、慣習及び慣行を修正し又は廃止するためのすべての適当な措置（立法を含む。）をとること。

(g)女性に対する差別となる自国のすべての刑罰規定を廃止すること。

第4条〔差別とならない特別措置〕　1　締約国が男女の事実上の平等を促進することを目的とする暫定的な特別措置をとることは、この条約に定義する差別と解してはならない。ただし、その結果としていかなる意味においても不平等な又は別個の基準を維持し続けることとなつてはならず、これらの措置は、機会及び待遇の平等の目的が達成された時に廃止されなければならない。

2　締約国が母性を保護することを目的とする特別措置（この条約に規定する措置を含む。）をとることは、差別と解してはならない。

第5条〔役割分担の否定〕　締約国は、次の目的のためのすべての適当な措置をとる。

(a)両性のいずれかの劣等性若しくは優越性の観念又は男女の定型化された役割に基づく偏見及び慣習その他あらゆる慣行の撤廃を実現するため、男女の社会的及び文化的な行動様式を修正すること。

(b)家庭についての教育に、社会的機能としての母性についての適正な理解並びに子の養育及び発育における男女の共同責任についての認識を含めることを確保すること。あらゆる場合において、子の利益は最初に考慮するものとする。

索　引

あ　行

ILO第156号条約 …………………… 21
アウティング ……………………… 60
赤　線 ……………………………… 120
アカデミック・ハラスメント ……… 90
アジア女性基金 …………………… 126
アルバイト ………………………… 254
アンコンシャス・バイアス ………… 3
暗　数 ………………………… 74, 102
慰安婦 ………………………… 74, 126
家 …………………………………… 44
家制度 ……………………………… 162
育児・介護休業法 ………… 7, 243, 246
育児休業 …………………………… 246
育児時間 …………………………… 244
育児のための休業 ………………… 246
いじめ ……………………………… 94
市川房枝 …………………………… 46
移　民 ……………………………… 260
ウィーン世界人権会議 …………… 20
ウーマン・リブ ………………… 7, 46
うつ病 ……………………………… 220
嬰児遺棄 …………………………… 134
嬰児殺 ……………………………… 134
AIH（配偶者間人工授精） ………… 142
AID（非配偶者間人工授精） ……… 142
SDGs ……………………………… 7, 30
LGBT …………………………… 54, 58
LGBTI ……………………………… 54
えるぼし認定 ……………………… 32
援助交際 …………………………… 124
エンハンスメント ………………… 148

OC法 ……………………………… 257
オランプ・ドゥ・グージュ ………… 40

か　行

介護休業 …………………………… 246
外国人 ……………………………… 260
外国人技能実習制度 ………… 254, 260
解雇権濫用の法理 ………………… 222
買　春 ……………………………… 116
買春禁止法 ………………………… 128
カイロ行動計画 …………………… 140
学習指導要領 ……………………… 22
苛酷条項 …………………………… 178
家　事 ……………………………… 256
　——時間 ………………………… 256
　——労働 ………………………… 96
貸座敷 ……………………………… 118
家事調停委員 ……………………… 176
家族的責任を担う労働者 ………… 243
家父長制 …………………………… 40
過労死 ………………………… 78, 218
過労自殺 ……………………… 78, 220
過労死等防止対策推進法 ………… 221
看護休暇 …………………………… 246
勧　告 ……………………………… 97
監護者 ……………………………… 172
監護者わいせつ罪 ………………… 105
間接差別 ……………………… 230, 238
姦通罪 ……………………………… 70
管理監督者 ………………………… 251
企画立案型裁量労働制 …………… 250
期間の定めのない労働契約 ……… 232
期限規制モデル …………………… 138

疑似パート ……………………… 248
虐待者の被虐待経験 …………… 206
キャンパス・セクハラ ………… 90
旧刑法 …………………………… 7, 70
救　済 …………………………… 88
牛馬切りほどき令 ……………… 118
旧ユーゴ国際刑事法廷 ………… 80
協議離婚 ………………………… 168
強制性交等罪 …………………… 101
強制売春 ………………………… 116
共同作業所 ……………………… 258
共同親権 ………………………… 174
業務上の負傷・疾病・死亡 …… 218
均衡待遇 ………………………… 236
近代的家父長制 ………………… 38
近代的公娼制 …………………… 118
均等待遇 ………………………… 236
クイア理論 ……………………… 58
クオータ制 ……………………… 34
グローバル・ジェンダー・ギャップ指数
　（GGGI）……………………… 12
ケア・アプローチ ……………… 28
芸娼妓解放令 …………………… 118
結婚退職制 ……………………… 228
健康で文化的な最低限度の生活 …… 262
研　修 …………………………… 254
権力関係 ………………………… 86
強姦神話 …………………… 100, 106
強姦被害者保護法（レイプ・シールド法）
　……………………………… 112
強姦法改革 ……………………… 101
合計特殊出生率 ………………… 135
公娼制 …………………………… 116
高等女学校 ……………………… 48
候補者男女均等法 …………… 7, 32, 34
合理の配慮 ……………………… 227
コース別人事 …………………… 236

国際刑事裁判所（ICC）………… 80
国際刑事裁判所ローマ規程、ICC規程
　…………………………… 7, 21, 80
国際結婚 ………………………… 156
国際人権法 ……………………… 20
国際人道法 ……………………… 80
国際労働機構（ILO）………… 96, 97
国籍法 …………………………… 7, 22
国籍を理由とする差別 ………… 261
国民優生法 …………………… 7, 136
国連女性の10年 ……………… 7, 68
個人通報制度 ………………… 22, 24
戸籍制度 ………………………… 160
コミュニケーションスキル …… 208
雇用管理区分 …………………… 230
雇用保険 ………………………… 223
婚姻適齢 ………………………… 162
婚姻費用 ………………………… 170
婚氏続称 ………………………… 168

さ　行

サービス残業 …………………… 251
再婚禁止期間 ………………… 162, 164
財産分与 ………………………… 170
最低生活保障（ナショナルミニマム）
　……………………………… 255
最低賃金 ………………………… 42
裁判離婚 ………………………… 168
裁量労働制 ……………………… 250
里親制度 ………………………… 190
サブロク協定 …………………… 216
差　別 …………………………… 226
差別的効果の法理 ……………… 238
産児制限運動 …………………… 134
産前産後休業 …………………… 244
暫定的特別措置→ポジティブアクション
ジェンダー ……………………… 2

索　引　297

ジェンダー規範	3	使用者責任	98
ジェンダー研究	8	条　約	97
ジェンダー公正	32	常用型	234
ジェンダー主流化	7, 20	ジョグジャカルタ原則	60
ジェンダー・バイアス	2	職　場	86
ジェンダー平等	7, 20	職場環境を調整するよう配慮する義務	
ジェンダー法学	3		98
ジェンダー法学会	8	女権宣言	7, 40
時間外労働	216	女子高等師範学校	48
死後懐胎	192	女性活躍推進法	7, 12, 32, 227
自己決定	262	女性国際戦犯法廷	126
自己決定権	135, 148	女性差別撤廃委員会（CEDAW）	24
仕事と生活の調和憲章	242	女性差別撤廃条約	7, 21, 22
仕事と生活の両立	243	女性差別撤廃条約選択議定書	7, 22
自　殺	78, 220	女性差別撤廃宣言	21, 22
事実婚	156	女性性器切除	70
持続可能	28	女性と平和と安全に関する安保理決議	
持続可能な開発目標（SDGs）	7, 32	1325号	26
私的な問題	84	女性に対する暴力	68
児童買春・児童ポルノ禁止法	124	女性に対する暴力撤廃宣言	7, 21, 68
司法職務定制	10	女性の人権アジア法廷	126
社会権	42	女性の地位委員会	7, 22
社会扶助制度	262	女性兵士	26
社会保険制度	262	親権停止制度	206
社会保障	262	人工授精	142
就業規則	214	壬申戸籍	7, 160
自由廃業	118	壬申戸籍法	44
出自を知る権利	142, 192	人身取引（トラフィッキング）	122, 128
ジュネーブ条約	80	人身取引防止議定書	122
ジュネーブ第4条約	80	人身売買罪	122
障害差別	258	心的外傷後ストレス障害	92
障害者総合支援法	258	審判離婚	168
障害者の就労	258	新婦人協会	46
障害者法定雇用率	259	親密圏	196
障害年金	259	ストーカー規制法	7, 200
娼妓取締規則	7, 118	住友セメント事件	230
少子高齢社会	32, 242	生活保護	262

——の不正受給 …………… 263

——バッシング …………… 263

性教育 …………… 146

性差別 …………… 226

性差別主義（男性中心主義）………… 100

性差別する労働組合 …………… 224

誠実交渉義務 …………… 225

生殖革命 …………… 144

生殖ビジネス …………… 144

精神疾患 …………… 220

性的自己決定権 …………… 92

性と生殖の健康／権利（リプロダク

ティブ・ヘルス／ライツ）………… 135

性の二重基準 …………… 70, 106

政府レポート審議 …………… 24

性分化疾患 …………… 56

性別の二元構造 …………… 56

生命倫理（バイオエシックス）……… 148

整理解雇 …………… 223

生理中の女性の休暇 …………… 244

世界人権宣言 …………… 20

セクシュアリティ …………… 4

セクシュアル・ハラスメント（セクハラ）… 84

　環境型 …………… 85

　対価型 …………… 85

積極的改善措置、積極的是正措置→ポ

ジティブ・アクション

接近禁止命令 …………… 202

セックス …………… 4

セックスワーカー …………… 130

セックスワーク …………… 116, 130

前借金契約 …………… 118

選択的中絶 …………… 146

選択的夫婦別姓制度 …………… 162

専門業務型裁量労働制 …………… 250

相続権 …………… 156

相談機関 …………… 88

ソーシャル・フェミニズム …………… 6

SOGI …………… 54

SOGIハラスメント …………… 60

ソドミー …………… 58

た　行

体外受精 …………… 142, 144

退去命令 …………… 202

第三号被保険者 …………… 154

第2波フェミニズム …………… 7, 8

ダイバーシティ …………… 12

代理懐胎 …………… 192

代理出産 …………… 142

堕胎罪 …………… 134

男系男子主義 …………… 52

団結権 …………… 130, 224

単純売春 …………… 116

男男間における暴力に関する調査 …… 198

男女共同参画 …………… 50

男女共同参画基本計画 …………… 7, 50

男女共同参画社会基本法 …………… 7, 50

男女共同参画条例 …………… 50

男女雇用機会均等法 …………… 7, 22, 230

男女双方に対する性差別 …………… 230

男女の役割分担 …………… 14

男女別学 …………… 48

男女別定年制 …………… 228

男性学 …………… 58

男尊女卑 …………… 197

団体交渉権 …………… 224

団体行動権（＝争議権）…………… 224

単独親権 …………… 172, 174

痴漢冤罪 …………… 107

嫡出子 …………… 156

嫡出推定制度 …………… 186

嫡出否認の訴え …………… 186

中間的就労 …………… 258

調査制度 …………………… 22, 24
長時間労働 …………………… 220
調　停 ………………………… 176
調停前置主義 ………………… 176
調停離婚 ……………………… 168
賃金格差 ……………………… 14
賃金差別 ……………………… 228
追加議定書 …………………… 80
出会い系サイト規制法 ……… 124
DSM-5 ………………………… 108
ディーセント・ワーク ……… 30
DV ……………………………… 196
　　──加害者更生プログラム … 208
　　──防止法 …………… 7, 202
　　デート── ………………… 200
定常型社会 …………………… 32
貞操義務 ……………………… 156
適応規制モデル ……………… 138
デザイナー・ベビー ………… 144
転勤命令 ……………………… 252
電通事件 ……………………… 220
伝統的な強姦法 ……………… 100
東亜ペイント事件 …………… 242
同一価値労働同一賃金 ……… 236
同一労働同一賃金法 ………… 236
東京都青少年健全育成条例 … 124
同居協力扶助義務 …………… 156
同性婚 ………………………… 62
登録型 ………………………… 234
特別養子制度 ………………… 190
届出主義 ……………………… 168
ドメスティック・バイオレンス→DV
努力義務 ……………………… 230

な　行

ナイロビ将来戦略 ………… 7, 68
ナチス断種法 ………………… 136

ナポレオン諸法典 …………… 40
「202030」目標 ……………… 32
二次被害 ……………………… 88
日米地位協定 ………………… 74
日本型福祉社会 ……………… 28
入管法 ………………………… 260
人間の尊厳 …………………… 148
妊産婦たる高校生 …………… 245
妊産婦である労働者の保護 … 244
妊娠・出産を理由とする不利益取扱い
　……………………………… 230
認　知 ………………………… 186
年金分割制度 ………………… 178
年次有給休暇 ………………… 216

は　行

パートタイム労働 …………… 248
パートタイム労働法 ………… 248
パートナーシップ制度 ……… 62
バイオテクノロジー ………… 144
配偶者控除 …………… 154, 249
配偶者特別控除 ……………… 249
配偶者暴力相談支援センター … 202
売　春 ………………… 116, 130
売春防止法 ………… 7, 116, 120
廃娼運動 ………………… 7, 120
買売春 ………………………… 116
派遣労働者 …………………… 234
働きやすい環境を保つよう配慮する
　注意義務 …………………… 98
破綻主義 ……………… 178, 180
バックラッシュ ……………… 50
パリテ法 ……………………… 34
パワーとコントロールの車輪 … 198
パワー・ハラスメント（パワハラ）… 220
反貧困ネットワーク ………… 255
反ポルノグラフィ公民権条例 ……… 72

PTSD ……………………………… 92, 198
被害者が裁判にかけられる ………… 112
被害者の落ち度 ……………………… 106
被害者の性的経歴 …………………… 112
日立製作所武蔵工場事件 …………… 242
非嫡出子 ……………………………… 164
　──の相続分差別 ………………… 164
筆頭者 ………………………………… 160
風俗営業等適正化法 …………… 7, 120
夫婦財産契約 ………………………… 156
夫婦同氏の原則 ……………… 156, 162
夫婦別産制 …………………………… 170
フェミニズム …………………………… 4
複合差別 ……………………………… 21
福祉的就労 …………………………… 258
福祉としての労働 …………………… 254
不受理申出制度 ……………………… 168
婦選獲得同盟 …………………… 7, 46
不同意性交罪 ………………………… 105
不当労働行為 ………………………… 224
不払いの労働 ………………………… 255
プライバシー権 ……………………… 135
フランス人権宣言 …………………… 38
フリーランス …………………… 86, 250
フレックスタイム制 ………………… 250
分娩主義 ……………………………… 188
ベアテ・シロタ ……………………… 158
米軍基地 ……………………………… 74
北京会議 …………………………… 7, 20
北京行動綱領 ……………… 7, 68, 140
変形労働時間制 ……………………… 250
弁護士法 ……………………………… 10
保育所 ………………………………… 246
法女性学 ……………………………… 8
法の適用に関する通則法 …………… 180
暴力犯罪 ……………………………… 78
暴力ポルノ …………………………… 72

保護命令制度 ………………………… 202
ポジティブ・アクション（暫定的特別措
　置、積極的改善措置、積極的是正措置）
　…………………………… 34, 227, 230
母子保健法 …………………………… 244
補足性の原則 ………………………… 262
母体保護法 ………………… 7, 136, 138
ホモソーシャル ……………………… 38
ホモフォビア ………………………… 38
ボランティア ………………………… 257
ポルノグラフィー …………………… 72
ボローニア大学 ……………………… 10
本籍地 ………………………………… 160

ま　行

マーガレット・サンガー …………… 134
マスキュリニティ …………………… 58
マタニティ・ハラスメント（マタハラ）
　………………………………………… 244
マタハラの防止義務 ………………… 230
間引き ………………………………… 134
マリア＝ルス号事件 …………… 7, 118
丸子警報器事件 ……………………… 237
水際作戦 ……………………………… 262
民間シェルター ……………………… 202
民法典論争 ……………………… 7, 44
民法の一部を改正する法律案要綱
　……………………………… 7, 162, 178
無過失 ………………………………… 218
明治民法 ………………………… 7, 44
名誉の殺人 …………………………… 70
面会交流 ……………………………… 174

や　行

山川菊栄 ……………………………… 46
有給休暇 ……………………………… 214
有期労働 ……………………………… 232

索　引　301

優生学 ……………………………… 136
優生保護法 ……………………… 7, 136, 138
養育費 ……………………………… 172

ら・わ行

ラディカル・フェミニズム ……………… 6
離婚後300日問題 ……………………… 186
離婚の自由 ……………………………… 168
リプロダクティブ・ヘルス／ライツ
　…………………………………… 7, 140
リベラル・フェミニズム ………………… 6
ルワンダ国際刑事法廷 ………………… 80
労災保険 ………………………………… 218
労使委員会 ……………………………… 250
労使協定 ………………………………… 216

労働基準監督署 ………………………… 214
労働基準法 ……………………………… 7, 214
労働協約 ………………………………… 214
労働組合 ………………………………… 224
労働組合法 ……………………………… 224
労働契約 ………………………………… 214
労働契約法 ……………………………… 222
労働災害 ………………………………… 218
労働時間 ……………………………… 42, 216
労働者派遣 ……………………………… 234
　——契約 ……………………………… 234
ロウ判決 ………………………………… 148
ワーキングプア ………………………… 255
ワーク・ライフ・バランス ……… 214, 242

【著者紹介】

三成美保（みつなりみほ）	追手門学院大学教授 奈良女子大学名誉教授	*1*（1～6、一歩すすんで）、*2*、*3*（1、2、4～8）、*4*（1～4）、*5*、*8*（1～7、9）、*9*（1～4、6～9）
笹沼朋子（ささぬまともこ）	愛媛大学法学部講師	*1*（7、一歩すすんで）、*3*（3）、*6*（1～3、6～8）、*8*（8）、*14*、*15*、*16*、*17*
立石直子（たていしなおこ）	岐阜大学地域科学部教授	*4*（5、6）、*6*（4、5）、*9*（5）、*10*、*11*、*12*、*13*（1～4、8［一部］）
谷田川知恵（やたがわともえ）	一橋大学ほか非常勤講師	*7*、*13*（5～8）

法律文化ベーシック・ブックス〔HBB⁺〕

ジェンダー法学入門〔第3版〕

2011年4月25日　初　版第1刷発行
2015年4月25日　第2版第1刷発行
2019年5月20日　第3版第1刷発行
2022年9月30日　第3版第4刷発行

著　者　三成美保・笹沼朋子
　　　　立石直子・谷田川知恵

発行者　畑　　　光

発行所　株式会社 法律文化社

〒603-8053
京都市北区上賀茂岩ヶ垣内町71
電話 075(791)7131　FAX 075(721)8400
https://www.hou-bun.com/

印刷：中村印刷㈱／製本：㈲坂井製本所
装幀：白沢　正

ISBN978-4-589-04015-2
©2019　M. Mitsunari, T. Sasanuma, N. Tateishi,
T. Yatagawa　Printed in Japan

乱丁など不良本がありましたら、ご連絡下さい。送料小社負担にてお取り替えいたします。
本書についてのご意見・ご感想は、小社ウェブサイト、トップページの「読者カード」にてお聞かせ下さい。

JCOPY　〈出版者著作権管理機構　委託出版物〉

本書の無断複写は著作権法上での例外を除き禁じられています。複写される場合は、そのつど事前に、出版者著作権管理機構（電話 03-5244-5088、FAX 03-5244-5089、e-mail: info@jcopy.or.jp）の許諾を得て下さい。

HBB+ 法律文化ベーシック・ブックス

「無味乾燥な学問」から「生きた面白い学問」へ　さらに読みやすく、面白く

四六判・並製カバー巻・平均280頁

新版 史料で読む日本法史 ………………………………………… 3630円
村上一博・西村安博 編

新・いのちの法と倫理〔改訂版〕 …………………………………… 2860円
葛生栄二郎・河見 誠・伊佐智子 著

ジェンダー法学入門〔第3版〕 ……………………………………… 2750円
三成美保・笹沼朋子・立石直子・谷田川知恵 著

平和と人権の憲法学——「いま」を読み解く基礎理論—— ………… 2750円
葛生栄二郎・髙作正博・真鶴俊喜 著

新・なるほど！公法入門 ……………………………………………… 3080円
村上英明・小原清信 編

これからの地方自治を考える——法と政策の視点から—— ………… 3190円
中川義朗 編

新・消費者法 これだけは〔第3版〕 ……………………………… 2750円
杉浦市郎 編

現代社会と刑法を考える ……………………………………………… 2750円
甲斐克則 編

政治史への問い／政治史からの問い ……………………………… 2860円
熊野直樹・柴尾健一・山田良介・中島琢磨・北村 厚・金 哲 著

ポスト・フクシマの政治学——新しい実践の政治学をめざして—— 2860円
畑山敏夫・平井一臣 編著

実践の政治学 ………………………………………………………… 2750円
畑山敏夫・平井一臣 編

表示価格は消費税10%を含んだ価格です